《儒藏》精華編選刊

雙江聶先生文集（上）

〔明〕聶豹　撰
王傳龍　校點

北京大學《儒藏》編纂與研究中心　編

北京大學出版社
PEKING UNIVERSITY PRESS

圖書在版編目(CIP)數據

雙江聶先生文集：全二册 /（明）聶豹撰 ；北京大學《儒藏》編纂與研究中心編. -- 北京：北京大學出版社，2025. 6. --（《儒藏》精華編選刊）. -- ISBN 978-7-301-36273-0

Ⅰ. I214. 82

中國國家版本館CIP數據核字第2025EC2022號

書　　名	雙江聶先生文集 SHUANGJIANG NIEXIANSHENG WENJI
著作責任者	〔明〕聶豹 撰 王傳龍 校點 北京大學《儒藏》編纂與研究中心 編
策劃統籌	馬辛民
責任編輯	盧　旭　魏奕元
標準書號	ISBN 978-7-301-36273-0
出版發行	北京大學出版社
地　　址	北京市海淀區成府路205號　100871
網　　址	http://www. pup. cn　　新浪微博: @ 北京大學出版社
電子郵箱	編輯部 dj@pup. cn　總編室 zpup@pup. cn
電　　話	郵購部 010-62752015　發行部 010-62750672 編輯部 010-62756694
印 刷 者	三河市北燕印裝有限公司
經 銷 者	新華書店
	650毫米×980毫米　16開本　40.25印張　480千字 2025年6月第1版　2025年6月第1次印刷
定　　價	168. 00元（全二册）

目録

上册

雙江聶先生文集卷之三……四三

雙江聶先生文集卷之四……七二

雙江聶先生文集卷之五……一〇五

雙江聶先生文集卷之十三

雙江聶先生文集卷之十四……五三三

校點説明

《雙江聶先生文集》十四卷，明聶豹撰。聶豹（一四八七—一五六三），字文蔚，號雙江，江西吉安府永豐縣人。正德十二年（一五一七）丁丑科三甲同進士出身，隨即以例乞假歸省，兩年後始就選吏部，授直隸華亭縣知縣。在任期間，追討侵蠲徵銀一萬六千餘兩，用於補償百姓歷年逋欠並備賑濟，浚通河道三萬餘丈，官庫積穀至一十九萬餘石，復業人户三千二百餘户，政績卓然有聲。治暇則興起學校，選拔諸生，親爲講授，如徐階、徐南金、何良俊等人皆收置門下，前後以科第起家之門生凡十餘人。嘉靖四年（一五二五）召入爲福建道監察御史，論劾司禮太監張佐、兵部尚書金獻民、侍郎鄭岳、禮部尚書席書不法事，以直聲震於時，尋被差往應天等處稽查馬政，乃上疏條陳馬政積弊，切中肯綮。是歲往謁王守仁於越，相與講論良知之學，深爲服膺，後常以書信問學於守仁。嘉靖六年，欽差巡按福建，至則察吏治、懲奸慝、擒寇盜、育人才，持法嚴正，風裁凜然。嘉靖九年往守蘇州，次年丁外艱，服闋後尋又丁内艱，前後杜門不出者凡十二年。嘉靖二十年，虜寇山西甚急，聶豹起補平陽知府於家，到任後籌措軍費，大修關隘，募兵固守，虜侵擾未果，棄營而遁。平陽功成，聶豹具疏乞休，而僉事許勉仁騰謗非之。聶豹被逮下錦衣獄，經巡按御史覆勘，皆無實證，竟得落職歸家。嘉靖二十九年，虜犯都城，以徐階薦，特召聶豹爲右僉都御史，巡撫順天，尚未到任，已擢兵部右侍郎，尋轉兵部左侍郎。在任時，聶豹籌劃軍事，統兵備戰，反對仇鑾調宣大兵入衛，務實有遠謀。嘉靖三十一年升任兵部尚書，數年内迭因軍功進太子太保。嘉靖三十四年，因反對工部侍郎趙文華等人提議遣官視師祭海神、差田賦、開市船等項，忤旨，降俸二級。逾月，聶豹遂以衰病乞罷，得致仕而歸。嘉靖四十二年十一月四日卒，年七十七。隆慶元年（一五六七）贈少保，謚貞襄。

聶豹幼年，家境落寞，其父水雲公聶玉治乃至傾資鬻産爲其延師取友，故聶豹自小便以科舉爲念，謂不得第無以報雙親。因此之故，聶豹精研四書五經，年三十遂以《易經》中江西鄉試。其所論學，往往援《大學》《中庸》《孟子》《西銘》《四書集注》等書文句爲依據，並引《易經》卦象、傳文以證之，尤强調孝悌爲聖學之本源。自嘉靖四年面見王守仁，親聞良知之學後，聶豹雖尚未稱門生，但已基本接受了陽明心學的理論體系。陽明既殁，聶豹時官蘇州，乃設位北面再拜，稱：「昔之未稱門生者，冀再見耳，今不可得矣。」遂以錢德洪爲證，刻書於石，始稱門生。聶豹雖於陽明生前未能親行拜師禮，但一直被視爲陽明嫡傳門人，聶豹與人論學亦往往以「先師」稱之。聶豹親炙未久，對於陽明心學的若干重要理論未獲聞聽，對於陽明晚年所闡發之心學幽微處尤未能契入，故與王畿、鄒守益、劉文敏、黄弘綱、陳九川、唐順之等人論學，多有齟齬。聶豹固守己見，對於同門質疑一一申駁，並節引《傳習録》中語句以自證。蓋聶豹之學確能自成體系，雖不能與陽明「致良知」之學盡合，要之亦不失聖學本色。

聶豹在與聞良知學之前，已學有根底，此後一直致力於將舊學與陽明心學融會歸一。陽明拈出「良知」二字，聶豹則認定此良知即儒家所强調之「孝悌」，稱「良知之外無孝悌，猶孝悌之外無良知也」。其論致知工夫，初期以孩提知愛知敬爲良知本來面目，反求諸身於事親從兄，乃至廣之於家國天下，仍不脱宋儒窠臼；嘉靖十七年之後，開始强調涵養主静工夫，主張本體虚寂，感而遂通天下之物，由此爲學者立静坐法，使之歸寂以通感、執體以應用。聶豹强調良知本寂，感於物而後有知，不可遂以知之發爲良知，而忘其發之所自，故學問之功只能求之於内之寂然者，使之寂然常定，方能感無不通，外無不該。聶豹的這種功夫論，無論是在外在形式上還是内在修行方式上，都與禪學存在着明顯的相似性，故在當時多蒙禪學之譏。聶豹多次肯定禪學在内在修行上的正確性，但認爲釋氏將一切感應視爲塵累而欲棄去之，與己學有明顯不同，故往復申辯不止。聶豹被逮入獄之時，神色從容如常，慷慨就道，可見其學能修身致用；爲宦四方之時，廉潔奉公，投身國難，解救百姓於水火之中，可見其才足以經世濟危；自壯年至晚年，汲汲以講學育才爲事，興建養正書院，重刻《傳習録》《大學古本》等，對於陽明心學之傳播大有助力，可見其風采足以能振世立人。

聶豹生平主要著作，均收入明嘉靖四十三年永豐令吴鳳瑞主持刊刻的《雙江聶先生文集》。此集共十四卷，大致按體裁編排，收録奏疏、序文、墓誌銘、書信、詩詞等作品，其中卷十《答戴伯常》即《幽居答述》，卷十一《答王龍溪》即《致知識略》，卷十四《雜著二》即《困辨録》，在彙編入文集前皆曾單獨成書。《雙江聶先生文集》初刻之後，曾經前後多次刷印，今所見諸本中年代最早、内容最完整者當爲隆慶六年原板後印本，《四庫全書存目叢書》集部第七二册所收本（以下簡稱「存目本」）即據此本影印出版。存目本中經常以雙行小字訂補錯漏，剜占原字一格，可知後印時曾對初刻本若干文字訛誤處予以改正。《原國立北平圖書館甲庫善本叢書》所收《雙江聶先生文集》（以下簡稱「甲庫本」），雖然標註爲據嘉靖四十三年原刻本影印，但經筆者鑒定，實際上是一個抽掉隆慶序後僞裝爲原刻本的版本，其刷印時間猶在隆慶六年之後。證據爲存目本所已有的板裂，甲庫本同樣具有，而且裂痕更大，字跡破壞也更嚴重，譬如卷一第二一、三四頁，卷二第二五頁，卷三第四頁，卷四第二、五、七、八等頁的板裂。此外，存目本卷二末原有大片墨丁欄，甲庫本已挖去。卷二第二二頁，存目本有嚴重板裂，甲庫本則補刻了新的板片，雖然字體較爲接近，但整體風格明顯與原板有差異。甲庫本補刻板裂嚴重之板片並不罕見，類似的狀況還出現於卷三第二十頁、卷十一第三二頁、卷十二第五十頁等處。凡此種種，皆表明甲庫本實際上與存目本源出一板，而刷印更晚。

上海圖書館所藏《雙江聶先生文集》（以下簡稱「上圖本」），雖標註爲隆慶六年後印本，但實際上比存目本、甲庫本的時間更晚。存目本與甲庫本目録一致，而上圖本則重刻了目録，將此前降格刻印的篇目一律改爲頂格刻印，還將原本每欄一篇的格式調整爲每欄兩篇；存目本卷首所收《隆慶誥命》存在嚴重錯行，上圖本已改正；存目本所具有的板裂，上圖本同樣具有，但個別板裂嚴重頁面，上圖本和甲庫本均已補刻（如卷二第二二頁）。由此可知，《雙江聶先生文集》在初刻之後，因爲其中誤字、錯行現象嚴重，存在一個不斷修訂並刷印的過程，至隆慶六年之後由於部分板片裂痕嚴重，還經過補板遞修處理，存目本、甲庫本、上圖本就先後誕生於這一時期。

今所見以上明代諸本，版心下方皆題「雲丘書院藏」字樣，可知板片一直藏於雲丘書院内。清康熙四十年（一七〇一），雲丘書院又再版重刻《雙江聶先生文集》（以下簡稱「康熙本」），不僅在卷首增補了聶豹的各種傳記資料，而且調整了篇目的次序，並改正了若干處明顯的文字錯訛。康熙本還删去了五言排律《上内閣嚴相公》，又將《紀壽十三首》中寫給嚴嵩的壽序抽换爲《鍾母劉太孺人七十壽序》，並增補了《群英閣記》《禄江李氏祠堂記》兩篇記文。因此緣故，康熙本成爲獨立於明刻本之外的另一版本體系。

本次校點，即選用存目本作爲底本，而以甲庫本、上圖本、康熙本爲參校本，間亦參考萬曆時單行刊本《困辨録》及《孟子》《周易》《論語》等儒家典籍。底本存在若干處缺頁，由於甲庫本與底本同出一源，且刷印年代最爲接近，故凡缺頁處皆據甲庫本予以補足。其餘底本錯行、板裂及文字漫漶處，則據各參校本予以對勘補足。康熙本較底本所增補之篇目，據其所在卷次予以補入，並在校記中註明。考慮到康熙本所修訂之文字時有底本不誤而誤改者，刻工重刻時所新增之訛誤亦頗有之，筆者謹擇其有參考價值之異文列爲校記，一律不擅自改動底本原文。文字偶有明顯錯誤，而爲諸本皆誤之處，亦酌情出校，註明理由依據，以備讀者參考。

因整理者水平所限，點校工作難免有錯漏之處，尚祈各處方家多批評指正。

校點者　王傳龍

雙江先生文集序❶

《雙江先生文集》總十四卷，爲故太子太保、兵部尚書貞襄聶公之遺文，其從子儀部君子安手類輯之，刻以傳諸天下者也。儀部與余同第進士，友善，目余往侍游先生於京師，特辱不鄙視，每出朝相過從，輒舉所自得反覆置論，辯不極密微不止，意先生之文，余或能一二稍得其深者，故集方議刻，即走書屬余序之。

余念先生自壯齒以歷既耄之年，未嘗一日不孳孳於學；其學也，未嘗一日不以古聖賢之道體悟、約踐於身，俛焉期必以至之。故天下學士、大夫有聞先生之風者，莫不願得先生之文讀焉，非獨忻重其文也，誠欲因文以求先生之學，庶幾得其自至古聖賢之道者以反諸身，不謬所從事。則余欲序先生之文，不推明其學之本要，使天下咸知先生遺言之果足以信世也，其敢爲儀部君復乎？故奉其屬數年，屢爲之而輒罷，誠以先生之學未能即確然無惑於中，則言之徒爲不中實之窾焉耳。乃今卒業斯集，研窮後先辨難之旨，始妄意先生之學，殆據其成德爲訓，所謂「身有之，故能言之」。其體悟、約踐之微，要未易爲衆人究悉也。

夫先生之學，以歸寂爲宗，以致虛、守静爲入德不易之極。其所受雖有從出，然自得於反驗默識之際，以超然獨契乎千載之上，豈世之淺聞膚窺者所能遽涉其津涘也哉！今天下學士、大夫疑先生之學，咸以爲

---

❶ 此序文字與尹臺《洞麓堂集》卷三所收原文略有出入。

其趨高矣，然或卑之若有棄；其致遠矣，然或邇之若有遺；其從入不詭聖人之指歸矣，然或若未免襲沿二氏之筌筏。蓋余往事先生，抑常恨聆其教時猶私扞格於中，怲怲焉懷不祛之惑。至寤寐求之，積之踰十年之久，乃始憬然於先生之説，其類冰之凝釋於水，溢流江河，無異浸者也。顧今未深達先生立言之奥，猶以其歸寂之宗出禪，致虚、守静之功出老氏，而先生時時據引，間不無出入於二氏之書，則四方慕學之士，其不蹈余昔之所疑焉，寡矣！余安可不考鏡厥緒，以爲讀先生之文者告邪？

夫先生之言寂，本《易大傳》之「無思爲」，其以生生之易出之爲感應之神，豈若釋氏之滅有求寂，塩然自絶其生理，至斷肢體、棄倫常不悔者之類與？先生之言致虚、守静，本《易・咸》之「虚受」，《艮》之「止所」「無失時」，其致大本未發之中以立天下之有，豈若老氏之主虚極、静篤，爲歸根塞兑、專氣致柔之攝用，而私利其身，至芻狗萬物，搥提仁義而不顧者之類與？其不深詆二氏之非而間據引其説相援證，無亦探極性命之本，以爲視聖人特毫釐之差，固無病乎其合而取之；乃終之背違千里，斯又不必智賢之能辨，抑奚庸摭前聞以肆支説之呶呶者邪？雖然，先生立教，凡於道之統體悉備，然皆上達之能事也；其若下學之自卑自邇，積小以高大者，多似未之詳焉，豈所謂先立其大者，本具則末無不貫之推與？故余妄意先生之學直據成德爲訓，其辯難皆舉所身有者著之，宜非學焉而未至者之足喻耳。昔程先生稱聖人格言在《論語》，微言在《易》《中庸》，故雖以子貢之達材，猶不得與聞性與天道。則先生之學，其信否固宜俟後之作者於百世，而余敢遂謂一二能得其深者乎哉？

先生孝友稱家族，忠節振朝著，功澤施列郡，風猷動四方，史必且述載之以標闡來世。諸若文辭，則信其才情所至，要非平日所專志而肆力者，然光明峻潔之操，雄俊邁往之氣，周流乎撰敘辨質之間，抑足並穹壤長存矣。兹天下所共睹識，余可無嘖説者也。

隆慶六年，歲在壬申仲夏朔旦，郡後學永新尹臺撰。

雙江聶先生文集序

雙江聶先生學於陽明王公，行業、文章無一而不王公也，學者並稱之「王聶」云。先生歿，從子諫議大夫子安率其門人輩編次先生遺文，裒爲十四卷，永豐令校而刻之。

敘曰：致良知之學幾晦而復明者，其在兹文哉！

夫格致之功不離應感，無應感則無物，無物則無知，知因物顯，物由知著，靡有功次，不分先後，王公之説盡矣，盡矣！先生則學本致虛，功先歸寂，似稍涉功次、分别後先，豈固於師門自開一户牖哉？蓋以學王公者，率多樂其易簡，歉於默成，從其所知，與物遷轉，認知識爲本體，狃見聞爲明覺。究其所存，因緣世故，流浪根塵，虛湛寧一之體淆然汩矣，是皆知感而不知寂者也。先生曰寂，蓋救學者奔蹄縱翼之勢，而教以寧心定氣之功，豈固與師説背哉？曾子傳「格致」，授之子思，子思不言「格致」而示之以「戒慎不覩」、「恐懼不聞」，豈不知師説之當守哉？蓋不聞者非不聞也，聞無所聞；不覩者非不覩也，覩無所覩。夫無聞不聞、無覩不覩者，聲色耳目通乎覺知，常感常應，格物而致知也；見無所見、聞無所聞，「上天之載，無聲無臭」，常感常寂，意誠而心正也。孔子之徒，通六藝者七十子，及夫論仁，則曰「日月一至」，是物可格、知可致，意獨不可誠、心獨不可正乎？或所格者亦文藝之博，而格致之教亦已病矣！其曰戒慎、恐懼，蓋示誠正之功於格致、聞覩之中也。先生之於王公，猶子思之於曾子，言雖人人殊，而道則一致矣。不然，《中説》

擬《論語》，《元經》擬《春秋》，其説似而旨同矣，何以爲僭經耶？

嗚呼！先生之學今幸有見而知者，❶固無待於斯文也；或百世之下有欲聞而知之者，不能無待於斯文也。君子曰：聶集當與《傳習》諸録相表裏，兹用鋟梓，俾之並傳云。

嘉靖甲子仲秋之望，文林郎、知永豐縣蘄春後學吴鳳瑞舜徵甫頓首敬書。

---

❶「幸有見」三字，底本、甲庫本均漫漶，今據上圖本補入。

隆慶誥命

奉天承運皇帝制曰：

穹秩特加，酬勞之典攸繫；嘉名涣錫，彰善之義斯存。蓋欲風勵於將來，所宜褒崇於既往。爾原任太子太保、兵部尚書聶豹，夙抱宏才，深探正學。始以甲科而作縣蔚，有賢令尹之聲；旋爲臺憲而按閩，赫然真御史之望。郡符歷掌，政績咸優；鎮節荐膺，勳勞益懋。晚握樞於夏省，隨兼秩於春宫。四夷服克壯之猷，多士欽老誠之範。完名引退，儀刑允著於里閭；遐壽考終，寵數顧淹於泉壤。爰稽定論，載霈新恩。兹特贈爾爲少保，謚貞襄，錫之誥命。嗚呼！立節立功，無負於平生之學；賜官賜謚，有光於没世之稱。睠爾英靈，承兹休命！

隆慶二年□月□日❶

---

❶ 康熙本落款時間爲「隆慶元年十月二十三日」。

祭葬文❶

維隆慶二年□月□日，皇帝遣江西布政司堂上官某，❷諭祭原任太子太保、兵部尚書、贈少保、謚貞襄聶豹，文曰：

惟卿學究本源，才優經濟。由甲科而宰畿輔，政教兼脩；握憲紀而按甌閩，風裁丕振。出守劇郡，賢聲著於西晉、東吴；入掌韜鈐，威望孚於外夷、中夏。廸揔本兵之柄，益昭撻伐之勳。宫保荐加，眷懷方切。暫爾賜閑於丘壑，豈期遽捹乎泉扃？念清白之難能，加事功之茂建。遵遺詔而錫卹，晉穹秩以易名。祭塟並加，綸章載下。惟靈不昧，尚克欽承。

首七祭文，各七同：

惟卿性資端毅，器度恢宏。行備直方，才兼文武。八閩風動，人傳御史之先聲；九塞塵清，世服司馬之雄略。正學益深於獄繫，高名彌重於林居。爰念訃聞，久逾首七。載頒諭祭，欽此殊恩。

下葬祭文：

---

❶ 此篇底本有衍文串行現象，衍「兼文武八」四字，據上圖本正之。

❷「官某」二字據康熙本補入，底本此處留缺。

惟卿以濟世爲心，以希聖爲學。歷官中外，夙馳剛正之聲；歸老林泉，無損始終之譽。秩崇保傅，望重朝堂。兹朕憫蓍碩之云亡，嘉典刑之尚在。爰因襄事，載用頒恩。惟爾明靈，祗歆玄閟。

文移節略

科道題請參語：

原任尚書聶豹，奇勳大節，茂著於生前；令望高風，益隆於身後。

吏部題復參語：

原任尚書聶豹，襟懷嚴毅，才識恢宏。九塞雲屯，人傳司馬之略；八閩丰采，民歌御史之才。正學益深於獄繫，高名更重於林居。

禮部題請參語：

原任尚書聶豹，學識淵源，才猷敏達。由臺臣而出守劇郡，廉名太著於三吳；歷邊鎮而入掌韜鈐，威望益孚於九塞。踐更中外，每多清白之聲；歸老林泉，無損始終之譽。所當厚加卹典，以示優異者也。

雙江聶先生文集卷之一

奏　疏一

免重科以蘇民困疏❶

臣欽奉上命督理南畿馬政，臣始至境，而民之以馬赴訴者如蹈湯火，臣甚駭之。臣於點烙之餘，因得備悉其始末，察其幽隱，而知其皇皇之情焉。

仰稽祖宗立法之初，非無故科民養馬也，利害相乘，本無不善。民間養馬一匹，以田科者則有免徵之田，田以畝計者三百；以丁科者則有不役之丁，丁以數計者十五。又有草場以爲芻牧之資，又自本生之駒以充解俵之馬。故夫百年上下，民差稱便，惟養馬爲第一也。而今故非其舊矣，水旱頻仍，疫癘交作。沿革因時，寖乖初意；氣化人事，胥失其常。問其免徵之田，則曰畝非不三百也，而拋荒者過半；問其不役之丁，則曰丁非不十五也，而逃亡者不一。草場固在也，而有租銀之徵；孳生有駒也，而不中解俵之用。利害之

❶ 此疏康熙本多「福建道監察御史臣聶豹謹題爲懇恩蠲免重科以蘇民困事」二十四字，位置在全文之首。

視夫前日者相去遠甚矣，民安得而不苦哉？然猶未也。各處額養種馬與常年備用馬價俱有定數，非有司得而加損也。有司於抛荒逃亡者無如之何矣，乃據見在丁田責令包賠，取盈其數。是非徒失養馬之利也，而害之視夫前日者固也兩倍之矣，民安得而不苦哉？借使見在丁田果皆膏腴有收、富庶有力，責令包賠猶之可也。今據田之見在者，不過有主知管耳，而歲之不獲，猶夫抛荒；丁之見在者，不過尚有父母、妻子之聯屬，即不忍離散耳，然室如懸磬，猶夫逃亡。況今年夏秋之交，廬、鳳、滁、和枯旱千里，淮、揚、徐、沛之水巨浸茫然。若今不爲之所，則膏血既盡，雖父子不能以相保，又安知一二年後不并今日之見在者驅之爲荒榛、迫之爲逋民哉？是蓋時勢之必至耳。

及查租銀之徵，猶爲舛戾。往年建議，止因草場散布非止一處，養馬之户間有相去窵遠、不便牧放，遂至荒棄，故欲召人佃種，納租入官，聽候給民幫買備用馬匹，其初亦無不善也。屢經撫按奏請，廷臣覆議，大意皆同。而立限解部以備京邊買馬支用，查自正德年間作俑也。「誰生厲階，至今爲梗？」草場本爲芻牧而設，今乃無故而徵租；馬料原自草場而出，今乃反之而斂民。則是馬户本有之利奪之使無，養馬本無之害加之使有。就令行之於民物富阜之時，其於政體、人情已屬不通，而況於今之時乎？民之痛苦於是乎有湯火之急也，安得而不訴且皇皇哉？臣嘗總前項租銀，江之南北歲輸不過五千餘兩，朝廷視之曾太倉粒米不若耳，而窮極之民倚之爲命。今欲以粒米利公帑，而趣千萬人之命至於死亡，謂是爲得富彊之計乎？此臣之所謂舛也。

臣聞琴瑟不和，必事夫更張；勢窮不變，難致之通久。種馬之在民間，爲害固非一端，而今日所宜急處以通其變者，則莫有過焉逃亡之丁、拋荒之田、草場之租，是則所謂害之太甚者耳，臣固冒昧言之。況查改造馬册又在來年，通變宜民適逢其會。伏望皇上軫念東南之苦之極，乞敕該部查議有無相應，乞行江南北撫按衙門，擇委廉能官員，查勘各府州縣養馬人户，實在丁田若干，計畝、計丁應該養馬若干匹，照舊領養；其餘拋荒逃亡者若干，原該領養種馬若干，暫爲開除，准令變價入官，貯候丁田復熟之年别議召給。而常年額解備用馬價，即今仍令實在人户包賠，則於軍國之需不失其常，而於養馬之家丁田既足其實在之數，即雖有草料之費、買補之難、包賠之苦，將見在人衆力齊，而反復之害庶幾省之。至於草場租銀之徵，若謂一概通免，似於養馬與不養馬者之家利害不蒙；若謂止徵召佃之人，則亦有養馬之家而無一芥之場，其爲惠也通屬不均。合無亦令委官踏勘各處額有草場若干，或荒或熟，或肥或瘠，分别等第，量爲起科，無分養馬與否，計畝均納，照舊收貯各該州縣，各准該年折色馬價。至有不足，然後照馬科補，則利歸養馬之家，惠無不需之人矣。

以上二事，臣不敢謂於馬政有所裨補，特欲去其害馬政者耳。若夫綜覈之宜、查勘之法、造報之詳，無使以熟作荒、以在作逃、以生作死等項，是在撫按并委官臨時稽察防範耳，然非臣之愚昧所得而悉也。臣所見者，窮極之民情狀可憐，但得一分之寬，即蒙一分之賜；馬去一匹之害，即有一匹之利云云。

應詔陳言以弭災異疏

臣聞治天下以正風俗、得賢才爲本。仰惟國家之興百六十餘年矣，然而至今人才未振，風俗未醇，民力未裕，國用未舒，人士微謙遜之節，里巷多攘奪之風，盜賊之竊發無時，災害之薦臻未已，刑雖繁而奸弗戢，官不攝而事弗理者，伊誰之責哉？是皆責在士夫。若曰外士夫以求賢才，則賢才何由而得？外賢才以正風俗，則風俗何由而始？故欲善今日之風俗，當自今日之士夫始；欲善今日之士夫，當自今日之學校始。學校者，又士夫之所關也。去聖既遠，學校之政不修，人士類以記誦、詞章爲學。夫紙上陳言之務，豈所以尊德性而理身心？科舉程式之趨，豈所以端本原而出治道？方其爲學用心之始，既不止於毫釐之差，則其中之所行與夫中之所就，又奚啻於千里之謬哉？天下未嘗無才，特被科舉潛驅默奪以去，是以不能大有所成，此非才之罪也，志爲利所分、才爲志所奪故耳。間亦有一二豪傑之士奮興特立，不爲浮詞蔓説所靡，然一傅衆咻，終不免乎傾排之害。而「長幼卑尊皆薛居州」，固愛君無已者之所深願也。故臣竊謂：欲正今日之學校以養今日之人才，當於科舉、學校之中深加敦本尚實之教，而教之之法，則《周禮·大司徒》之三物乃其準的也。

孟軻氏曰：「雖有知慧，不如乘勢；雖有鎡基，不如待時。」臣觀祖宗積德已逾百年，以其數則正當禮樂可興之會；而陛下聖神文武，受命中興，一二大臣同心一德，以其時考之，又爲能興禮樂之時。況夫法久弊生，虛文誕蔓，後生晚輩浮靡成風，天下之人皆有祛文存質、舍僞反朴之思，是又《易》「窮則變，變則通，通則久」之勢也。臣備員臺屬，待罪閩陬，觀民省方，知其蠹壞之極，而因察識其弊源之所在，是以輒忘疏昧，妄以管窺杞慮之所及者綴爲肆事，以上答陛下求言如渴之意：一曰敦本實以興正學也，二曰清寺田以備賑卹也，三曰覈官籍以均徭役也，四曰考宦餘以勵風節也。凡此四者，僻諸聖學正心之要、大臣格心之業，然已落在第二義。臣顧矻矻以是爲獻者，臣伏讀宸翰，《敬一》有箴，《心箴》《四箴》有訓，則所以端本澄源之功、體道凝命之學，已可上契堯舜精一之傳，而二三大臣其所以爲緝熙之助者，自當朝夕匪懈，一切智能之美、文藝之末必在所略也。自是而下，今之所當務者，臣竊謂四事亦或庶幾焉，願陛下垂聽而采擇之。

臣所謂敦本實以興正學者，蓋自隋唐以來專以文詞取士，而尚德之風益微。書本愈多而道理愈晦，文章愈盛而行實愈衰，積至於今，弊也極矣！蓋三代之學皆所以明人倫也。昔也明人倫於身心日用之間，今顧明人倫於口耳佔俾之餘，五尺童子率能談天道，而初學之士操觚論性命皆亹亹千餘言，虛僞枝葉之繁未有甚於此時。太祖高皇帝開創之初，姑仍其舊而以科舉取士，然必以禮、樂、射、御、書、數設科分教，至於諸司職掌貢舉事例，又必令有司保舉人才皆由鄉舉里選，則其尚實行、厭虛文之意，已可概見矣。至憲宗皇帝，則令提學官躬歷各學，化導諸生，仍置簿考驗：其德行優、文藝贍、治事長者，列上等簿；或有德行而劣於經義，或有經義而短於治事者，列二等簿；經義雖優，治事雖長，而德行或缺者，列三等簿。歲課月考循序而升，非上等不許科貢，則其尚實行、厭虛文之意又可見矣。臣謂陛下欲嗣續祖宗之遺意，釐革時文之積弊，遠追堯舜之事功，以成中興之治道，必須倣《周禮・大司徒》「以鄉三物教萬民」之法而立之教：「一曰六德，智、仁、聖、義、中、和；二曰六行，孝、友、睦、婣、任、卹；三曰六藝，禮、樂、射、御、書、數。」三物之外，又教以經義爲四物焉，一主於格物、致知、誠意、正心以至於平天下。凡天下國子、府、州、縣之學，各設行實、經義二齋。行實齋爲上等，於上等之中又分爲上上、上中二等；經義齋爲中等，於中等之中又分爲中中、中下二等。蓋行實之齋無下等，行實不得以下等名也；經義之齋無上等，經義，學之次也，而亦無下等者，下等不得以入學也。

夫教以四物，別以二齋，則其重本抑末之教已有端緒，而學校之綱正矣。乃令各學正官於行實齋立上上、上中二樣簿，考以四物。其六德、六行、六藝俱優，經義又能通曉者，爲行實齋之上上等，則大書其名於上上等簿，而填註其行實於其名之下。然人才難得，不必其德行、道藝之俱全也。其次六德、六行、六藝之中或有其一二，或有其三四，於經義稍劣者；又或六德、六行或有其一二，或有其三四，經義頗通，於六藝稍短者，爲行實齋之上中等，則大書其名於上中等簿，而填註其實於其名之下。蓋行實齋以德行、道藝爲重，雖兼經義而不甚重乎經義也。然所以必兼乎經義者，以有德者必有言也。經義之齋，亦立中中、中下二樣簿。能通曉一經，公私能無過犯者，爲經義齋之中中等，則大書其名於中中等簿，填註其無過犯之實於其名之下。又或能通曉一經，中懷狡詐而外加修飾，行止弗端而未甚敗露者，爲經義齋之中下等，則大書其名於中下等簿，填註其有過犯之實於其名之下。蓋經義齋雖以明經爲業，而亦必兼乎德行也。然亦必兼乎德行者，誠懼其有言未必有德也。每月各學二教等官分考所知，填註於四等簿，則以申於學之掌教官。諸掌教官又兼考之，填註於四等簿，類申於若府、若州、若縣諸提調官。國子大學則以申於禮部而奏之於天子，以備試問選用。諸府、州、縣提調官則以本學教官所考爲本等脚色，又參詢而兼考之，每季以四等簿申於提學官。提學官每歲躬歷各學，集府、州等縣提調官及教官與諸生員而面考之。先考德行、道義，後考經義。苟德行、道義無一足觀，雖有經義亦不之考矣。初考有善，後卒棄其善者，即同於無善而名當降；初考有過，後卒能改過者，即同於無過而名當升。以是課策循序而升，俱限提學官到任三年之內，類造各學肆等簿爲册呈於巡按，巡按稽質而精覈之，呈於禮部。而其考之法，只用智、仁、聖、義、忠、和、孝、友、睦、姻、任、卹、禮、樂、射、御、書、數十八字爲則。有一德者則以一德書，有一行者則以一行書，有一藝者則以一藝書，有德、行與藝之二三四者亦以漸而實書之，不必別作考語以混名實，然後係以通某經於所書之下。苟有德行充備、道藝兼高，有司固當即日論薦，而朝廷亦宜厚禮延聘以登用之，其次亦必升入行實齋者方許補糧。每年歲貢，不必復論其食糧之淺深、入學之先後，惟取其行藝之優者充之。三年大比，取士應試約以三分爲率。如取九十人進場，行實齋取六十，經義齋則只取三十焉。行實齋爲先，經義齋爲後，先後之序不得以私亂也。若經義齋之中下等者，德行、道藝既無足稱，經義雖優，才華雖富，斷然不與進場，且於學中教養三年，不堪升進，則是見善終於不遷、有過終於不改，便當斥退爲民。方今見行事例，每遇鄉試之年，選命京朝官爲總考。臣謂當於總考官員差往各省之時，禮部將各省提學官所申四等簿別抄一本，印封完固，限三場畢揭曉前一日，方許會同同考試官及監臨、監試、提調等官當面開拆，然後以取中硃卷對查本生墨卷名字、脚色，又以墨卷對同禮部四等簿上名字、脚色，亦以三分爲率。如取中式舉人九十名，則自第一名至第三十名必行實齋上上等者居之，自第三十一名至第六十名必行實齋之上中等者居之，自第六十一名至第九十名方許經義齋中中等者居之。總考官與同考官、監臨、監試、提調等官敢以私意易其常序者，皆以受私法論。先是，生員送納三場試卷與中式小録、揭曉榜文，皆須各寫某府州縣某齋生員於其名之下以爲識別。禮部會試所取進士所列等亦如鄉試，必先行實而後經義，行實齋得三之二而經義齋得三之一焉。吏部選官亦取禮部簿上脚色以爲高下，不在行實齋出身者，在内不得爲翰林等官，在外不得爲方面府、州、縣等正官。待其德行日新，政績日異，然後以次陞進可也。他日大學之師與提學官及掌教天下之學之官，必皆於行實齋乎取之。凡此内外等官考滿、考績，俱要填寫何齋出身字樣以憑查考。其在行實齋出身者，後果忠義顯著、政績卓異，不惟當賞其人，而兼以是爲儒師、提調、提學等官之功，亦論輕重而加賞焉；後有學荒行虧、踪跡敗露者，則不惟當罰其人，而兼以是爲儒師、提調、提學等官之罪，亦論輕重而行罰焉。臣謂既以德行、道義教養之，又以行實、材學升進而選用之，而又以是考察之，則天下之士皆知行檢之當勵、虚詞之不足貴，忠孝、材德之士豈無卓然出於其間者哉？

若謂置四等簿考驗士行，以今日之儒師考今日之生員，適足以行其好惡奔競之私而反開巧僞飾詐之門者，則非矣。方今掌教、訓導官員多是舉人、歲貢老生，學術粗淺，日暮途窮，固有枉是非之公、圖爲錙銖之利者矣。使儒師得人，又何人才難知之患哉？臣謂凡府學教授必皆選好進士爲之，州學學正、縣學教諭亦必擇乙榜舉人之有學識器局者爲之，重其禄以養其廉，優其禮以高其節，將見自重則公，不私則明。知弟子者莫若師，描神寫真，積之歲月，肺肝畢露矣，尚何人才難知之患哉？至於府州縣之考生員，果能精察，亦自難違，憑學中所考脚色爲之本根，審同異之言以知朋黨之分，偶參伍之驗以責陳言之實。每歲春、冬二季鄉飲酒，可以詢諸耆老，耆老無隱情也；又有合屬里老諸人，里老諸人亦可詢也。孝弟著於家庭，譽望隆於鄉曲，爲其事而無其功者，世未之有也。提學官又總而察之：本學教官曰某賢也，通學生員又曰某賢也，府、州、縣提調等官又皆曰某賢也，則其人始終之必爲君子也無疑矣。拔十得五固未敢望，但得一二於十者之中，亦足以爲聖世無窮之助矣。臣伏見憲宗皇帝朝江西聘吴汝弼、廣東聘陳獻章，二人雖皆不仕，未究於用，然至今南方之士猶有一二知本領之學者，二子有力焉。然則賢才之有益於國，固不專在於多；而賢才所以爲國家重者，又豈專在於文哉？今幸見行事例創興社學、蒙以養正，則異日二齋得人自當不少。陛下試擇臣言以四物之教、二齋之設、四等簿之立、自下而上考校之法，乞揮宸翰作爲學箴，頒降天下之學，刻爲碑文，竪於明倫堂庭中，如今府、州、縣官箴之制，與太祖皇帝立卧碑於明倫堂之左，前飭後申，輝光相暎，使學官學徒知所向方，提調、提學等官守若畫一，數年之後，士風民俗亦或可望其少變也。

若所謂清寺田以備賑卹者，臣考常平法，州、縣寺舍歲用有餘則以歸官，賑民之窮餓者。宋儒楊時爲瀏陽日，使行旅之疾苦飢踣於道者隨所在申縣，縣令寺舍飲食之，是皆前代已試之法也。臣謹按福建一省，總官民田糧計八十四萬九千有奇，内寺觀田糧已計有十二萬八千有奇。夫僧道在四民之中百分未有其一，而僧道所得産業十分乃有其二。井地不均，異端昌熾，可以永歎而遐思者，臣固未易卒言也，特以僧道既有是田之多，則其斯倉、斯箱飽滿充盈，富不期驕，佚則生淫，飲食男女之欲多出乎天理人情之外，褻瀆僭侈不可名言。又乃結交官府爲敗露之先圖，私買田宅爲還俗之退計，以致前日所積懸磬一空，一遇官府追徵、均徭上役，便爾舉手無措，則其勢不得不求假於士夫豪富之家矣。士夫豪富之家乘其有急，要其必從，必欲本少利多方借與銀應辨。爲僧道者，利害切身，田非己有，只要眼前醫瘡，何顧心頭剜肉？典稞動逾十年，奚啻五月糶穀？是以所稞田土，永不可贖；齎糧乏絶，喪狗無歸。其勢又不得不投託士夫之家，以爲棲身免難之計。而士夫之嗜利無耻者貪其厚利，認爲門僧，或喝之以威力，或誘之以小利，或驅之以智術，或啗之以酒醞，凡僧道田租一概包收殆盡。甚者貪饕不息、絶無良心，只要收穀入家，任彼糧差負累。而爲僧道者，命不可堪，則又裹茶齎約，而望他仕宦之門以爲己歸矣。夫僧道今日之去故即新，勢非得已；而士夫前日之典樸久慣者，豈肯如斯而已乎？故或稱舊數未完，或授他僧投獻，而勢在必争。其新樸者，則謂見今常住僧道在吾掌握把持，而勢必不讓，遂至攘臂聚兇，成群打奪；告訐紛紛，連年不息。中間争訟費耗，又皆坐還僧道，一應糧差依然坐累。是以在福建巡按、監司、府、州、縣等衙門，爲僧道田租一事，詞訟文卷如毛如山，弊積竭神，不能撲遏，而救民之善政、理財之善方爲是分奪虧損多矣，而士夫家亦往往坐茲失其和氣。❶夫不能明吾儒之大道以變異端，乃因異端之小利而壞吾儒之家法，豈不可爲痛哭流涕也哉？

臣謹按景泰三年事例，各處寺觀田土，每寺觀量存六十畝爲業，其餘撥與小民佃種納糧；又按成化六年事例，令福建僧寺及有寺無僧田土，每寺除徵及百畝以下，其多餘田地給與無田小民領種。臣謂二聖茲法至精至當，可以決行而無疑、永行而無弊者也。然而至今不行者，竊恐當時言事之臣徒忿寺觀之積弊，一時用計之未詳，是以僧道有所籍口，假託權倖，膚受飜訴，復有所謂士夫之嗜利者立乎其間爲之擺布，是以法泥不行，流弊至今。間有一二，名雖撥與小民佃種，實則俱爲大家所得。臣謂宜通查天下寺觀，糧米百畝以上者，俱依成化年間事例，每寺觀給田百畝以爲常住僧道修理屋宇、香燈茶果之費；糧米百畝以下者，俱依景泰年間事例，給田六十畝以爲常住僧道修理屋宇、香燈茶果之費；其小寺觀、糧米不滿六十畝者，俱各併歸大寺觀。除住持僧道給田百畝外，餘僧道查果有真度牒者，每名仍給田二十畝與爲齋糧，其餘田地俱

---

❶「往往」至「夫不」十字漫漶，據康熙本補足。

入於官。每田百畝，責令排年里老結報佃户一人，或寺觀原管下甲首丁力相應者承種之。該納田租斛秤等項，俱照僧道前收租穀事例，不得有所增損。其該收租穀儲於官之別倉，該年秋糧、驛傳八分料糧與夫十年里役、均徭等項費用，皆於是乎取給。其所餘者，再不許別項支用，專備賑濟，仍令司府、縣管糧官督理之。前後收支存留數目，務要每年終申呈巡按衙門以憑查考，以防侵欺。至於重造黄册之時，其在寺觀僧道所管所謂百畝、二十畝者，俱以本寺觀僧道立户，曰一某寺僧某、某觀道某，田地若干畝，米若干石。僧道所辦一應糧差，只是照其所收田産外，此外糧差皆與無預。其在官所收田糧，則另立社莊爲户以備過割，不得復以僧道爲名，曰一某社莊收某寺觀田地若干畝，米若干石。夫寺觀田米既除糧差，公用必省，因其害而除之以息争，因其利而導之以足國。量其所入，計其所出，截長補短，有剩無欠。而預備倉所積，一年之間可得粟數萬石，積之數年，八閩之荒可有備矣，不猶愈於詞訟贓罰、銖積寸累，❶必窮無知犯法小民之膏，鈎金束矢，刀圭之利而後可得者耶？愚臣於此亦計之詳矣。且象有齒以焚其身，松以瘦而完其性，僧道田糧浩大，亦豈僧道之福哉？糧多則賦役重而應辦煩，寺大則聲實浮而責望深，財豐則淫佚生而殃咎至，利厚則睥睨衆而攘奪興，四者之害出入交攻，僧道不學無術，又將何以支持應接、長享其利而保無一虞哉？終亦必亡而已矣！故臣嘗謂此輩無君無親，不近人類，延蔓天下，勢既不可盡除，則亦但當使之不飢不寒，修齋誦經，祈晴禱雨，掃地焚香以祝聖壽，不當使之過於富厚以長其奸淫侈僻之心，出入官府以混吾四民冠履之

❶ 「積寸」至「膏鈎」共十四字漫漶，據康熙本補足。按，「鈎」似當作「鈞」。

類。而況此輩皆是里巷下品、廝養凡流，一旦度爲僧道，黄冠緇衣，即得良田百畝與二十畝，不勞力而衣食足，不勞心而居處安。即今學校之士，窮年皓首，或者曾無立錐之地，而歎一飽之無時；無田小民，終歲勤動，或不免轉死於溝壑；三軍之士，出其死力，月糧不過八斗。則所爲僧道者，果何功何德，坐享安佚飽煖之利，心猶未足，必欲假託黐訴，營營苦苦以求多耶？伏願聖明裁之。一則可以養僧道清净無爲之規，二則可以免官府逋負追推之擾，❶三則可以熄士夫争奪之風，四則可以供國家賑卹之用。今者饑饉薦臻，國用不足，陛下宵旰亦嘗以是爲慮矣，何乃以有用之穀粟爲僧道淫慾之資，以裕民之厚利爲豪勢争奪之門哉？

若所爲覈官籍以均徭役者，臣謹按見行優免事例，在京文武官員，除里甲正役外，其餘一應雜泛差役全户優免；外官優免事例皆以品從爲差，載令典不啻詳矣。臣切見今日士夫，一登進士，或以舉人選授一官，便以官户自鳴。原無産米在户者則以無可優免爲恨，乃聽所親厚推收詭寄，少者不下十石，多者三四十石，乃或至於百石；原有産米在户者，後且收添，又於同姓兄弟先已别籍異居者，亦各併收入户，以圖全户優免，或受其請託以市恩，或取其津貼以罔利。又有苞苴富厚，囊橐充盈，多置田産，寄莊别縣，仍以官名立户，中亦多受詭寄。勢焰者官府固已聞風免差，勢退者亦能多方攀援以圖全免，或一年之内而免數户，或十年之内而免數年。殊不知在縣丁米只有此數，官户丁米不差，民户料差必重。夫王者之政在於養民，朝廷

❶ 「推」，康熙本作「催」。

優䘏士夫以爲民也，顧乃憑籍朝廷優免之厚恩，陰食吾民之膏髓，是誠何心哉？由是民不堪命，逃亡凍餒之災日痼日甚，而官府剥膚椎髓之禍日酷日深，石壕叫呼無時或息，而士夫之家與夫巧爲詭寄之人，方且欣欣自慶以爲其計之得，不知民愁怨生、上干和氣，而水旱螽蝝之災未必不由此致也。故詭寄之令非不嚴也，以之寄於士夫則踪跡益秘而不可復查矣；府、縣精明之官非不多也，以其分在士夫則亦姑從隱忍而不復究治矣。

臣伏讀諸司職掌國初貢舉事例，内一款略云：凡有司保舉人材到京，仍取本户丁糧數目，作何營生及户内有無什役事故供結明白，然後開發送部選用。臣欲微倣此意，凡進士登第之初、乙榜舉人受官之始，所書籍貫之下，俱要實報本户在官男子幾丁、官民米幾石，吏部轉之户部，類造行之。若府、若州、若縣官府編排徭役，不拘丁米多寡，只照户部所降數目照例優免。其不在户部所降者，户上丁米、一切編排，官府私作人情及士夫受寄田糧俱以贓論。及其入官俸禄果有餘資，增置田業，收産入户，内官則當六年考滿之時，外官則當三年考績、九年考滿之時，俱要各報本户增收糧米多寡，即以填註於考滿、考績本等脚色之下。其無所增者，則註曰本户糧米無所增。吏部轉之户部，類造行之，若府、若州、若縣以爲優免之則。不由户部所降者，亦不得免，私免者論罪如前。若然，則由前所報者必不敢多張虚數，與本户丁米全相互異；由後所報者必不敢受人詭寄，圖惟錙銖之利，以易終身貪污之名矣。是不惟可以禁詭寄、均徭役而受民以一分之惠，亦可因是察廉貪、識賢否而勵士夫以廉静無求之節者。知人則哲，安民則惠，是亦一道也，惟聖明裁之。

若所謂考宦餘以勵風節者，臣聞選舉之法嚴，則士多修於家而壞於天子之庭；考課之法嚴，則士多壞於家而修於天子之庭。竊歎今日之士夫，窮則無正心誠意之學，達則無體國子民之心，富貴利達之願乃其本根。方其居官在職，内則有六年考察之法，外則有互相考覈之規，固亦碩鼠畏人、虎豹惜斑，修飭忍耐求以得夫聲譽之隆，而冀躋於清要之路者矣。其或覆蓋不周、肺肝敗露者，固無所逃乎考覈之公，而自投於寬閑之野矣；又或愛護官爵，不敢罔爲，託故回家，其間固有出於孝弟、恬退之實而爲是者矣，然欲盜恬退之美名爲仕宦之捷徑，乘時勢之方張爲作家之巧圖者，其間不少也。是以此等之人一到故丘，貪饕狼藉，結納上司，挾制府縣，交通關節，利己害人，顛倒是非，報復私怨。甚者欺壓宗族，待尊長如路人；凌奪鄉里，遣子弟爲鷹犬。其已罷職者則曰：「吾官已休矣，守此何爲也？」其未罷職者則曰：「吾官猶在也，人將爲何哉？」是以益肆猖狂，無所忌憚。故里諺有曰：「寧可鄰居人賣菜，不可鄰居人做使。」蓋不勝其蠶食羝觸之患，而爲是欲與俱亡之言也。臣伏讀景泰三年貢舉事例，内一款略云：官員罷職，委無贓犯重情而才學可用者，並聽内外官員指陳實跡，薦舉赴京考用。臣欲推廣此意，凡士夫家食者，不論其職之崇卑、官之罷否，俱令監司、府、州縣等官察其居家所爲，或善或惡皆從實録，密以申於巡按衙門。有司畏勢希寵、所申不實，按察衙門皆得查究糾劾。巡按衙門復加察識，定爲考語，直以申於吏部，吏部兼舉而總察之。其未罷職者，則以其居家之事跡參諸居官之政事，善果相符歟，則不次超用可也；惡果相符歟，則即日罷去可也；二者之間功過相準，則酌量重輕以爲進退可也。其已罷職者，丘園之賁果能孝友和睦、清素恬静，則不可以其前日之失掩其終身之善，起馮唐於已廢，以發潛德之光可也；惡者，則前日雖以罷黜，今日尤當創懲，奪惠卿之官爵而誅奸諛於既死，又何不可之有哉？是不惟可以遏其挾制官府、奸貪狼藉之威，而亦可以勵其老當益壯，退思補過之忠者。若然，則天下士夫自相砥礪，始終進退不敢有二其心，鄉閭獲表正之功，聖世多完節之臣，豈非士風之一快哉？惟聖明裁之。

夫祖宗法度精密正當，初無可議，但行之既久，良法美意漸失其真，飾法虚文日趨於弊，以故正學不興，異端淫侈；徭役弗均，風節虚徐；蝟興師亂，不可勝陳。故臣取其關係之所當先者言之，蓋敦本實所以正心，以立王化之本；清寺田所以閑邪，以衛王道之原；覈官籍所以厚邦本，而培植之於中；考宦餘所以正士風，而維持之於後。而四者之中，又以學校爲本。或者乃謂：「方今科舉得人亦不爲少，何必更爲敦本尚實之教，而後可以得異才以成治哉？」臣竊以爲古之所謂才者，曰齊聖廣淵，明允篤誠也，曰忠肅共懿，宣慈惠和也；今之所謂才者，曰記誦詞章也，曰意見談説也。古人致君事業，曰巍巍蕩蕩也，熙熙皞皞也；今之事君者，亦曰期會簿書、智力把持而已耳，其與古人致治之本、創治之功，規模器局、力量才識相去何啻天壤之不相爲侔耶？故宋大儒程頤與其兄顥，皆厭棄舉業，而從事於聖賢之學。張載亦曰：「孰若少置意科舉，相與從事於堯舜之域？」朱熹亦曰：「後世學校雖存，而所以教之者，不過趨時干禄之技；其所以勸勉程督之者，又適所以作其躁競無耻之心。雖有長材美質、可以入聖賢之域者，往往反爲俗學頽風驅誘破壞，而不得有所成就，尚何望其能致化民成俗之效，如先王之時哉？」使四子皆愚人也則可，四子若皆有明德新民之學，寧不可爲究心哉？是舉業移人，不足以養真才，古今通患也。臣由科舉出身，歷官御史，忝在士夫之列，今日所言，乃欲少變科舉之文以從德行之實，而又歸罪於士夫，是豈訶佛罵祖、操戈入室者之所爲哉？臣少不知學，長亦同流，入仕以來徒爲利禄所驅，作縣有愧於循良，立朝實慚於風紀，始知上負天子、下負斯民者，皆臣等不學之故也，故冒昧爲陛下陳之。

元旦呈祥疏

據漳州府經歷司呈，承准本府照會，備長泰縣儒學申，據廩膳生員董榮、許興等呈稱，嘉靖七年正月初一等日，天降甘露，在於本縣欽化、恭順、善化等里，塔、山、石前等地方凝結，垂綴竹、松、桐、梅等樹，鄉民採啗，味甘，收獲送學，因考前代所降甘露，其凝如脂，其味如飴，或色如稻米，或垂如珠璣，或降在松、竹、梧桐等樹，正與相符等因；及據長泰縣申備人和里老人董淵源等呈，同前因；又據龍溪縣申，備二十三、四都里老許祥道、鄭清呈稱，嘉靖七年正月初一日夜，有本里地名磁窯，社民人李顒伯山所，松樹上綴有甘露等情，尤恐未的，復差該縣典史余榮膺前去看驗是實，各將甘露採收，用小罐裝盛，申送本府備由，將甘露一罐呈送前來。該臣看係地方祥瑞，隨將甘露驗發布政司收庫，批行該府再行勘結回報去後，續據呈稱，行據長泰、龍溪二縣各拘集原降甘露地方里老居民人等，勘報相同，取結申府回報。間又據南靖縣申，備本縣後三鳳嶺、寶林山等社總甲蔣君相等呈稱，於本年二月初一等日，本處松、竹等樹上綴如珠顆，凝如膏脂，其味香甜，樵童、牧豎争先採啜，傳聞里巷，莫知其名，隨差人採取到縣，考之書史、傳記，正係甘露等因，本府通行備由，取各不致虚捏結狀，繳報到臣。

隨會同欽差鎮守福建、御馬監太監趙誠，并都、布、按三司掌印等官，署都指揮僉事侯汴，右參政侯位，副使祝鑾等，考諸載籍：甘露者，仁澤也。耆老得敬，則松栢受之；尊賢容衆，則竹葦受之。蓋自秦漢以降，上下千有餘歲，未之多聞。自入國朝以來，一百五六十年亦既再見，況不降之别省而降於福建之漳州，不見之他時而見諸春正之上吉，不凝之别里而凝於恭順、善化等里，松、竹、桐、梅等樹，其時其地，天不言而示之之意，蓋有非偶然之故。是蓋聖天子仁孝格天，湛恩覃被。遁荒之老，登崇殆盡；淹卹之賢，遷敘如流。先後竄伏之臣，漸次收復，以故上天降監，希世呈瑞，海陬黎民傳呼創見。臣等不勝慶幸，思見德化之成，共賀太平之有日也云云。

久病不痊懇乞轉達放回休致疏❶

據福建延平府經歷司呈，承准本府照會，准本府知府萬鎡關稱，本職於嘉靖六年八月二十一日到任以來，因衝冒山嵐瘴氣，得占瘧疾，轉成元氣損耗，耳鳴痰喘，頭眩目昏，腰背拘酸，手足痿痺，節經醫治，未獲痊安。每會精神倦怠，職務積叢，屢欲强勉支持，輒復旋就枕席，事誠幾於百廢，休不止於三宜。今桑梓、狐丘之思益切，而簿書、期會之計愈疏，若復淹留不圖亟去，則鰥曠之罪日增而死亡之期浸迫矣。合關本府煩爲轉達，委官交盤庫藏、署掌印信，放歸休致調治等因，備由轉呈前來。隨該臣批行布政司，行令本官調治供職外，續又該本府呈，准知府萬鎡關稱，委因病勢侵尋，調治不效，錢糧不能收受，詞訟不能問理，公文不能幹辦，若復遲留，則病日益深，死日益迫，合再移關轉達，委官署印以便自陳。又該臣看得本官去志再呈，

❶ 此疏康熙本目録標爲《轉奏懇恩休致疏》，正文題爲《轉奏延平知府萬鎡告病休致疏》。

情甚懇切，但今地方多事，而五品以上官員去留亦難輕議，又經批行布政司查勘，若果病勢難爲，别無推託規避，再議呈報去後，隨據該司經歷司呈，該本司查看得，知府萬鎡悃愊無華，事體練達，昔任嚴州，人皆仰其循良；今補延平，民方賴其休息。郡守似此，本難輕放，但本官呈稱老疾，一而至再，似難勉留，及查本官並無推託規避等情，回報到臣。

爲照延平府知府萬鎡，寬厚得牧民之體，年資有遷轉之機。受直怠事，豈其本心？多病辭官，原非得已。如蒙乞敕吏部查議本官應否去留，或憫其年勞之深，量擬以在京職銜准令休致，惟復改調水土相宜地方，别選年力富强、才識精敏者一人，銓補員缺，嚴限前來。庶使積弊之地、久玩之民亦得以仰沐聖天子至治之澤，而濱海之邦不勝幸甚也云云。

病故大臣疏❶

嘉靖七年五月十二日，據福建興化府經歷司呈，承准本府照會，據本府并莆田、僊遊二縣及平海衛各儒學生員黄汝定、林焕等連僉呈稱，嘉靖六年十一月初八日，有欽差總理糧儲兼巡撫應天等府地方、都察院右副都御史方良永病故於家。本官由弘治三年進士授刑部廣東司主事、員外郎，陞廣東按察司僉事、湖廣副使、廣西按察使、山東右布政使、浙江左布政使，懇乞致仕。起都察院右副都御史、提督撫治鄖陽等處地方，

❶ 此疏康熙本目録標爲《請卹清忠疏》，正文題爲《轉奏故大臣贈謚祭葬疏》。

以母老乞終養，該吏部訪得本官居官素謹、家無贏餘，題准優給月米。親終，起復前職，於本年七月二十七日接敕赴任，至浙江衢州府得病，再疏辭免，當即南還就醫聽旨，不幸大故。

切照本官賦資重厚，秉性剛方。少通學術，名輩服其精深；初理劇曹，同官推其志操。竭忠爲國，所向成功。在廣東則靖生黎之亂，在湖廣則殄流寇之凶。殃民一奏，惠在浙藩；生祠列祀，愛遺海徼。至於賊瑾擅權，炙手可熱；逆寧怙寵，側目無何。而本官横觸其鋒，介然自信。雖戮亡而不卹，在擯斥而恬如。於乞休五六疏，見難進易退之心；即家食二十年，著鎮雅黜浮之化。歷事累朝，晚際明主。金帛積膺於渥賜，月米尤荷乎殊恩。素爲廷議所推，並無一人論列。遽聞殞逝，闔郡悲傷。緣國家大臣病故，例有贈謚、祭葬，合將本官履歷大概，具呈轉達等因，到府備由轉呈到臣。查得本官近已轉陞南京刑部尚書，未曾赴任，兹以疾終於家。其平生履歷大概，聞之朝論，夙有賢聲；徵之鄉評，果無異詞。如蒙乞敕該部查議本官應否葬祭、贈謚云云。

病勢沉重乞賜轉奏容令致仕疏❶

福建按察司提學副使吴仕呈稱，奉敕提督福建學校，自本年四月十三日到任以來，巡歷所屬各府地方考試應試生儒，冒暑過勞，以致舊患瘧痞舉發，寒熱間作，顧科舉事迫，未敢辭避。至七月二十三日接得家

❶ 此疏康熙本目録標爲《轉奏乞恩容令致仕疏》，正文題爲《轉奏督學吴仕養病致仕疏》。

書，報稱幼子方及三歲，患痘身故，悲傷之餘嘔吐血痰，頭目昏眩。蓋緣本職年齒向衰，惟有一子，雖襁褓之微，實係宗祊之重，忽聞有是，情不能堪。即今前疾轉劇，新證復增，飲食頓減，神情若失，醫藥不效，病勢重危，若不呈乞轉奏容令致仕，誠恐一旦命先朝露，魂寄炎方。爲此除差家人吴深具奏本職扶病啓程，沿途訪醫調理，聽候外，具由呈乞轉奏等因前來，隨該臣批，行據該司經歷司呈，奉本司帖文，查得副使吴仕素以孱弱之軀，遽遭骨肉之痛，衷情迫切，病勢侵尋，去志已決，別無他故等因，呈報到臣。

看得副使吴仕，夙著才名，蔚敦鄉行。即其蚤歲，已高引退之風；繼遇明時，復切帝臣之願。禮曹分職有年，督學陞官未久。試期伊邇，巡歷倉皇。始因冒暑積勞，鬱成痰痞；及聞喪子傷情，轉加危劇。據之情勢，似難强留，如蒙乞敕吏部查議，合無准令養病回籍，候病痊起用，或遂其初志，憫其年勞，量擬以在京職銜行令致仕云云。

表貞烈以勵風化疏

嘉靖七年四月初九日，據興化府經歷司呈，承准本府照會，據莆田縣申稱本縣民鄭德時妹鄭三娘貞烈事情，取具里鄰勘結，申繳本府，備呈前來。該臣看得大道久湮，全節希聞，不謂復有此女，批行知府葉觀從實再行勘報，仍率同兩學師生，其求古人之中，❶此女孤貞當與何人並論，具由繳報去後，隨該興化府呈稱，

❶「其」，康熙本作「共」。

行據府縣儒學申，備教授秦鳶、教諭潘龍、生員林鍠、魏鎬等，及據莆田縣申，備十年里老張鉞、❶族鄰沈宜獻等連僉供結，得故民鄭希均女名三娘，的於嘉靖四年八月內許婚府學生員吴世勳。本女時年一十八歲，其母林氏、兄德時見世勳家貧，告悔，三娘不食流涕，深示一許不二之意。既悔之後，獨卧一樓不起，時常託病不食，間或爲母强啜一粥，尚冀母兄感悟。至嘉靖六年九月內，母兄改議陳一鵬爲婚，本女望孤計窮，屢欲就死，以母步步防閑，無間可乘，憂憤成疾，却藥絶粒，本年十一月初六日骨立而逝。闔郡人士，靡不悲嗟。即其堅持一許之心，遂成至死不二之志，較之衆人之中，實所罕見。惟嘗伏覩宣宗章皇帝御製《五倫書》，載元朝王野妻柳氏者，未成婚而野卒，其兄欲奪其志，柳拒之，尋遘疾却藥而死；又閲《湖廣通誌》，本朝王宬女名妙慶，許嫁陶紘，未嫁而紘卒，義不他適，遂自經死，事聞，表其閭墓。之二女者，與三娘事雖不甚相類，而心則同，視古奉天之賓，今晁山之王從容就義，實爲過之。已曾具呈本府，蒙立扁表揚，經營葬事外等情，通將取到兩學師生及排年里老、鄰族人等，同具府、縣官吏各覆勘供結，粘連備由，呈繳到臣。

竊照此女之烈，夫豈無所自而然哉？天下從仁，蓋昉於堯舜之帥；斯民好善，實原於文武之興。恭惟皇上大孝至仁，海涵春育，丕應傒志，士女同風。彼鄭三娘者，不學而能，從容就義。堅持一醮之貞，不苟十年之字。百鳥孤凰，八閩奇跡。其視柳氏之却藥、妙慶之自經，異代同符。故其就死之日，吊哭盈門，詩章成帙，咨嗟歎息，萬口一詞。是豈有所强而然

---

❶「十年里老張鉞」六字，康熙本作「排年里老張鐣」。

哉？蓋由此女志行卓異，風聲動人，不約而同。除臣巡歷該府，再三勘覈，實跡明著，正與憲綱所載相同，相應保舉。如蒙乞敕該部查議鄭三娘貞烈，如果於風化有關，合無行令有司，表其閭墓。

嚴法守以靖地方疏

據福建按察司經歷司呈，奉本司帖文，准浙江按察司關，該温州府樂清縣十五都耆民程肅清呈，爲興義勇，舉民船，以便勦除海賊，省費軍儲事。竊見沿海龍灣等處軍民，興販木頭、餹果、青靛等貨遠通福建，來爲客名，去爲賊路，打刼海運，勾引外患，搔擾地方，乞委把總、有司官各一員，編定船號人械，常川捕殺等情。該欽差巡按浙江等處監察御史王朝用批，行巡海道副使傅鑰，會同總督浙江備倭、署都指揮僉事李節，議得程肅清建言一節，誠爲先事之慮。又查得先爲嚴法禁以熄海賊事，該巡按浙江監察御史潘倣看得私船下海時禁頗嚴，但海賊黠猾，巧爲規避，況今倭夷窺伺，邊警方殷，萬一潛通勾引，爲害豈可勝言？乞行福建巡按御史，嚴督海道等衙門，將漳、泉等府軍民私造雙桅大船盡行查出拆卸，敢有故違及容隱者，照例問發。奏行兵部，節該欽奉聖旨：「著各該巡按御史嚴督守巡、兵備、備倭等官，申明禁約，不許下海通番。有故違容隱的，都依擬發遣不饒，欽此。」欽遵，已經通行外，合無再行沿海各該府、衛、所大小衙門，申明前例，嚴加禁約，如有仍前故犯者，各照例發遣。仍乞轉行福建巡按，督彼巡視海道等衙門，一體禁約，庶人心知警，防範嚴而海患息。通行備呈，該巡按浙江、監察御史郭登庸批「沿海邊方、巡視海道并備倭等官，平日豫計審處，豈俟民者有言始定所議？言不貴陳而貴行，法不貴立而貴守。所議詳明，依擬施行」等因，備由關司，備關轉呈到臣。

看得汀漳之海盜爲害温處，猶温處之礦徒爲害福寧也。蓋因兩省之民受制不一，以故邊徼之禍蔓延無已。兵備、倭總等官，又皆因循推調，坐視頻年之患，有不如耆民程肅清者，乃先杞人之憂。彼責專地方，不知何以爲心也？事情重大，批行按察司會同都、布二司從長計策，若何而可以弭盜，若何而可以寧邊。或專設兵備一人，總制兩省邊海之民；或兩省各設兵備一員，互相策應。如礦徒爲害，責在温處之兵備；如海寇爲害，責在汀漳之兵備。犬牙相制，彼此維持。若以秦越視肥瘠，以玩愒幸無事，則非臣子公勤之心也。

隨該本司署印副使祝鑾，會同都、布二司各掌印官，署都指揮僉事侯汴，左參政查約，議得前項海賊、礦徒之害，地限閩、浙，民分爾、汝，此有患而彼不之卹，彼有患而此若罔聞，以致海寇、礦賊日甚一日。失今不預爲之處，則他日之患殆有不可測者。若欲別設總制官一員，似難輕議，合止令兩省兵備等官協謀以定約束，而毋爲一方之計；併力以殄蝨賊，而毋圖一時之安。若海盜貽害於浙，則汀漳兵備等官不得辭其責；若礦徒貽害於閩，則温處兵備等官亦當任其咎等因，會呈前來。

該臣看得礦徒、海賊爲患於福寧、温、處地方，竊發無常，備極慘殘，已非一日。若不早爲之所，則將來之禍非但一方之憂而已。今照兩處兵備之官，各一其守，各一其民，各一其心，若非巡按衙門互相制束，終難寧一。如礦徒越境，則福建巡按得以檄責温處兵備，并查問温處府、縣之官；海盜侵疆，則浙江巡按得以檄責汀漳兵備，并查問汀漳府、縣之官。彼此策應，互相瞭報。或編收平日作耗之民，歸役於官；或查議往來通寇之地，守之以兵。則事體歸一，民心無二，邊圉之患或者可望其稍平也。

又經批行各該官司，再行會議得本省山則有礦徒之患，起於浙而延於閩；水則有海賊之患，起於閩而流於浙。顧疆界之相屬，實休戚之相關。肆今兩省兵備等官，所慮非不及此，第官各異守，民各異心，一遇前項盜賊竊發，苟能驅之出境，便爲晏然無事。若非法制把持之固、彼此控馭之密，何以祛宿弊、警有位而靖邊圉哉？合無具奏議處，仗一人之威靈，定兩省之約束。如礦徒越我境爲患，則福建巡按得以檄責温處兵備，并查問温處府、縣之官；或海賊侵彼疆爲患，則浙江巡按得以檄責汀漳兵備，并查問汀漳府、縣之官。其盡心邊務及職業不修者，許互相舉刺，無所忌避，庶幾彼此協謀，以國事爲家事；遠近交卹，視若民即吾民。此固弭盜防患之一機也。至若節目之大則有四焉：一曰用良吏以撫疲憊。竊見處之景寧，漳之龍溪，近年兩縣長吏皆不得人，釀成大患。必須得廉幹進士知縣官各一員，則潛消默化之餘，必可有觀者矣。二曰嚴關隘以截往來。查得礦徒之來，必由古田、壽寧等處；海賊之經，必由烽火門、福寧州等處。合無於前項賊徒往來去處，各令官兵更相守禦，失事者加重罰，有功者懸厚賞，則有備無患矣。三曰開撫諭以安反側。夫今之爲盜，皆流民也，豈無鴻雁中❶澤之思？但歸之無所耳。曷若收此作耗之民，或量給工食，俾歸役於官，積之以歲月，結之以恩信，昔之流民將盡爲吾之良民矣。四曰嚴禁約以杜貪殘。夫今之海盜者多造雙桅大船，止以裝載貨物爲名，及至大洋之間，輒肆刼奪，慘不可言。合無申明大法，嚴加禁約，凡沿海小民不得私造違式大船，若見在者盡令拆卸入官，改造戰船。其通番罔利、怙終不悛者，置之於法，庶幾民

❶ 底本此後一頁錯版，今據甲庫本正之。

知忌憚而海患可漸除矣等因，會案轉呈到臣。

竊照閩、浙連年之禍，非海賊則礦徒，刼殺之慘，東熄西燃，陛下有不得而盡知也。今欲示之以威，使之不敢爲盜也，則彼之踰山蹈海，官兵無用武之地，是雖師行糧食未見成功；若欲招之使來，俾之不至爲盜也，則彼之卒歲終年，饑寒有切身之憂，顧其打礦、刼洋乃爲恒產。爲今之計，撲滅似難爲功也，僉謂莫先於撫焉，然撫之之術，必先使其衣食之源有所資耳。臣竊計汀、漳、温、處四府民兵約有四千餘名，及各府、縣廢寺入官之田，并拆毀無名淫祠，多爲勢家兼併，積年包攬，不若委之此輩猶爲有名也。合無選委府、縣廉幹官員，督率鄉都耆年里排，查報平日打礦刼海之寇，開張聖德，給以榜文，容其就撫，行令頂補前項民壯各役，按季給以工食，居之以祠寺，耕之以廢田，統以巡捕官員，時其簡閲。則彼衣食有源，出入有賴，而又習見官府法令，數年之後，未必不感化爲良善也。又況此輩精悍，十倍齊民，今既爲官府所役，萬一地方復有他虞，真可以一而當十，復何寇盜之足禦耶？諸司所議「開撫諭以安反側」者，意見亦遠矣，然非牧養有素，感化有本，安知其撫於今日者不復叛於他時哉？臣查得汀、漳二府共一十五縣，其知縣等官率多舉人、監生，知能守己愛民十無一二，而貪婪毒痛、驅迫良民爲盜賊者，又皆覆轍相尋也。及查汀、漳、温、處各縣倚山負海之民，氣多兇悍，輕生爲盜。習與性成，全在縣令得人耳。縣令得人要於進士出身者，名器所重，頗多向上。伏望俯念山海之民陷溺之久，乞敕該部於四府繁難縣分，每府量除進士三四員，而於龍溪、景寧二縣，民尤引領以望更生也，但恐一時選補未便。臣查得先任兵科給事中、今降漳浦縣縣丞余經，先任工科給事中、今降西安縣縣丞黄仁山，倘於年資無礙，乞令陞補二縣知縣，使其以功贖過，必於地方有賴。諸司所議「用良吏以撫疲憊」者，亦非淺之爲議也。臣又查得福建地方，以其通番而有礦也，趨利之民畔亂不常，以故軍衛之設備倭、守坑、把隘、巡捕之官，最爲嚴密，採礦有禁，下海有禁。甲令之登載具存也，而愚民之犯者曾無虚月；官兵之糧餉不廢也，而寇盜之來也如履曠原。蓋因法度廢弛，人心玩愒，賞罰之令不明，監司之官不職，是故礦海之禁，適開官兵年例之騙局；關隘之設，反爲盜賊息肩之鋪舍。若不申明法令，嚴爲禁例，則民之荼毒於刦殺者，將無來蘇之期矣！臣謂礦徒、海寇之來，出我不意，或難爲備；而其去也，負載挑擔，掩襲截殺自我爲之，更復何所諉哉？又況接引有土著之民，資送皆富豪之家。今後盜賊經過地方關隘，若復聽其自去自來，不能傳報勦捕以致刦殺平人者，合無查照守備不設律令，把守官員并兵備、守巡等官連坐有差，而違禁接引、資送之人全家處以重罪，則玩愒廢弛之餘，庶乎官兵知所震戒矣。至於雙桅大船盡令拆卸入官，則揚帆飛渡之寇計窮利涉之資；住近礦坑人家或可移置别處，則篝火餱糧之徒望絶遠攻之具。諸司所議「嚴關隘」、「嚴禁約」者，顧皆習有所見，臣參詳所議，預爲曲突徙薪之計也。夫以兩省巡按制兵備，以兵備制有司，以有司各親其民而制其弗率化者。明罰敕法，官民震飭；大綱小紀，彼此維繫。將見民雖兩省，政在一家；盜逸海山，制歸庭户。不敢謂盡禦寇之術，而一時地方或者可望其稍寧謐耳。臣管中之窺，敢云一得，廟謨之議自有萬全，非臣淺陋所能窺測也云云。

雙江聶先生文集卷之二

奏　疏二

表揚卓行以勵士風疏

據福建興化府經歷司呈，承准本府儒學申，備通學廩、增、附生員吴華等僉呈，御史陳傑幼有至性，不類凡兒。早失恃，哀毁踰禮。養祖母，撫幼妹，極其孝友。奉不嗣祖孀如母，革命爲治後事，所遺金帛、田産不私受，均之族人。既長，讀書，務敦實行，由進士尹景寧，廉明涖事，政修俗清。擢御史，理戎政，憲度明允，激揚居多，既而遂圖終養。父封官卒，哀毁幾絶，葬祭以禮，三年無惰容。仕宦垂二十年，田不增畝，食惟虀菜，祠宇、墳墓悉力修葺，内外族有不能葬、孤嫠不能自存者，莫不爲之嫁娶。家食八九年，非公事未嘗一至公府，非義饋遺一毫不受，日與一二同志淬礪切磨，動以聖賢爲師。雖然自修不事表暴，而至誠孚動，死之日，識與不識莫不咨嗟歎息。華等久薰晉鄙之善良，深企涑水之敦篤，合將事蹟呈乞轉達上司，奏請旌奬，風化幸甚！

又據莆田縣尊賢里墓鄰卓世歷等呈，爲鄉官孝感事，御史陳傑爲父封官營葬，本鄉惟見本官布衣徒履，類於行傭。或兩手抱石，或隻箕扱土，與工人均其勞苦。既葬，結廬墓次，竹扉甕牖，高大不過尋丈，寒暑朝夕讀書、坐卧其中。每晨昏，必親進蔬粥於墓，退而後食；遇風雨時，必周旋墓側，悵悵然哀思不忍去，見者莫不酸心。忽本月初七日，烏鵲無數飛集墓廬，連三日，哀鳴不止。至十日，復有白鷺數百千集於墓樹，樹爲之白，鄉人莫諭其故。既聞本官以是日謝世，莫不嗚咽泣下，以爲禽鳥微物亦感本官素履而哀之如此。世歷等密近墓廬，目擊本官行實、孝感，獨爲精詳等情。又據本縣學申，據通學生員郭襄等呈，并據省祭致仕等官魏文豪等、里老耆民鄭廷岳等、興化衛鎮撫千百户房仁等各僉呈，俱同前因，各到府。行間又據本縣申，准浙江處州府景寧縣關，該浙江按察司提學副使萬潮批，准該縣通學生員潘恒信等呈，爲舉缺典、表賢能以垂激勸事，開稱先任知縣陳傑，福建興化府莆田縣人，由進士歷官既久而清節無間，秉公涖治而懽聲沸騰。已經建立名宦祠宇崇祀，備申查照施行等因，俱轉呈到臣。

看得已故御史陳傑，勤學好禮，樂道安貧。孝友之行蔚著於生前，廉仁之風永言於身後。是故禽鳥昭祥，輿論翕然，家邦無間。據之彝典，似當表揚。已經批行該府重覆結勘前來，查照相同。隨該臣查得先據福建布政使司經歷司呈，奉本司劄付，承准户部福字九百一十六號勘合，照會爲祈卹典以表遺賢事，該本部題，内開「看得巡按福建監察御史王應鵬奏稱，已故監察御史陳茂烈，行實卓異，乞加卹典一節，合無准其所奏，行令有司造蓋坊牌，賜以名額，表厥宅里，或附入鄉賢祠，仍量爲優給其家，使嫠婦不致失所」等因，題奉聖旨：「是，欽此。」又該承准禮部皆字一千一百七十七號勘合前事，内開：「賜已故監察御史陳茂烈牌額，名曰孝廉。」俱除欽遵查照外，爲照御史陳傑，生平履歷比與御史陳茂烈，行實相同。如蒙乞敕該部查照彝典，表厥宅里，并附入鄉賢祠祀，庶可以樹風聲而勵貪頑也云云。

薦舉離任方面官員疏

竊聞爲政以人才爲先，憲綱以激揚爲大。臣承乏以來，其於大小官員賢否，固不敢信耳於衆口之愛憎，亦不敢任情於一人之喜怒。或試之以事以觀其才，或探之於微以察其隱，故其賢否大概亦頗廉知。除見任諸司另舉外，臣訪得先任福建按察使、今陞河南右布政使周用，簡重寡默而不苟詭隨，明慎周詳而務崇寬厚，臺憲昭凝峻之風，冤獄著平反之譽。先任福建右布政使、續陞江西左布政、今丁憂馮馴，操履端方，政體明練，清戎而奸弊盡袪，署篆而軍民咸服。先任福建提學副使、後調陝西撫民副使范永鑾，庸心仕學，鋭志功名，遇事敢爲而公論聿明於去後，歷官勤慎而政聲可驗之平生。先任福建副使、今丁憂鄭佐，操心精實，體國忠勤，嚴明之憲體獨持，請託之徑蹊自絶。先任福建右參議、今丁憂蕭廷傑，性資剛鋭，志行公平，巡歷不憚乎勤勞，執法不回於强禦。是五臣者，雖其才氣高下不能盡同，均之廉勤公謹，爲一方藩臬之有聲者。如蒙乞敕該部再加查訪，如果臣言不妄，乞將周用等拔擢以勵其餘云云。

自劾不職以申明憲綱疏

臣節該伏覩憲綱内一款糾劾百司，内開：「内外大小衙門官員，但有不公不法等事，在内從監察御史，在外從按察司糾舉。」又一款巡按失職，内開：「凡監察御史巡歷去處，若知善不舉，見惡不拏，杖一百，發烟瘴地面安置。」俱除欽遵外，竊詳祖宗立法，其所以責備風憲之官若是其重且嚴者，無非欲其激暴鋤貪，肅寮貞度，以靖安人民爲職也。

臣奉命以來，恐無以仰承皇上勵精更化之意，蚤夜憂惶，勉圖報稱。又況福建地方僻臨嶺海，貪暴縱橫轉相摹倣，生民魚肉，無所告訴，憲度不章未有甚於此時此地也。臣以嘉靖七年七月十七日入境，二月初四日巡歷至延平府，聞之山谷田野之民怨讟嗷嗷，皆謂先任知府陳能遺孽流毒，至今爲梗，臣始悉其平生欺天罔人、盗名竊位之奸若是乎其神也。繼而查盤倉庫，又見其奸弊種種，莫可勝究，乃行守巡道參議蕭廷傑、僉事伍希周審問各該經手吏典、庫役人等，始各吐露真情，供招實犯，仍追出陳能摽註印信簿籍共一百零七本，開送到臣。看得其間費用餽送、侵欺入己等項贓私歷有明註，如費用項下則開某年月日某吏經手支作某項使用訖，餽送項下則開某年月日某吏經手支送某人訖，侵欺項下則開某年月日某吏經手併送大衙訖。臣惟驚駭悼歎，而猶未敢直以己意斷之也。乃復轉委運鹽司同知查仲道、延平府推官陳禹卿、建寧府推官陳廷華，通吊該府歷年贓罰、錢糧各項案卷，備查相同，實該侵盗費用餽送、入己共銀六千四百餘兩，據其造册開報，無復可疑。臣猶恐其有一言一字之誤，不足以厭服陳能之心而協天下之公也，於是復行按察司按察使周用會同都、布二司都指揮僉事侯汴、左布政使查約重復查審，得陳能各項贓私，除費用項下，如買改機、買段疋、買酒米、買扇、買紙、印書、做器皿、製衣帽、造東嶽淫祠、賞歌唱俳優之類，該銀八百五十九兩有零；餽送項下，如内而中官以及於科道部屬，外而監司之官與監司之子弟，及鄉官、使客、僚友、進士、舉人、監生、生員，其次則巡按之監生、書吏，三司之吏典、承差，守巡之門子、皂隸，下及鄉官、使客之家人、小厮亦無不饜其賄者，該銀一千一百七十五兩有零。二項共該銀二千三十四兩，俱不算外，實該入己贓銀四千三百六十八兩九分二釐五毫。屢經駁查，證佐卷簿，愈明益顯。則雖父兄不能庇其子弟也，而況於臣爲執法之官乎？

臣始據三司會問招案，於七月二十五日具本參題，無非欲申三尺之法以勵百寮，爲延平之父老子弟雪怨憤耳。將謂陳能稍有人心，必悔恨其生平之非，嗟惻其敗露之盡，惟有斂手以待罪也，不謂其深情厚貌，猶欲逞其前日欺世之奸，蒐慝服讒，崇飾惡言，百計彌縫，肆爲摭誣。臣於閏十月二十八日據奏事回還，承差王仲望齎到通報，内一件爲貪暴巡按僭作威福、挾讐誣陷，懇乞天恩辯明冤枉事，該陳能奏，内開「臣先任延平時，有彼鄉人曾昂逞忿殺人，臣問擬如律。後曾昂買求聶某，伊父兄前來本府寺護印僧惠安菴内住歇，執其弟聶某簡書來府囑託，臣時疑其爲僞，不行。伊父兄謗説大過，聶某以臣故意謀圖報復，至嘉靖七年二月按臨延平府，拏臣舊日門隸、吏典再三研追贓私不得，復謀串舊讐吏李顯。伊曾一歲三盗庫銀，追賠恨深，臣應朝離任後，盗用本府印信、空頭簿子，捏寫無影贓私，乘機陷臣。彼初至延平，即召主僧面謝，且賞米五斗」等詞，是其盗憎主人之言，若無足辯。但其事有指實，慈母惑聽，道聽信耳，將謂事或有因也。

臣於曾昂，初不知其爲何許人，亦不識僧惠安作何狀，案行分守道參議謝顯、分巡道僉事姜儀查吊曾昂始末案卷，及究審僧惠安去後，隨據呈報，查得曾昂係江西撫州府臨川縣人，嘉靖五年三月内爲鬭毆殺人。嘉靖六年二月内，該按察司問擬絞罪招詳，前巡按御史劉廷簠批允監候。又查得延平府自正德十六年起，至嘉靖六年四月止，俱係天寧寺今在官僧德壽護掌僧綱印記，並不曾有僧惠安護印，亦無僧惠安姓名。又經駁行該道吊查該府僧籍，及取具府縣官吏并僧綱印信結狀，委無有僧人名惠安者。即此一端，則臣之有無囑託、曾否賞米，情出揑造，斷可識矣。臣原籍江西吉安府永豐縣人，其相去撫之臨川，水陸之程千有餘里。嘉靖五、六年，臣亦奉命差往應天等府印馬，其去撫州延平又遠在二千里外。曾昂彼欲請求，則撫州之達官貴人不少，且密邇廣信、建昌等府，中間勢要，可以氣使陳能者何限，又何必舍近趨遠，而干書於二千里之外哉？臣果欲縱犬彘之行，爲曾昂囑託也，則前巡按御史劉廷簠與臣同官、同府且素相善，爲一致囑，則於情勢爲便。失此不爲，而乃兩釐父兄，有事於素昧平生之陳能，似不應若是乎其舛也。其謂李顯三次盜庫，追賠恨深，盜印揑贓，乘機排陷，出於臣之謀串，將謂李顯之印信簿籍爲不足徵也。外此，如庫吏劉宗、户、工等房科吏如伍哲甫、陳易、莊應良等，庫子如羅仁、黄鍾、姜妹堂等，凡印信簿籍八十餘本，不知於陳能又何怨讐，又於何年月日盜印，先計揑贓，以待臣之謀串爲報復之私也。夫李顯三次盜庫，例該充軍，今乃職役如故，則陳能於李顯亦恩矣，顯復何讐於能哉？參其揑誣之情，類皆如此，非惟形跡相背，雖影響亦不相蒙也。

而臣不得已復爲此辯白之詞者，仰惟皇上明見萬里，陳能之奸必難復售，特以近年以挾私沮壞之風略無懲艾，是以貪暴肆志，臺綱解紐，憲臣沮氣。將來巡按惟掩狸捕鼠、判押文移以了職事，卒有大奸大惡如陳能者出於其間，皆將懲羹吹虀、因噎廢食而以臣爲戒，是使憲綱不振於天下者，臣爲之俑也。臣豈不知刓方模棱、全身保位以忌備虎蛇反噬之毒，得之爲計哉？竊念朝廷之所以責任者何事？地方之所以仰賴者何官？區區犬馬之忠，圖爲尺寸以上答天覆地載之恩者何時？是故陳力奉公，蹈虎狼之尾，撩虺蛇之頭，而不遑爲一身毁譽利害之計也。第根志行不孚，德業未著，不爲世所知重，致令贓犯如陳能者，昧其滔天之罪，敢於欺篾憲綱，摭誣法官，而又辱及於安分農圃之父兄，是臣爲不忠、不孝、不弟之大者也。除將陳能費用餽送入己各項贓私，查照各官開報案卷簿籍，謄造手册一本，不敢煩瀆天聽，轉呈都察院查行外，伏望皇上乞敕吏部將臣罷黜，以爲不能奉職者之戒。仍敕都察院另選素有風力、聞望御史一員，前來交代，將臣所劾陳能贓私從公提問。如臣果有毫髪之私，一言一字之誣，則苗竄幽流惟上所命，不復得而辭也。

地方災異疏

據崇安縣申稱，有居民范六妻方氏，於嘉靖七年正月十七日戌時生産一物，猪身象頭，鼻生額上，長二寸，鼻下一眼，徑四分，上下牙齒七箇，赤身無毛，腹有臍帶長六寸，産下氣絶。呈到臣，看係地方異物，隨批行府、縣覆勘相同，回報前來。該臣會同欽差鎮守福建御馬監太監趙誠，并都、布、按三司掌印等官，署都指揮僉事侯汴，右參政侯位，副使祝鑾等，議得和氣致祥，乖氣致異。爲照本年元旦漳州既有甘露之祥，亦於本月中旬建寧復有鬼物之異，是豈天道之難諶哉？《易》曰「本乎天者親上，本乎地者親下」，則各從其類也。恭惟聖天子勵精圖治，而仁孝之隆蓋將舉一世而甄陶之，是故漳州之祥所以昭陛下仁孝之德；福建大小官員惛惛戾常，而玩愒之弊❶蓋將率人類而鬼魅之，是故建寧之變所以彰臣等玩愒之咎。變不虚生，各

❶ 底本此後一頁錯版，今據甲庫本補。個别文字漫漶處參據康熙本補足。

有攸當。除臣備行大小衙門痛加修省，勉冀將來之善以仰承惓惓圖治之休，伏望皇上日親盛德，無間憂勤，將見諸福之物、可致之祥莫不畢至矣，豈但甘露之祥而已哉？區區災異，將不日而自殄矣。

乞恩致仕以全病軀疏

臣年四十三歲，原籍江西吉安府永豐縣人，由進士歷任福建道監察御史。嘉靖六年九月二十二日，欽蒙差往福建巡按。臣以七年正月十七日接管行事，自分菲才，受兹重任，晝夜憂勤，不遑寢食。臣資稟孱弱，舊患痰火、咯血等證，平生藥餌未嘗廢離。福建素號炎鄉，雖以氣血壯盛之人游宦其地，率多嬰病棄官，監生書吏相繼告回，如汪廷卿等三人矣，况以臣素弱而舊病者乎？蓋自上年五六月間，臣由延邵巡歷福興至漳泉地方，踰山蹈海，毒熱瘴嵐衝冒侵陵，前病咯血至漳州舉發，不能視事已旬日矣。於時科場期迫，乃扶病回省。百凡調度皆巡按之責也，雖事多由舊，然小人之才不可大受，深憂過計，節宣失宜，入場之後心血虛耗，驚悸怔忡，既而變成痢疾，十分狼狽，百執事之所共見明知也。試事既畢，出場伏枕，文移廢閣亦將月餘。彼時即欲援例具奏，然以武舉、決囚、朝覲、考察數事皆政之大者，勢不可緩，亦不容假手他人，於是百計調理。九月以後稍就清凉，諸疾小愈，勉强事事。十一月初，復出巡汀、建、福寧等府州，至今年二月初回省。三月初，前疾復作，天氣漸暄，病勢日危，飲食少進，加以咳嗽發熱，肢體羸瘦，手足麻痺，氣息奄奄，寢成痼疾。醫者謂病源既始於積勞，調理須求之静逸，若復驅馳，終難痊可。夫當聖人御天，萬物咸覩，凡有血氣，孰不欲具使令之役於下寮，以快千載一時之遇？如臣駑鈍，誤蒙拔擢，謬置清班，雖宗族、鄉黨藉以爲榮，今乃甘就枯槁，豈其情之得已哉？蓋由榮寵踰涯，鬼神見忌。初欲圖報於涓埃，詎謂勞傷於嶺海。即雖溘先犬馬，死填溝壑，固臣之分也，徒以父母在養，年幾八旬，瞿然桑榆之景，何所於依？臣不敢遽有其身者，蓋有待也。伏惟皇上光弘從欲之仁，優悉群臣之體，近年以來，内外大小臣工有欲致仕及養病等項，一皆曲成不遺。如蒙准奏，乞敕該部查照舊例，容臣致仕回籍求醫。倘得苟全軀命，以供菽水，尚當與耕夫、樵子歌詠孝治仁化於草野之間。陛下再造之恩，縱不及隕首於生前，尚圖結草於身後矣云云。

懇乞天恩容令休致以全病軀疏

臣由進士歷任福建道監察御史，嘉靖六年九月二十二日奉命差往福建巡按。受命以來，自反庸劣，恐蹈覆餗之刑，憂惶勞瘁百倍於人，然於地方曾無秋毫之補，徒費心力，馴成寢疾。臣舊患痰火、咯血等證，自入閩境，觸冒瘴嵐，重經毒熱，前病舉發，日增月劇。蓋自今年三月以後，加以咳嗽發熱，精血虚損，孱然尫羸。臣恐有誤地方，已於四月十七日差吏林廷顯齎奏乞休外，至五月初十日，臣至建陽縣聽候交代。十六日，據公差、承差藍德和等報，臣欽蒙聖恩，已於三月内陞授浙江寧波府知府，臣不勝感激，益增惶悚。臣巡按無狀，得免黜辱幸矣，乃復有此非望之遷，不已幸乎？况近奉明旨，慎重守令，要其成功，懸厚爵以待之，正臣盡忠補過之時、功名進取之會也。今顧辭榮寵而甘寂寞，乃於人情有大不得已者。臣福分淺薄，禄食匪宜，受直怠事，鬼神攸惡，况病源既根於腹心，調理必假之歲月。檢方考醫，皆云咯血、咳嗽仍以發熱者終難痊可，是臣生全之望有不可必。只今延訪浙江常山縣醫官楊榮，見行遍身針灸，體貌雖人，神氣索然。即雖死於道路，其在朝廷特九牛亡一毛耳，然於臣之一家，仰事俯育實所有賴。伏望皇上曲成萬物而不遺，能使一夫之皆獲，乞敕該部查照近例，容臣休致，俾得生還鄉土，則臣雖死猶感德，啣環結草當圖報於來生耳云云。

病廢不能供職乞恩休致疏

臣由進士歷任福建道監察御史，近蒙聖恩，陞授今職。臣駑駘下乘，榮叨四品之尊，顧分願以踰涯，雖虀粉之莫報，此外更復何所希冀哉？特念臣少多疾病，積成尩弱，蒲柳之姿，望秋先零。蓋自奉命巡按福建以來，苦心極力欲圖報稱，不謂微勞未見，舊病舉發，咯血、咳嗽仍以發熱，即今精神昏憒，手足痿痺，氣息奄奄，與死爲鄰。已於四月十七日，未拜寧波之命，先已具疏乞休。既而情悃再上，俱未蒙該部查行。所司之意，或者憫臣過惡未彰，猶可姑留備位，而臣病勢侵尋，委難再任鞭策。爲貧而仕，本圖升斗之沾；因病乞休，未遂涓埃之報。命途偃蹇，情事倉皇，伏望皇上矜不能而聚所欲，乞敕該部查照松江府知府王煒、九江府知府馮曾事例，容臣休致。萬一再生有期，得同鳥獸魚鱉咸若於山林川澤之間，未盡之年皆陛下之賜也。犬馬啣恩，敢忘報答云云。

乞恩致仕以全病軀疏

臣原籍吉安府永豐縣人，中正德十二年進士，初除直隸松江府華亭縣知縣，由御史序遷今職，而能薄享厚，鬼神害盈；行多拂亂，病復侵尋。臣於嘉靖七年承乏巡按福建地方，積勞服熱，舊患痰火、咯血病症日逐舉發，扶病治事至嘉靖八年四月，日甚一日。臣自念公事將畢，私情可申，具本乞休，未蒙俞允。本年五月得報，蒙恩陞授寧波府知府，便道還家，前病轉劇，亦嘗兩申。前疏俱爲所司寢格，復咨行都察院劄付，巡按江西監察御史責臣逋慢，督促赴任。秋冬之間稍就清凉，病勢少可，臣倉皇就道，不敢偷安。繼而復承調補蘇州之命，臣又於嘉靖九年四月到任。蓋嘗誓竭駑駘，用圖報稱，然簿書之棼亂，錢糧之逋積，獄囚之攣繫，使客之往來絡繹不絕，蚤夜驅承，凡心力之所能致者，戴星戴月，無復愛惜。不謂神形日勞，病根日深，咯血、痰火舊症不時交作，至今年三月以來，加以怔忡驚怖，忘前失後，手足痠痺，頭目昏暈。訪醫求藥，半於公程；視聽僉書，大乖常度。吏胥之奸弊不戢，豪强之驕横未制，生靈之魚肉無所告訴，撫按之責成率多闊誤。臣失今不去，則將來瘝曠之咎有不可贖，而坐使撫按當道陰受不韙之謗，則臣之罪不益浮矣乎？

昔人謂内無攻心之疾，外不見從事之難；外無掣肘之虞，則内不見悔吝之憂。未聞氣息奄奄、怨議紛紛者而可以善後而圖治也。臣竊念蘇州，天下首郡也，陛下欲重守令，當自蘇州始。顧今政頹俗敝之後，即遴選賢能精力、素有聞望、爲衆所推服、如先任知府況鍾、邢宥者而任之，而又奬之以敕，重之以權，一如洪武、正統、宣德、成化年間故事，俾得以安其位而行其志，猶恐蘇之理未可遽望，況病廢薄劣如臣者，使之充位釁積禍隨，終朝三褫，於臣固無足惜，其何以承流宣化而仰稱聖天子慎重之意於萬一者哉？況臣今年四十有五，臣父母在堂，年俱八旬，臣以多病，向未有子。臣之所以尚愛餘生而不敢以身委道路者，凡以情事未畢也。陛下以孝治天下，曲成不遺，而未嘗强人以不能。乞敕該部查照近日准擬外官致仕事例，容臣休致，使犬馬餘生，得與禽獸草木各獲其所於山澤之間，則一日未死，仰承陛下一日之賜也。除經手倉庫印信，另造文册，呈請撫按委別府官員，會同本府同知楊言、通判李淛、史立摸、張鵬翰查盤外，即日離任，藁薦待罪云云。

懇乞天恩容令休致以全病軀疏

臣原籍江西吉安府永豐人，由進士歷任今職。臣以病勢侵尋，情事倉皇，三年之内已經四疏乞休，俱不蒙所司查覆施行。顧羝羊觸藩之勢，進退維艱；而狐死首丘之願，瞻依無所。臣竊念聖作物覩，今天下凡有血氣、挾寸長片善以自鳴者，皆欲表見於世，而臣徒以多病之故，辭尊榮以就枯槁者，是豈人情之得已哉？臣稟氣素弱，少多病疾，蒲柳之資，未秋先零，積勞内傷，舊病痰火、咯血等症不時舉發，加以頭目昏暈，手足酸痺，神思恍惚，一切府事俱多廢誤。臣已於前月内具本差人乞休，未蒙俞允。臣近接家書，内開臣母於本年二月初四日偶得危疾，去死無幾，至今兩足浮腫，晝夜呻吟，念臣一見。臣得此，恓惶不能自安，前病日加，委無專志。臣念蘇州乃天下繁劇之郡，爲陛下注意生養之所，使臣果有秋毫裨益生靈，即雖虀粉其身以答天地覆載之恩，亦臣所甘心焉者，豈當復以家事爲念？不謂病勢、情事日見徬徨，上報負犬馬之期，内顧切肝膈之憂，此臣之所以不辭煩瀆而乞休之疏至於再肆。伏望皇上憫臣微志，乞敕該部查撿前後情疏，容臣休致。萬一得保殘生以終情事，則生死骨肉之報，當圖啣結矣云云。

乞恩休致疏

臣江西吉安府永豐縣人，中正德十二年進士，遇例放回依親。十五年，除授直隸華亭知縣。嘉靖四年，遇例行取選補福建道監察御史。五年，奉命差往應天等府印烙馬匹。六年，巡按福建地方。八年，陞授浙江寧波府知府，尋調蘇州府知府，臣以九年四月到任。十年九月十三日，不幸臣父亡故。十月初五日聞喪，守制回籍。臣素病痰火虚損之症，憂廢以來，苟存視息，奄忽三年。臣以本年正月例當起復聽選，不謂前病日加，痊可無期。再念臣母今年七十有八，臣父不幸之後，徒以憂苦，馴致痼疾，痰逆浮腫，尪卧呻吟，足不履地亦復三年。且臣爲幼子，尤爲臣母素所鍾情，即若扶病就道，是將以不復再見爲别。縱使他日犬馬劬勞或稱任使，然於天性之傷亦無足贖。況臣歷試三官，奔走十年，已嘗上負國恩，下速官謗，顧今以多病近衰之年，可復責以後效而蓋前愆乎？此臣自知之愚，有不可得而欺焉者也。伏望皇上憫臣微志，乞敕所司撿臣先後陳乞之疏，容令休致，俾臣母子得遂其死生相依之願，則犬馬啣結之報，即雖槁滅，當永圖於來生也云云。

衰病不能供職乞恩休致疏

臣年五十七歲，原籍江西吉安府永豐縣，中正德十二年進士，由知縣、御史陞蘇州府知府。嘉靖十年十月初一日聞父喪，接丁母憂，病廢草野凡十有二年。二十年五月内，節該吏、兵二部爲公舉薦以備任使事具題，蒙恩起用，補授平陽府知府。臣以是年九月接憑，十二月十五日到任。饑饉師旅，勢時叢脞，禦虜賑荒，心力疲憊，兼以南北異宜，水土不習，舊病痰火舉發，不❶時昏眩，怔忡驚悸，達旦不寐，幾成焦渴。誤服寒涼，變爲脾泄，昧爽前後勞作不止。只今體貌雖人，元氣日耗，民事、公程廢閣殆盡。臣是年三月例當給由，竊意此時陳乞，庶於事體爲便，乃於本月初二日，據山西奏事回還承差陳陣齎通報一本，内開陝西缺副使駐劄潼關，推臣承乏。誤蒙簡用，臣奉命驚惶，不勝感激。伏惟潼關咽喉重地，兵備節制重權，即以年力精壯、才猷懋著、水土相宜之人任之，猶恐未易仰稱，如臣衰病，謬充任使，將來坐誤地方，上負皇上起用之恩，下負廷紳舉薦之公，罪將何贖？況臣病體情事，人所共知。臣於嘉靖八年四月内，於福建地方，嘗以前病具奏乞休；嘉靖十年五月，又於蘇州府具奏；十三年四月内，又於臣原籍具奏，凡今四次陳乞。蓋臣福薄災生，衰病侵尋，「陳力就列，不能者止」，亦臣萬不得已之情。伏乞皇上敕下吏部撿臣前後情節，查照近日山西兵備僉事許勉仁事例，容臣休致。臣自今未死之年，皆皇上曲成之賜矣云云。

乞恩辭免重任疏

臣聞命自天，措躬無地。竊念臣謬以菲才，荷蒙皇上拔置卿貳，恩踰分涯，日夜感激。雖嘗竭慮畢愚，期展尺寸，而材識有限，未效涓埃。兹又仰荷特達之知，親御翰墨，擢臣正卿，自來人臣遭逢未有斯比，臣感

---

❶ 底本此後一頁板裂、漫漶現象嚴重，今據甲庫本録入。

切心腑，莫罄名言。但今兵部尚書即古司馬之官，責任至重，本非臣器量所勝，仰惟皇上英謀宸斷迅若風霆，聖見神謨光於日月，尤非臣下所能仰贊於萬一者，顧臣何人，可以當此？夫與人不求備者，聖主之度也；量能而受官者，人臣之義也。臣之自度亦既審矣，豈敢冒昧受命，致誤任使，重負聖恩？伏乞聖慈收回成命，改授時賢，容臣勉修舊職，圖報將來，庶竭犬馬之誠，上答乾坤之造，臣不勝感激云云。

辭免恩命疏

切惟臣子之義，凡職所當爲者，即隕首虀骸，莫非分所當盡，而未可以功言也。臣以凡庸，仰荷皇上拔之於衆人之中，授之以本兵之任，自顧才綿識薄，不能先事爲戒、奉揚天威，以致紫荆告急，乃仰厪君父宵旰之憂。特叩重玄，今兹克捷實由天鑒聖誠、昊穹默佑所致，而我皇上遜不自居，覃恩邊臣。邊臣效力以衛封疆，恩霈所及，激勸攸寓，猶爲有名，顧臣何功？過蒙宫保之加、延世之賞，恩寵優異，實非臣愚之所敢當。伏望皇上收回成命，庶臣得安分效職，以圖報天恩於萬一，臣無任感激云云。

辭免恩命疏

臣聞命自天，措躬無地。切惟摧賊鋒於東塞，衂虜騎於西陲，成近歲未有之功，舒中華撻武之氣，皆我皇上道契重玄、功參元化、謨謀天啓、機運神授之所致也。而臣猥以迂謬之才，冒兹本兵之寄，念指示之無能，顧寵榮而思懼，詎荷綸音，洊加宫秩，九天渥澤，一品崇階，非惟臣初望所不敢及，亦臣庸薄之所不敢當者。伏乞聖慈收回成命，容臣得以安分陳力，仰答恩造，臣無任感戴。

衰病不職懇乞天恩俯賜罷黜疏

臣於嘉靖二十九年伏蒙皇上天高地厚之恩，起臣於草野之中，擢臣今職。臣感激隆遇，仰天誓心，本期修職務少效報答，但臣才本庸劣，加以少患痰火、咯血等證，每勞輒發，昏迷僵仆，良久乃甦。昔在壯年，曾經四疏乞休，蒙恩俞允。今年六十九歲，血氣衰弱，前疾復作益頻，形神枯槁，思慮窒塞，雖欲勉强圖報，力不副心。屢常具疏要行自陳，緣邊方多事，恐蹈避難之罪，輒復隱默。今再三思惟，本兵重任，即以有才無病之人猶懼不稱，臣既庸劣衰頹，如若不言，將來曠廢日甚，臣雖萬死，豈能自贖？是以不避斧鉞，瀝悃哀鳴，伏乞聖慈矜臣之愚，赦臣之罪，俯賜罷黜，别選賢能以充任使，臣愚不勝幸甚。臣干冒天威，無任戰慄云云。

雙江聶先生文集卷之三

序一

重刻傳習録序

《傳習録》者，門人録陽明先生之所傳者而習之，蓋取孔門「傳不習乎」之義也。匪師弗傳，匪傳弗覺。先生之所以覺天下者，其於孔門何以異哉？夫傳不師孔，猶弗傳也。孔門之傳，求仁而已矣。孟子曰：「仁，人心也。」孟子之求心，即孔門之求仁也。然心無形而有知也，知外無心，惟知爲心；物外無知，何知非物？予嘗聞先生之教矣：學本良知，致知爲學。格物者，致知之功也。學致良知，萬物皆備，神而明之，廣矣大矣，故曰「知皆擴而充之」，「足以保四海」，「無他，達之天下也」。孟子之善學孔子者，其在兹乎？祖述孔、孟，憲章周、程，先生之所得亦深矣，而或者猶異之云，其殆於仁心知物之義有未達歟？

蓋仁即心也，心即知也，知即物也。外物以求知者爲虛寂，外知以求心者爲枯槁，外心以求仁者爲襲取，外仁以求學者爲泛濫滅裂，此二氏、五伯、百家之學所以毒天下，如以文辭而已者。今之陋也，去益遠矣，毒滋甚焉。良知者，通天地萬物爲一體也。忍其毒而弗之覺，猶弗知也，此先生之傳殆有不容已焉者耳。

是録也，答述異時，雜記於門人之手，故亦有屢見而複出者。間嘗與陳友惟濬重加校正，删複纂要，總爲六卷，刻之八閩，以廣先生之覺焉。

重刻二業合一論序

天下無二業也，藴之爲德行，措之爲事業，合内外之道也，一也，而奚以二哉？二之者，僞也。大《易》有言：「忠信，所以進德也；修辭立其誠，所以居業也。」今之舉業，其諸修辭之類乎？然古以立誠，今以作僞，剽竊於口耳之木，❶疾其驅於利禄之塗，所發者不必其所藴。其言仁義道德也，儆諸行而不顧，伎倆日精，本實日喪。率天下置於僞而莫之悟者，其惟舉業乎？是豈聖朝科制之本意哉？制以舉業試士者，正以考其實也，不謂其流而僞也。

甘泉先生以古學號於天下者數十年，比守國子，乃復著爲此論，其亦不得已救時弊，誘人之學之幾微矣。夫謂業舉子者，必棄之而後可以爲學，昧於勢者也；謂爲學爲止於是而可，他無所事事者，背於道也。是故不易其業而易其志者，幾也。類天下之業者存乎幾，一天下之志者存乎誠，誠則一，僞則二。二業合一者，不易其業而一其志也，是之謂幾微也。嘗聞先生之教曰：「隨處體認天理者，誠之功也。隨處體認云

❶「木」，康熙本作「末」，宜從。

者，造次於是，顛沛於是，無終食之間違也。」夫既無終食之間違，則雖有事於讀書爲文，而畜德居業日於是乎駸駸矣。程子曰「不患妨功，惟患奪志」，而作字甚敬，謂即是學，蓋已先發合一之旨也。好貨好色，王道以之不拂乎天下之所趨，而古人之學以復。甚矣，先生之善於誘人也！予故重刻之，以詔闔之業舉子者。

重刻道一編序

學也者，堯、舜、禹、湯、文、武、周公、孔子之所共焉者也，非朱、陸之所能異也。堯、舜、禹、湯、文、武、周公、孔子何學也？尊德性而道問學也。學以尊德性，至矣，豈朱、陸之所能異哉？異之則離性，離性則害道，害道則别爲一端，如楊、墨、佛、老之類是也，是故非朱、陸之所能異也。朱子以豪傑之才，自弱冠著述六經，下及子史百家莫不究心，而惓惓以繼往開來爲己任，後世尊而信之，若蓍龜神明，其相緣也久矣。惟陸子之學，非惟不知信之也，群起而攻之者，若楊、墨、佛、老然。夫學求放心以立其大，居處執事忠信、恭敬以求乎仁，謂其過於尊信孔、孟則有之矣，其於楊、墨、佛、老何有哉？而後世攻之，久而益堅，殆不知其所以也。二家早年之見，異同出入明若觀火，而求諸是非之本心，五尺童子可辯也。而老師、宿儒往往自附於文公，黨同伐異，挾勝崇私，豈非狃於故習而於二家之言曾未考諸己乎？文公晚年反身求約之學，蓋已深契陸氏，而不復向來支離之歎，文公之所以爲大也。後世不測其大而顧欲以己意小之，則已負文公多矣，其於陸子何所與哉？

篁墩先生當天下群咻聚訟之時，乃獨能參考二家之學曲爲折衷，著有此編，非惟有功於象山，其有功於考亭不淺矣。是編也，寂焉弗傳，刻板亦不知其何在。予巡八閩，暇用校正重刻之，俟君子考焉。前節去無極七書者，蓋以皆二公早年氣盛之語，其於尊德性之學亦不甚切云。

重刻大學古本序

《大學》古本之傳久矣，而世之學士乃復致疑於格物之説，辯焉而不釋，何也？予始受學于陽明先生，駭而疑之，猶夫人也。已而反求諸身心日用之間，參諸程朱合一之訓，渙然若有所覺而紛紛之疑亡矣。

蓋大學之道，惟在於止至善也。曾子曰：「君子有大道，必忠信以得之。」朱子釋「至善」云：「蓋有以盡夫天理之極，而無一毫人欲之私。」釋「忠信」云：「蓋至此而天理存亡之幾決矣。」是數言者，真有以契夫精一執中之旨，而古之欲明明德於天下者，舍是無以用其力也。是故知止之功，誠意而已矣。知者，意之體；意者，知之所發也。知之所發莫非物也，如曰好惡，曰忿懥恐懼、好樂憂懼、❶好樂憂患，曰親愛、賤惡、畏敬、哀矜、傲惰，曰孝、弟、慈，曰老老、長長、卹孤，曰理財、用人、絜矩與不能絜矩之類，是皆所謂物也。聖人不過於物，好惡之必自慊也，忿懥、恐懼、好樂、憂患之得其正也，親愛、賤惡、畏敬、哀矜、傲惰之協於則也，孝、弟、慈之成教於國也，老老、長長、幼幼，推而至於理財、用人、絜矩以通天下之情也。夫是之謂格物也。程子曰：「格，至也；物，事也。事皆有理，至其理乃格物也。」又曰：「致知在格物，非有外鑠我也，我固有之

❶「好樂憂懼」，康熙本無此四字，可從。

也。因物有遷，則天理滅矣，故聖人欲格之。」何其明白易簡、以一貫之而無遺也哉！而世之論格物者，必謂博極乎事物之理。信如是，則孔門之求仁、孟子之集義、《中庸》之慎獨，顧皆不及乎格物矣。而《大學》於入門之初，乃先驅人外性以求知，其於天理存亡之幾，疑若無所與焉者也，無乃厭聖學之明白簡易而欲率之以煩苦者之所爲乎？

嗚呼！陽明逝矣，其有功於聖學，古本之復其一也，予故重刻於閩，以存告朔之羊云。

重刻一峰先生文集序

予嘗稽吾邑文獻，文章、道德爲江右斯文鼻祖，如文忠歐陽公，尚矣。繼歐而作，則有文毅羅一峰先生焉。先生學孟子者也，善養吾浩然之氣，富貴不能淫，貧賤不能移，威武不能屈，故發而爲詩若文，沛然若決江河，不知秦漢以來作者何如，要以正人心、明先聖之道以翼世教，則所拳拳。

先生少貧賤，未嘗有一日温飽，砥獨立之行，周之不受，招之不來。比舉於鄉，入對大廷，賜進士第一。釋褐三月，輒抗疏論起復元臣之非，侃侃萬餘言，讀之令人凛然奪氣。時以此榮之，而亦以此忌之，遂落職泉州市舶，淹卹再期。用舉者復南京翰林修撰，尋以病請歸，潛金牛山中，日以著書授徒、繼往開來爲業。緼袍疏食，環堵蕭然，至凍餒其妻子，晏如也。故聞先生之風者，頑夫廉，懦夫有立志，是可以聲音笑貌爲哉？蓋青天白日，其心足稱云。國朝自開科來，狀元及第凡五十餘人，其所傳非無文也，然不一再世，與人俱陳。惟先生則久而益光，片紙流落，遞相傳誦，然後知科第不足以榮人，科第以人榮也；文不足傳，傳者人也。

先生文集，弘治初年邑令揭陽王公嘗刻之，燬於火。正德丙子，先生仲子榦署江陰教，復刻於江陰，至是則江陰板訛矣。乃臨桂張進士來令予邑，屬教諭林君應芳蒐前集所遺詩文得若干首，捐俸重梓，稱全集云。王侯名昂，字抑之，東廣潮人，循良爲永豐第一。張侯名言，字思默，號龍田，下車未幾，首新先生之祠，督諸生日相講授，毅然欲循復揭陽之政以子惠斯民者，是豈俗吏所能辯哉？

永新鄉約序

永新鄉約者，陸子令永新，政成，推廣一鄉之約以約夫一邑之民也。政成，又何事於約也？慨德禮之教漸微，法令之持難久，思有以爲之所也。彼徒事夫法令以持民者，非不可以矯目前之治，然法以我在而行，亦或有時而沮，沮則民散而亂復作矣。陸子不忍夫民之治亂無常也，乃思爲長治之道以維夫民。思爲長治之道以維夫民，而一或戾於其鄉之俗，是謂之强；仍其俗也，考之以禮而弗諧，是謂之瀆；參之以禮也，而卒乃上咈乎聖諭，是謂之倍。倍則勢不順，瀆則民不經，强則行不和。仍俗以和行，恕也；崇禮以經民，仁也；尊聖諭以利其勢，敬也，智也。昔子謂子産「有君子之道四焉」，予謂陸子於是舉也亦然。或曰：「鴻飛冥冥，令且旦暮往矣，則鄉約之行，亦孰與其久而不變哉？」蓋典刑具在，不有諸鄉大夫士乎？此令之所恃以長治而不能忘情於去焉者也。

約法既定，梓行以傳，乃介書徵予言爲引其端。予於陸子有道義之交，且喜其政之成而去也有遺愛焉，因不辭而序之。陸子諱粲，字浚明，别號貞山，蘇之長洲人。登嘉靖丙戌進士，由翰林庶吉士給事黄門，狂言忤主，竄南徼傳臣。已乃量移永新，遷今職也。比及三年，以母老懇乞歸養，詔許之。後之論世者，執是亦可以觀矣。

永豐鄉約後序

嘉靖丙申秋七月望日，郡倅彭山季子奉守公竹墟屠先生之意按吾豐，督縣令鰲洲彭子輯民。於鄉約者，酌古式今，通變宜民，要欲誘而納諸於善焉耳。於是幽人耄叟扶杖裹糧，日參庭而觀化者無慮數千人。季子樂吾民之易於化也，乃設酒禮進而享之，人授約一編。簡年德七十以上者坐於堂，五十以上者坐於堂之下，不及五十者不得坐，列於序之東西，環觀於門之内外。昭德涖盟，作樂崇禮，勞來有加，教思無窮。是日也，穆穆于于，老安少懷，不謂復見三代之隆，予於是而乃知王化之有所基也。

王者之化，莫備於井田。蓋嘗讀《孟子》而得井田之所始也。鄉田同井，死徙無出鄉，出入相友，守望相助，疾病相扶持，則百姓親睦。百姓親睦，而後可以語王化，故曰不觀於其鄉，無以知王化之易易也。自夫王者之迹熄，而鄉井之教寖灝，後世願治之君不知出此，徒欲以法把持，謂足以禁暴寢姦，驅民於善，而祇以亂之矣。譬之委禽於籠，納獸於檻，而求其咸若遂生，有是理乎？洪惟我太祖高皇帝平定之初，首以親睦百姓爲務。今觀禮制諸書，教民一榜，其間所載里甲之制、和睦之諭、社厲之文、宴誓之章，亦皆神道設教，而區區刑驅法致，誠若有非所先者。然享治既久，美意漸荒，而隨其意之所便以爲治者，又見人人殊，求其達化知幾如守公今日之意者，蓋有之而未見矣。

是約也，主之者公也；督而成之，以身勸相者，别駕季子也；宣上意以翼夫下者，是在邑大夫也。然皆非有所作也，一以申敕聖訓、祖述成周之遺意已耳。是故賞罰者，法也；書善過以示勸懲者，意也；是非者，心也。明吾是非之本心，以是其所是、非其所非，以愜夫一鄉是非之同情，使法有遺而意無遺焉，是之謂明德以親民也。明德以親民者，鄉大夫士之責也。大夫士者，鄉人之心也。心者，神幾而誠應，明吾孝友之德，以親吾之父兄；明吾睦婣任卹之德，以親吾之鄉黨宗族。使人之父兄、人之鄉黨宗族無一而不在吾親睦之中，則鄉約今日之言，謂非井田之意乎？若夫明罰昭賞，使書示之言有所賴以行之無斁者，則有非鄉大夫士所能責也。

大學古本臆説序

《大學》，載漢儒註疏中，十三經其一焉。謂有脱誤，次其簡篇而補輯之，則自伊川程子始也。至考亭朱子，又推本程子之意，著爲定本以詔後世。世顧以罔極之恩戴之，其來遠矣。乃先師陽明子則謂舊本拆而聖人之意亡，於是分章而復舊本，傍爲之釋以引其義。其序略云：「致知者，誠意之本也；格物者，致知之實也。物格則知致，意誠而有以復其本體，是之謂止至善。庶幾復見聖人之心而求之者有要焉。」

夫因言以求其心，要欲共明聖學，豈樂爲朱子操戈，以身犯不韙而重天下之呶呶哉？彼五經、四書之訓，漢儒姑未論也。宋之大儒如明道、南軒、東萊、横渠、五峰諸子訓而釋之，無慮數十家，然與考亭合者十三，而異者猶十之七。乃天下後世率以朱子爲定論，外此如明道、南軒亦不之信，不知果求諸心而實有得耶，抑亦乾没於文義、信耳目而自賤其心也耶？自後甘泉湛子有《大學測》，涇野吕子有《因問》，栢齋何子有《管見》，後渠崔子有《全文》，雖言人人殊，要與章句之説未協處甚多。是數子者，儒之名者也，其於陽明子何所好而阿之？無亦各信其心，各申其説，共爲此學求是當，以效忠於考亭焉耳。

豹病廢山間，鑽研是書歷有歲時，而於諸家之説求諸心有未得，雖父師之言不敢苟從。竊以孔門之學一以貫之，孔之一即堯舜相傳之中。中者，心之本體，非《大學》之至善乎？致知者，止至善之全功；格物者，止至善之妙用。意也者，感於物而生於知者也。誠，言其順；格，言其化；致，言其寂也。寂以妙感，感以速化，萬而一者矣。乃若必謂格致爲求之於事物之間，則曾子之隨事精察、子貢之多學而識是也，夫子呼而告之，不已贅乎？於是著爲《臆説》，蓋將以質諸四方之君子，緣此爲受教之地也。僭妄之罪，夫復何辭？

白沙先生緒言序

予嘗與士友譚學，言必稱白沙先生，并歌詠其詩以自娱，歎曰：「此周程之墜緒也。」或謂：「白沙，禪學也，子何慕之深耶？」予曰：「夫謂白沙之學爲禪者，非以其主静虚乎？陽明先生之詩曰：『静虚匪虚寂，中有未發中。中有亦何有，無之却成空。』若是，即謂陽明之學爲禪亦可也。夫人生而静，心兮本虚，天之性也。彼禪氏者索之過高，而於人生而静以後一段更不省究，寂滅根塵，鄙夷倫理，而不屑於禮樂刑政之施，要之不可以治天下國家，白沙曾有一於此耶？其詩曰：『多病一生長傍母，孤臣萬死敢忘君？』又曰：『閱窮載藉終無補，坐老蒲團總是枯。』又曰：『六經盡在虛無裏，萬理都歸感應中。』又曰：『虛無裏面昭昭應，影響前頭步步迷。』又曰：『一笑功名卑管晏，六經仁義沛江河。』此其毫釐千里之差，居然可見。今之學者，不訊其端，而日有事於宋人之助長，急於逃禪而安於義襲，矜持於念慮，揣摩於事變，依傍道理，倚靠書册，謂是爲格致之實學，而凡用心於内、根究性體以先立乎大者，率譁然目之爲禪。象山之被誣久矣，豈惟白沙之學爲然哉？」

予於是纂其緒言，僭爲之註，使後之辯儒釋者得有所考，而静虚之學不因噎而廢食也。

刻困辯録自序

予被逮至京師，又明日，下詔獄。日無所事事，惟面壁觀心，并考平生所學，於此時此地有所資焉否也？故凡詩書所載，舊嘗得諸管窺者，每誦味所及，輒録而繹之，然後知學必驗而後有得，如艱難險阻，非身所經歷而談之了了，皆寤語也。

夫學以素位爲得也，位之所值不同，而素其所得於天而習之於己者，則無有乎或變。是故縱火、下石之難方解，而牀琴自如；絶糧之厄，病且愠者多矣，而弦歌不輟，素定故也。《易》不云乎？「素履之往，獨行願也。」惟獨行其願而不願乎外，則願之自我者求無不得，其在外者本無得喪，又何怨尤之有哉？非有所假以勝之而强排遣之謂也。是故精一執中，堯、舜、禹相與授受之素，仲尼祖述以教萬世，子思子述其所得於祖者，發而爲素位之訓，厥旨微矣。予以病廢林藪凡二十年，未嘗一日廢書，徒以性昏健忘，故不求甚記，惟取領略其大意而止。是録也，雜引經傳，篇章離折，❶語意混淆，淹衂歲時，聊以紀憂患自考之意，以俟他日取正於有道，緣是以爲受教之地也。予不以老耄自棄，而世之君子顧以老耄棄予哉？

親仁遺慕序

《親仁遺慕》凡二卷，一曰「嚴翁神秘」，一曰「慈母玄機」。某子厥考某翁究軒岐之術，厥妣某氏孺人，早寡居，託黄老以秘其節。某子少多病，習聞其親之訓也，拳拳服膺以保有此生。慨遺言之在耳者，若將奉以終身慕焉，慕而集之以藏於家，志不忘也。題曰「親仁」，何哉？蓋天地以生物爲心，人得之而爲人之心，故父母愛子之心，惟恐其疾之憂者，仁之至也。人子能以父母之心爲心，體之而弗遺，斯仁矣。余嘗聞丹經云：「恬澹虚無，仁之體也。」軒岐以之而活世，黄老以之而修命，釋迦以之而了性，堯舜、孔孟以之而參天贊化、立人極焉，未嘗不同而實未嘗同也，辯之存乎其人焉耳。故人能遣其欲則心自浄，澄其心則神自清。清浄而真氣從之，神化出焉，以活世則軒岐，以修命則黄老，以了性則釋迦，以參贊立人極則堯舜、孔孟。所異者端耳，而千里謬也，故曰毫釐之差，辯之存乎其人焉耳已。

某子早泛濫百家，晚有所歸而知吾聖學之大，無所事於旁求也。余故翼之以體仁之學，揭大孝終身之

❶「折」，康熙本作「拆」。

慕，在此而不在彼也。

心經綱目序

《心經綱目》者，楚望戴子誦習之餘，有得於經傳切於求心者，録之，以經爲綱，以傳爲目，類而成帙以便觀省。其用心亦勤矣哉！

夫學以求心，要矣，六經者心之註脚，而傳又經之註也。以經求心，猶恐二之，况以傳求心乎？聖賢既遠，道學不明，士大夫不知用心於内以立其大，而徒以意氣之盛以有爲於世者多矣，然於天地之心、生民之命、萬世之太平、往聖之絶學，曾有分毫與焉否也？學不足以窺其大，而徒沾沾焉，謂聞見之博、詞令之美、議論之韙、節概之高足以輔世長民而收位育之效，秦漢而下可考見也，余於是益嘉戴子之用心也。

戴子是編，蓋有感於篁墩先生《心經附註》而作，其自序之意頗詳。蓋求心之道，六經而下，其説長，求其羽翼六經而不畔於執中之旨者，惟周、程主静、持敬二語，余固圈綴分附於各條之下，無爲多説以亂之。余方以老誖爲世所憤嫉，而戴子若將於余正焉，余故序其大意如此云。

直廬稿序

《直廬稿》者，今元相介谿先生之所著也。先生集總若干卷，既刻以傳，兹又集直廬之作得若干卷，間以示豹，謹受而卒業焉。乃再拜序而歎曰：

先生弼亮聖天子今十有二年，其經國之猷、獨苦之心，豈外庭可得而盡知耶？何也？皇上齋居玄穆，躬勤萬幾，賜二三宰臣入直無逸殿，蓋欲廣參決、便奏對也。惟先生受上知眷最深且久，凡密勿之謀，即直臣有不與聞者，顯被召對，獨承諭問，取裁俄頃，每協帝心。茲集所載，僅概其一二，而於籌邊禦虜之略爲獨詳。自昔中興之主，詩書所稱，莫盛於周之宣王。於時玁狁内侵，淮夷外叛，方叔、召虎宣力於外，而車馬戎兵、師行徐疾、遠近之細寔惟尹吉甫從中制之。内修外攘，卒成中興之盛，凡以得人故也。今天下稱太平無事久矣，乃者東西小醜弄兵潢池，驕虜犯順入薄畿輔。我皇上赫然震怒，簡將詰戎迅若風霆，而文武諸將校分道並出，待制敕以行者群立於廷，先生占紙肆書，不煩意揣而動中機要。今觀其制詞衍裕，規畫周詳，凡地理之險夷、兵勢之分合，與夫畜馬峙糧、實營伍、精器械，施之行陣若符契然。皇上英斷如神，洞察群隱，威罰叵測，然獨以心膂託先生，忠勤敬慎之褒形諸諭慰，不一而足。顧夫中興之盛再見於今日，謂不有所自耶？《詩》曰：「文武吉甫，萬邦爲憲。」先生制集諸篇是也。至其應酬諸作及與諸臣私相告語之詞，皆欲上裨國是，下厚民生，猗歟渢渢乎典謨風雅之舊，又豈近代作者可幾及哉？《詩》曰：「吉甫作頌，穆如清風。」先生詩文諸篇是也。

豹不佞，不能盡先生之文，竊窺先生之心與勞，謬論其大都如此，敬書以爲序。

刻秦漢書疏序

文之不古，治道之不競，勢相因也。夫子之欲無言久矣，乃二三子以爲隱，於是删《詩》《書》，定禮樂，贊

《周易》，修《春秋》，悉本先王之舊而推明之，非有所作也，魯、齊二《論》又皆出於門人之所記。廣大配天地，昭明配日月，潤澤配江河，其切於民之生也，譬之菽粟、布帛、耒耜、釜甑，不可一日闕。噫！文至是極矣，其太初之元氣乎？一時並出章教，如老、莊、諸家之説，閎深奇詭，非不古也，崇奬虚放，闊略事實，鄙談法制，鮮及倫理，憂治君子罕訓焉。惟是秦漢書疏，去古未遠，三代之遺風猶在。敷陳理要，功利生民，裨贊世教，究治亂之原而不詭乎帝王之道，直而不激，婉而弗迂，曲而中，簡而該，博而要，使聽之無怒、循之寡失，自六經四書而下，謂文之古不在兹乎？

監察徐君獲是本於山泉林監察之所，傳讀而説之，謂是傳宜廣以不負博我之教。但斷自漢始而黜秦，備采書疏而不及詔令。秦治無論也，而文之古不可少。若詔令出於朝廷，當有大手筆在，固無假於秦漢也。惟士之資獻以言格君圖治，非文不遠，非古不傳，而臣子告君之體要與文章家之型範，舍是斯下矣。欲復古治，當復古文，不得三代而思兩漢，有志於古者每搤掔焉。監察憲古弘化，清治黜穢，奏對有體，稱名御史是也。嘗訂是編於前巡撫馬中丞，亦謂監察宜刻，刻宜序，序宜委豹，無以林卧寡營，役以楮墨，或足以風其懶散忘世之意歟？校刻爲南康推吴國倫，申監察命以速予言。則吉安守黄國卿刻板藏洞學，使士之遊學於洞者獲縱觀焉，率監察意也。監察姓徐，名紳，字□□，號五台，以名進士起家建德，奉命按江右，兹得代行矣。

刻夏遊記序

儒者諱言虚寂，乃吾夫子於易究感應之體而質言之，何也？蓋天下之感皆生於寂，而其應也，必本之虚，無有遠近幽深，而易之受命如響其以此。夫世之議者謂：「心，動物也，心無未發，而可以虚寂言耶？」憧憧之思卒流而爲安排擬議者，謂得夫心之玅用，而精一執中之傳於是乎始荒矣。蓋動，其應也；發，其感也。而其所以能感與應者，寂然不動，周流六虚，以立天下之有，以一天下之變。濂溪周子，深於易者，乃曰：「聖人定之以仁義中正而主静，立人極焉。」極之爲言天之樞、人之命也。

予與念菴子麗澤二十年而論始合，今觀記中發明大旨，要不過此。劉生，念菴門人也，其於先生著述皆未及梓而獨梓夫是，其亦知所尊信者歟？序之以勗其成。

刻虚菴先生言志集序

稽吾豐詩文之祖，自文忠歐陽公而下，入國朝號中興時則有若曾學士棨、習車駕韶，兩驂並翔，唐音復作也。夫浩渺奇縱，倚馬可待，學士尚矣，至於古澹清婉，一唱三歎，有遺音焉。學士以兄推駕部，非虚讓也，而石門梁先生稱之，則曰：「意本風雅而倣乎魏晉，夫豈終爲雲山之《韶濩》也哉？」先生一代儒宗也，無寧以言狥人乎？

予少侍先公水雲大夫，每聞誦先生《洞庭舟次》五言絶句云：「辭家一千里，惆悵不能吟。昨夜巴陵雨，洞庭春草深。」顧某曰：「此唐音也，小子識之！」比壯，從士大夫家遍詢先生全稿，訖不可得。昨庚申夏四月，有鄉民二人來謁，自道其里居姓氏，予訝曰：「非習先生族人？」二人者愕錯不敢對，既而曰：「小人寒微，安敢重辱先人？」予曰：「何傷乎？不知先生全稿家藏有舊本否也？」曰：「藏稿幸無恙。」予乃令人隨其後索之，稿已蠹蝕朽磨，幾不可讀。予校録補輯，悉仍其舊，稱全集焉。噫！先生下世今百有五十餘年，珠沉玉瘞，久而復章，文章顯晦有時，詎不信歟？予故梓而傳之，而末附以大學士金公幼孜所述行狀，學士曾公棨所著誌銘，解公縉所撰菴記，及譜文、詩序等篇，所載先生政績學行，皆足以儀刑後學、俎豆鄉賢，不獨其詩與文可傳而已也。

東坊鄒氏族譜序

井邑之東隅有鄒氏者，古族也。予妣太孺人出澆源鄒氏，永豐之鄒惟澆源古，以其派出樂安埮坪。而東隅之鄒乃亦埮坪派，予嘗考其譜而知之，是故曰古族也。

夫所謂古族者，代有聞人之謂也。若鄒氏者，未暇遠論，入國朝有大理丞鄒公瑾與御史魏公冕，當革除間，首抗請難之師，共秉西山之節，碎首丹墀，妻孥駢戮，而我太宗文皇帝嘗欲用之，蓋嘉其忠之烈也。即使受氏自大理始，已足以稱古矣，況進而有鄒公潙者，嘗從文公天祥起兵，間關海道，卒自刎以明志，而英風峻節，後先相望。盛極而衰，渟滀且久，是故自永豐分而爲安成派者，玆又有予友東廓氏者出，倡明聖學，巋然一代之儒宗，丕承二公之緒，蔚有光焉。爲厥族人，益可以興矣！蓋富貴貧賤、窮通隱顯者，天也；父義母慈、兄友弟恭、子孝臣忠、夫婦有別者，人也。古謂人勝天者，非賤可使貴、貧可使富、隱可使顯也，謂孝友、慈恭、忠義之性非貧賤、窮阨之所能加損，而與富貴通顯者反争光而益烈，是之謂勝，而無假於天也。假於天者，變而不一；定於人者，率正而常者也。常道者，天賴以清，地賴以寧，可以一本，可以類族，可以徵遠而翦翦焉。考原委之所自，而自附於陳人之光，而謂是足以譜其族者，則以落第二義，非所以望於鄒之後人也。

鄒子國寧，亦予友也，貧無所事，日惟有事於常道，而辱以譜序屬予久矣。顧予無以翼其貧也，而翼之以勝天之術焉。

水南程氏重修族譜序

予少讀史，至《程嬰傳》，撫卷歎曰：「艱貞哉！保一卷之孤，篤《春秋》復讐之義，而卒以死報其友，謂非三人之遺烈乎？」比長，讀《二程傳》，則又歎曰：「聖人之學，軻死不傳。而深造純一，獨得其宗，若程伯子之在孔門，謂非子淵之徒歟？」蓋嘗俯仰今昔，恨不經其梓里，吊望二三子之墓，以紓予耿耿之私，乃今得以序其宗人之譜，不亦其少慰矣乎？

吾邑水南之程，與予家世聯姻好，稱望族舊矣。高門矗峙，厦屋鱗次，釜鬲之氛氤氲於喬木之上，如雲蒸焉，而伊洛分祠，過者瞪目，不問而知其爲鉅族也。自水南等而上之，至歙，又等歙而上之，至伊洛，至廣平，上下千五百年，而譜原所紀，繩引珠貫，事若旦夕，於是見道德忠義之足以繫屬人心而長永其家世也。

永豐之有程氏，自百户翔雲始，翔雲爲懷遠將軍明秀之後。秀，歙人也，宋理宗時以他故調戍龍泉。宋亡，兵解已，乃寓居永豐之永寧州。其遷水南，則始於其子伯原也。今水南程上下三程皆伯原之派，惟流源一派則其弟叔原後也。伯原之徙水南，居凡十一世，其先世嘗以武烈顯。入國朝，累貲拓産，富甲一方。邇來文學之士彬彬輩出，而以科貢發身者相繼不乏，如某某，時稱「八俊」，其諸二程之徒歟？二程之受學於周茂叔也，手受之《圖》，要以主静立極爲宗，是故藴之爲德，❶行之爲事業，變之爲忠義。性之譜也，性所同也。昔人能之而後之人不能焉，是不肖於其祖也，乃欲祖之以望其族，難矣哉！

今觀程氏之譜，皆本舊文而重新之，尊祖敬宗，類族辨物，修睦洽和，義不以服窮，禮不以親盡，情不以祖免殺。一人之初宛然在目，讀之而仁義之心有不油然而興，非其族也。此固八士奉長者之命，將以望於其族之人，而予之所望於八士者，蓋欲其篤仁義之實行，學伊洛之所學，志廣平之所志，親疏遠近無弗愛且敬焉，使天下後世皆將祖水南而上遡伊洛，即謂水南爲今之伊洛可也。譜成，族之長某某二十四人戒廷、望、珩等謁予爲序。予於八士有一日之雅，而廿四人又皆水南之賢父兄也，締之姻矣，世相好焉，義不得而辭也。

---

❶「德」下，康熙本多一「行」字，宜從。

恩江張氏重修族譜序

譜牒之不信於天下者，凡以文獻之不足也。譜其祖之所自出，以敦復乎一人之初，聯勢昭遐，别生類族。夫固欲其傳而作也，而以不徵誣之，是誣其祖也。誣其祖，則并以其子孫誣之矣。誣祖不孝，誣子孫不慈。不慈、不孝，則夫以自待其身者不已輕？而顧欲爲氏族之重，亦愚矣！

恩江之張氏，吾邑著姓也。邑之有張氏，自崇仁簿洪始。洪之始家於恩江，恩江時尚爲鎮，井邑未改也。顧其姓在邑先，故曰恩江張氏云。張氏故有譜，譜故以洪爲鼻祖，自洪至君顯凡十一世，又自君顯而下，至今凡十又二世，上下凡二十又三世，族亦故矣。然洪以上不可考，君顯而上可考也，而疑若信半。惟君顯而下則文獻足徵，乃兹斷自君顯爲系領，重信也。是故其事核，其代著，其昭穆秩而序，其賢不述而不文，培彝修慝，其鑒戒微而嚴，庶幾乎家之信譜，其以徵傳無疑也。夫謂徵而傳者，譜特人道之典籍耳。杞宋之禮，孔子傷之，當時之謨訓具在也，而曰「不足」，無亦以空言無救乎？故曰惟人道爲能永世。立人之道曰仁與義，而仁義之實莫大乎君親。予固得而論其世也：肯堂怡親，因以之孝；伯仲相輝，輸粟拯荒；急君之義，祖孫濟美。則凡以昌世而永後者，張氏固代有偉人也。昔人甲乙門第，太上立德，其次序爵，蓋以修之自我者可勉而致，而世之挾富貴以爲盛者則已落第二義矣。修之則路人爲禹，庶人之子爲公卿；怠於自修，而徒欲借譽於陳籍，均之爲不徵也。繼述之孝，今之視昔，將無有皇皇者乎？

是譜也，參稽闕録則邑之髦士曾衮氏、程珩氏、宋龍氏實領其事，而予之序之，已無辭以謝張氏卑尊之勤，抑以二三子者之不習予欺也，故序之。

城南陳氏族譜序

余少從先大夫游，嘗聞其品第四方氏族，如邑治之南隅則曰畢、林、陳三氏舊矣，然畢氏之子孫微，林氏無噍類，惟陳氏爲獨盛。比長，與今西川子陳弘之同講肄，獲觀其翁賫善先生所藏元祐舊譜，而知其氏族之所從來，益信先大夫之言不誣也。

今夫天下之陳其姓者，推其所自，咸曰陳胡公云，蓋將上祖舜也。舜爲法於天下，可傳於後世，而使天下後世之爲父子兄弟者定，親親之推，至於無窮。仲尼祖而述之，非祖其姓也。祖其姓者，惟江州之陳庶幾無愧，蓋以其親睦之義重天下也。江州之義，能使同牢之犬無一不得其食，而肯使同姓之親有一不得其所乎？是其義足以祖天下也，而何籍胡公爲哉？

今考吾永豐城南之陳，分自新喻之山溪。山溪之陳，分自江州之義門。始江州之祖者，寔也。寔數傳而爲宋之克華，舉明經，理宗時出判喻州，遂家喻州。山溪之有陳，自克華始也。華之後，又數傳而爲元之文贊。贊之居永豐也，以避難從。城南之有陳，始自贊也。贊之後，至今凡九世矣。五世而斬，六世而親竭，七世而相視爲塗人。自一體之分以至於相視爲塗人，君子不忍也，於是乎譜以合之。譜其所可知，故華之後加詳，贊之後又加詳。譜有原、有系、有例、有戒，原以昭一人之初，系以聯衆體之分，例以明微，戒以勸德。讀之，而愛敬之心有不油然而興者乎？有不油然而興者，是無親親、長長之義，自絶於舜者也。瞽瞍絶於舜，父不得而子；象絶於舜，弟不得而兄。況以數千百年之後，顧可得而祖之乎？是故祖舜莫若仁義，仁以親親，義以長長。親親、長長，是塗人皆舜也，而況寔出於舜之後乎？

嘉靖丁未，陳氏之長若幼，惟西川子是倡，合山溪、城南而譜之。時余被讒，械繫北行，己酉春，賴今皇帝聖明，釋詔獄，賜余歸田。適陳氏之譜告成，西川子乃令其姪國子生震仲子珣謁余敘其譜。余故推譜者之意以告夫陳氏之子孫，使知所以世其族者蓋有在云。

社州蕭氏族譜序

世傳社州蕭氏爲叛卒陳海之主，先大夫尚書公熟邑中典故、姓氏甲乙所由，則曰「信也。海爲蕭氏家奴，奴驁桀不率，蕭氏逐之。倡亂臨江，假陳友諒僞檄寇永豐，實欲屠蕭氏也。遂屠蕭氏而據其有，而蕭氏之得免於害者惟一人，挈妻孥，竄吉水，依蘭溪之舅氏匿焉，是故保有今日」云。先友江夏令虬山蕭希舜嘗過予，論家世，予以所嘗聞諸先大夫者語之，瞿然喜曰：「家藏舊譜故云然。老成典刑，信哉！其謂一人匿蘭溪曾氏者，爲先祖叔勝父子也。」遂鋭意譜牒，圖以傳信。乃先世郡博、義民所遺舊文而撰次之，❶上遡受氏之原，并遷徙來歷、年所久近、生卒葬娶與夫正家久遠之道，無弗備。甫脱稿，授官江夏，卒於官，傷哉！其子鄉進士浩與其兄澄，慨先緒之未竟，念手澤之如新，亟謀於族之長老某某暨俊士鳳朝絢、宗白輩，考訂

❶「乃」，康熙本作「及」。

稽覈，積勞再朞而始成編。其曰凡例、曰存疑、曰宗圖、曰世傳、曰家訓、曰外紀，一仍江夏之舊而靡有作，非其子弟之賢且才，能如是乎？閒奉長老之命，謁予爲譜序。

夫家之有譜，猶國之有史。宗法亡而無譜學以繼之，則天下無全族矣，是故類族莫要於譜也。譜也者，普也，普吾之愛敬於天下國家也。《西銘》一篇，其天下古今之全譜乎？是故於宗之吝，不若出門之無咎，言愛敬之有所及、有所不及者之可吝，而況於宗人一無所愛敬而讐視如路人者乎？是故譜學之不可不講也。今即是譜而觀之，自季膺始遷以來，一人之初宛然在目，事核情聯，分秩義洽，覽之而愛敬之心有不油然而興者，非其類也。蕭氏之盛，自茲不可既矣！按社州之遷，昉自吉水之滸溪，而季膺則其始遷之鼻祖也。是蓋啓叔勝之壙，徵諸誌而知其然。叔勝爲宋元符間人，❶自季膺至叔勝不知爲幾葉。而叔勝以明經薦辟爲至元行省司粟使，薄仕進，雅志湖山，歸闢園池，壘土結亭，延墨客騷人列景賦詩，初號守一，再號湖山清隱，以適其志。精醫學術，所著有《反隅集》，藏於家。時稱爲蕭半縣者，蓋言其貲産之盛，奄有一縣之半也。一夫作難，鞠爲丘墟，謂非天道虧盈哉？蕩焚之餘，克復舊業，再造社州，崇古其中興乎？崇古爲叔勝宗子，以明經領薦，教授南雄，憫世系之無傳也，蒐輯散亡，著爲譜略，皆力疾濡墨以詔後人，其用志亦勤矣。至其裔孫煥珪，輸粟賑饑，奉敕旌義，親賢禮士，著爲列傳，而侍御陳螺田、學士曾西墅咸揚文以述之。至於今日而後大備，彰往開來，郡博、義民、江夏之功居多也。予故序之，使後世知茲譜之成，經四世，

---

❶「叔勝」，上文稱叔勝父子爲元末時人，則此當爲「季膺」。

歷數賢之手，其可以易視之乎？

上濠湯氏族譜序

昔人云「不得爲宰相，則當爲良醫」，謂足以澤物而昌世也。予觀湯氏執中之後，而益信其然。湯氏業醫，世居長安。宋宣和間，神女誕降，事聞於上，召入内庭，優異而遣之。周益國公傳其事，而跋之者虞文靖公也。記謂衣冠之族，多出於神明之胄，有以哉！執中以神女之異，召補御醫博士。孟后南遷，奉詔扈蹕，播離相失，流寓於永豐之上濠居焉。蓋自宋元至今，經行科第、徵拜擢用代不乏人，則凡以著其家聲不但以醫而已。醫，其業也。於兹四五百年，族衍益繁，而涣居擇里，各以其意之所便，勢也。於是達仁則遷長富坪，行可則遷輞川，誠明則遷將軍，益翁則遷臨之上望，體仁則遷楚之瀏陽，公學則遷九江之德安。派分會疏而義弗洽，至於名行俱失如塗人，亦勢也。是故防散示永，敦薄崇禮，秩分序彝，非譜不可。

予友僉憲湯公，用是汲汲有年，乃謀諸族之長老某某等，因其家之舊譜而重新之。是譜也，斷自執中而下，凡十有九世，皆詳其所可知，可以觀，可以傳，而興、而群、而澤物昌世，其無負於誕降之祥矣乎？夫醫，生道也。生之謂仁，軒皇所以立萬世生民之命也。天地不仁則乾坤毀，人不仁則族散宗離，是故譜學所以繼宗法之亡也。聯名義倫理之系，如指諸掌，莫善乎譜；篤名義倫理之親，以不忘乎一人之初，莫善乎仁。醫書以手足痿痺爲不仁，則夫族之長幼卑尊、疏戚遠近，謂非吾身之手足乎？貧窮患難、煢獨鰥寡，視吾身手足之痿痺尤甚焉。委手足而不顧者，不愛其身者也；不愛其身而能愛其親者，未之有也。故愛身莫大於愛親，愛親莫大於尊祖，尊祖莫大於敬宗，敬宗莫大於收族。仁以結之，禮以維之，疾痛痾癢皆切於吾身，於是貧窮者有養，患難者有卹，鰥寡煢獨者有所歸。僉憲收族之本意，其在兹乎？有非譜之所可得而盡者。若夫編校考訂，用贊厥成，如俊士某某，又皆能羽翼憲伯以化導宗人，即其世之昌也，雖百世可知也，序之以徵其後。

珠溪王氏族譜序

永豐珠溪王氏者，梅川懷德鄉之派，昌邑漢中尉吉之後也。世居袁州之洪塘，至某世祖奉一郎遷吉之東羅，由東羅遷木瓜園則六世祖德廣也。德廣生善能，善能生得行，得行授學於歐陽文忠公之門，遂偕其子發居於瀧岡之沙溪。其徙舍學傍，築室反廬之意乎？此王氏之所以昌也。其後貞復再遷洪塘，焕學遷古縣之大嶺。又由大嶺遷珠溪，則從吾爲始祖也。從吾之後有曰惠中者，由辟舉任慶遠府推。自惠中至今則九世矣，積學嚮用，代有其人。王氏族聲之日著，有油然哉！

源遠而流益分，齒繁而勢益散。流分勢散而宗無統，至或不知其身之所自出，蔑視其親而不愛者有之矣。故愛親者必尊祖，尊祖者必敬宗，敬宗者必收族建祠。修譜，其收族之至要、至要者乎？聯親遠近爲一體，以篤復乎一人之初，無有所謂弗慶、弗吊而相視如塗人，譜之功大矣。仁哉，王君定遠之用心也！譜成，乃肅幣戒弟生員王生伯言、三錫謁予爲序。

夫天之生物，使之一本。一本而萬分者，勢也。勢有時而窮且盡也，然服窮而義不窮、親盡而情不盡者，其惟一人之初乎？今珠溪之曾玄雲仍、長幼卑尊凡若干人，自若干人視之，某與某疏也，某與某親也，某與某又疏而又親也；自從吾一人之初視之，一氣所分，曾何親疏遠近之間乎？是故堯舜之道莫先於睦族，而歐、蘇譜法斷自其所可知，示不忘也。歐陽公爲吾永豐斯文之鼻祖，而王氏之先所嘗受學於其門者。講信修睦以倡明家學之所自，是在王氏之後人歟，是在王氏之後人歟！

梅溪戴氏族譜序

夏、殷之禮，吾夫子能言之而不言，以文獻之不足徵也。無徵不信，不信則傳不遠，是以論世者尚徵焉。予觀梅溪戴氏之譜，庶乎其可傳者矣。斗南子曰：「譜以仕而顯，以學而傳，無亦恃其有足徵云？」

按吉之有戴，自吉州刺史鎬始。鎬出譙國宋公之後，其後有大、小戴者，禮學賴以復明，是蓋有功於名教者也。粤自譙國至鎬，上下千有餘歲。鎬自唐由金陵出刺吉州，秩滿而終，葬於文山之七里村，遂家焉。鎬子四：長延昌，爲金紫光禄大夫、檢校國子祭酒、殿中侍御史，出刺虔州，已由纂溪徙秋江、徙梅溪而爲梅溪之祖，寔始自殿中侍御也；次延祚，爲國子博士；次延霸，爲開封推官；次延勝，爲紹興刺史。博士之派仍居纂溪，而紹興、開封之後不傳。今自其仕與學者言之，自大唐至五代南唐，至宋盛時，擢科第、列仕於朝者三十有二人，簪纓嬋嫣，族望益著。若夫潛心正學，則有若通甫、昇甫，蚤遊朱考亭、楊誠齋之門；其後又有天惠者，則受學於吴聘君，皆一時名流，有光於二戴之學者。及考舊譜所載宗工名筆，除元進士戴邁及國朝翰林典籍戴安《詔誥》三道、《高皇帝賜和秋日鍾山》等詩俱載御書文集，此外如周文忠公、考亭朱公、信國文公、楊文節公、翰林學士虞文靖公、吴文正公、潛溪宋公、遼陽儒學提舉劉公、少師文貞楊公所撰碑文、記、序及書「貞節」、「敬齋」諸大扁，珠璣燦然，傳世之珍也。夫考之仕學已如彼，稽之載籍又如此，戴氏之譜信乎其可徵而傳者也。

是譜也，創始於宋榮王府講書諱幼克，繼之者元進士河南府推官諱邁、國朝典籍諱安、本縣儒學訓導諱益仲、常州府學教授諱紹安及其長老懷謨氏，先後凡四訂而未成。至國子生惟朱氏，稿垂成而卒，今又三世矣。譜三世不修，不孝，不順、不敬莫大焉，此斗南子之所以皇皇也。積勞三易歲而始成刻，謂不有待乎？是故懼其繁，故帙分上下；重一本，故首以世系；明分殊，故辯疎戚；備實録，故稽家傳；誥勅、奏疏、銘記、序文、雜作必載者，示歷代之寶墨也；終之以訓戒，著勸懲也。念一本以興孝，觀世德以作求，後有作者，未必不由兹始也。是舉也，率義者族之長，僝功者族之彦，彰往察來而討論修飾之惟精，予友斗南子輩寔有功焉。必如是，而後謂之孝、謂之敬且順也。

秀川羅氏族譜序

《易·同人》義先類族而利君子貞，何也？惟君子爲能通天下之志，惟天下之志通而後天下爲一家、萬物爲一體。家天下、體萬物，而後可以言類。類之爲言聚也，觀其所聚，而天地萬物之情可見矣。自古家國天下享祚盛大、歷世隆長，未有不由斯道也。予讀秀川羅氏譜及贊善所敘撰述之由，感而歎曰：君子哉，貞也，其爲道也深乎！

夫强盛貴富、孤弱賤貧者，勢也。勢不能以皆同，而悲喜幸懼之情無有乎弗同。長幼卑尊、上下前後者，世也。世能不以皆同，❶而孝敬慈愛之心無有乎弗同。惟其無有乎弗同也，而後天下之父兄，天下之子弟皆吾之子弟，天下之强弱賤貴皆吾身之强弱賤貴，而况於其族之父兄、子弟、强弱貴賤而有不孝敬慈愛、悲喜幸懼者乎？曠世而相感，越千里如合舍，有非勢若世之所能間，不有君子維持於其間而能然者，鮮矣！予嘗謂《西銘》一篇爲天下古今之全譜，即謂《撰述敘》爲《西銘》之續傳可也。

夫譜以仕而顯，以學而傳，顯而不傳者有之，未有傳而不顯者。羅氏之所以愈久而彌昌者，其以此乎？羅，顓頊之後，分封於羅，遂羅其姓，歷漢、晉、隋、唐，散處江左。肅由豫章徙桐江，又自桐江徙戡村。今之秀川，則又自戡村徙，祖肅而宗達，此秀川一派之所始也。上下七八百年，微顯替隆，代懸莫考。至於進士起家，則昉自上行奉議，然猶未盛也。莫盛於印山，尤莫盛於澗谷。印山以詩學教授鄉里，族黨一變，競以儒術相高，泉涌山出，勃如其興也。澗谷高才博學，舉進士及第，師事饒峰，丕承理學之源，官至榷院提舉。其罷而歸也，以劾賈似道。訛傳澗谷爲十萬之子，不知十萬即澗谷也。强盛貴富，宜莫有過於此。《志》稱儒宗、推經族，豈一朝夕之故哉？粤自唐懿、僖來，其賜進士及第、賜進士出身、賜同進士出身，自雙泉先生而上凡二十有一人，特科進士凡十有四人，而鄉舉、漕舉、大學、神童、歲貢、薦辟、軍功、封贈、録廕、進納、吏選、方術諸科凡三百七十有五人。嗚呼，盛矣，盛矣！乃殿撰以贊善上書忤旨，歸潛於石蓮山中，清修苦

---

❶「能不」，康熙本此二字互乙，宜從。

節，道德、文章蔚爲世宗，中興羅氏，功不在印山、澗谷之下，書之郡史，則當與一峰先生並傳也。予故曰：君子哉，貞也，其爲道深乎！是矜是式，其則不遠，要在羅氏之後人。

譜始於宋淳熙甲午，迄今嘉靖戊申，修凡十有八人，至是則大備矣。蓋贊善勉承厥考泉翁未卒之志，編摩苦心，屢易寒暑，一字一訓，孝稱繼述無忝也。一時抄録、對閱之勞，如梯、如楚亦不可少，故併書之。

層峰孝子樹里落成序

余友張循轍能孝於其親，式民感物，於兹二十年矣。我聖天子命有司樹其成里，將以風遠而刑廣也。君子曰：孝哉，張子層峰也，真可以風遠而刑廣哉！夫風遠者，不可以襲取；刑廣者，不可以飾要。襲取矯情，飾要浮心。矯情、浮心，志斯奪矣。志奪則身不行道，不行於妻子也，而況於風萬里而刑四海哉？是故人之居喪也，易忽者，情也；難究者，心也；莫或摇於恒久而奪諸衆欲者，志也，是皆隱而微者也。人各有心，志異情殊，如其面焉，則夫張子之心、之志、之情，余烏得而知之哉？昔人謂貴相知心，故有不識於其妻而其友識之者矣。余於張子爲同門同志者也，知張子者，非余其誰哉？

我師梅崖先生敦學好古，孝弟作人，一時在門墻者不下百人，而肖其師爲不倍者，惟張子爲首稱。是故其執親之喪也，攀號頓絶，水漿不入，其始也可謂用情以致哀也；附身附棺，必誠必信，其繼也不可謂不究心以致慎矣；茹毒啣卹，殆盡愴惻，足跡不及於室閣者三年而一日也，其終也可不謂堅情以致愛乎？夫用情者思必永，永斯可風；究心者禮必周，周斯可則；堅志者制必協，協斯可貞。是故去甘就苦，準經比義，能人之所不易能。如層峰之孝也，所謂守禮以致情而行無辱於師教者非耶？由是孚於黨甲，格於鳥獸，上之郡縣，上之監司，上之天子，參稽於部曹，覈審於臺察。臺察曰：「孝哉是子，人不間於其親者之言也。」部曹曰：「是子之孝，蓋嘗覈實於臺察而有徵焉者。」惟皇曰：「俞哉！可以風遠而刑廣者也。」乃命有司出帑金，表厥宅里，樹之風聲。甲午春正，鼎第落成。余於張子有仲昆之義，可以頌而忘規耶？

蓋孝廉之名起於漢，漢庭之制不曰舉而曰察者，蓋循名而責之實，布其極於民上，而欲民德之歸於厚也。今有司之所以上與天子之所以嘉之者，豈徒爲層峰一人而已哉？蓋將以作邑人而風天下也。爲層峰者，當何如永終而報命哉？

夫狗能以自多者，夫人之所以無成也；疚未能而自茂者，君子之所以不可及也。是故層峰之於其親也，固可謂孝矣，然不順乎親不可以爲子，而順親有道，誠身而已。誠身云者，非可義襲而取於一時者也，全而生之，全而歸之，豈所謂身體髮膚不敢毀傷而已耶？「如臨深淵，如履薄冰」，參之所以獲免；而「終身慕父母」者，舜之所以爲大孝也。是故誠身以順親，明善以誠身，典學以明善。戰戰兢兢，真如負嬰兒而臨萬仞，惟恐其親之遺我者固或墜焉，而無以遂吾全歸之正，則層峰之孝，夫然後不負於天子之寵命，不負於監司、臺察之錫揚，不負於郡縣、宗黨之舉執，不負於師友之相磨勵以期待於今日焉者也。若曰吾耄倦勤，而自外於承式作聖之戒，則非余之所敢知也。

雙江聶先生文集卷之四

序二

贈宫輔少湖徐公赴京序

「好善優於天下」，信乎，達者信之也！天下之善，自足以裕天下之用，世固未嘗乏人也，顧好之者鮮矣。有好之者如其口出，蓋亦難其人也，休休有容者亦鮮矣。休休有容，量之虚也。君子虚以受人，士之輕千里而來，蓋不疾而速也。予嘗讀《易》，而益信夫所謂優天下之學焉。「正位凝命」，革物者尚乎鼎，「巽而，耳目聰明」，虚中以達之也；出守宗社，主器者尚乎震，而二、五中虚，懼以致福。耳之體虚，故能達天下之聰；目之體虚，故能麗天下之明；心之體虚，故能容天下之善。一不虚則蔽，蔽則有所容、有所不容。有不容而後娼嫉之心生，生於其心，害於其事；作於其事，害於其政。士止於千里之外，而讒諂面諛之人至，國欲治，可得乎？故曰：達者信之也。

少湖徐子，松之華亭人。予令華亭時，徐子甫弱冠，擬癸未鼎魁，繼以史職拾遺狂愚忤主，黜爲延平刑推，量移黄州，歷陞文憲，敷教於江浙。江浙之士，薰徐子温恭之德而化焉，革怪誕之變文而返之淳厚，抑奔競之躁習而鎮以雅静，又其餘能也。嘉靖己亥，皇帝選天下之賢輔養儲宫，再核而精之，得徐子焉，識者謂馮翼之有屬矣。蓋儲養天下之本，惟有儲養之具者勝之。儲養之具，非强識才藝之貴，惟好善以充其量之爲貴也。徐子好善本乎天常，而學以充其休休之量，又平日相與有事焉者喜而不寐，豈燕好一人之私哉？

經師左序、楊道南、齊啓和、陳文禄輩，重徐子之行，肅諸生謁予爲贈文，以徐子嘗受學於予，不以予爲辱，適亦以書來辭，若將冀予有言以翼之也。予故推《易》學乘承之義以堅其所好，慎無惑於强識才藝之學而易其素也。

贈郡推許古泉考績序

昔人云：「天下本無事，庸人擾之也。」夫天下豈庸人之所能擾哉？擾天下者，皆世之所謂賢人才士也。世所謂賢人才士者，其自負也過高，而其疾世憤時也亦已久矣，是故天下之事一有所屬，不盡解而更張之未已也。必盡解而更張之，於是乎天下騷然多事，而民始有囂然喪其樂生之心者，皆世之賢人才士爲之也。所貴於賢且才者，以其能因時制治，而天下賴之以安。今顧不足以安天下，又從而擾之，是謂之庸人也固宜。予嘗考古今治亂之機，及追悔平日之所以擾天下者，卒皆不免夫庸人之過，思欲與民休息，非得夫安静悃愊之士未可以語治也。詎謂我心同然，如古泉許子者，蓋已先得之矣！

古泉許子以理刑領除於吾吉。吉習素囂訟，故列郡理刑之官，惟吉爲兩授。理刑者，懲吉習之囂也，威不湯火弗逞，明不雷電弗章，不流、徒、斬、絞日報於上功弗著。而監司、臺察之考於理刑之官也，亦必以能是數者爲賢人才士。理刑者知上之責備如此也，乃極力備數者，以求不忝於賢人才士之考。即雖一理刑，而吉民之命將有不勝其擾者矣，况兩理刑乎？况理刑之外之官，則亦孰不欲爲賢人才士乎？吁，擾之無已也！乃許子之見獨不出此，則將不得爲賢人才士也。不得爲賢人才士，則愚人耳，許子愚乎？用晦而明，愚於雷電之章也；明德爲威，愚於湯火之逞也；晢冤理枉，寧失不經之爲貴，愚於文致無辜、自表以要上也。是故吉民之冤有不辨、情有不能達者，日號於上，以求理於許子之庭。許子之庭無湯火之擾也，民免夫焦爛；無雷電之擾也，民免夫震驚；無文致不辜之擾也，民免夫離析慘殘，於是乎九邑之民命有所託矣。夫以一理刑不擾，而九邑之民命卒有所託，況理刑之外之官又皆許子同心而一德乎？同心之利，可以斷金；一德之精，可以格天，求吉民之無治不可得也。

或謂：「理刑一事不擾，宜優之也。外而守若令，百責萃耳，不擾優之乎？」蓋許子嘗下署吾邑也，縮費裕力，順俗宜民，其弗逞、弗章、弗著，猶之理刑也。比及一年，前所不便及所願欲而不可得者，皆次第罷行之。兹其去也，民戀戀若嬰兒脱慈母。率是，則天下優之也，而況於守若令耶？昔漢宣中興，總覈嚴繩，以精武飭吏治，一時承望丕變，惟潁川守獨以寬和不擾首稱循良。兹許子獻績行矣，豈無識今之治體而拔許子於賢人才士之外乎？許子拔，則吉郡之政當有不在潁川後者，又安知不丕變一時也耶？

許子積學敦行，少負雋名，久爲有司所屈。乃挾其藝戰於京師，取四千人第一，如探諸囊。其爲人古淡直易，亦類其爲政，不解爲媚世軟熟之態，亟爲在朝諸名公所稱賞。今見許子來，則將迓而喜曰：「吾固知許子之優於爲政也！」

郡伯竹墟屠公偕其僚徐貞齋、麥東軒、吴少槐諸君子，重許子之行，責予爲文以贈。予獲交許子，頗知其大義，有不敢辭也。許子諱仁卿，字某，古泉其别號云。

送王惟中歸泉州序

今天下從事於良知之學者乃寖以失其真，何哉？良知者，未發之中，備物敦化，不屬知覺，而世常以知覺求之，蓋不得於孩提愛敬之言而失之也。孟子曰：「孩提之童，不學不慮，知愛知敬。」是蓋即其所發以驗其中之所有，故曰：「親親，仁也；敬長，義也。」初非指愛敬爲良知也。猶曰「惻隱羞惡，仁義之端」，而遂以惻隱羞惡爲仁義，可乎哉？今夫以愛敬爲良知，則將以知覺爲本體；以知覺爲本體，則將以不學不慮爲工夫。其流之弊，淺陋者恣情玩意，拘迫者病己而稿苗，入高虚者遺棄簡曠，以耘爲無益而舍之。是三人者，猖狂荒謬，其受病不同，而失之於外，一也。

先師陽明子憫天下以聞見爲學，而不知豫吾内以利乎外也，於是自吾性之虚靈精實者挈以示人，不謂其誤而以知覺易聞見也。以知覺易聞見，均之爲外也。今天下爲内外之辨者亦疏矣，外固外也，而内亦外也，非予之所謂内外也。予之所謂内者，未發之中，而發斯外也。知發之爲外，則知以知覺爲良知者，非内也。是故致中者，學之至也，先天而天弗違也；致中而和出焉，後天而奉天時也。奉天時行，感而遂通天下之故，是之謂不學不慮，未之或知也。故曰：中庸之學，先天也；物格而後知致者，後天也。曾子傳之子思乃若是，其有異乎？曰：一也，知止而定，蓋已先得乎不覩不聞之意矣。陽明子會曾子、子思之意而一之也，不曰「致知」而曰「致良知」，蓋已逆料夫後世之將以知覺爲良知，而格物之學，其不失之於外鮮矣。憂深慮遠，爲説之得已乎哉？

遵巖王子，泉人也，由山東學憲晉參江藩，携其仲氏惟中俱而教之。已乃擇諸生之有學行者曰某某等，得七人，優以廪餼，日相與淬礪乎良知之學，其所以淑其子弟無遺慮矣。再期月，乃復拜命中州，行將遣仲氏歸以省其親。諸生念其别之當有贈也，相率索言於予，以予嘗代罪八閩，於王生有一日之分，而遵巖以同聲之求辱予蓋拳拳也，因述所見以質之。人之生，不幸不聞學，大不幸無賢父兄。若王生，則幸之幸也，其思所以不負乎父兄乎，其思所以不負乎父兄乎？

贈新參李南橋吉行序

國朝郡守，凡最績兩考者遷藩岳長參，宣德以前成典也。余自省事來，覩記吾吉之守凡十有二人，率以三年轉臬副，此成化以後變例，謂之小轉。惟錢唐之張擢參河南，松滋之伍征逆報上功，用薦補江臬使，然於吉未嘗不六年淹也。乃不六年、三年顧參遷而去者，前此未有，有之，自今南橋李子始。蓋於其賢、不於其資，余於是而知公論之在天下者未盡誣也。

曩庚子春正，監察按吉，嗔李子禮貌抗，乃不謂其抗也，謂郡劇而才縮，毛求李子，旬日不得。於是郡父老子弟相率頌李子於監察院，監察固怔怔不解。李子有去志，乃父老子弟譁然諠，謂無故奪吾父母也，父母去，吾屬從之去。已郡校生又相率頌留，如郡父老子弟；郡大夫士已又相率頌留，如郡校生。監察動，於是降禮李子。

時藩參在菴王子以守土從，嘗介書問學，辱予於山中，未及郡縣事。余曰：「士貴知學。余聞李子從甘泉子游，而其學之自到，蓋有得於老氏之無爲，余友東廓子嘗予言也。故其爲吉也，羞口給而尚躬闇，清簡忠實，無聲光可人，而休息安養之政民寔賴之。顧責之以趨承應辦，目前爛熳，誠非所長。」王子然余言。已學憲舜澤蘇子巡視過永豐，校文之暇，亦嘗咨治於草廬。余曰：「治貴知體。今天下之治，不已嚴急乎？乃能畜之以寬而事不廢，鎮之以靜而民不擾，惟吾吉爲然，而反爲當路所抑，何哉？」蘇子曰：「其然，其然！世固未嘗乏知己也。」余於是竊爲李子喜，而又慮夫六年之淹，將不免於常格耳。辛丑暮春，乃李子入覲還，席未温而蜀參之檄至矣。余又竊喜而歎曰：學不必同，惟其用；用不必同，惟其效。「六龍御天，萬國咸寧」，聖人以之。下此則「牝馬之貞」，「或從王事，無成有終」，老氏之所以賢一時也。禮失之問，如龍之見，孔子豈以身狥人者哉？而世之詆之者率勦夫舊説而不究，學之者每流於苟止而不振，宜道家之日晦也。

南橋子克世其學，含章守訥，質真若渝，簡而知阻，親下以獲上，是故其政悶悶，其民虞虞，其去也思之而邈邈。乾坤之分量不同，而概之以大道之真，一也，是豈可與俗人言哉？魏令某以屬吏奉約束，周旋僅一月而別，乃悵悵然如失所依，以余辱李子爲知己，索言以贈。余固論其事與學，且以驗李子也。李子固楚人，授蘭溪令，歷南京功曹郎陞虔州守，起補吉州，超遷今職云。南橋，其號也。

贈黄明山赴召序

國朝設官重臺諫，臺諫缺，選諸縣令，由賢科有治行者起而補之，然亦有補之不由賢科縣令而起者，非令甲意也。意以令萃百責，統六曹，習生民休戚之原，蓋嘗試之而知其賢也，起而責之以耳目風紀之司，則事豫吾内，天下豈難能者？是故由賢科縣令起而補之恒十九也。維兹嘉靖庚子，邑侯黄君以治行爲江南第一，例得報於廷也。天子適以第一人召之，民皇皇如有所失，蒲溪梅丞謂無以慰其皇皇也，乃率而謁言於予，予於是而可以觀政矣。

侯之政，有君子之道四焉：廉以豐財，簡以宣力，威以慴强，明以理鬱。鬱理而和，和作頌；力宣而逸，逸作思；財豐而裕，裕作愛；强慴而威，威作畏。畏而愛，愛而思，思而頌，謂侯爲民之父母非耶？亦於是而可以觀民矣。侯嘗試政於信陽也，示期年而頌作，天子以侯非百里之才，易以三百里之豐。民畀之，不再期而頌作，頌作之而願留之，皇皇焉如有所失。乃謂今之民非三代之民，過矣！

君子之仕，行其學也。學道愛人，孔氏之家法，故正己以格物，例以視民如傷無二道，學之而分定故也。侯嘗受學於先師陽明子，良知之教其習聞矣乎？良知者，真誠惻怛，明覺自然，曾有一息之不愛耶？而學之者起意於知覺，恣情於冥妄，未始有得，而鼓其雄誕之説以誑世，甚者毁經畔傳，陋周、程以下之宋儒爲不足與，以若所謂而使當路蒙深抑講學之名，誰爲過歟？侯嘗隱以爲憂也，故書以復梅丞，且與侯共厲焉。

侯名齊賢，字汝思，别號明山，浙之餘姚人也，中嘉靖十四年進士，於予兄子爲同年云。

送王石泉輟講歸安成序

今天下習舉子業，專經《春秋》者咸宗安成，謂安成獨得其宗，決科之利也。故安成之士，凡專經有望者，四方常聘無虚歲。予友石泉王子某，亦以望應聘至永豐，講授一年，兹歲晏，得辭諸生以歸。諸生戀戀不能舍，至相率謁予言以贈。

予曰：久矣哉！經學之不明，而善人之益寡矣。夫師道以明經爲要也，明經之要，莫先於明心。蓋經者，證也。聖人憂天下後世之知求心者無所取以證焉者也，於是乎作經以證之。《春秋》證人心之是非也，褒貶者，是非之權也。是非之心人皆有之，《春秋》特證其本有，初非假之於外也。知其本有者不假之於外，一惟求復吾是非之本體，即予師所謂良知之學。良知者，六經之神化也。致良知，則六經無疑義矣，尚何褒貶之權有不足以勸懲於天下後世也哉？世之傳經者不及乎此，窮年兀兀，屬詞比事以迎合乎主司，爲規取科第之囮。師以是爲教，弟子以是爲學，驅而納諸罟獲陷阱之中而莫知之辟，則是六經者，乃賊世一禍機也，聖人傳經之意不幾於荒乎？荒聖人傳經之意，以媚世爲禍賊之機，予知吾石泉子之不能爲也。蓋石泉，以身明師學爲責者也，而謂其忍於媚世爲禍賊也耶？

予嘗質諸生以探其爲教矣，諸生曰：「予師未嘗不屬詞以明聖人之褒也，而曰是褒吾心之是也，亦天下之公是也；亦未嘗不比事以明聖人之貶也，而曰是貶吾心之非也，亦天下之公非也。」諸生於是乎知是非之本心不假之外也。知是非之本心不假之於外，於是乎求之於内也。於是乎求之於内，而是非之本體復矣。

是非之本體復，而六經皆註脚也，是猶諸生之言也。又嘗觀諸生以徵其爲學矣：往宋生某者，夸而不實也，今見其日返裏矣，故其學也慤；往劉生某者，涣而不檢也，今見其日繩尺矣，故其學也約；往徐生祐者，拘而不廣也，今見其日充拓矣，故其學也廓。廓以弘溢，約以收放，確以鎮浮，於是乎見石泉之善教，而良知之學真足以立師而植善也，宜乎諸生之戀戀不能忘情於去也耶！

予故曰：經學明則師道立，師道立則善人多，善人多則朝廷正而天下治。良知之義大矣哉！予以是頌吾石泉子之能立師道，而且慶吾邑善人之日多也。

送李子歸寧都序

予嘗聞賴、李二子之交有古道焉，予奇之而未面也，乃二子以予有志於道，嘗致書往來論學。論學本性，予於是而知其學之有本也，益奇之。嘉靖戊戌冬十月望，二子出疆，載贄枉予草堂，淹留數月。予探其神藴，浹其論議，予於是益奇之而益篤。蓋責善輔仁，規過通財，古人之交不見於天下久矣，不謂於二子足徵焉。李子豪邁不羈，蚤益其過，閉門絶交，悟而復合，約金於範，惟功是賴；賴子純謹，廓而大之以補不及，李子之功焉有誣也？自是居遊同方，好惡同情，有無相通，韋絃相濟。繼聞先師良知之學，交臂以興，遂爲一邑士人之倡。

夫人生而静，不覩不聞，戒謹恐懼以歸其根，此致知宗旨也。而世之牿於聞見者，類以意念流轉爲妙用，格物之學卒爲義襲。而二子之見，乃深有契於愚者之慮。蓋學而外性，其不以習知爲良知者鮮矣。性，静也，寂然不動是也。感而遂通，怵惕於入井之乍見，愛敬於孩提之不慮，曾何纖毫人力於其間哉？是故求怵惕者將求之於入井之乍見乎，抑求以復吾不忍人之心乎？求愛敬者將求之之於孩提之不慮乎，❶抑於純一未發中求之也？獨觀萬化之原，知止而定，天下之能事畢矣！

李子早喪厥考，謂體魄託諸庸師比之不慈不孝，於是究意於景純之學，則有悟於性情爲上、形勢次之之微，喟然歎曰：「其亦得吾聖學之一班乎？」乃携以歷覩丘隴，而深有恨於吾祖之兆，愀然不樂，若恫在躬。予信其見之不謬也，詮日啓穸，出親戚於泥塗之中，全骨肉於毒蟲之口，友學之功於是爲大。予故曰：知學而後知幽明之故，知幽明之故而後知俯察。安得世之察理於地者，皆如吾李子焉？則孝子慈孫之愛敬其親者，無復有餘憾矣！

李子諱經綸，字成甫，別號蒙泉。賴子諱元，字善長，別號蒙巖。同志之相知者咸稱之曰：「寧都有二蒙焉。」《易》曰：「童蒙之吉，順以巽也。」順巽云者，順其本體，無所作爲以害之也。予感二蒙之益，故以蒙吉之義勗之焉。

送王樗菴獻績之京序

嘉靖己亥孟秋，樗菴王侯明刑於吾吉者三年，得以例獻績於朝。功狀之最有如侯者，當不復來，其將何

---

❶「之之」，疑衍一字。

以爲贈哉？侯舉乙未進士，於予兄之子静爲同年，況以道義辱予，意亦甚勤也。時枉山居，類嘗以學爲教，顧於鄙淺未有以復。侯嘗師少宗伯涇野吕先生，學而有見，宜也。

夫學貴於有見，而亦病於有見，見而自是者爲猶病。仁者見之謂之仁，智者見之謂之智，仁、智未爲非道，而謂爲君子之道，非也。君子之道，虚中無我，以體天地之撰，以通神明之德，以類萬物之情，而世常以虚無詆佛老而忌言之。虚無者，生化之推，無足以病佛老哉！❶惟并虚無之所生化者謂爲障與妄，雖倫理感應亦在所不屑而簡棄之，卒以狥其自私自利之見，此其得罪於聖人，而世常以虚無罪之，過矣。「君子戒慎乎其所不覩，恐懼乎其所不聞」，非虚無之至者乎？虚而直，無而方，廓然順應，位育以之，是特毫釐之差耳。今之薄虚無而不爲者，雖五尺童子亦然，而曰硜硜然惟道理格式是求，極其所至，上者功利，其次訓詁，襲義傳訛，反爲佛老之徒所鄙，而適以籍其訕儒之口也。侯之高明以爲何如？至乃冰蘖之操，明動之才，正大之情，以之優天下可也，而區區一郡之操縱，惡足以盡其長哉？

送彭山季子擢長沙序

彭山季子由吉丞擢長沙守，吉大夫士重季子之行也，相與類聚於郡城，餞季子於南城之樓。或問：「季子之政何如？」予曰：「季子剛，故其政尚嚴，故百度貞。君子懷德，小人畏威。」或曰：「人亦

❶「無」，康熙本作「烏」。

有怨之，何也？」曰：「怨哉，威也。威以禁暴，暴禁而不得肆則戚戚，則怨言讟作，不怨不足以觀政也。故觀政者於其怨，觀怨者於其人。怨在君子，龔、黄不能以善治；怨在小人，雖張湯猶足以救亂。自夫鄉愿之學行而和同之政作，和同之政作而好惡之公泯，而天下之禍亂日相尋於無形也，故曰：『生於其心，害於其事；作於其事，害於其政。』蓋言學也，是故政莫要於辨學。予不能詳季子之政，而其學則嘗聞之矣。季子學《易》而有得於乾焉，謂乾，健也，天德也；惕，學也，所以達乎天也；龍，變也，所以運乎惕也。非惕不足以貞其健，非健不足以神其變。變則化，故懷之久者忘，而怨之久者德。」或曰：「三代以下之士，各以其資之近者爲學，顧其治亦惟夫意之所便耳。季子剛而尚嚴，得無狃於資而流於意乎？」予曰：「是性學而不惕者惟然也。惕則戒懼不覩、恐懼不聞，是謂用九，天之則也。不惕則不變，不變則滯於器，滯於器則雜以氣質、流於意見。剛與嚴，治之弊也，是惡足以語季子之學哉？」

季子與予同舉正德十二年進士，其試也，敉法於閩之上郡，尋以治行徵爲天下第一。授監察御史甫三月，讜犯不韙，竄簿揭陽。已乃量移信州，移蘇州，遷儀部郎，無何，復以黨禍謫判辰州。吉之丞，又自辰州移也。沉晦轗軻，奇節益壯，不復能改廢依違以追時好，然怨者之私不足以勝懷者之衆。畜極而通，長沙之擢非人所能也。

季子别，執予手曰：「何以爲贈？」曰：「予何言哉？用九之學，子之惕於潛且躍，久矣！」寬居仁行，惕之善變也。今見季子，其在田之龍乎？長沙之民，惟父母是賴。「雜以氣質，❶無流於意見」，予固以是規

---

❶「雜」上，康熙本有「無」字，宜從。

季子，且以解或人之難。

季子諱本，字明德，别號彭山，浙之山陰人，予師陽明先生高弟也。

贈廬陵邑博江子膺獎序

禮賢、飭不才，彝典也，惟天子主之，惟御史得以代之以風天下，權亦重矣。知其權之重而惟哲惟當，則禮者一人，而風之所及者蓋已不勝其一也。然才之難，豈惟今爲然哉？今之才，非文學、政事兼而有者之謂乎？惟兼之者之爲難，是故哲而當之所尤以難也。

嘉靖丁酉，八閩騶山陳君褎，代天子巡狩江藩，及期會諸邑之領教事者禮之，乃廬陵學諭江子汜其選。夫學諭，卑官也，惡乎才？才惡乎徵？而世恒徵乎科第之振不振，謬矣！予聞御史之按吉也，嘗試之以文矣，喟然歎曰：「其科第之遺乎？」是宜廬陵之士彬彬雅飭也。又嘗試政於吾豐也，乃彰善癉惡，法敕而令烈，是宜永豐之民不五月而馴，又歎曰：「其漢庭之老吏乎？」是故御史才之，乃選而禮之以勸百也。於是邑之士民咸欣欣然走以慶曰：「御史其哲且當乎？謂江子爲今之兼才非耶？」風乎此，動乎彼，真足以勸百也。

雖然，智如武仲，不欲如公綽，勇如莊子，藝如冉求，非才乎？然必文之以禮樂而後可以成人。蓋文之以禮樂者，學也，學莫先於禮樂。斯須不敬不和，則慢易驕吝之心生，雖以周公之才之美已無足觀，况萬不一周公乎？故曰：「才須學也。」

江子以鼎盛之年，挾之以嚮往之志，質美而才優。蓋嘗問學於予，予故勗之以學，亦以其才之可進而古也，用以答士民之徵，作禮賢序。

贈項監察擢四川布政使司左參議序

監察御史項君廷吉者，以才望擢四川布政使司左參議。時西蜀多故，慎擇而使，人以爲華。項君行有日矣，乃問予：「何以爲參？」予曰：「自其所爲監察者參之，足矣。」君訝曰：「惡得比而同之耶？勢分而權不專也，責有得爲與不得爲，人有能、不能，比而同之，可乎？彼正己格物，山壓而雷震，使亂臣賊子禁其欲而不得肆者，御史之職也；承流宣化，雲行而雨施，使澤惠下究，與斯民相安於無事之天者，藩使之職也。乃謂監察可推而參之，不撓於勢則奪於權。才有所不逮，時有所不通，比而同之，難矣！」予曰：「是不難也，不善推其所爲者難之也。夫所謂善推其所爲者，不膠於勢，不泥於跡，不限於才。夫才者，心之運也；神而明之，隨時變易以從道者，學也。學不足以廣才，志不足以究學，謂是爲善推，可乎哉？昔孟公綽優老於趙、魏，而以之爲滕、薛大夫則不可，才之狃於資也；由、求自任，以富疆之效可計日而待，乃於禮樂則謙讓未遑，才之局於學也；浴沂風詠，爾休爾游，達之可爲堯舜，而非勢與力之所能拘，學之見其大也。君嘗司教於州黌，翼教於國學，教舉而士心附。及其爲御史也，人曰：『是儒官也，可御史哉？』乃卒爲名御史，再巡畿甸，一巡齊魯，肅僚貞度，持大體於聲色不露之中，恂恂然語若不出諸口。至臨大事，決大疑，論人物賢否、事後當成敗，凡形諸章奏，鑿鑿然若燭照數計而龜卜也。一時以才識自雄者，率皆出君之下，人方訝其作用之不可測。即已試者少貶而參之有餘矣，而乃自疑其不達，何哉？彼御史，雷霆也，雷霆主威，陰陽搏擊，鼓元氣而宣萬物之鬱；藩使，雨露也，雨露主施，陰陽和暢，達生意而流萬物之形。所施若異，而均之爲一氣之神也。故儒而教也，監察而激揚也，藩使而旬宣保釐也，此心同也，此學同也。弛之而非貶，張之而非亢，學之見其大也。故夫變有所拘、遠有所泥、才有所不通者，非其才之罪也，學之罪也。故夫子與點而退由、求，優公綽以趙、魏老而於滕、薛大夫則否之，蓋以才與資之不足恃，而學之大者推之有餘裕也。」

項君有志於古人之學，自視歉然，韜精光於沉默，而語之以孔門仕學之要則沛然矣。方今天下多事，西北之虜患方殷，東南則麻陽、沅江之變未戢，詰兵除戎，徵逋括賦，部使旁午，四方囂然，識者方有意外之慮。況茶鹽之利，責之蜀者尤切，而麻陽於蜀又不免於近膚之剥，是雷霆雨露，惟君通變而時出之也。臺史同鄉諸子重君之行，相率徵予言以贈，予故述其所與商確者贈之。

送大理卿胡象岡歸省序❶

京朝官，凡六載咸得以例請歸省，聖朝所以體群臣，教天下之孝也。自夫士大夫以官爲家，而父兄之所以屬望其子弟者亦惟是爲樂，於是廉遜之風微，忠孝之行缺，而世道之升降、士習之汙隆繫焉，夫豈細

❶ 此篇首頁底本與甲庫本均有大面積漫漶現象，兹據康熙本辨認補足。

故哉？

棘卿象岡胡君汝立，曠太恭人之養者八年於兹。先是，方欲以例請，適虜寇入犯畿輔，士大夫相與切多壘之羞，不敢以請議也。至是年秋，叛將殲而師律彰，天聲震赫，文武諸將士咸蓄鋭氣以待。虜擁衆駐獨石，日遣輕騎薄喜峰、古北諸隘，垂涎再越月，不敢犯，乃卷甲遁西北，寇宣大。宣大又各振旅拒戰，沮喪奔北，莫敢南向矣。於時天子玄默，朝野晏然，君於是力請於上，下所司議，可之，謁予屬文以道其志。

昔禹八年於外，三過其門而不入。當是時，使水土平，奠厥攸居，民無艱食，乃亦八年三過不入其室，則與墨突之不黔何以異？其於人情不已遠乎？蓋親也不可解於心，義也無所逃於天地，時也各隨其所值而致隆焉。負劍之決而興漢之義堅，絶裾之牽而天性之恩薄，故君子進則爲君，退則爲親，進退一惟其時。知時而後可以語孝、可以語忠，知忠孝而後可以語進退之道，故曰世道之升降、士習之汙隆繫焉。

象岡由乙未進士試官舍人，尋以才望擢監察御史，奉命兩淮，輒具疏乞養。甫三年，太恭人强之出，乃出巡畿甸，獨持風裁，强禦凛然戒勿犯，貪墨望風咸翩翩解綬逋矣。至今民間談胡御史，猶嘖嘖摇手云。已督學南畿，聿新學政，刊華擒實，士風丕變，無復有干以私者，凡所識拔稱良士焉。嘉靖己酉，被誣，逮詔獄，天子廉而釋之。尋遷大理丞，已又遷少卿，明罰勑法，稱廷平，譽藹蔚也。蓋其學有本原，故於進退也章章如是。序之，以華其行。

贈周以道分教青陽

教有道乎？曰學諸己而已矣。學有道乎？曰求諸心而已矣。求心有道乎？曰識吾心之體而已矣。故曰：學須先識仁體，既識仁體，存久自明。

夫仁，性之靈也，動於欲而後始昏；動，性之感也，感於物而後有欲。欲動而仁之體亡，所謂靈於萬物者而反爲物所役。孔子所以教萬世無窮，蓋嘗求諸《易》而得其學也。夫天下之事，感與應而已矣，故父子相感而後有慈孝之應，君臣相感而後有仁敬之應，昆弟相感而後有友恭之應。於朋友、❶感於夫婦而爲信、爲别，要皆吾性之靈之所發。性，所同也，宜其感物而神應者無不同，而乃有不同者，人有學、不學。即學矣，而徒以不識乎心之體至於誤己、誤人者亦多矣，夫然後致不一而慮以百舛，歸不同而塗以殊謬。歸也，致也，靈之所聚也。是故艮以止言，咸以虚言，感以寂言。寂以通天下之感，虚以妙天下之應，止以研天下之慮。知止定，致虚極，守寂篤，是謂未發之中，大本之立。夫然，與天地合德，日月合明，四時合序，鬼神合吉凶，靈之至也。於是應之父子而止慈孝，天下之爲父子者定；應之君臣而止仁敬，天下之爲君臣者定；應之昆弟而止友恭，天下之爲昆弟者定；朋友、夫婦應之而止於信、止於别，天下之爲朋友、夫婦者定。天下之爲君臣、父子、夫婦、長幼、朋友者定，教之至也。予故曰：不學弗教，學而不求乎心之體者，猶弗學也。

❶ 「於」上，康熙本有「感」字，宜補。

蓋嘗語諸同志，未有以爲然者，惟念菴羅子莫逆焉，不謂今復有以道也。以道友予二十年，乃離群而索居，未嘗悉其底裏。比以應貢來京師，與予同起者一年，言無弗契，默焉而意已傳，竊慶斯學之不孤也。茲奉命分教池之青陽，予因序此以堅其學，蓋「吾無行而不與二三子者」，夫子蓋嘗以學爲教也。

以道姓周，諱禄，號羅山，文忠益國公之後，前進士郡伯古愚公之仲子，貢士率真、郡幕方山、州倅白湖之弟，别駕原山之兄，吉之世家也。其爲人廉静簡默，天性孝友，學務自得，不欲隨人口吻爲喧寂。青陽之士，其將有聞而興者乎？

贈曾世瞻分教南海

今天下學校，凡設官以領教事者，豈徒聯束、升散、程督、課倣、背誦而已哉？蓋課倣、背誦，今天下所資以取科第、要富貴之左券，父兄之所以教、子弟之所以學率不外是，即禁之使弗爲而莫之禁，又況有程督之師、賞罰之條而趣之使爲也耶？疑非昭代建學立師之初意也。

夫儒者之學，要以明倫已耳。孔子，人倫之至也；六經者，聖人盡倫之註脚也。故學曰儒學，言與俗學殊科也；堂曰明倫，言朝夕講習於此，凡以明人倫也；廟曰文廟，揭萬世斯文之宗，使人知所誦法也；閣曰尊經，言舍此，則所以盡倫而希聖者，貿貿焉莫知其所由適之徑也。夫教萬世無窮者，非孔子乎？惟曰：「君子之道四，丘未能一焉。」子夏以文學名者，乃謂未學爲已學，蓋有見於孔門之學盡倫要矣，曾有一於課倣、背誦之習哉？國朝之所不廢者，蓋欲借此以聯束初學之放心，密斂其驕惰龐鄙之氣，日以精其所詣，亦六藝之一節也。不謂後世緣此爲教，習以爲學，能此者爲賢師儒，精此者爲賢子弟，驅天下奔走於富貴利達之場，而使明倫之功用不復見於天下，於是乎聖朝設學之意荒矣！昔者洪水横流，獸蹄、鳥跡之道交於中國，聖人有憂之，使契爲師徒教以人倫，而其所以勞來匡直，惟此爲務。我皇上龍飛之初，親灑宸翰，揭「敬一」之訓，以上遡夫堯舜「精一」之傳，其亦憂洪水猛獸之微意耶？故舍課倣、背誦以爲教者，倍也；泥課倣、背誦以爲教者，倍益甚矣。今之領教事者，當思所以求其端乎？

曾生世瞻領教南海，索予言以翼其行。世瞻爲吾豐儒族子，其有慨於今之教與學，久矣。又其系出於魯國宗聖之後，國朝學士曾公棨之裔孫，是其家學淵源厥有所自乎？則夫修身以教於家，興讓以教於國，老老、長長、絜矩以教於天下者，又何待予之言哉，又何待予之言哉？

贈翰林孔目何元朗之南都序

予嘗令華亭，簿書稍暇，輒與諸士相劘切。類教之外，復擇俊穎者得十有八人，群而教之，譚道課業，無間寒暑，而諸俊士日駸駸大有成，鼎然露頭角，稱良士焉。故今登台輔、爲臺諫、爲部屬、爲憲臬者十有一人，鄉試中式者三人，貢者二人，夭折者二人。如吾元朗及其季儀部郎何叔皮，則皆十八人中人也。乃元朗竟以選貢出遊大學，歸潛海濱，績文篤行，聲籍籍稱，吴中士人咸知有元朗而願交焉。

嘉靖癸丑，予被召承乏本兵，而元朗亦謁選來京師，公卿折節，縉紳刮目，授南京翰林院孔目去，收宿望也。行且有日，而索教復惓惓。噫！予何言哉？凡予之所能言者，元朗聞之熟矣，言之無乃贅乎？雖然，予又安能已於言耶？

孔子曰：「文，莫吾猶人也。躬行君子，則吾未之有得。」夫行如孔子，至矣，而自求於子臣弟友之間皆曰未能，於是乎不敢盡，亦不能不勉，慥慥然進而不已，至七十而後從心焉。元朗自視於孔子之所至何如哉？吾固知元朗之歉然不敢當也。歉然不敢當，而又自謂其已至，不能勉於慥慥之進，吾又知元朗之歉然不自安也。「發憤忘食，不知老之將至」，孔子之所以爲萬世法也。

異時予令華亭，齒髮壯，而元朗方總角。別今三十年，顧予癯然稱翁，而元朗亦星星有二毛。不學便老而衰，念之惻然。元朗素推衡山文先生，予老友也，歸過吴門，爲予道起居，并問兹所云者何如？

贈王學正之宿遷序

今之講良知之學者，其説有二：一曰良知者，知覺而已，除却知覺別無良知。學者因其知之所及而致之，則知致矣，是謂無寂感、無内外、無先後而渾然一體者也。一曰良知者，虚靈之寂體，感於物而後有知。知，其發也。致知者，惟歸寂以通感，執體以應用，是謂知遠之近，知風之自，知微之顯，而知無不良也。夫二説之不相入若柄鑿然，主前説者則以後説爲禪定，爲偏内；主後説者又以前説爲義襲，爲逐物。聽者惑焉，而莫知所取衷。君子曰：陽明先生之説具在也。先生云：「良知是未發之中、寂然太公的本體，便自能感而遂通，便自能物來順應。」又曰：「未發之中，常人俱有。體用一原，體立而用自生，有未發之中便有發而中節之和。」又曰：「隨物而格，致知之功即佛氏之『常惺惺』，亦只是常存他本來面目。」是數語乃《録》中正法眼藏，《學》《庸》要領也，與前二家之説或合與否，具眼者當自得之。

宿州分教雲野王子，先生高弟，與青田令李友邦正每過省齋，劇譚良知之學。其初不免有牴牾處，已甚相協，喟然歎曰：「此固先師旨也。幾晦而復明，其有待乎？」雲野子惇行有實際，豈隨人説妍媸者耶？持卷索書，附此以答之。

贈江元山令新寧序

元山子除新寧令，以予嘗令華亭，請所以爲令之方。予歎曰：令之職，重以哉！蓋天下之利病係守令之賢否，百責攸萃，而一方生靈之命脉所寄。然令之賢不賢，豈天之降才爾殊哉？由於學不學、心之盡不盡焉耳。

夫心，一也，而有惻隱、羞惡、辭讓、是非四者之異，此自其所發者言之也。心之本體發無不善，而有不善者，學不足以充本體之量而蔽於欲。蔽於殘忍，而無惻隱之心；蔽於貪昧，而無羞惡之心；蔽於侮慢，而無辭讓之心；蔽於昏濁，而無是非之心。殘忍、貪昧、侮慢、昏濁四者，作於其心，害於其政，而民之命於是乎始不堪矣。今海内嗷嗷然如蹈湯火、無駐足之地者，非以此歟？

昔子使漆雕開仕，開曰：「吾斯之未能信。」言不能自信其心之惻隱、羞惡、辭讓、是非如火燃、泉達之足以保四海，方皇皇焉學夫子而未能。夫子説之，説其心志不在小也。子路不達而使子羔爲宰，子羔質美而未學，未學而仕，是賊之也。夫子之惡之也，蓋欲進子羔於學，以信夫開之未信者耳。故曰：君子學道則愛人，盡心則知天。知天而後可以盡天下之隱，愛人而後可以立天下之命。是故學以充夫惻隱之量，而後天下無入井之孺子；學以充夫羞惡之端，而後道路無嘑食之殍夫；學以充夫辭讓之介，而後暮夜之金遠；學以充夫是非之鑑，而後虚誕之詞塞。是故明也，廉也，敬也，愛也，是謂君子之道四，父母之全德也，其於令也何有？新寧在廣州爲創制新邑，介於山海之間，民易與爲亂。愛以撫之，敬以涖之，明以照之，廉以裕之，雖蠻貊之邦行矣，尚何新寧之足慮耶？

元山子姓江，名汝珪，字懋桓，爲信州簪纓世家，安貧嗜學，卓然於風氣之外。蓋其質美如子羔，而鋭志於開之學亦有年矣，予故勉之以自信。

贈郡博劉琴山之任鎮江序

學有本，教有原，故論學者必曰家學，論教者必曰家教。君子不出家而成教於國，非以其有所自歟？予往歲爲從子静擇師，得琴山劉君進夫，人皆曰：「哲哉，御史之擇師也！吉之士，文行忠信如劉君進夫者幾人哉？乃爲御史羅而致之。其爲子弟謀，寧規規於課倣者比耶？」時琴山方布素一寒儒也，士以時藝負俊名，豈無與劉君並者哉？而亟稱劉君焉，無以其家學淵源有所自歟？而劉君又篤其實而藝焉者也。嘗聞其上世有卧廬先生者，承其考翰檢公兄大司成之遺風，舉正統戊午鄉試第一，明年復舉進士。遂棄去，歸山中，究心聖賢之學者，著書立言，稱儒宗焉，以故卧廬之後代有聞人。如吾琴山者，謂無忝於其祖考非歟？乃弗獲取一第，而卒以丁未歲貢來京師，士大夫又競相與聘之，而卒應宗伯南野先生之聘。人又曰：「哲哉，宗伯之擇師也！師以行，非徒以其文而已矣。」已乃授温州府訓，人又曰：「幸哉，温士之得師也！」居無何，以憂去，兹復起爲鎮江訓，人又曰：「幸哉，鎮士之得師也！」夫所以謂學與教者，豈在於聲音笑貌之間哉？語曰：「桃李不言，下自成蹊。」以其實也。先生天性純粹温然，飲人以和，薰其德者久而自化。潤士彬彬，行當稱善，人多而後知淵源之所自不誤也。時予從子静爲儀曹郎，重其師之行也，謂予當有言，故序之。

留别殿學少湖徐公序

學一也，有大人之學，有小人之學。大人者，先立乎其大者也，故能爲天地立心，生民立命，繼往聖之絶學，開萬世之太平，是豈小人之學所能窺測其萬一者哉？夫天地若是乎其大也，生民若是乎其衆也，往聖萬世若是其遠也，而曰自我立之、開之、繼之，無已迂乎？其勢遠而疏，其責重且大，而其機則甚速而至微也。大人者，知遠之近，知微之顯，於是有知止之功焉。止也者，吾心之體，萬化之原也。至虚而備，至静而章，至寂而神，子思所謂未發之中，天下之大本是也。堯、舜執之以弘蕩蕩巍巍之化，伊、周培之以著斷斷休休之業，孔、孟之祖述願學而垂萬世無窮之教，不亦大矣哉！

三代而下，斯學不傳，二氏迷之以高虚，五伯汩之以功利，宋人以助長害苗、病己而病天下，其他權術、刑名、詞章、訓詁之卑淺又不足道也。而不得其故者，往往斥虚、寂、静爲異端之教，而不知虚、寂、静，大《易》精微之藴也。非虚則不能受，非寂則不能感，非静則動不直。一以絶物，一以成物；一以經世，一以出世，毫釐千里，微矣哉，微矣哉！

周、程以後，白沙得其精，陽明得其大，而予與殿學少湖徐先生妄意砥礪三十餘年，而卒無所得。先生荷天子重託，懼報稱之日孤也，❶乃弋予在穴，同升諸公。四年於兹，萬一未試，徒日見其謬迷，予之負先生多矣！乃皇上憐予老，且出元相介翁與先生薦，不忍罪予，許請老以去，曠蕩之恩也。瀕行，禮意駢蕃，重以贈文；難言之情，繼之以泣，且出此索留别語。

噫！予何言哉？予二人之心，不能無愧於斯學，而其所以自許，則有難以語諸人者。自兹以往，在朝、在野，有一日當勉一日，以求不負同心之利，而或去、或不去，歸之乎潔其身。先生贈文備之矣，予何言哉？

贈邑侯凌海樓入覲序

曩予在京師，凡永豐之士若民有事來京者，無問小大，而其稱述凌侯父母斯民之政，如出一口。間嘗與少司馬鳳岡沈公道之，公曰：「此吾州有志於學之士。」蓋已逆知其達於政者。予喜而識之。

嘉靖乙卯春，予以年至乞骸骨，蒙恩賜允。道出齊、魯、淮、揚，昔之所稱富庶繁華之區，凄然無生色。渡江而東，則蘇、松、杭、嘉諸郡鞠爲戰場，而肝腦瓦礫之慘至不忍舒目。其得免於肝腦瓦礫者，又剥膚椎髓

---

❶「孤」下，底本衍「日」字，據康熙本删。

以餉師，饑弗食，勞弗息，日惟扶傷奔命之不暇。噫！慘也極矣，悲哉！而予亦出入於賊鋒，邅迴於川陸，凡三越月，始獲挈妻孥踰常山，遡流入南浦。民固幸免於兵燹之禍也，而乃苦於誅求積逋之令暴急如湯火，民不堪命，特政與刃之不同耳。至有自焚其廬，滅迹而逃，以示不返者。詰之臺、察、藩、臬諸公，皆曰：「是蓋所司奉行不善之所致也。使奉而行之者皆永豐令若焉，吾屬可以免過，奈何其不永豐令皆若也！」已乃挽舟抵白沙，白沙去永豐百里，凡宗黨、姻友、耆耄、士庶，下逮色役、工藝、僧道、貧孤，諸引類來迓，百里之內跡相屬於道，或揖或拜，或長跪於道之左，舉手加額曰：「父母得人，相公之力也！」逮入境，則士安於詩書，農樂於耒耜，市野嘻嘻，鷄犬閑閑。予仰而歎之曰：「不謂復見數十年前太平氣象！」已乃侯亦來迓，騶從服御澹然一布素儒，探其蘊，又知其洗心礪行之實，而於學道愛人家法，充然若有所得，於是信沈公之言非誣也。

永豐僻在山間，非水陸往來之衝，北無虜禍，南鮮倭難，鼠狗竊發間一有之，其稱雄作亂者數百年不一見，而穀粟魚肉之值又弗若鄰界之騰踴不常，舊稱樂土，民固相安於無事也。正德以來，吏兹土者往往以橫政擾之，征輸苦於耗贈，運解掊於加尅。糧里庫斗供億之費，詞訟聽斷科罰之濫，宴筵侈靡，囚繫淹連。甚者淫刑以逞，戕民以貨，已殘酷戾虐，謂爲衣冠之倭虜非耶？侯一洗而蠲之，約己裕民，而煦之以廉靜安和之政，若起沈痾而濯以清風，詎爲一鼎俱沸而尚有清凉處可歇脚歟？民之感而戴之也，無所歸德，而歸德於予，無以予之言可以達諸侯，而民之情亦庶乎其少慰也哉？

明年丙辰春，侯當以職事入覲，例不可留。士若民皇皇不忍舍，乃學師率諸生徵予言以贈之。予之不能已於言，義也。

侯，泰州人，以癸丑進士出宰予邑，與少司馬沈公爲兒女之姻，受業於選君林東城之門，又嘗師予友念菴羅先生。仕學淵源，謂不有所自哉？

贈國博黄龍塘之任南雍序

曷爲天下善？曰：師爲善。曷爲師善？曰：修道於身之爲善也。夫修道於身，初非冀乎教之行於人也，其機微，其風神，其化遠。古之君子不出家而成教於國，推而至於位天地，育萬物，一本於修道之教以致之，師可以易言之耶？乃後世之教不然。闊略躬行，崇飾口語，道不修於其身而求諸人，教不飾於其家而强諸國，無惑乎從者寡而訟者衆，善人之不多見而天下無善治，有由然哉！

國朝建學立師，動法古昔。今天下郡縣之學，即古之鄉學；兩京國子監，即古之大學。大學之師，天下之師也，非翰林儲養之久、學行優邃者不得與。其六館分教，則選諸郡、縣之師行業著而經保薦者，拔一二於千百以補之。厥惟艱哉！吾永豐之有學有諭，自宋元至今五百餘歲，諭之代而去者凡百有七八十人，未聞有遷國子者，有之，自今龍塘黄君佳始。是可以倖而致之耶？

黄君之教吾永豐也，知教之本於修道，而道莫要於自修，詞寡而行潔，外和而内剛，不翦翦於課程規條之繁，而意之所薰、精神之所感召，則有出於規條課程之外。横經下帷，恂恂一布衣生。以故士之觀而化者，侮慢思恭，狡僞思誠，浮淺思質，嚮善之機油然若草木之有生意，惜乎未覩厥成而遽遷以去也。

先是，督學王公敬所校南昌諸郡之士，得其雋者凡三百人，群於會城之貢院以課之。擇郡、縣學師身教有素者領其事，得三人焉，而黄君其首也。未五月，三人者咸遷國學以往，如茅斯拔，無留良焉，予於是歎督學鑒識之精而銓司登選之公也。使權衡人物每若是焉，又何患善人之不多見哉？

黄君戒行有日，其僚友朱君某、張君某偕諸生謁予爲贈文，予故述師之所以善天下，使師人者知所慕云。

贈邑侯陳雨亭膺獎序

獎賢以飾吏治，憲臣之體也。獎而失實與賢而失獎，無與勸懲，不足監戒，治之蠹也。甚哉，知人之哲之惟艱也！

縣大夫雨亭陳君瓚，由丙辰進士出宰予邑，六越月而頌聲作，不曰廉吏則曰仁父母，何其得民之易易歟？巡撫鍾陽馬公召補秋卿，行且顧永豐，歎曰：「吾不及見永豐之政成。旌之以風天下，盍獎而禮之以勵一方，庶乎慰民之情而一方之生靈其有託乎？」其詞曰：「器度老成，才識明敏。鋭志圖治，切於講求。留心民牧，可收成功。」哲哉，中丞之作人也！

夫父母有善而名不稱，漠然不加欣戚，非人情也。乃幸爲臺察所與，寵之以憲章，侑之以玉帛，樂之以鍾鼓，導之以師儒，老稚傳呼，填溢巷衢，真若父母被衮冕之榮，而子弟與有華焉。斯固三代之直道而行、上下相樂之公情也。夫獲上有道，不得乎民，弗獲乎上也；得乎民有道，不尊乎美，弗得乎民也。是故尊有五美焉：以鎮俗，尚乎器；以包荒，尚乎度；以澤民，尚乎心；以廉頑，尚乎志；以康庶事、以裕百責，尚乎才。五美具，而父母之道備矣。政之善物也，如膏澤之潤；令聞廣譽之隆於外也，如鼓鍾於宫；民之歸仁也，如水之就下、饑之食、渴之飲，無怪乎得民之易易也。

學博士偕諸生謁言以頌大夫之政，而縣之僚幕又率父老申師生之請爲尤亟。予無能爲鄉人福，而每樂乎大夫之能福吾鄉人也，言之其容已耶？大夫，蘇人也。予嘗守蘇，大夫在諸生之列，兹固以師禮禮予，每政暇，輒過予商學。愧予莫之能翼也，謂其切於講求中丞之聽，畀矣。

贈重菴劉侯赴召便省榮行序

重菴劉侯，浙人也。浙科第、文物之盛甲於東南，諸郡獨稱寧、紹，寧波慈谿之劉氏著稱其一焉。往正德丁丑，予成進士，受約束於南宫時，宗伯無所事事，諸凡委之儀曹劉公滂。乃儀曹不獨稱膚敏，冰玉之操朝紳罕儷，群雌之孤雄也，已擢南京尚寶卿去。俛仰今昔，世顧復有斯人哉？丁巳秋，重菴劉侯以丙辰進士授吉之推，已又委署吾永豐篆，禮度才操清介明和，絶類儀曹，予訝之。久之，乃知爲儀曹同祖之從孫也。家學淵源，謂不有所自哉？是年秋，以治行爲江南第一，天子亦以第一人召之。

永豐令陳君雨亭，侯之同年也，致侯之命，索予文以壽而翁。翁與厥配皆年幾六十，六十，壽之始。齊德而壽，世固有顯於其子者，然徒以科名爵位而行，無稱焉。兼科名爵位之盛，而行足以顯其親，如重菴，鮮矣；況父兄之賢，以孝友爲鄉評所重，如瓶山翁者，爲尤鮮。古稱世德，是父是子無忝也。

翁名廷詔，號瓶山，以親塋之對山如瓶，號以識思也。瓶山爲贈工部竹軒之冢器，南京尚寶柱峰之從子，四川按察使見峰之長公也。少習舉子業而棄之，以工部蚤世，繼母在堂，見峰方弱冠而諸弟皆煢蒙未立，養祭喪葬獨力營辦，曾不一累於諸昆。教而成之，亶厥心力無所愛。見峰起家進士，官至憲使，顯矣，至今以父事翁，豈有所强而然耶？異母諸弟咸以儒士沾禄於朝，無一而非翁之所曲造。人不間於其父母昆弟，時以子騫歸翁，非過也。劉氏自國朝來百餘年，科第蟬聯，每以葩、麟二經起家，而《易》學無聞。乃禮聘名儒，講授精微，而重菴卒以《易》學發科，自是劉氏稱五經族矣。重菴經明行修，治獄有陰德，不辱其身則不辱其親，養志之孝，君子韙之。

比翁以倭難就養，來吉且三年，茹淡服素，端坐一室，日惟督課二三幼郎，足不一履外庭。僚佐士友，踰年而後知，知而相率請見，强之至再三，不可，叮其子曰：「善爲我辭。吾見作外官以親故受汚辱者多矣，吾不欲以老身爲汝累也。」身教之嚴如此。凡以成其弟若子，豈一朝、一夕、一行之故哉？永年昌福，其天人之定命歟？

重菴行有日矣，行當爲臺諫，鳴朝陽之鳳以茂對高岡之梧，予於侯有重望焉。

贈督府東明范公擢兵侍序

國朝敘遷至卿佐，必會官廷推，而吏、兵二部推之爲尤慎，何哉？以其權衡人物，振飭皇靈，奠安宗社，控制戎夷，而治道之汚隆、宗社之安危繫之，其非資望隆重、謀猷允塞者莫之與。我皇上往往批駁再推，無亦祖宗家法然也？

是年季秋，南贛總督、右副都御史東明范公陞兵部右侍郎，中外翕然韙之。蓋公以進士起家，於兹三十年，出入中外，歘歷藩臬，著循良之譽，張廉訪之風，而保釐旬宣之績爲耳目之所覩記者，章章較著。乃有開閫虔南之命，非一日之積也。公至，開誠布公，不事虚喝，啗之微利以察賊情向背之機，震之薄伐以審時勢勦撫之宜，歎曰：「此賊負固作孽，蓄毒滋久，撫非計也。」於是蒐材猛，利器械，廣儲蓄，相地形險易爲兵所由入之路。已而又添設參將於龍南、安遠之間以扼其背，立巡司於各巢以窺其釁。復令自相保伍，月率頭目至軍門聽約束，時發其陰私而賞罰之。凡附峒之民，舊爲賊之耳目者，悉制於法。我武揚而賊勢摇矣，其最稱凶狡如酋首李文彪、謝永彰、賴清規者，獸駭失計，私相告語曰：「范總督得無陞遷有日乎？」相率自縛其黨之以緩師，最後又遣五百人投關報效。公亦自籌曰：「撫之以幸無事，吾之利也，何以稱皇上之責付、副一方士民之望乎？」分道並進，尅期出師，不謂召命之遽下也。豈天未欲遺一方安靖之福耶？予竊爲公喜，而不無爲一方惜。

分巡嶺北道憲副歐山黄君某，從事軍旅，荷公之知最深，謁予言以華其行，遂書之。

贈貢玄略陞湖口學諭序

邑博玄略貢子司永豐訓僅三年，强半署洞學，主同仁之教十三，咸奉兩臺暨督學之聘，薦保頻仍，奬借不容口。如巡撫何都御史則曰：「學有淵源，志希古哲，政事借文學而兼優，官聲與鄉評而並茂。」提督軍務范都御史則曰：「學有本源，識通時務，勵志動慕乎古人，行己不混于流俗。」其曰「學本身心，才通時務，因貧就禄，生徒不束乎一修；養志悦親，事守克全乎兩大」，此巡按徐御史之薦也。其曰「學在潤身，盡脱時俗之套；教主明理，不徒口耳之資」，此巡按鄭御史之薦也。至於提學王副使批行：「所著規語，皆自本官證修身得，直指病根，透達本體。仰行諸生共相切琢，以不負本道擇而使之之意。」是數君子者，朝廷耳目之司也，参五以變，如出一口，謂非聲中其實之端乎？司舉措之權者，孰是以鏡，超而遷之大學，非過也。乃循資轉學諭，得湖口，豈時之所詘，公論亦有不可得而信者乎？

彼長沙之傅、江都之相，此兩生者，設儗之以蕭、曹、勃、噲，豈直艴然不悦而已？夷考厥就，開國承祚之業，金縢豹韜曾不及刀筆屠販之十一；自今觀之，治安之疏、天人之策重漢九鼎，百世之下讀之者猶掩卷歎慕，思見其人而不可作。其輕重詘信，又孰爲得耶？貢子早富才望，傑稱畿輔，毅然以聖學自任。水西一號，而江北之學至今爲盛，誰之力歟？少需以時，其取科第、覬美官宜非所難，徒以親老家貧，俯就升斗，以裨菽水之不逮，此其情事之皇皇者。湖口伊邇洞學，去宣城又三百里，而近教養之施，得隨其所值而致隆，謂是爲信耶，詘耶？賈誼明申、韓，識者少之；董子度越諸子，亦惟明道、正誼數語。揆之以《學規》《會語》諸篇，其中於道也，孰深乎？蓋有不待他日讀之而後思見其人者。朱子平生勳業，倡明洞學其一焉；而義利之辯，炳若丹青，象山有功於名教不淺。貢子作而洞學興，上下數百年同符，朱、陸又非賈、董可得而及。卉春稼秋，各維其時，天衢之畜，豈窾言之無當耶？

永豐學諭介齋陳子良節、海嶽施子教率諸生謁予言以華其行，以予知貢子舊矣。貢子姓貢，名安國，字玄略，別號受軒，前翰林湖涯先生之元子，嘗受學於鄒東廓、歐陽南野、王龍溪之門，然其晚年自得，則有不由師傳者多矣。

贈邑侯陳雨亭入覲序

今天下方多事，兵弋困於倭虜，採辦疲於土木，度支告匱，征斂四出，民用皇皇，囂然喪其樂生之心。而一時有司方圖自解其課責之嚴，取盈於敲朴箠楚以湯火其民，若真無惻隱之心者，其故何哉？詭時好者欲速報以要譽，豐己私者利博納以計得，有一於此，仁心亡矣。仁心亡，而生民之命始蹙也。

酷日流金，所向喘亟，而喬林之陰，人方偃息歌謳於其下，所寓有幸不幸也。予竊爲豐民有私慶焉。雨亭陳侯之令吾豐也，寬仁慈和，廉静平易，吏民相與，悶悶然如家人父子。商略其耕桑蓄息以急公上，誠惻之意浹於肌膚，未嘗有疾言勃色一相加。即有甚可怒、可駭之事卒然臨之，言色安和如平日。至於發隱禍，除巨蠹，他人所深避而不肯爲者，斷然以身任之，卒以收奠安反側之功。其始也，民恬然易之，已乃疑而畏，久則帖然服也，輸不後期，庭無囂訟。有弗令，令斯行；有弗道，道斯從。觀政者入其境，晏晏然鷄犬無驚色，乃稱侯爲循吏，非過也。

夫循吏莫盛於西京，考諸班史，西京循吏五人，其三人在孝宣之世。上方褒顯功能之士，以法律課責事功，於時吏治競趨嚴急，獨渤海、潁川三數郡悶然無可述，卒乃吏稱民安。上之所賴以爲化本者，在此而不在彼。今侯上計京師，會皇上宵旰方愍念斯民之困於賦斂也，將求於賦斂而能撫字者，寵之以勵百司。璽書之嘉，顧不當有在耶？

侯行李戒途，一介蕭然，而於豐民曾無毫髮取。豐之人士共見而明知，乃相率屬言於予，以壯侯之行，豈以予知侯之舊而言足以傳信歟？遂書之。

雙江聶先生文集卷之五

記一

貞烈亭碑記

嘉靖丁亥十一月初六日，烈女鄭三娘死，死節也。予按其所謂節者：先是，乙酉，母、兄以三娘納里人吴子徵。吴子家日落，母、兄薄吴之貧也，欲停三娘婚，而以意許富人陳氏焉。密餂三娘，三娘艴而作曰：「母氏聖善，何愛富人而亂大常哉？兄，禮人也，乃不順父母於道，可以爲子乎？妾有微命，何足云云？」兄曰：「吴子貧，無以終而身。」女曰：「妾能貧。」母曰：「胥矣富人。」女曰：「誠不以富。」母曰：「而何媚於窶夫哉？」女曰：「吴子，妾何媚？妾媚於予也。『吾有好爵，吾與爾靡之。』」兄謀之母曰：「此女愚，不可語也，必挾之勢。」竟訟以奪之，悔吴字，陳裂紀，遂謀聞於三娘。三娘號天以泣，泣而絶，絶而蘇，曰：「勢也，天乎？妾無能爲也，妾有所矣。」母、兄知其必死也，日閑之。謀之經，斷而索；謀之溺，扃而鑰。白刃可憑，誰投爾柄？乃於是去櫛盥，却藥絶粒，儲死於樓。䦧母率姑、嫂日强而飼之，女曰：「妾不敢傷予母也。」勉而食，食不能咽，食少輒却。姑曰：「何自苦也？」女曰：「妾甘如飴。」

嫂曰：「其必死矣。」女曰：「將以求予之生也。」如是者奄奄二月，瘠毁骨立，枯槁如柴，斃也以正。是日聞者椎膺酸鼻，齎咨戚嗟，吊哭其門。老幼愚良，無間遠邇；宗工名士，咸有聲頌。

明年戊子春，予按閩，聞而韙之，檄郡守葉觀詳其事以報。仲夏，予按莆，精覈厥實，不爽於聞，爲理其葬。葬之日，予往吊焉，觀者如堵，乃上其事於天子。予嘉而歎之曰：大道久湮，全節希聞，不謂復有此女。傳不云乎？丈夫失道，道在婦人。今天下經生學士，徒以記誦文詞取科第、肥身家已矣，若乃能以復性爲學者，枯項篋聞，至死不悟。性者，天地之中，人得之爲生理也。是故臣之忠也，子之孝也，女之貞也，性也。致命遂忠，戮力奉孝，隕生葆貞，問學之功也。今忠臣、孝子不見於天下，而空谷足音乃得之女子焉，豈惟道在婦人哉？天下絶學，學在女子也，予於是重有感於卜商必謂已學之意。獎義崇節，培彝修慝，固御史責也，命葉子立亭、刻之石，且以告於今之學士云。

戊子鄉試立石題名記

鄉試立石題名，前此未有也，有之，其昉於今乎？何以昉於今也？重其事也。鄉試久矣，何以至今始重也？昭異數也。何以爲數之異也？今上嗣極七年，鄉試取士，至是開科凡三屆期矣，然惓惓以不得真才爲憂，乃於是采用廷議，率畿輔故事，選命朝臣，往各省司試事。故凡場屋百執，莫不仰體聖心，憂慎恪勤百於常，而士之入彀者精矣，精矣！其殆一方之真才矣乎？

夫諸士子以真才見録於有司，有司得真才以上報天子，是則數之異也。真才異數，盛之始也，故《春秋》

於盛衰之始必書者，凡以著其端也。予聞諸夫子曰「才難，唐虞之際於斯爲盛」者，非以其文與名也。精一執中，其學也；平水土，教稼穡，明刑敷教，制禮作樂，戡亂捄民，以輔有唐虞三代之治者，其至誠功業也。今諸士子之學，果如此乎？發而爲功業也，果能此乎？予不敢謂其不如此、不能此而逆料夫諸士子之不如古也，顧今之録者，文也；勸者，名也。聽言信行，采名責實，是皆以古人待諸士子，而不忍其薄也。諸士子其能厚以自待，以無負諸司，以上答虛心側席之求乎？厚以自待，不必其平水土而後禹可學也，教稼穡而後稷可學也，制禮作樂而後周公可學也。會計當、牛羊茁壯，一乘田委吏之業耳，率乃水土、稼穡、禮樂之功用同配天地，萬世之下並論無軒輊者，蓋亦學其所可能者焉。學而可能者，心也；精一者，傳心之要也，是塗人皆可能也。塗人可能而自謂不能者，自賊者也；不能以之事君治民者，賊其君與民也；謬於始而不知改圖於終者，賊而冥也。自賊者弗仁，賊君與民者弗義，冥於賊者弗智。弗智、弗仁、弗義，是謂之濟惡不才也。夫有司以真才録之，而其終也以不才黜焉，静言庸違，儒名墨行，則是科目真不足以得士也。顧其後也，豈無登臺摩石、摘名騰笑而歸罪於有司之不明者哉？予見夫今之習率以文與名爲學，而懼夫賢者之不能免，故於其題名特申告之。

闈城中有鰲頂峰，峰有狀元臺，相傳爲宋陳誠之讀書處也。予暇日嘗登焉，私謂場屋得士，宜於此立石紀之。比撤棘赴鹿鳴，而福州守朱豹業已翼亭礱石，惟速文以弁其端耳。予嘉其志之同也，因書此以附見一日之雅云。

致曲齋記

邑有丈人張闈策氏，榜其齋曰「致曲」，人德之，遂呼爲致曲先生。年八十，篤愛《春秋》三氏傳，霜晨雪夜，暑晝炎昏，手不停披，口不輟吟，益勤矣，予方閔夫。夫人者，倀倀焉不知有學也；知學矣，如丈人者，又荒於外焉，何哉？乃呼而寤之曰：「六經，皆我註脚也。學，所以求心也，求心於經，不若求經於心。是心純乎天理而不雜之以人欲之私，則六經糟粕矣。若不聞李初平之學濂溪、公明宣之學曾子乎？」丈人曰：「子將外經以求心也。外經以求心，則何所事焉？老弗悟也。」

乃酌予於致曲齋中，丈人適有寒疾，蒙頭束腰，策筇抱火，浮以大斗，倒若河流。予訝之曰：「飲酒濡首，《易》戒知節。丈人病矣，弗宜於酒。即不病，耄亦不勝也，盍禁諸？」丈人曰：「予之性也。性喜飲酒，飲喜大斗，雖病亦然。醫者肅戒，子弟嗇進，予不樂也，予將狥吾之性而樂焉者也。」予曰：「惡在其爲致曲也？」丈人矍然曰：「是何與於致曲也耶？予於致吾之曲也，凡因吾善端發見之偏而悉推致之耳。」予曰：「異哉，丈人之致曲也！宜其癖於書、困於酒，異趣而均亡之也。獨不觀斲輪者之致曲乎？木之盤曲不中矩矱，引而矯之，直在其中也。人之生也直，罔之而曲也。罔之種種，而曲之形也不一焉，故曰邪曲，曰私曲，曰偏曲。口之於味也，目之於色也，耳之於聲也，鼻之於臭也，四肢於安佚也，偏焉則曲也。若公之嗜酒如澠也，嗜書如飴也，皆性之偏也，逐物者也。克己，須從性偏難克處克將去也，反求其性之所偏而克致之。

致之云者，決去之義也，故曰致仕，曰致身，曰致命。致之又致，如距斯脱焉，則直之體立矣。直之體立，則善端之發也，如火之始然、泉之始達，駸駸也斯誠矣。直内曰直養、曰木從繩則直也，此孔門克己之義，授之顔、曾，傳之子思、孟子而一致者也。」公駭焉疑，仰焉思，涣焉若有所悟曰：「誤也！老矣！無怪乎致之數十年而白首紛如也。不爲酒困，孔子之所以聖；學矣成癖，杜元凱之所以喪志也。然則求心之義亦盡於此焉乎哉？」予曰：「盡矣。慎言，節飲食，養之吉也；多識前言往行以畜其德，畜之大也。寡欲以養心，一也。」丈人肅然避席，覆觥却書，起而謝曰：「君子不以老耄而棄予，予敢以耄而自棄乎？請揭之齋中，以代盤盂凡杖之戒。」❶予曰：「可。」

丈人賦性剛執，崇禮節，不解爲世俗纏繞習熟之態。事父母，知孝養；居喪，縮縮如制。古貌巖巖，言論棘棘，不以辭色假人，常面拆人過。❷宗鄙惡少見之多避匿，私號之爲「聱齋」云。

永寧重修儒學記

永寧固有儒學，圮而不修四十年矣。乃嘉靖癸巳，熊侯得請於上，撤其弊而新之，新之而大備。其費則料於公帑，得贏金若干，以不足，復捐俸倡民，又得金若干。肇工於癸巳之八月，越明年四月十九日就緒也，

---

❶ 「凡」，康熙本作「几」，宜從。

❷ 「拆」，康熙本作「折」，宜從。

翕然改觀，而寧之校至是始可與吉之諸邑稱。

先是，甲午仲春，予與東廓鄒子暨九邑諸友會講於郡之青原山，侯嘗肅庠生劉某、尹某徵記於山中，予未有以報也。而寧之囂桀、不便於侯之政者，尋謀蘖其短，訟侯於上。郡伯竹墟屠公重侯之素也，乃直其事以聞，而當道者不察，以疑根勘至再。侯曰：「寧之校，曠四十年不修矣，豈前之令皆其智之弗若予，而直以學之不修爲不屑乎？蓋已逆知乎寧之民之健於訟上，而材役之興，世恒以之速訟也。是故因循相緣，而學校之政率成道傍之舍，有以哉！吾之知寧也，豈吾之智又不若前之令，而能逆知民之不緣是以爲訟乎？乃毅然以身任之，蓋已知其不能免於今也，而惟以功之未就，以去爲懼，不謂幸而成功也。吾何愛於自免以重貽當道之疑哉？敢謂後之君子，得無以志相感者乎？丁酉臘月，新令至，丕承厥烈。吾去矣，什一之遺，亦惟於學政是謀。」乃復戒兩生速予言。

乃兩生棘棘道前日事，謂無以報侯也，至相感以泣。予曰：「嘻！侯豈望報哉？侯寧不潔其名以去，無寧使諸生誦法之無地，蓋將以翊運而勵學也。諸生其知所以爲學乎？我朝以舉業造士，崇理學也。理學大明於宋，故談理之文無累百家，而足以詔後世、繼絶學者，篇凡有四：曰《易通》，曰《定性書》，曰《西銘》，曰《易傳序》。今之業舉子者，有一於此乎？有一於此，乃珠晦而驥逸焉，謂爲有司之罪，宜也，而世恒慮夫有一於此者之未易得也。蓋四子之文，四子之學也，是豈可以模擬藻飾爲哉？是故持格剛方如伊川，守禮敬密如橫渠，學者若其入而難之，❶或然矣。乃無欲主静之教、大公順應之學，皆原人心本體之易簡，

---

❶「若」，康熙本作「苦」。

日可見之行也。日可見之行而文生焉，是謂天下之至文，如《易通》《定性書》，佐佑六經，率而百代殊絶之見，光天下以爲瑞，蓋不但繫一方盛衰云也。而世每厭其易簡以爲不足爲，而日沾沾焉循格守度以取必於有命之得，及其不振，而遂諉罪於山川之數、有司之不明，是豈侯之所以望諸生之所圖報者？外此，其何以哉？是固侯之所望以報也。」

往予守蘇郡，侯方領教事，爲蘇寮屬，每以直方爲當道所不樂，而獨見知於予。乃已遷今上高，❶爲黠吏縱火滅籍，得調永寧，復以疾惡過嚴，爲嚚民訟以免職，則其人可知，惜非今之所宜也。侯姓熊，欽名，❷字某，别號横橋，桂之臨桂人。新令姓覃，覃州人也，名某，字某，别號南州，從政未幾，即其施爲氣象，蓋亦不辱於舊令之告者歟？贊決協度，以身先士，如邑博林某、吴某；董役之勞則義官謝寧栢，俱於書法可書也，故書之。

平陽府人物題名記

予嘗以進士銓令松之華亭。華亭八百里，賦税百萬，負海枕江，平疇沃野，九峰三泖之秀鍾，而陸氏之盛，唐之後鳳雛、龍駒如機、雲者，可得而盡數之耶？人曰：「天下之劇邑也。」予令而訊之，果哉！已由御

---

❶「今」，康熙本作「令」，宜從。

❷「欽」下原脱「名」字，據萬曆《吉安府志》卷三十五所載此文補入。

史出守蘇州府。蘇之隸州一而縣六，賦稅田四百萬，文人才士彬彬，富商大賈聚天下之貨而雲屯焉，人曰：「是天下之壯郡也。」予守而訊之，壯哉！泰伯之德，季札之讓，已不可得而見矣；若武城之文學、蓴鱸之秋風、義田之族給、胥江之怨、蠡湖之逸，風之流也，猶得以訪其故而咏之焉。

予自是匿山澤而癯者十有二年矣，乃嘉靖辛丑，奉天子命，起予於廢，補平陽守。平陽屬州縣凡三十有五，人曰：「古富疆之域也，豈蘇、松亞乎？」命下爲是年九月朔，予不幸適有伯子五巘之喪，茹悲就道，倉皇四千里至焉，至則爲臘月既望也。視額賦則九十萬有奇，而逋之積也何翅百萬？視帑積懸如磬，視訟牒棼如絲，視民則披披離填溝壑而之四方，❶散亦夥矣。仍以邊報孔棘，而督逋取盈之文急於火，予惟慨而歎之，莫知爲計之所出。乃於是緩徵息訟，哺殍綏離，設險除戎，峙餉練兵，日皇皇不暇給，而竊慮夫戎禍之將不能免也。明年夏六月念有二日，虜果擁衆數萬，蓦雁門，長驅薄予冷泉關。關堅不可犯，復遣輕騎由間道襲郭家溝而騁焉。溝不可犯如關，乃散而掠澤潞，轉而掠大原等周遭，幾月而遁。噫！慘也極矣，幸而免者，非天乎？

予乃散兵休民，群士講藝，稽誌遡典，考唐虞之故跡，而求昔之所謂盛者何在耶？予聞山川之融產，惟才爲難，而珠玉、金帛、麻縷、菽粟其次之。乃孔子獨有取於唐虞之際，蓋自生民以來，未有盛於此者也。何也？聖人，人之至也，神則聖之至也。大而未化者爲賢人，爲君子，爲逸民，則爲孝、爲忠、爲廉、爲貞、爲

---

❶「離」，康熙本作「離離」。

智、爲義、爲勇，變則爲權謀、爲術數、爲文藝、爲縱橫闔押，人之品至此備矣。謂平陽一之未有乎？乃諸士之生於其鄉也，未聞有學堯舜而未至者一人焉，將諉罪於山川之不淑，可乎哉？若謂上之倡者未也，則《敬一》之典，非龍飛之首命乎？而鄙人矻矻爲諸士導者，亦未嘗舍是而他有説焉。乃不信、不從，其故有不難知，無亦以時之詘也，饑而父子離矣，而犬戎之禍又駸駸剥床膚，是之謂救死不贍，乃强而聒之以從事於堯舜之學，不已迂乎？吁，蔽矣哉！不聞兵、食之可去也，而民不可以無信？天時、地利得矣，抑人和之不如？蓋信則無貧，和則無寡，欲民之信而和也，是不在士人者學以倡之乎？蓋上無學則下無教，不教不興，仁之嗇而義不相維也，有以哉！是故精一執中，堯、舜、禹開萬世之太平，所以爲天地立心、生民立命者，機微而風神也。是學微，而後生民之糜爛無已矣。

予故令諸生采唐虞以來，下逮宋元，人品之著者凡一百八十六人，鑱諸石，作《人物題名記》以風之。入國朝之可書者，姑闕以待。是舉也，臬巡玉林許公往同知府事，時予嘗從而論之，可矣；繼而僚友許君某、高君某、龔君某，又皆聞而韙之；暨請於大司空西磐張公，亦曰「是惟政教者之責也」。邦人何幸哉！

雲根道人記

雲有根乎？氣之運也，變化無常，予莫知其所始。而予嘗聞之也，觸石而起，膚寸而合，不崇朝而徧雨天下，其惟泰山之雲乎？蓋泰山者，岱之宗，靈氣之所鍾也，負高積厚，畜極而施之遠。是故出岫非心，從龍施普，君子尚盈虚消息以神其身乎？夫消者，息之機也；虚者，盈之會也。不嗇不豐，不翕聚則不能發散，知此者可以達雲根道人之意矣。

道人斂才屯膏，初號東山，蓋嘗築亭榭池舘於東山以待而翁之隱。而翁水涯先生者，吉之泰山乎？清德重望，顒然具瞻，乃引年高遯，博修而寡取，豈徒樂志於東山哉？詩禮之傳，氤氳之化，長兒孫於此者亦既三十年，雲蒸於水之涯、山之東。若今之富才望如某者，非道人之冢子乎？某之從予遊也，自負過高而薄視乎天下無足爲，予懼其畜之未極而發之鋭也，於是乎進之以觸石膚寸之義以該道人之微。蓋施於漸，不遠矣，非堅定不固。天在山中，若濡有雨，艮之義深哉！《易》曰艮爲石、爲人，謂石爲雲根，大旱之霖其有所自乎？

道人姓彭，名恂，字弘卿，吉之瀧江人。早事舉子業，一試不售，輒棄去，而適情於觴咏以終其身，乃清白吏子孫固若是哉！

承訓堂記

人有願樸無華，體若不勝衣，言若不能出諸口，行局蹜如有循，一切狙詐、狡譎相誑誘以規取貨賄之術，泊然若無所知。求若人於今之時，在邃谷遐荒、習俗近古之地猶難之，況市廛闤闠，風氣之相薰染如丹青，然乃欲得而見之，不已難哉？蓋有之也，又往往困於昏弱，昧稼穡而惰於倫理之敕，至廢棄其家業、身事而一無所振，宜若無所取也。而予竊有取焉，以其質任未漓，而去彼譎詐誑世之流則遠矣。乃若如前所云者，又生長於闤闠叢雜之區，而能超乎風氣，曉然知好惡而臭味之，敦子弟之行而光振其家聲，如濟川張公朝祚者，非若人之儔歟？

余初不識濟川爲何如人也。往予先兄五獻封君與其兄西郭子善過從頗密，予是以識濟川也。予愛其言動、衣冠質若鄉人，謂必有所自也，乃進而問之。濟川泫然流淚，哽塞不能語，已而曰：「不肖孤，何言哉？祚不永，生踰月而孤，如綫之緒，人皆危之。艱貞苦節以利之，予匪吾母氏，曷有今日者哉？母嘗夜分理軸杼，立吾兄弟於傍，提耳而詔之曰：『孺子有知乎？予茲艱辛萬狀，將誰爲耶？爲孺子也。痛惟汝父好善而未食其報也，報不在孺子乎？報在孺子而予無以成之，他日何以見亡人於地下乎？無成有終，妾之責也。孺子其有知乎？善惡惟習，習在孺童。汝無妄言，言妄者吝；汝無妄動，動妄者悔；汝無妄交，交妄者辱。安者，禍之招、敗之門也。維茲信慤，爲德之基。』言未既，相嚮而泣。泣而識之，奉以周旋，奄忽皓首，而機杼之音亦長逝矣。嗚呼，痛哉！」

予之聞斯言也，於茲十年。自是張氏家益衍裕，伯仲各構堂以居，而後侈其扁也，伯曰「貞訓」，仲曰「承訓」。貞以昭德，承以立善，是可以訓矣。燕翼之謀，微矣哉！甲辰夏，嘗肅其仲子庠生完謁予爲堂記。予慨夫世道之日漓而願樸質之重見也，故記之。

譽德書院記

招携澧氏之先有元勛甫者，愛賓客，客往來道於其家，無問識不識，輒款留津遣，庭無虛月。於是窮途即次，瑣旅懷資，過者思，感者頌，别之而留，投之而求，累詩文若干首而帙焉。樽齋曾氏序而題曰「譽德」，蓋祖韓昌黎「才儁滿前，道古今而譽盛德」之言。至是若干年矣，而澧氏之後慮其久而或湮，乃築室昭題，禮賓延士，讀書教子於其中，蓋得以世其家聲，佑啓而光承也。嘗肅其子弟某某輩謁予文記之，予曰：盛哉！傳以美前，章以善後。自夫養士之義壞於鷄狗之徒，而珠履之庭其終爲禾黍之墟者何限？蓋倡之無其道而繼之者非其人故耳。若澧氏者，不謂之盛矣乎？

夫德以生譽，固也。君子之譽本諸身，不願人之文繡，言飽乎仁義也。仁義腴於中而暉吉見乎外，於是言而天下後世則焉，行而法焉，動而道焉。夙夜終譽，言有本也。施予延招，無所靳惜，風之流也。鄙寛而薄敦，謂非德不可也，然是特仁義之施之節焉已耳。君子學以崇其德也，講學以會友，取善以輔仁，築室者得無見於此耶？而樽齋子常寓才賢之辨，❶諷亦微矣。予蓋有感作斯文云。

雪厓記

世言人之無取於世而嚴於自守者，輒曰「厓岸」云，蓋以其嶄絶孤特之行，可以廉頑立懦，百世之下猶足使人聞風而興起。我思古人，其西山之餓夫歟？乃陳翁别號雪厓，無亦聞伯夷之風而興者耶？

翁性狷介，平生敦行誼，爲里黨所推服。每歲舉鄉飲，賓席之召惟翁先。晚以瘻廢，終日端坐一室，足不履非禮之地，耳目無非禮之視聽。日取《五柳先生傳》及《漁父辭》《卜居》等篇讀之，興到，輒命酒自酌，飲

❶「寓」，康熙本作「客」。

少輒醉，躬躬隱几卧，不知日之有旦暮。處闤闠喧囂之地如深山絶谷然，門外可羅雀也。世顧以痿廢視翁，翁亦自廢以絶交於世之人。度白雪以方潔，信丹厓而獨往。雪厓之號，似耶非耶？

昔秦人有宋婪者，當隆冬，荷鑱往終南山，入雪厓洞取橡栗，歸以卒歲。至則洞中一無所有，惟朱草數本、冰蕨一器置諸案。婪欲掇之，俄有鶴氅翁出而語曰：「吾輩竊天地一撮之土，冗之以爲宫。芝菊蕨薇，非吾之力不食。汝等厭世味，窮天地之所有取以充腹，猶不足，又欲掇吾撮土之所産，不已婪乎？」婪乃跼蹐而退，至山腰，有老人騎牛而歌曰：「厓岌岌兮鳥道懸空，雪花如手兮寒鎖千峰。瓊芝玉蕨兮毓玄風，欲窮口腹兮哀此狡童。」婪悟而返，至故處，則雪封洞門數尺，不得入，悵悵然而歸。則夫今之逐逐於世，大者虎噬，小者蠅嘬，强者攘，弱者竊，斃其身而不知節者，寧不爲雪厓翁所笑也耶？

嘉靖庚戌夏六月晦前二日，翁遘危疾，呼其家子陳君子昂曰：「雙江先生言足傳信，況姻連閫閾乎？汝亟往謁之爲予記雪厓，余即辭塵塭瞑目矣。」是日薄暮，陳君冒風雨抵余草堂，道翁意，色憂而言切，余不能辭，遂記之。翁姓陳，字良立，以字行。時閏六月朔日也。

道心堂記

道心，其未發之中乎？未發故微，微故顯。君子知微之顯也，戒慎乎其所不覩，恐懼乎其所不聞，所以立天地之心，造生民之命，開萬世之太平，俟後聖於不惑。堯以是傳之舜，舜以是傳之禹，禹傳之湯，傳之文、武、周公、孔子、子思、孟子。或見而知之，或聞而知之，及其知之，一也。一者何也？中也。中也者，和也，中節也。後世不知中之爲和也，假之爲五霸之功利，而外和以求中者，流而爲二氏之虛寂。功利之害，陋而易見；虛寂之禍，隱而難知。蓋道心惟微，本虛寂也。虛而受，寂而感，後天奉天，何思何慮？曷嘗以虛寂爲枯槁，以感應爲障妄？自私自利，至於遺棄倫理而不顧，塗耳目而禍生靈，尚可復見唐虞三代之治哉？故欲復唐虞三代之治者，當求唐虞三代之學。學以存心焉，至矣。心一也，以言乎體，寂然不動是也。寂然者，未發之中，千變萬化皆由此出，故曰道心。名堂者，其殆有見於此乎？

道心堂故在白鷺洲書院雲章閣後。洲當贛水之衝，霖潦暴溢輒没溺，而書院爲魚龍之宫，甚則與波而俱逝也。故廢興、興廢，經凡幾年而絃誦無，師其跡而不師其意也。蓋螺川在九江上流，舊無水患，即有之，十數年而後一見。正德以來，或一年而再見，是書院之在所當復，而洲之不可基，明矣。白坡何公其高守吾吉之明年，乃即慈恩寺去鬼而書院之，負隍瞰江，與洲相望，不期月而落成。樓閣堂齋，一復其舊，群九邑庠士之特出者講授於其中。侯蓋有志於復古治、求古學，非徒硜硜於簿書米鹽之間者。余故述所聞以復侯之命，作堂記。

雪梅記

陳公某，别號雪梅，間肅其子曰旦徵予爲記。予雖少長於旦，而旦志於學者，予固得而友之。若翁之愛，義不容辭，故曰：今天下靈修幽求之士，託跡寓意乃類有取於梅何？予嘗即而求之，得五美焉：姿凌冰雪，貞之固也；幾先品彙，神之徵也；暗香疏影，幽而光也；林下水邊，静而逸也；巡簷之索，調鼎之需，臭味之相宜也。故利貞者一其德，知幾者尚其神，含章者致其幽，避地者適其静，臭味相求者崇其實。實則用斯精，静則心斯休，貞則行斯峻，幽則闇斯章，神則風斯遠，是故君子尚隱德焉。

翁蓄德而隱者也，托跡市廛，屏謝聲利，幽貞獨復，沈幾藴高，日悶悶若無所事焉者。然惇典範俗，鄉評推望，飲讀禮賓，式廬之敬，邑大夫每先之。雪梅之號，本諸身而徵諸其子，厚積而遠施，其殆庶乎？君子不虚辱也。

翁世居下市，於予故居爲比鄰。下市，古勝地也。宋初井邑未建，擇勝者競居之，而聶、陳二氏代有聞人，寔先他姓。宅里之表載諸邑乘，可考云。

董氏重修祠堂記

嘉靖丙申歲旹，董氏大修祠，祠至是始大備。摽坊坦道，重門翼廡，幽室崇堂，疊庫層樓，肅齋浄庖，繚垣繩巷，諸無弗稱。惟祭義疑有不合於古者，趣時也；祀昉於肇基，重遷也；配之以父若子者，序昭穆、備原委也；凡族之有爵者祔，章命德也；無後者祔，哀絶世也；主之以宗子者，隆宗道也；長幼卑尊，四時有事於中，無弗至者，萃涣以貞夫一也。嗚呼，仁也亦厚矣！

按董氏家世，宋南渡以前，惟寒食長率其屬即四墓下展祭。紹興、慶元間，風雨晦明弗時，乃徙墓祭於孝子宫。宫邇墓，故徙祭於宫云。淳祐辛丑，祭始有田。元至元丙子，宫燬，將謀立祠，屬時難，民無寧居者。我明洪武己酉，亂輯，錫福於民，董氏歲祀乃始有祠。於兹百五六十年，族指益繁，祠日就圮。是故易地大備，不有待於今日乎？祠經始於嘉靖甲申，越年丙申始告厥成。今人談榮禄科第、文獻足徵爲族望之盛者，必曰流坑董氏云，而莫詳其盛之所始，乃往往歸功於堪輿氏所爲卜四墓之吉所致。彼所謂堪輿氏者，蓋因其祠食楊、曾云也。楊、曾物土遍天下，乃江南卜兆婦姑子父如董氏者，豈少哉？而榮禄、文獻之盛不一再見，豈堪輿之術獨神於流坑也耶？君子弗之韙也。

君子曰：天之生物，使之一本。人本乎祖也，猶草木之根焉。根培而元氣暢，然後枝葉花實郁郁蓁蓁。人見夫枝葉花實郁郁蓁蓁也，乃謂是爲沃土所致，可乎哉？大哉乾元，於人爲仁也。仁者，人也，親親爲大。尊祖者，親親之始也。禽獸知母而不知父，野人知父而不知祖，知祖而知其所始者益寡矣。況時當草昧播離，饑眚震縮，人惟救死不贍，而董氏日皇皇焉爲蒸嘗之計。始之爲墓祭，繼也祭於宫，又繼也美哉輪奂，品式大備。歷十有九世，垂五六百年，而於敦本之道一德無間。即科第榮禄、文獻之徵，豈足以盡夫枝葉花實之衆且盛哉？將必有顔、閔、周、召，如文正吴公立德之望者，出於其間，然後爲足以究其盛也。昔周禋八百，數聖人生焉，君子追本於累仁之功，而《麟趾》《螽斯》之詠，詩人乃亦有取於仁厚也耶？

予友董生燧挾藝上試春官，已乃卒業南雍，問道於淮揚、齊魯間，凡三年始歸。歸即携其家乘，以長者命謁予爲祠記。予得追考其盛之所始，而亦重有感於文正立德之望焉。任祠祀者爲十八世孫茂蕃、十九世孫復春，與佐理之勞者六十有九人，名得載於碑陰，示勸也。

湖隱記

里有東湖，湖上有丈人劉仲武氏者，生於斯，長於斯，以耕以鈎，以老其身。每興至，輒扣舷而歌，揚帆而游，若有得焉，而人莫知其所爲，而識者謂其逃而有託，其隱者乎？遂以「湖隱」自號，而人亦以隱稱之焉。

夫天下之道二，隱與顯而已矣。謂之隱者，以其畜德弗售，斂才弗試，玉韞珠晦，混跡於樵漁畚鍤之間，非夫人之蚩蚩貿貿，徒以其樗散於山、魚爛於河而遽謂之隱也。周之士宇板章極矣，而記逸民者僅七人焉。稽若七人，不降不辱，即降且辱也，則言倫行慮、放清廢權，隱可以易言哉？予故曰：丈人，隱者也。丈人義直木强，而言動、衣冠率有古風，不解爲梔蠟、脂韋飾詐以媚世。少有汙瀆之行加於其身，若臀株背刺，不能一朝居。見不可意事，輒嗒然長嘯，外若無所臧否可否，而中實了了也。晚好種樹灌園，謂可以暢吾贊化之功，蓋亦庶幾於不降辱以貶義者歟？有所不爲，而後可以有爲；有可以顯者，斯可隱。丈人與予先考水雲大夫爲莫逆交，予暇日嘗過湖上，相與歌「滄浪」以諗自取之道。丈人曰：「子其知予湖隱之意歟？盍書以記之？」

修東新金斗二橋記

惠故有東新、金斗二橋，多歷年所，廢興之廢，❶涉者病之。需泥望洋，航葦滅頂，王政之所惻也。惻之而民弗被其澤者，無他焉，不善推其所爲而已耳。是故乘輿濟溱洧，非不惻也，君子惠之；下是而捐腰犀、金錢，惠亦陋矣。惟杠渠因時，徒輿俱便，有莫知誰之爲惠，是之謂政也。予於是知惠守史子之爲政矣。

史子惻涉者之病，而又惻夫民方困於土木，天下騷然以戚，吾安忍利夫涉者而重困一方之戚乎？不給於民，則給於公，公帑乏猶吾民，又況有司之者乎？司之者仰給土木之徵，旦夕惴惴，惟方命是懼。咨之，其誰諾耶？即諾也，冒嫌以謗，勢能永乎？維需爲民，箕斂刑驅，宜無弗從。即從也，歲眚椎髓，萬民魚鱉，涉者利，不利者百矣。是二者皆史子之所惻也。義者，惻之權也。權古今輕重之宜而善推之，惻斯溥，溥斯民從，史子於是乎不能外義以達夫惻也。記曰：「上好義，則民莫敢不服。」未有好義其義不終者也。巽命孚號，一倡百和，不强於民，惟民所歎，鈎稽有薄，程督有伯，不數月而二橋告成。甃隄覆屋，聯筏翼欄，通行爲陸，昏夜繹❷繹不絶於行。史子不知爲惠，而民知爲惠耶？予故曰：予於是知史子之爲政也。不然，史子豈無乘輿、犀金捐以惠民，使民惠我？亦史子之所不靳，然非政也。政不欲速，不屑近利，和易平

---

❶ 下「廢」字，康熙本作「際」，宜從。

❷ 此後一頁底本原缺，兹據甲庫本補入。

實，宜民宜人，史子稱是。予故曰：史子去爲政矣。❶惠屬學諭温詩者，予鄉而友也，以史子意謁予爲記，以予嘗與史子同寅，知史子爲詳。義有不可辭者，記之。史子諱某，字某，别號雁峰，浙之餘姚人。以進士授行人，選吏科給事中，論進退君子小人爲治亂之幾，書上皇帝，詞欠委，謫通州判，量移蘇州。已乃移袁州，擢今職，守惠陽。袁爲昌黎、東坡謫所，予嘗樂史子之得其所也，飽飯和詩，因以致起居云。

艮齋記

戴子伯常家世以校籍隸錦衣衛。睿皇帝分封之國也，簡世家相衛翼以行，而戴氏與焉，遂家承天，爲承天戴也。承天舊有楚臺，臺高峻，眺望可遠。戴子以考命讀書其上，暇則引領北嚮，瞻雲戀日，而賓王之念油然以興，乃歎曰：「邦畿千里，惟民所止。」遂號楚望，蓋即其地與志而寓意以自勵云。

辛巳歲冬，今皇上龍飛江漢，入紹大統，往從封諸臣工，咸雲從景附，大者鼎養，小者梅感，食舊德而復自道者何限？時戴子甫弱冠，以穎拔負俊名，隱如也。尋以積勞嬰劇疾，幾不免，淹屯數年而後復。乃遂厭薄舉子業，觀頤自求，以上窺古人身心之學。久之，若有所得，駸駸嚮往也。嘉靖庚子，召補撫軍從事，督獄凡九載。是年敘勞績，奉恩例試職户侯，牙璋虎服，翺翔於霓旌霜仗之間，天威不違顔咫尺耳。復自歎

❶「去」，康熙本作「知」，可從。

曰：「豈若於吾身親見之哉？楚望之想像，失之遠矣！」易號「艮齋」，蓋悟厥止，將圖所以報稱者，間就余質艮義以自淑。

余曰：艮之時義大矣哉！望者，妄也；艮者，止也。止其妄，而後能艮其背。《易》曰：「艮其背，不獲其身。行其庭，不見其人。」子不見背之爲物乎？頑然弗靈，似於衆體爲贅也，而五内繫焉，百體之津潤以之。又不見山之爲物乎？凝然而峙，居其所而不遷，然草木生而禽獸居，寶藏興焉。人惟能知其所止也，然後内焉而忘夫有我，而私意期望之心遣；外焉天地萬物皆我也，而感而遂通之用彰。以爲臣，止於敬；以爲子，止於孝；以從兄，止於友；以交國人，止於信。喜怒哀樂，視聽言動，動罔鉅纖，咸惟厥時。其道光明，而老氏「不辱」之訓乃其第二義也。昔陳良，楚産也，悦周公、仲尼之道而北學焉。北坊之學，❶未能或之先，孟子稱其善變，以其知所止也。如吾伯常，謂非善變者乎？余故與而銘之曰：「欽厥止，利出否。終始萬物，咸基衆美。夏首連山，周道如砥。顔勿四愚，曾貫一唯。未發寂然，上帝臨爾。」

伯常家世出温台，其學三變，余往序其高節堂備之。

一心堂記

皇上纂隆臨極，帝載休明，寰宇晏謐，然兢業之懷，猶廑苞桑之惑，雖文教炳爂而武訓不忘。昔我聖祖

❶「坊」，康熙本作「方」，可從。

以京師重地，設衛特周，隸於司馬者四十有八，隸於天子者十有二。若錦衣衛，即周之虎賁、秦之衛尉，扈乘輿，拱闕庭，詰姦虣寇，又十二衛之密切者也。但時際熙洽，徒有弓矢之司而弗習其事，非盡立衛意也。乃俞太保、督帥陸公炳之請，命官度地於宣武門外之西偏，建闢射所，俾官校習射其中，甚盛舉也。既訖事，督帥扁其廳曰「修戎」，堂曰「一心」，而以《一心堂記》猥余述焉。

余乃拜手颺言曰：嘗聞君者，中心也；臣者，外體也，故臣之事君曰致身焉。夫人臣之所以能不有其身者，惟心之一也。故心貳則身己之身也，心一則身君之身也，隨在致爲焉而已。當其無事，則爲元首股肱，❶明良喜起以康熙庶績；一旦有警，則爲手足頭目，不自知其捍之矣。故一心者，人臣事君之大經也。督帥悦禮敦詩，以武進士起家，恭遇皇上簡知，殫藎輸赤，夙夜靖共，率職靡怠。茲射所之請則又戒戎於不虞，備患於未然，其爲國家慮者遠矣，督帥真能一心事君者哉！他日督帥閲射於斯，官校習射於斯，督帥以皇上之心爲心，而官校以督帥之心爲心，則匪徒習其事而因以繹其義。故曰：爲人君者以爲君鵠，爲人臣者以爲臣鵠，射者各射己之鵠也。有事於斯者，盍亦各射己之鵠乎？夫上而君臣一心，下而將士一心，推而億萬人維一心，則載櫜弓矢之治永世克保矣，固知射之習而弗試也。作《一心堂記》。

---

❶ 下「股」字，康熙本作「肱」，可從。

重修養正書院記

福建會城有養正書院，在鼇峰、烏石兩山之間，蓋即治平寺舊基而創爲之，予實主其議也。時予待罪八閩，適奉命天下郡縣建小學以養蒙，乃於寺東西建小學，而建書院於其中。使小子有養，成人有造，仰體德意而推廣之，御史之責也。

書院長廣凡若干丈，周繚以垣，垣總爲門，顏曰「養正」，昭聖功也。門以外左右跨衢爲二綽楔，内則東西相向各爲門，别小學也。又爲重門，爲祠，祀龜山以下凡有功於聖學者若干人。祠後爲堂，堂之後爲尊經閣，又最後爲射圃。圃上爲亭，亭前可百步布侯，有坊，右則臨河橋而爲門，所以通觀禮者之往還。亭之左有軒、有所，便宴息也。號舍凡八十餘間，環列於閣、祠之左右，几榻釜甑無弗備。小學則各自爲制，亦有堂、有號舍、有廳事。廳曰「習禮」，曰「聽樂」，曰「書筭」，遵制也。經始於嘉靖戊子冬十月，而落成於次年春二月朔也。乃擇閩士學有行誼者得六十餘人，童子之俊秀可教者得百人，日以修明身心之學爲要，不規規於句讀、課倣也。每朔望，令諸生率童子習冠、祭、燕、射、士相見諸禮於圃，登降揖遜，濟濟洋洋，秩而章也。於是環橋門而觀者咸嘖嘖歎曰：「不謂復見海濱鄒魯也！」又慮夫士之無養，乃查廢寺之田得五百餘畝，歲收其租，而諸生廩餼膏楮及塾師之贄皆取於是。自是予得代以去，今二十年，而書院圮矣，養士之田亦莫知其所屬。

嘉靖庚戌仲冬，按察副使鎮山朱君衡以督學至，乃議興復書院事，請於巡按元山曾君佩、清戎古林沈君寵，咸韙其議，而各出帑贖以成之，檄福州知府翁君五倫董其事。始於辛亥八月，再越月而書院一新，士亦翩翩來學也。曾君屬督學介書幣走數千里來京師，索予爲記。

竊謂不同不謀事。有曠世而相感、越數千里而相契者，其道同也。乃申諸君子之意以諗多士曰：爾多士知爾閩學之由始乎？昔龜山楊子受學於明道先生，歸而送之，有「吾道南矣」之歎。龜山傳而爲豫章羅子，再傳而爲延平李子，又再傳而爲考亭朱子。朱子晚年之學與早年迥異，至悟其失而歎曰：「李先生門下教人，每令於静中以體夫喜怒哀樂未發之中，使此氣象常存而不失，則自此而發者自然中節。此是日用本領工夫，當時竊好詞章訓詁之習，蹉跎辜負，念之流汗浹背。」噫！道南一脈之微，至是而發之盡矣。夫未發之中，非天命之性乎？人受天地之中以生，中即命，命即性也。子思述夫子之微言，以上遡夫堯舜精一之旨，戒慎不覩，恐懼不聞，允執之功也。程子曰：「不覩不聞便是未發之中。」不聞曰隱，不覩曰微，隱微曰獨。獨者非他也，天下之大本也。戒懼，所以立本也，本立而道生，而位育之能事畢矣。後世不知求中於未發，而即事以求乎中，卜度擬量，密陷於義外之襲而不自知，流而爲五霸之假，又流而爲記誦、詞章之俗。於是有五霸之辨，俗學、正學之分。正學以希聖也，俗學以希世也。希世之學作而希聖之學亡，道南之歎得不轉而爲楊朱之泣也耶？書院取義於養正者，意蓋如此。

夫書院猶之肆也，爾多士其百工乎？百工居肆而業荒於嬉，天下之賤工也。其或專事淫巧，改廢公輸之度，使後世不復見方員之至，其與操戈入室、毁瓦畫墁者何以異？非惟有負於文公，其有負於諸君子興復之盛心亦多矣！作《書院記》。

復齋記

復齋王子學而弗仕，行年五十，操修不怠，築環堵之室，扁之曰「復」，而未得其要。他日，其子今翰林庶吉士王子文炳過予問焉。

予曰：復之時義大矣哉！天地不復則乾坤毁，人不復則心之爲道或幾乎息，人於是乎去禽獸不遠也。人惟不忍自墮於禽獸也，於是乎有復之學焉。然以復者失之者多矣，往往索之於善端發見之微，而以助長爲擴充，是何異夫驅牛羊而牧萌蘖也？夫萌蘖於斧斤之餘，即平旦好惡之近，其端可考也。息之以日夜，潤之以雨露，斂神功於寂無，回生機於眇忽，坤之所以善養也。故剥之盡矣而繼之以坤，有母道焉，震則坤之長男也。人徒見震之一陽爲復，而不知震之生於坤；人徒見震之生於坤，而不知坤之所以生乎震者，虚静之體成之也。「至日閉關」，養母氣以達化機，夫子翼《易》之意微矣，而又亟稱顔子爲「殆庶」，蓋如愚、屢空，虚静之守也。虚則靈，静則明。有不善未嘗不知，知之未嘗復行，虚静之照也。故善復者求之無，不善復者求之有。顔淵死而殆庶之學亡，夫子所以重傷之也。

予嘗以此告諸同志，而未有以爲然者。吉士爲吾郡後進之傑出，有志於復，而於予言每過信而不逆，予故書此以復而翁云。

仁壽堂記

「仁壽堂」者，甘泉湛先生爲平川刺史乃翁中山公八十而書也。先生既爲文祝之矣，乃復書此以顔其堂，謂將以昭仁焉。夫仁，人之生理也。天地之大德曰生，生生不已，天地之所以恒久也。人惟全盡生理，期可與天地合德。合德天地，古稱不朽，其斯以爲壽乎？今山曲海隅之老，享年八九十者有之，乃終身無户外之譽，欲冀君子一言之與不可得。況今天下稱大老莫如湛先生，而念菴羅子則海内特行君子也，大書顔堂，爲序、爲銘，以仁公之壽，是謂之天下歸仁可也。天下歸仁，則天下人壽之矣！

予不識公作何狀，第以道義獲交令子刺史君。吾見其温然和也，隆然厚也，充然其有得也。人之評刺史者，曰：「絶類而翁。」以故辭官歸養，視棄二千石如棄斗粟，此古人之高致，而今之爲父兄者類不樂，而公則樂之。自六十而七十，今八十矣，内腴而外潤，神充而體胖，童顔鶴髮，徜徉於山水之間，若仙翁然。此豈有累於中者可强則能哉？聞公早歲强志盛氣，高視一代，不屑爲舉子業，嘗遊學嶺南，聞白沙之風，欣然有契於心。已轉游金陵江淮間，若無一當意者。魏國徐公聞其賢，禮而賓之，爲今太傅師。時刺史已登第，給事黄門，適奉郊恩封公如其官。公自視歉然，不忍以一毫非義加於其鄉，而鄉人咸歸德於公，公自是稱仁人焉。故於其壽也，則曰仁壽；榮也，則曰仁壽榮也；子孫之多而賢也，則曰仁者之後。堂之名，謂不足徵乎？刺史受學於湛先生之門有年，一時門下稱高弟無踰刺史，故先生知公爲最深。念菴太史，則刺史同年契友。二公之作博哉，❶仁人之言也，足以傳世無疑矣！

丙辰冬十一月，刺史偕羅山李都憲、前川曾都諫、兩湖陳翰博、仰齋胡觀察枉予於東皋之上，談學屢日，出示此卷索予爲記，因書以復之。刺史姓郭，諱應奎，號平川，登己丑進士，授禮科給事中，例降外補，淹卹十餘年，遷嘉興守。循資少待，卿相可致，乃浩然歸，急流中勇退人也。

復古書院記

學有古今，故人有古今，治亦有古今。欲還古治，當求古人；欲求古人，當復古學。學之古，何所始乎？「執中」一語，萬世心學之源也。中者，何也？天地之心也，人得之而爲人之心。其未發也，五性具焉，天下之大本也，本立而天下之能事畢矣。惟夫不知中之爲未發也，索之於念慮，探之於事爲，逐逐焉役於外以襲之，而天德、王道之幾於是焉息。夫子歎斯民之鮮能，誅小人之無忌憚，祖述憲章，惟先進之是從。夫子何慕焉？當時及門之徒，惟「回也其庶」，如愚、屢空、三月不違，其餘至焉者或日、或月，瞠乎其後矣。夫子没而微言絶，子思子憂道學之失其傳而作《中庸》，明堯舜允執之中乃喜怒哀樂未發之謂。知喜怒哀樂未發之爲中，則知中節之和、位育之徵皆無爲之變化也。有宋諸儒乃有以多説淆之，惟程伯子曰：「不覩不聞便是未發之中。」又曰：「雖無所知、所覺之事，而其能知、能覺者自在。」知所知、所覺與能知、能覺不同，

---

❶ 「博」，康熙本作「溥」。

庶乎可以窺未發之蘊。「吾道南矣」，令人於静中以體夫未發氣象，不一再傳而此意遂失。自是而降，記誦、詞章、科舉之學盛行於天下，而天下欲快志於富貴利達，舍是蔑濟。

陽明先生悼俗學之塗生民也，毅然以身犯不韙，倡道東南，而以良知爲宗。蓋良知者，未發之中也，不學不慮，自知自能，故曰：「良知是未發之中，寂然大公的本體。」又曰：「有未發之中，便有發而中節之和。」又曰：「聖人到位天地、育萬物，也只從未發之中養來。」有志之士聞風而興者，時惟江西爲盛，江西之盛惟吉安，吉安之盛惟安福，故書院之建惟安福有之。題曰「復古」者，期有事於古人之學而學焉者也。書院在邑治南門外一里許，即古學廢址而創之。東廓先生力倡其成，主之者松溪程先生也。松溪以内翰言事謫官信宜，起知安福，好古宣教適符東廓。始事於某年某月某日，訖工於某年某月某日。書院凡若干楹，層門敞户，複寢崇堂，齋舍、庖湢、几榻、器用無弗備，又有田若干畝以資會饌之費。會有期，司會有長，會凡若干人。若某等十數輩，皆面承良知之教，與東廓同游。雖所詣有淺深，要皆斐然成章，而協贊書院之成咸有力焉。惟東廓子任道不回，老而彌堅，文章道德巋然負重望，人咸以今之顔子稱之，非過也。責予爲記，凡二十年未有以報，兹復責之再四，余不敢以不敏辭，謬附所見以諗同志。

存齋記

少保殿學徐先生，初號少湖，邇易以存齋。蓋湖以地言，志隱顯也；存以心言，志學則也。存之時義大矣哉！

人各有心，心各有所存，泛濫於詞章、決裂於功利、支離於俗學，非無所存也，而存非其心。秦漢而下，位育之效不大見於天下者，端有由哉！是故戒謹恐懼，所以存之；不覩不聞，存斯要矣。不覩不聞便是未發之中，才發便屬覩聞。不聞曰隱，不覩曰微，隱微曰獨。莫見莫顯，誠之不可掩也。在昔延平之教，每令人於静中以體夫喜怒哀樂未發之中，未發作何氣象，存此，則自此而發者自然中節。此是日用本領工夫，延平得之豫章，豫章得之龜山，龜山得之程子。程子曰：「敬而無失便是中。」此道南之訣要也。

往少保以言事落職延平，嘗著《學則》一編，而獨致意於未發之語，蓋已先得我心之同然矣。知存心而不知未發之爲心者，鮮有不失其真者。《易》曰：「成性存存，道義之門。」夜氣不足以存，則違禽獸不遠。程伯子之所以上接夫孔孟之傳，蓋本於此。惟少保功在社稷，道在天下，教在後世，即其所存與天地並久可也。予以此契少保四十年，少保之謬信於予，猶予之信少保也。今老矣，敢忘平生以負久要乎？作《存齋記》。

徐公新祠記

徐公嘗爲寧都丞，丞之去寧都四十年，何民之思之愈久而不忘也？已嘗祀公於名宦祠矣，病弗專，又特建祠於城西南隅；祀之專矣，又謂地勢弗陽、棟宇弗壯，未足以崇報功、報德之典，相率白於郡縣，上達於都御史東明范公。公曰：「章往詔來以錫福庶民，誰之責也？」乃檄郡縣出帑金相之。民無待於帑金相也，捐貲掄材，卜勝地，得熙熙臺，祠焉。臺高出塵表，公嘗所登嘯處，神之遊也，即臺祠之，宜矣。肇工於是年九月某日，踰月而告成，敞邃宏峻，什倍於前。適范公内召之命下，匆匆戒行李，而獨以新祠箋記爲歉，乃屬寧令厘監生蘇某、生員王某、賴某走數百里謁予記。予於丞有一日之雅，惟兹保障，又嘗所覩記，其何説之辭？

往正德辛未，閩廣嘯聚之寇以萬計，出掠無忌，殘毒鄰壤。是年夏六月，取間道由興國抵吾豐，民失豫戒，多爲賊所掠。拷索贖金，金不至，立殺之，肝腦塗地，屍横草野。仍以酷旱如焚，焦稼作疫，民免於兵刃而率以饑疫死者又相枕籍。蹂踐旬月，搜括罄竭，乃東窺臨之新淦。淦得報最早，空邑以遁，賊至無所獲，適趙分守以行部至，執之以衛，行直擣寧都。丞固知賊之反屠寧都必也，繕城蓄鋭，除器斂財，伏兵張疑，凡以爲保障所者曲無不備。賊至，又穠粧優妓演雜劇於城樓，以亂其志；募頑童善泅者十數，裸舞於河中，且呼且罵以激之。賊兔驚狼顧，低迴喘息，私相謂曰："此陳平六計也，不可犯。"遂棄輜重牛馬，偃旗宵遯。而民以饑疫來告者，踵相屬於庭，丞設法措賑，賑無起。予邑父老嘗追論往事，輒齎咨涕洟，歎乎生之不辰，胡不幸不爲寧之民也？危者安，饑者食，病者愈，熙然若在春臺。易祠於臺，豈以臺之名爲足兆耶？《祭法》曰："法施於民者，祀之。能禦大災、捍大患者，祀之。"寧之惟休，豈惟辛未然也？自辛未來，峒賊出没無常，刼龍遠、會信，刼石康、雩興等，未聞操戈一嚮寧境者，誰之賜哉？報祀無窮，天人之際不可誣也。

昔予令華亭，少傅存齋方總角，在諸生中，予試而奇之。壬午，以《詩經》第八中應天鄉試，癸未及第，入爲翰林編修官。予往賀其宅，公卑牧謙退，不敢當禮。明日造謝，恂恂不出一語。予送之門，禮予登堂而後退。予歎曰："厚哉，遐福人也！"卒以令子累恩進贈禮部尚書、保、傅、殿學，皆如之。而享追祀之典愈久而益烈，謂偶然否也？少傅久居密勿，股肱心膂，安社稷以霖雨天下，他日祭則先河，將不特如寧之一邑已耳。

兹役也，主之者東明范公，而贛守胡某、寧令陳某實翼其成，承委效勞則縣丞施某也。公名輔，字朝威，號思復，松之華亭人。仲子名陟，亦以進士晉大僕卿。其爲尚寶丞及直武英殿、中舍諸孫，授京秩者凡六七人。一脉簪纓之盛，旁觀宇内，鮮矣！

白竹山堂記

邑城之西吴子學逸，歲週而孤，鞠於母氏。既孩而長，既長而教，婚娶生子，卓有成立，皆母氏孫孺人之劬勞也。年二十三而母氏背棄，悲號攀慕，僅存餘息，乃偕仲兄概逸奉葬於五都之白竹山。山去邑城二十里而遠，窆矣而墓，墓矣而壠。百工告竣，悲戀無已，親友勸諭再至乃返。几筵吊客未罷，暇日輒往，徘徊割裂，哀動行道。已而喪服漸除，食指爲累，倏往倏來，童僕且難之也。乃搆室三楹於所居之中，即其堂而顔曰「白竹山堂」焉，蓋將志母氏之丘壠，若朝夕乎寢處之内也，且曰：「撫我、育我、顧我、覆我，我無母氏，曷有今日？」於是率其二子，稽顙涕泣，乞余爲記。曰：「先生長者，言足爲訓。片詞所及，豈惟學逸借以不杇，❶即吾子孫咸知所寶而世守之，而母氏之丘隴將永永有賴矣！」

❶「杇」，康熙本作「朽」，可從。

予以爲聖學不明，世教不立，故孝弟之風無聞。人子於親苟知思而慕之，則火燃、泉達浩乎難禦，是豈能局之以時、限之以地哉？故里名勝毋，迴車不入；其父名石，終身不踐，孝子之至性則然也。昔者先王教民以孝，生事、葬祭節文具備，欲人之不忘乎親也。是故以禮而事、以禮而葬、以禮而祭，亦可以爲孝矣，而孝子之心猶未也。舉足出言，如臨父母，而思其笑語，思其所嗜，焄蒿悽愴，著存不忘。即身之所遇有險有夷，而致愛致慤、何怙何恃之心，顧不以夷險而或有間焉者也。《詩》曰：「永言孝思，孝思惟則。」吳子其庶幾乎？

吳子又跽而泣曰：「吾母氏之爲學而勞苦也，惟吾則知之；吾之不敢忘乎吾母也，惟吾則知之；吾之名吾堂以志吾思也，惟吾則知之。自今而後而往，吾之子若孫，吾安能幾其知吾之心而均之乎不忘吾母氏哉？是故開其塋域，吾常樹而溝之矣，後之人豈無覩其林林而伐以爲材者乎？百步之內，吾常禁其樵採矣，後之人豈無見其荆榛而毁以爲薪者乎？搆堂於宮，所以爲母也，後之人又豈無不知其義而易以他名者乎？是學逸之所懼也。」予又悲而歎曰：「嗟夫，嗟夫！若吳子者，其憂思深乎哉，其志也可哀乎哉！雖然，吾爲子記之，使子之子孫誦吾斯文，當有以知子之心。知子之心，必能敬子之所敬，愛子之所愛，事亡如存，而母氏丘壠將百世有託也，矧於其白竹山堂乎？」吳子攬泣而謝曰：「今而後吾知永永其有賴矣夫！」遂以爲記。

慎菴記

醫士劉慎菴者，廬陵之長塘人。早業儒，已棄而就醫，卒以醫名，名重士大夫間。士大夫有疾，惟慎菴是屬。屬慎菴，無弗應，人故咸以慎菴先生稱之。

一日過予，因叩其慎之所以，醫士曰：「小子何敢以號爲哉？小子少讀孔子書，書有取於南人之言曰：『人而無恒，不可以作巫醫。』及其弟子記夫子平日所慎，惟齋、戰與疾。疾者，人之死生繫焉；醫，所以寄人之死生者也。律有殺人之文，念之毛骨悚然，故自業醫來，於凡軒、岐以下諸書無不讀。人之有疾，若己有之，問焉、聞焉、切焉、望焉，惟恐少有所誤而自蹈於殺人之庯，是故以慎自勗也。」予曰：「若是可以言醫也，而於慎之義庸有未悉焉者。《説文》云：『慎者，從心從真。』故真心爲慎，非真不可以爲慎。『父母惟其疾之憂』，真故也。故里有『醫人父母心』之諺。如保赤子，雖不中，不遠矣。不知真之爲慎而徒皇皇焉，未有不思而惑焉者也。惑則病己，已病而能却人之病者，鮮矣！」劉生再拜謝曰：「敬聞命矣，今而後知真之爲慎也。」

醫士姓劉，諱材，字仲良，以醫學游於邑。予試之屢矣，雅重之，特恐其狃於已至而不復求進也，故進之以真。謝氏曰：「人須是識其真心，惟真心而後可以窺軒、岐之秘。」

董氏重修黄山寺檀樾祠記

撫州宜黄之黄山寺，蓋自擴源董君萬一所創建。寺址舊爲菴，唐天祐元年，萬一葬其考清然於菴後、妣孺人樂氏於菴前之右，於是捐何陵塘常稔田一千三百畝，地一十四畝，魚塘八口，火佃三十二户，因月輪和尚住持爲寺。寺僧年間於所施田分百畝之入奉時祭，備董氏來者供應。是寺之立，爲丘菴計久遠，非直崇浮屠、飾觀美也。乃其後萬一君偕其配鄒氏葬寺前右畔，其冢子尚一偕其配吴氏葬楊梅坑，仲子尚三葬寺前水口汪家坑，配楊氏葬北源陳家坑，蓋皆其所嗣葬云。宜黄董氏之系流爲三派：自清然生萬一，萬一生尚一、尚三。尚一生仲一、仲二；尚三生仲五。仲一諱金，徙居饒之德興、海口；仲三諱含，世居宜黄；仲五諱合，徙居樂安之流坑。流坑自宋以前彬彬盛矣，至於今，代不失顯人。

御史時望之孫燧奮志聖賢之學，與余爲道義交者三十餘年。今歲夏，從南刑部郎致政還，上墳墓，覩其先世所樹碑文幾圮滅，以聞邦君劉公熙臺。劉公慨然許修復，而屬燧請記於余，且曰：「燧入黄山寺，蓋重傷余心焉。夫丘墓所在，古人嘗慎之矣，乃余小子莫務永長先世，其可謂爲人後耶？悲夫，余小子之罪深矣！夫先公之德，俾寺僧安居粒食者數百年，而不忘先公之德者，僅唐有太虚請文於進士張公顔，明有景璽請文於少參黄公霖以表章其事，而歲修忌祭，猶勤勤然戒其後不衰。乃嘉靖癸巳，則有方瀾者鳩心獸行，毁我祠碑矣。此等不聞於先世而適當於余之躬，非余小子之罪哉？所幸事聞督學張公、撫臺静峰公，明證其罪，具載移文中，以重世守。顧余小子竊禄在外，祭掃缺然，即歲時忌祭，寺僧且怠不修，則其後將不復有如方瀾者出耶？余小子蓋傷心焉。惟先生嘉言係天下之重，願徼布石上，令寺僧知世先公之德，而余董氏後人知先公之所以立寺者，爲丘墓計久遠。傳今日而謂爲其後者，可無先公之思哉？」

雙江子曰：「余讀董氏家載，至萬一君所創黃山寺事，未嘗不掩卷歎也。曰：嗟乎，思深哉！其務封塋之固，貽謀之臧乎？董之興，其所由致遠矣！昔蘇子瞻以其父明允所愛四板藏浮屠寺中，而叮嚀其詞於守者，謂『天下豈有世父之人』？❶蓋以其所同然者感激惟簡，以冀不忘也。彼猶外飾，可移徙耳，乃萬一君之所託於浮屠者爲丘墓哉？夫浮屠雖出家，而於其先進猶存長老之稱，是其於愛敬之心未嘗忘也，則安知其寺之僧復無惟簡者出，以世其守哉？又董之後知問學、明倫理者，亦安知其復無子瞻者，以叮嚀其詞於浮屠哉？此封塋之固、萬一君之德，不藉余言而自足以託不朽也，❷況靜峰張公之公移、熙臺劉公之立石，又足以重世守哉？」

是舉也，首其事者爲刑部郎燧，而相與贊成則學博某某、國子生某、庠生某某、耆彦某某。余并紀其名，且以見董氏之多賢云。

---

❶ 此典故出於蘇軾《四菩薩閣記》，「世父」當爲「無父」之訛。
❷ 「杇」，康熙本作「朽」，可從。

養静樓記

豐俗舊樸野，務士農之業，敦婣睦，爲九邑所推。三、二十年來，靡然一大變，浮夸僭侈，崇飾服舍、輿馬、器用，甚則競鬭訐，倚權豪爲城社相雄長。徐君毓麟乃退然屏息，儉逸以自頤，顔其樓曰「養静」，而因以養静爲號。樓高出闤闠，而西北諸峰溪澗、林壑之美，不出几席可一覽而盡。登之則超然物外，馳競之情遣，貪穢之慮息，若有以資吾之静養也。大學生徐祜者，君之冢嗣，嘗游予門，間以養静謁予記。

夫人生而静，天之性也；感於物而動，性之欲也。欲動情勝，凌競於色聲香味之場，溺焉爲汚俗所染而日喪其真，雖賢者不免也。乃徐君獨有見於是，黜華祛靡，抱朴尚玄，若將離群以息機、遣欲以澄心以自頤其天年者，可易易與俗人言哉？予蚤歲謝仕家居，匿山澤二十年，栖遲於五獻雙溪之間，虛融幽澹，方有事於静學，自分以此終焉足矣。乃用舉者兩赴召命，俱有事於兵革。時干戈競起，南倭、北虜相煽爲亂，折衝於尊俎非予所長，而夙夜焦劬以求不負皇帝寵任之隆，則區區犬馬之心也。五獻雙溪之勝，每形諸夢寐，欲求如君屏息於一樓，胡可得也？君與予伯子五獻大夫相友善，予不忍忘先兄之舊雅，與君往還，況君之子從予游有年也，千里相求，義不可辭，故記之以歸刻樓中。

養正堂記

樂安鄧君九鼎，别號養正，乃作堂而以「養正」題之，示訓也。《易》曰：「大者，正也，正大而天地之情可見矣。」人惟不知正大爲天地之情，又不知養正爲作聖之功，於是背而馳之，納邪示誑，瀆天彝而斁典常。非惟自失其故，而貽謀不臧，并率其子弟而魑魅魍魎之，要皆一念不正之所始。甚哉，正之所繫天下家國治亂之機也！吾夫子有見於正之所繫爲家國天下治亂之機，於是翼《易》之《家人》而詔之曰：「父父、子子、兄兄、弟弟、夫夫、婦婦，而家道正。正家而天下定矣。」匪徒詔之以文也，又反之於身，而責其一之有未能，勉其不足，不盡其有餘，言顧行，行顧言，慥慥乎君子之貞也。其所以養之也，至矣！是故以一身爲天地三綱五常之主，其於天下萬世有罔極之恩焉。六經具在，皆養之之具也，而天下後世誦其詩、讀其書而能知所養如鄧君，吾見亦罕矣。

君爲樂安招携里人。里當鼇溪之勝，陽儀東麓，文峰帶水，岡迴巒拱，水洑川渟。一峰先生嘗紀其勝，而雲適當其處，其山川靈秀之所會耶？惟其當山川靈秀之會，故代生偉人。如九鼎者，蚤孤而立，毅然守正以昌大其家，如立祠以聚涣，飭約以化鄉，捍寇以衛衆，輸粟助賑以光承旌義之詔，正之見施爲者如此。而於延師取友，論明古學以淑其子若孫，又其肯堂之拳拳也。以故其子如珪、璋，孫如瀞、潢、宸、章輩，皆於古人之學有聞。由是觀之，則九鼎之所養可知矣。

二三子嘗受學於予友東廓、明水、念菴之門，邇復從予游，間嘗以養正之義質於予，予曰：「夫子於《易》之《家人》備之矣。其曰『君子以言有物，行有恒』，養之要也；其曰『父父、子子、兄兄、弟弟、夫夫、婦婦而家道正』，正之大也。二三子無務於其外而忽乎内，無取必於其内而忽乎身，則於養正之義其庶幾乎？」

冰雪堂記

華亭縣堂之後復有堂，高明敞邃，登者宜之。名曰「冰雪」者，志清也。清者，義之執。伯夷，聖之清者，韓子云：「適於義而已。」或曰：「令，父母之官也。父母主愛，義若非所先者。」予嘗徵諸天道也，雷動風散，雨潤日暄，生物之仁也；冰凝雪列，艮以止之，造化之義也。冰雪者，義之氣也。義，所以節夫仁耳。仁不節，則生生之意或幾乎息。《易》曰「天地節而四時成，節以制度，不傷財，不害民」，是故當官之法惟清爲首。吏之清猶處子之貞，不貞者縱情，不清者罔義。罔義縱情，性斯鑿矣。性鑿則心亡，心亡則履錯。亡心者賊，鑿性者殘，履錯者亂。殘賊之人，黷貨嗜利，亂國疲民，所至無紀，人而獸者也。爲民父母而胥於獸，害斯甚矣。義可後於仁哉？孟子曰：「非其有而取之，非義也。」如其非義，一介不以取諸人，義之至也。義斯仁，仁斯惠。仁以義洽，政以仁通，民以政和，官事備矣。則夫暄之、潤之、散之、動之者，亦冰雪之功也。不翕聚則不能發散，不凛則不温，不廉則不惠。名堂者，其知天乎？

名堂爲誰？先宰是鄱陽張公宗周。公理民廉惠有聲。豹，公鄉人也，後十年亦以宰華亭至。興廢補漏，黝堊丹漆，乃重新斯堂而復記焉。

群英閣記❶

恩江東注而西，西有小丘突出於江之滸，在儒學欞星門西偏，去門三百步而近。堪輿家謂宜閣於其上，以收江水西奔之勢，使之瀠抱紆迴、渟滀靈祥以篤生英俊。雖其爲説未必盡然，然謂人材之生不盡由於山川者，亦未必然也。議已二十年，乃未有當其事者。蓋爲政以人材爲念，世固難其人矣。往嘉靖癸卯冬，邑丞梅君繼儒署篆，不數月而學之殿堂、齋舍一改而新之，方欲從事於閣，而丞以遷去。去今又十年，而閣始成，時維嘉靖壬子元日也。

閣聳拔連霄，而一方形勝吐奇獻秀，錯陳於几席之不可一覽而盡，題曰「群英」者，其以是歟？而縣大夫之意誠不在是也。大夫考國朝以來凡登進士科者六十餘人，標其名於閣之楣，謂是爲一方之英，使游於庠，過而登者，得無有感而興歟？夫永豐土宇之廣，凡三百二十五里，國朝開科凡一百八十餘年，其間生而少且老者，不知其幾千萬人，而僅六十人題名於閣，謂是爲萬人之英非耶？蓋進士之科始自隋唐，而獨重於國朝，公孤、卿相胥此焉出，昔人有登瀛之喻、英俊入彀之聲，有以哉！夫花之爲英，以其香遠、其實大而美。若乃其氣臭腐，其實苦腥，朝榮暮落，化爲飛塵，亦何有於英也？今六十人之中，兒童走卒知名而欽之者，惟恭愍鍾公同以忠烈著，文毅羅公倫以風節著，等而上之，文忠歐陽修以文章、道德著。鳳凰之於飛鳥，

---

❶ 底本無此篇，據康熙本補入。

麒麟之於走獸，如三公者，謂非出乎其類而無愧於英稱也耶？其餘則固有指其名而訾之者。然成化之前，風俗純厚，士行樸略，雖世遠人亡，無可概見，要皆不忝於前輩之風。今時則未然也。登第躐官，輒怙勢播惡，敢於肆然無所忌，而士習日壞。昔蘇氏作《族譜亭引》，有曰：「自斯人之貪且淫也，而廉耻之道喪；自斯人之悖逆其父兄也，而孝弟之行虧；自斯人之徂詐反覆、戕虐鄉閭也，而忠信之義薄。」即欲爲化塵之英，而其所遺之可指摘者，名與閣而俱在，他日豈無登而追論之，指某某以爲戒，如蘇氏之所云者？噫！榮利，飄風也，乃不忍於飄風之欲，而盡棄其平生，不亦重可傷哉？於是知大夫作人之意微矣。

大夫姓孫，名濬，號兩山，以庚辰進士來令予邑。爲政急先務，此其一端也。寧之宣城人，與梅丞爲同里之婣，亦可見宣城之多賢也已。

渌江李氏祠堂記❶

李氏祠堂者，祀李氏之先也。李氏舊祀先於寢，寢且隘。弘治丙午，若族良爰詔族人曰：「吾李也，力能爲堂而循若隘，得毋儉於先乎？儉先者不孝，曷其崇爾先以式而有後？」從陽公曰：「嘻！伊所爲堂，吾力哉！若楚有梓材，吾往乃獲。」其往而復也，偕若載陽、占鳳、熠陽、重詢、咨詢、文詢、敬詢、愛詢、中正，矢心惟事，事惟以弗怠若勩，不越三月而堂基者、而棟梁者、而柱石者成矣。再越三月而綽楔者、而楹桷者、

❶ 此篇爲底本佚文，據康熙本補入。

而閎，而户者成矣。距期而閾，而階、而奥漏、而垣墉，而塗者百爾備矣。李氏若長幼者，歲時有事於中，翼而孝思，崇而威容，則是堂之有以翼而崇之也。

距嘉靖壬辰，族良元正、世珏、世珖、生民、朝民僉曰：「堂之無記，匪惟堂之羞，惟我後之缺典。」某始得其請，而爲之記曰：

李氏之良，其善奉先者乎？奉先者必以禮，禮必有象，禮達而象著。則覿爾先於無象，豈曰有象不爾覿哉？是故「堂之赫赫，而先之格；堂之煌煌，惟我弗違」者，不誣也。然則李也欲託諸堂以永孝思者，則不可究所未備。是故有祔祧也，言有尊也；有昭穆也，言有別也；有時祭也，言有恪也。尊者，思其遷也，遷則情盡；別者，思其紊也，紊則名斁；恪者，思其式後也，後祭者不祥。知斯三者，而後孝思盡矣。孝思盡而後倫輯，倫輯而後教立，教立而後族人軌，族人軌而後德隆。則雖無所相託，而孝思之在吾衷者弗替，休烈之揚於先人者千古可也，矧今日有堂以相託哉？予故記之，以禆其良之欲言，以告李也之後彦。

雙江聶先生文集卷之六

銘一

奉政大夫浙江按察司僉事高公墓誌銘

高僉事歿六十七年，暴而不葬，至是始克葬之。葬之者，攝縣廬陵學諭江子汜，主喪則僉事玄孫高躍也。先是，予不識躍，躍聞予傷乃祖之未葬，求見於予者甚勤。予收而教之禮，庠生陳曰旦爲之師。曰旦，予友也。予痛暴骨無所歸，乃與曰旦商度爲計，而顧莫之告也。適江子爲當道遴委攝篆永豐，甫兩月，廢度振，氓民興，故余得以暴骨事告之。乃江子敏於行，越明日，介予友陳綸屬予銘僉事墓，且報襄事有緒矣。予曰：神哉！予於僉事世之先後邈乎其不相及，江子於予地之相去千里而僅交一面，乃受命如響，若恫在躬，夫豈有所强而然哉？士有曠世而相感、隔千里而相契者，神也。神者，心之生道也，不疾而速，不行而至，無所爲而爲焉者也。夫惟生道不死，於是不忍於其親，有歸反虆梩而掩之者；不忍於其民，有哀無告而掩骼者；不忍於其物，有以敝帷掩犬馬者。是謂以不忍人之心行不忍人之政，治可運之掌矣。死其心者反是，雖以其身之手足痿痺已不能顧，況於其親哉？不顧其親，況於其民，而又況於其物哉？

予於是歎江子之神應而慶暴骨者之有所歸也，故銘其墓：

凡厥有生，生寄死歸。死無所歸，誰執其非？偉哉江子，聞善若馳。澤及枯骨，文王我師。

江子字孟復，號蘖窗，抱奇氣，由嘉靖十一年選貢發身，浙之奉化人也。僉事公諱安，字容静，一都西坪人。太公諱璉，以《易》中永樂戊子鄉試，授茶陵州學正，陞南雄府學教授，卒於官。時僉事方弱冠，乃煢然奔喪以歸，嘗廬墓而學焉。服闋，南游於楚，暨楚反，假宿於新淦河滸。宅主劉氏患疫甚，從者駭之，公曰：「無恐。」俄而病者譫曰：「永豐按察官來，無慢也。」明旦，病且愈。歸見先進劉公務學。務學，教授友也，問曰：「爾欲以商販終而身乎，抑尚能爲學舉子業也？」僉事曰：「能。」收而試之，得其文，大喜曰：「吾故人有子矣！」正統辛酉，果以儒士薦於鄉。明年壬戌，登劉儼榜進士，授大理寺右寺評事。三年底績，奉敕命有「歷年既久，式克勤慎」之褒。吏部侍郎曹某以清操鳴，嘗於其私第建却金亭，維時舘閣、部院能詩文者咸詩文以媚之。公獨有曰：「暮夜曾聞却四無，桑間何事怨秋胡？夷齊不築南陽宅，也得千年説丈夫。」曹公遂毁其亭。尋以與留英宗巡幸駕，得陞浙江按察司僉事。僉事嘗攝督學政，報績於京，太學秀水吕公贈之以文曰：「公在兩浙，於所當爲者，無一不盡其心，是以吏民懷畏，聲譽赫然。」已乃罷政歸休，圖書數卷，家徒壁立，時年三十六也，優游林下二十一年而卒。此蓋公平生大致，予嘗聞諸先大夫水雲公，及按所采事狀，適相符。

公生永樂丙申二月十九日亥時，殁成化壬辰二月二十五日申時。教授君贈文林郎、大理寺右寺評事。母江氏，妻曾氏，得封孺人。教授以上父若祖凡二世，僉事以下子、孫、孫子凡五世，俱於書法得書。兹以嘉靖戊戌二月清明舉葬於三都河家嶺祖墳之右，未山丑向，寘石以誌。

封文林郎丹徒縣知縣五巘公墓誌銘

維兹嘉靖二十年夏六月三日，痛惟我伯子五巘中暑暴卒。卒之日，宗鄗親故，咸奔頓馳駭，曳履齎咨來哭。哭速化者，疑其疾；哭壽者，侈其德；哭愛敬者，頌其禮。貧哭無告，懦哭無植，訟哭無質。哭族法者謂惡少罔憚，哭義方者謂家庭罔訓。是故巡榻褰衾，撫躬執手，相嚮而哭，哭盡哀乃已。已乃相與治棺斂，併力競慮，務致堅美。嗟嗟，兄亡而予然後知兄之德之盛也！

兄性孝友，孩笑以前，煦煦于于，無足言。自予出就外傅，游於庠，試於鄉，北上春官，宰華亭，守蘇州府，息伏苫塊，病廢草野，坐卧起居無行不與，無過不規，無道義不相勗，無欣戚不相關。所不與者，惟予奉命點馬南畿、代巡八閩，暨兄出游齊魯、荆襄間，僅數年耳。乃兄罔不念念予懷，而予夢寐亦罔不念兄。耽翕無故，五十年一日也，而謂遽爾凶變耶？嗟嗟，痛哉！

予家世以忠厚詩禮相傳：始遷雙江，於赫和祖。瑞公繼起，殁於王事。孝哉澹甫，益振其美。不有巽菴，孰丕承祉？善述善繼，惟我考妣。是蓋積德百六七十年始發於予之身，已又發於兄之子静，咸以進士相繼起身。予由華亭令召補御史員，静由丹徒令召補給事中，而顯考水雲大夫暨兄又咸以子課稱最，奉敕貤封，封如其子官。兩命騈賁，三世寵昭，人以爲華，謂前此永豐未有，有之自我聶氏始。夫福者，禍之所倚也。平陂往復，予隱憂焉。予間以語於兄，兄懼且省，謂：「仁可回天，孝可永世，敬可消沴。」於是宗廟欽焉，喪祭虔焉，丘壠飭焉。教家以立則，直己以標世，衈匱以篤親，扶弱以匡善，守貧以彰義。度田均賦，約鄉正俗，繼六一之絶世，復西墅之委骨，理文毅荒穢之墳，瘞僉憲暴露之喪。隆師親友，敬老慈幼。兄惟仁孝誠敬，日孳孳焉翼予，爲之雖極勞且費，無靳也。豈謂龍蛇之歲，天定勝人，人也何尤哉？静寓京，首春殤二子，子皆駿骨。兄聞之慟，慟極而眩而仆。已而講「喜怒哀樂，發而中節」一章，於致中處殊有發明，然皆譫語也，予竊疑爲不祥。乃四月，九廟火，火燼天焰，諸文武大臣來徐徐。静以巡視皇城，職得論劾，乃糾胡給事汝霖數諸文武大臣罪，語涉狂妄。下詔獄，拷訊不死，賴皇帝聖明，眚災赦過，得抑級黜爲建平縣丞。道淮揚，聞訃奔矣。夫禍莫險於犯君，變莫慘於背父，情莫隱於殤子，兄固沈幾焉而莫之爲所。嗟嗟，痛哉！先是，予荷皇帝恩，會言官推薦，録予於廢，補平陽守。時予以兄喪淺土，乃稽程以需静。静歸爲九月十四日，乃相與卜地，得渝洲；卜吉，得仲冬三日。自是幽明懸矣！嗟嗟，痛哉！

兄諱洪，字文偉，别號五巘，鄉人稱爲巘翁。剛方慷慨，大肖吾父。少不事家人作業，好放鴿馳馬，彈射談棋。月夜每與從兄樸齋橫笛放歌，達旦不寐，人莫測其所爲。予早嘗諷之，兄笑曰：「各適其志而已矣，無以世俗淺瑣局局予也。」嘉靖十九年十月，拜命敕封爲文林郎、丹徒縣知縣，兄嫂張氏封孺人。予兄弟六人，長兄，次嵩，又次爲豹，爲道，爲旭，爲宥，俱出顯妣鄒氏孺人。嵩以下俱早世，生事喪祭，永言孝思，惟予二人。乃兹煢煢，孑雁斷行，鶺原不應，嗟嗟，痛哉！❶予何言，予何言？

---

❶「哉」，底本無此字，據康熙本補入。

兄生己亥年九月十五日，享年六十有三。男二，長静，即刑科給事中，娶王氏，亦以孺人領封；次山，出李妾，少鞠於予妻，殤華亭。男孫楝，女孫閨秀，例得書石誌壙以徵於遠也。

銘曰：渝洲之原，奇峰香泉。窈焉谷盤，不騫不刊。鴻漸於磐，惟君子安。

遲鈍先生墓誌銘

嘉靖甲辰臘月念一日，先叔遲鈍先生卜葬於禾坑之源，附考塋也。予以分義當誌其墓石，況懇予誌墓石，先生之子琬又拳拳也。予乃誌曰：

先生故家宿儒，弱冠居師席，讀書談道，亨蒙家塾，於兹五十年矣。故予與先兄五獻封君暨予諫議姪，俱先生樸作刑人也。先大夫水雲翁嘗雅敬先生，先生亦樂與翁遊，與語輒移日不知辭去，用是人嗤先生爲呆，乃先生亦别號「遲鈍」，所以自狀也。先生生而愿慤，言不能出諸口，舉足縮縮，擇地而蹈之。求之孔門，其子羔之流歟？蓋厚有餘而智不足者。孔子謂木訥近仁，非耶？

先生與先大夫同高祖，高祖即雙江始祖達和府君也。和生敏惠公，惠生汝英公，英生定傑公。先生爲傑公仲子，諱徽，字巽順，生成化七年正月初六日，没嘉靖二十三年十一月初六日。是年荒眚，民糟糠不厭，秋冬瘴厲大作，死者相枕，逐至有舉家無噍類者，乃先生亦以是終，傷哉！父老謂前甲辰爲成化二十三年亦然，然不若是年之甚。先生五十以前無子，配孀母野溪黄氏賢，乃促先生娶妾。妾而得陳氏，生二子，長即琬，以舉子業補邑庠廩膳生；次珍，未聘。黄孀善理家，温飽終身，先生無内顧之慮，黄氏之力居多也。

銘曰：嗚呼先生，世稱鈍夫。言不出口，行必擇塗。工於爲己，處世則疏。人皆呆之，君子曰都。七十考終，無媿厥初。

敕封孺人進宜人宋氏墓誌銘

嘉靖乙巳夏六月念一日壬午，予妻亡，卜地於邑之彭家嶺，鳳形，酉山卯向；卜吉於臘月廿有四日癸丑。嗚呼！魂游而魄降，死者已矣，予慟忍銘耶？自予妻之亡也，内政罔鉅纖不白予，莫予專；即專之，雖小弗當也。予愈益慟憶吾妻之未亡也，有助於予多矣，而予莫之知；妻亡而後知之，知之而弗銘，又誰知而銘之耶？乃銘曰：

妻宋氏，邑金牛洲丈人瓚翁之女。丈人豐姿雅度，以臭味與先大夫契，契乃妁婚，婚十年乃字。字予十有三年，乃予中鄉試，明年爲正德丁丑，中進士第。庚辰，授華亭縣知縣，妻從予華亭。嘉靖癸未，予以例給由，得請封，封妻爲孺人。乙酉，予被命行取如京師，遣妻歸養，妻從予遣。己丑，予由御史陞蘇州府知府，妻從予蘇州。辛卯十月，予不幸聞先大夫訃，挈妻東歸。甲午六月，又不幸遭太宜人之喪，妻茹楚，病矣。庚子以來，邊事孔棘，今上采廷議，起予爲平陽府知府。妻早夜矻矻止予行，繼之以泣，曰：「他人官，妻若子衎衎肥而榮者多矣。夫子通仕籍於兹三十年，官中外僅十年，備嘗勞辱，脱危禍幸而不死者數四，兹何苦乃必欲以身狥官耶？」予曰：「主憂臣辱，義無所逃也，是豈婦人所知哉？」予遂行。而妾適有娠者，妻憂予，仍以娠者之憂。壬寅閏月，妾孕女，女孕而病，妻保之過勤，憂之愈切。無何，虜犯平陽，傳者訛謂平陽陷，妻憂悸，時吞聲抱嬰兒泣，淚津津弗乾。如是者三越月，而始得予却虜之報，憂少解而病之中深矣。癸卯，予轉官副使，具疏乞歸，歸見妻形存而骨立也。無何，女蘭似又殤，割腸之苦，骨立而形日槁，虛火内燔，怔怔作痛。或時作寒熱，飢弗食，食少輒吐；或竟夜不寐，擁衾待旦也。久之，又作喘，喘日急，醫弗効而死矣。嗚呼，痛哉！

方妻之歸予也，適予家事中落，太宜人之焦劬於内理也，日兢兢，惟恐順先大夫之性有所不逮。時予以語妻，妻毅然以身代之，太宜人亦信予妻之能代也，委之不疑。歸未五月，資裝筐篚諸所有，咸易值爲子母之息。井臼之暇，輒事機杼；孳畜蓋藏，井若有方。鷄豚鵞鴨，群而腯醯；鹽醬豉用，足而不乏。又善釀酒，旨而利倍。予自是祭以時，養不失吾父母之歡。從師親友，饔飱幣帛；宗鄰戚舊，慶吊饋遺，得免爲太宜人晚年之累，而予亦得以專志於學若官，妻之功可少哉？妻知大義，勤儉有心計，籌度出入節亨而不嗟，下逮媵妾、僕婢内外之防，過於嗃嗃則有之，曾忍情以寡恩乎？箠帨微物不輕畀人，乃濟人之急，往往無難色。慈幼之性，又若得諸天者尤厚，故其鞠吾從子静及静之子棟，襁抱煦養，長而成之，心力備至。太宜人常稱之曰：「媳婦之恩於二子也，但欠十月之懷耳。」静往受室，翼旦參祠，先大夫命之曰：「而知而嬸母恩乎？背之不祥。」故静於予妻稱曰母，而稱其母張孺人曰伯母，重所養也。張素多病，妻事事不嫌勞，張亦不以妻爲事事專而或少嫌，妯娌相得，四十年如一日，曾有一語反唇乎？先叔之女寡，老無所歸，歸養於予妻。妻安之，一飲一食無所背。其自奉之薄，酒不能三行，蔬殽僅三五筯而止，非祭祀及尊者壽，惟服澣濯布素。即布素，亦不逐時婦好寬窄短長、儵忽異制。蓋孝敬惠慈如妻者，殆無愧於宜人之稱也哉！乃不與予偕老，年五十八而逝，予是以慟也。

夫以女子適士人，士人以進士起家，官至大夫，獲拜封命進宜人，翟冠而帔服，天語有「閫儀茂著，婦道式修」之褒，婦人得此亦榮矣。而無足以塞予之慟者，慟妻以憂勤至死也。妻病革前二日，予入視之，猶蓬垢喘噏噏，督數婢子負廧績。予勸之已，弗已，明日，莫能興。又明日，死。斷其殘機，得苧綿布爲丈者百二十奇。啓篋笥，稽所有，尺線寸帛裹襲整整。菽麥諸種，類甕盎封閉，無鼠蟲嚙蝕之跡。木頭炭屑，有陳積數年不用者，他物稱是。予故曰有助於予多矣，妻亡而後知之。妻平生不植私産，於外家亦無所私。乃是年春，謀之静，以四十金貿大舅莊齋早田一十二石、魚池四畝，意若有所爲也。予兹以是業并貿券給宋氏子孫世掌之，爲外父母修塋、祭掃之資，蓋推妻之意，亦少以慰予之慟也。

妻生戊申九月十四日丑時，子二：長旋，儒學附學生員，早奉太宜人命，鞠先叔之孫而名之；次名錠者，近又鞠族兄傳緒之子。女一，妻亡踰月而後生，名孝姑，志喪也。

銘曰：婦德靡他，詩稱宜人。孝敬惠慈，厥乃稱情。天語涣賁，泉壤寵靈。茹悲撰詞，用勒斯銘。嗟嗟予妻，殆庶哀榮。

資善大夫禮部尚書兼翰林院學士贈太子少保謚文莊南野歐陽公墓誌銘[1]

嘉靖壬子春，上虚禮卿位，特召泰和歐陽公於憂居，仍聽終制。辭不獲，以是年冬初至朝，詔兼翰林院學士，入内直。同勳輔元寮贊密謨，皆殊典也。公耆德宿望，自慶遭逢，慨然自任以天下之重，而天下方喁喁然期治平也。乃甲寅三月二十三日，卒於官。上震悼不能已，贈太子少保，謚文莊，命官護喪營域，録其弟昱爲國子生。聖皇眷德之隆，賢臣始終之遇，誠曠視千古矣。然天不憖遺，典刑山斗，其所繫豈微哉？

公諱德，崇一，字；南野先生，學者稱之也。曾祖漴，祖時勉，考庸，世有隱德。祖、考皆以公貴，贈吏部左侍郎兼翰林院學士，祖母郭氏、張氏贈淑人，母蕭氏封太淑人。公初娠，父母咸感異夢。幼，神穎不群，讀書數行俱下。九歲，以奇童稱。邑尹延見，進退如成人。十三，爲弟子員，督學北郡李公大奇之，名動三楚。二十一，舉於鄉，聞陽明先師講學虔臺，裹糧從之。值春試者再，皆不赴，力踐精思，食貧自樂。癸未，舉進士，與同年更僕共馬，講習舊聞，酒食徵逐不與焉。授知六安州，至則興教化，省追呼，絶宴享之供，導原泉之利。憲臣行部，至過境不入，曰：「有賢守在。」歲大饑疫，捐俸倡賑，設糜煮藥，全活數萬人。丁亥，擢刑部員外郎，會輔臣薦公文行茂異，特改翰林編修。閉門誦讀，不隨衆謁候。預重修《會典》，編摩獨該核。郊祀議起，倡者引公爲助，堅不可，仍疏請憲章祖制，斟酌成周，庶費省民安，禮意不悖。壬辰，擢南京國子司

---

[1] 此篇明萬曆刻本亢思謙《慎修堂集》亦收，且注云「代作」，疑此篇爲亢思謙代聶豹所作。

業，日進諸生於舘下，誨以心身之要，聞風至者至不能容。乃復闢齋宇，周貧病，均勞逸，恩義藹然。時當事者不相悦，乃遷南尚寶卿。三載，遷太僕少卿，又改南鴻臚卿。值外艱，歸。服既除，太淑人踰八衮，依依不復出。暇則約予及鄒東廓、羅念菴諸君子，周旋於青原梅陂之上，相與求未發之真知，究先師之遺旨，訢訢若將終身焉。丙午，以薦起，仍舊任。丁未，晉南太常卿，尋召入掌國子祭酒事，遂擢禮部左侍郎。寅清夙夜，簡在上心。己酉，改吏部，兼翰學，掌詹事事，復命教庶吉士於翰林。公曰：「是我朝儲相基也，詎文詞已哉？」每試暇，輒聚一堂，考天人之際，探理亂之原，講經綸之略，發疑擊蔀，士咸知所嚮往。庚戌，主會試，黜浮崇雅，最號得人。是夏，太淑人卒，特錫祭葬，并祭侍郎公。及正位春曹，值二王簡婚、康妃薨逝，俱禮難沿襲，酌今稽古，曲盡情文，上嘉納焉。宗人既衍，踰僭日聞，廢處高墻，供輸浸困，且監閹所至横擾，公深患之。會靖江中尉某當坐，公請即所在闢閒宇，略倣高墻制居焉。秦邸中尉女請封，公稽祖訓，本無❶封名，乃疏謂親盡則恩當殺，女歸則養有資，請定稱曰「宗女」，差給婚資，壻聽自便。制皆報可，公私善之。又寢崇陽之封，息弋陽之訟，酌庶人之糧，其大者如此。倭夷初擾，或請命朝鮮移責其酋者，公力止曰：「損威招釁，是可爲耶？」嘗承遺監孝烈皇后喪禮於陵所，又代祀文廟者一，永明、文華代拜，宫廟祈報，蓋屢屢焉。温綸下錫，至曰「大宗伯」，或稱「秩宗」，而不名。卧病初聞，即命中官賜問，公力疾草謝，泣曰：「聖主待臣以殊禮，奚能上報耶？」越數日，遂不起，距生弘治丙辰五月二日，壽五十有九。配康氏，累封淑人。子男

❶ 此後一頁底本原缺，兹據甲庫本補入。個别文字漫漶處參據康熙本補足。

二：餘慶，廕太學生；紹慶，舉壬子鄉試第二。女一，側室蕭出。孫男三，宗符、宗翰、宗發，俱邑庠生；女三。

公天性孝愛，事父母以色養，撫弟姪，得親之懽。兩扶柩歸，哀毁骨立。太淑人合葬，廬墓躬勞，寢食俱廢。平居，對妻子無狎容，訓臧獲各治恒業。居鄉，創義倉，立保伍，鄉人賴之。與人交，傾肺腑相示，不爲斬絶崖岸，亦不翕翕熱。遇大政，必與僚屬相可否，謙虚取善，即見諸行法有不可，硜不爲易。每倥偬填委，沛然應之，悉中條理；群疑紛集，片言立解，聽者躍然。嘗應制，有《欽天監疏》《靈雪詩》《昭格賦》《内訓解》，皆寓規諷。詩文諸作，停滀深博，不蹈襲前人，總若干卷，藏於家。余慶等將以丙辰年四月二十八日，葬公於萬安縣十五都上宏崖山首庚趾甲之原，以銘請於予。

予惟先師倡道東南，一時豪傑雲集景從，人人自以爲莫公若也。先師語來學，必曰「先與崇一論之」，而公則自視欿然。予素遲鈍，定交四十年，辯論啓發寔公是資。乃垂晚被召，得侍同朝，可面相訂正，以究此學之實。公每病予拘狷不諧世，而通和濟變，予不及公遠矣。方慶麗澤，而公遽止，此予何能淑哉？悲夫，悲夫！且天之生賢不數，賢矣，而會逢其際者又不多見。公資稟兼人，躬逢聖主，方與元臣碩輔期翊熙明，而天亟奪之，冥理可致詰耶？訃聞中外，哭者失聲，吊者失色，蓋非爲一人一家之私也。

予抆淚而銘之曰：聖遠言湮，大道斯晦。我師奮興，主盟命代。及門濟濟，入室則公。獨知妙契，覺後包蒙。有政大施，民用和樂。發爲文章，星虹炳若。孤忠一德，際我聖明。爰置左右，眷莫與京。夙夜在公，嘉謀入告。贊協皋、夔，周行是好。有猷有爲，維國之楨。無讐無黨，寔世之衡。篤生胡艱，而奪則速。

自昔所嗟，生民無禄。潛膏隱澤，衣被既多。鴻名茂烈，永以不磨。卹典賁終，皇恩有赫。昭揭儒真，考銘玄宅。

江夏令蚪山蕭君夫婦合葬墓誌銘

予友蕭希舜者，軒軒奇偉人也，自負甚高，故其表見亦多可稱述云。

君諱韶，希舜其字也，别號蚪山，世家永豐人。永豐俗尚氣節，尚氣節無能出君右者。七歲受學於外祖黄膺徹先生，黄先生深器之，語其父静菴公云：「亢蕭氏宗者，非此兒乎？其端穎不弄，可念也。」比長，學《易》於西濠陳先生，談理摛辭，文名籍籍一時，陳先生稱之如黄先生。嘉靖壬午，君以《易》舉於鄉。蜀中程御史，名能知人者，每堂試，輒召君居其間，屢試名屢先。御史手其文，遍夸監司使者曰：「奇士，奇士！」迨放榜，君名第三，皆謂御史知人哲也。君雖貢士，家居，邑中稱爲賢者。令有疑政，時造君可否，君曰：「此豈吾分哉？」遂出舘宜春。而宜春人亦以爲有賢者寓，其郡守、縣令亦皆折節下君，猶永豐焉。君乃杜門講習，口不一及公事。豐邑田籍多詭，令有金君者，舉履畝法，請君佐己，自是邑無病民之賦，君與力多焉。君素稱秉禮，喜以敬讓化族人。朔望，肅衣冠，會長幼，習禮於其家。族人有争，往往趨君求理，别其是非，莫不心服。陽明先生之倡道東南也，君初闢之甚力，久而潛心致知，脱然有悟，每悔其覺之晚也。

君早歲與予及澧州牧劉君希昭約爲會，月以三、六、九日爲期，每期約作時義五篇，薄暮各携所作至中途，出示相可否，已乃各述其身心所得。予麁直，能發二人之隱，君素每不輕下人，而於予言輒欣然受，雖面折其過不逆也。澧州嘗云：「對聶君如質神明，令人毛髮俱竦，懷慙以歸。」

君長身玉立，抗顔師道，以故出其門者率多成名。宜春則楊以誠、郭坤皆舉進士，其後楊亦爲御史；吾豐則陳給事慶、宋侍御儀望、予從子給舍静也。所以廣厲賢才，盛矣，不足以觀君所學哉？ 然君數奇，屢試弗第，卒就天官選，出令江夏。時桂侍御榮按部於楚，君同年也，聞君當來，乃錯愕曰：「此下邑，何得屈吾賢者耶？」君治江夏，奉職循理，才操爲一時冠。車中丞署其功狀曰：「素負時名而才優製錦，偶當劇邑而政似烹鮮，循良之吏也。」伊侍御曰：「當極繁之邑而應酬有條，撫久疲之民而恩信已洽，牧民之良也。」高侍御曰：「賑濟稽覈而事少冒濫，催科適宜而民不告勞。」嗚呼！ 以君受知當道如此，即嚮用孔邇矣，顧官未及遷，一旦溘然以瞑，豈不悲夫？

君配邵孺人，將軍邵易常女，性貞静，事舅姑孝，教子孫義，御臧獲有恩，爲婦、爲母職罔不舉。初，君將往江夏，孺人屬疾，君止之。孺人曰：「吾而不行，操中饋者誰與？」遂力疾赴官。踰二年，返於家，未幾而君卒矣。孺人哀慕，不數年亦卒。生相之，歿殉之，此豈獨孺人之賢？化君義之深也。子男二人，曰澄、曰浩。君平居時，嘗論列二子之能，謂澄可家、浩可學。既而浩果領鄉薦，澄亦克有其家，不墜前烈，可謂能知其子矣。君之先，世載隱德。八世祖叔勝生崇古，崇古生仁儉，仁儉生思孟，思孟生煥珪，煥珪生律聲，律聲生俊秀，是爲君父，所謂静菴公者也。君母黄氏，膺徹先生女，静菴公之繼室也。希舜之賢，啓於哲父；孺人之懿，成於令姑，所從來遠矣，因序其世系如此云。

君卒於嘉靖丁未九月，其葬則己酉九月也。孺人以辛亥三月終，十二月始啓君窆合葬焉。墓在永豐之蟾塘，銘闕有間矣。予素知君矣，忍君泯泯無聞乎？是予之責也，乃摭浩所述狀，銘之。

銘曰：抱才諝兮弗獲善仕，命偃蹇兮徒鬱爾志。婦從夫兮得所止，伐豐石兮將譔君。美内之坎兮詔來史，信予之言兮匪過侈。

明故坦菴劉公貫裕墓誌銘

公諱贇，字貫裕。其先吉水人，家世業儒。有諱壽甫者，以避兵徙永豐之西平，故永豐西平有劉氏則自壽甫始也。壽甫生真淑，真淑生務學。務學跌宕詼諧，喜交游，有豪俠風，娶本里郎中李嶽潤妹氏，生四子：長秉琮，次秉瑄，次秉瓚，又次秉珪。秉琮諱某，中永樂戊子鄉試，官止某縣知縣。秉瓚中宣德丙午鄉試《春秋》魁，由龍溪學諭遷真定府教授，卒於官。公爲教授冢子，謙裕則公之弟也，英妙負才名，學憲夏公試而奇之，召主洞學，爲多士式。公日望以遹承郡博之志，乃不幸短命死，公哀之而撫育其二孤，恩尤篤至。

公坦夷真率，有雅度，樂道人善，熙熙然飲人以和，故人樂從之。而其敦孝友、重信義，則天性然也。郡縣有艱大務，必以屬公，公任之無不當上意。如斷藤峽積寇煽亂，公領兵隨本府柳同知往征之，寇平，給賞銀牌，復其家。歲眚，出粟五百石助賑，監司旌其義，榮以冠帶。他如捐貲助修恩江橋，委修先師禮殿及西陽宮文忠歐陽祠，咸書績於石，鑿鑿可徵也。前縣令强公滿、唐公瑢每以賓禮禮公，詩簡往來無虚月。强書云：「義與利相反，公與私異途。尚義不尚利，以公不以私，豐人劉貫裕有之。」唐書云：「弘廓沉厚，士之器局；疏通浹洽，士之才幹。具是二者，乃可以任重致遠，義民貫裕兼有焉。」知言者以二簡爲實録也。一峰先生潛金牛，未嘗輕與人接。公以督修西陽宫至沙溪，沙溪去金牛百餘里，乃獨延語移日，語甚洽。扁其所居爲「坦菴」，鄉人遂以坦菴稱之。先生慎許可，豈以言色親人者耶？

公晚年不理外事，杜門教子，手不釋卷，與郡守傅五峰十數輩俱以耆年結社，徜徉詩酒，以逸其老。予自結髮與公仲子州伯君相友善，公愛州伯，故因以愛予。每相遇，輒欣然執予手，談古今事可監戒者以爲訓。時稱「善教子，厚禮其師友，無所愛惜」，僉以公與先大夫爲首稱。

天順辛亥二月二十日，公生於閭庠，故名黌，没正德戊辰十二月初十日。娶城北徐義民孜敏之女，宜其家人，有相道焉。子宗源以輸粟拜義官，女適雙江口聶環秀。再室鄒氏，生州伯君。君諱希昭，中嘉靖戊子鄉試，授羅山令，遷澧州守，致仕。宗源配陳氏，生子二，長某，娶某氏；次某，娶某氏。州伯配蕭氏，生女一，適五石楊某。再配陳氏，生子某，聘鍾氏；女，適庠生湯夢鱣。正德庚午某月日，公夫婦合葬於二十都桑源之仰天湖，子山午向，稱吉兆也。

嘉靖壬子春二月，州伯君緘書介幣，録傳太守所述事狀，責予銘。予乃繹狀，拜而銘之，曰：

古道榛塞，孰履其坦？紛以多岐，惟公獨簡。簡則易從，有斐一峰。乃扁厥廬，一語百朋。睟如其容，載汪其度。鄙寬薄敦，歸德者慕。以篤周祜，實生令子。與予同游，仕學兼美。流芳不死，可死者身。桑源秘只，以永千春。崇封窮碣，過者曳輪。讀而歎之，曰：「於惟善人，其郡博之肖子、州伯之嚴君乎？」

從仕郎工科給事中楊君汝容墓誌銘

國朝自宣德以來，推相業者，咸以東里楊文貞公爲首，稱公夾輔四朝，功高德懋。天道好謙，聿昌其世，不惟科第官爵聯榮濟美，而代有聞人，如近故工科給事中楊汝容者，豈啻家庭稱賢哉？一時名流咸願交焉。君起甲科，初授行人，選補工科給事中，未四月遽殞。賫志未究，斂才靡彰，抱忠弗殫，於戲，傷哉！

夫春秋遣官謁陵，制也。是年春三月二日，予與汝容咸奉命往，偶宿齋同舍，君偕禮科章給事中過予，相與歎世，欷歔者久之。乃時掩口攢眉，咯咯作欲吐狀，予問之，謂：「喉舌癤生如粟，噙諸藥罔劾，昨噙山豆根，差可。」予曰：「恐虚火上炎，未宜過服凉劑。」明日，峻禮還。又明日，復命。再踰日，予往視之，已不能出户，乃即榻問焉，謂諸瘡潰，口無完肉，吞吐如刺，唾涎滿地，予竊憂之。已乃日益甚，竟以是殞。殞之日，諸同志暨戚友咸在，君曰：「吾疾不可作，明時事業，公等勉之。所不瞑目者，未請恩典報尊人。」乃取紙筆，書曰：「不能終養，不孝之罪。」已又令家人探櫝中，取轉官時凡以禮相加未答者置諸案，謂速令人分致之，端坐而逝。若是可强而然哉？

君蚤從宗伯南野歐陽子游，聞陽明先生良知之學，反身克己，自信益篤，日以孝友忠信爲實地。而廉静簡樸得之天性，不解爲世俗態，而一介不取之操至死不渝。其在孔門，不得中行而思其次，如楊汝容者，非所謂狷而有所不爲者耶？

君諱海，字汝容，號事齋。補邑庠弟子員，應詔入大學，中順天府庚子鄉試。嘉靖丁未，中李春芳榜進士。戊申，選行人司行人。凡行人奉命，例有金幣禮使者。君凡兩承使命，己酉護送少保費文通之喪，辛亥諭祭藩府，秋毫無所染。行己有耻，不辱君命，謂之爲士也，奚媿哉？曾祖秫，刑部司務；祖昺，通政司經歷，俱以文貞公廕。父文忠，號北渠，縣學增廣生，以汝容登第，遂隱去。母嚴氏，先卒。娶郭氏，繼娶劉氏。子三，女四。克一、守一并長二女，郭氏所生；復一及二幼女，則出自劉也。君生正德丙寅九月十五日，卒嘉靖壬子四月二十一日。

吏部楊稽勳載鳴者，文貞公之六世孫也，於給事爲姪行，謂予知給事，謁予爲銘。乃據都察院曾司務雲所述事狀，節而銘之。銘曰：

不得中行，而思狂獧，是謂其次。使於四方，不辱有耻，可以爲士。孔門之所與者如此，今觀給事之所養，非耶，是耶？人方期其爲朝陽之鳴鳳，而歘歘羽化，此有識者之所以流涕也。銘以識之，用昭於世。

故坦菴楊公墓誌銘

坦菴者，予不識爲何如人，僅識其仲子給事君一面也。尋奔坦菴訃，逋而歸，已而徵銘來京師，不知何愛於予，而惟予拳拳是屬焉？予亦何以徵坦菴而謂可遂銘之耶？給事君與兵科給事朱君伯辰、監察御史宋君儀望、刑部主事張君正和爲同年友，相善，又與朱、宋二子咸出宰吴地，以仕學相砥礪，臭味、嗜好稱同氣焉。是故過聽三子者之言，謂予言可信也，乃千里緘狀，介三子者索銘於予。予辱三子之知舊矣，其於給事君何疑哉？噫！不知其父而徵諸其子，不知其子而徵諸其友，故古人有不交一臂、越數千里而契若平生者，以類而相感也。

銘曰：嗟嗟，坦菴化矣！潛德曷銘？徵於嗣人。莫爲於後，雖美弗名。厥嗣維何？臺諫之英。厥名維何？幽獨之貞。遹慕柴桑，薄視聲榮。克諧傲弟，式豫慈君。孚化里閈，載質明神。誦佛歸德，紀功勒珉。靡究厥施，寔曰没寧。

按狀，坦菴姓楊氏，諱光祖，字克孝，坦菴其别號也。永樂初，有諱子榮者，從羅千户自淮安北還，遂家於海豐縣之尚義里。海豐之有楊氏，自子榮始。其曰系出淮安，則遠無所考，今顧斷自其可知者云。子榮生公正，正生釗，釗生林，林生斌，斌生坦菴與其弟光世。斌商於江淮間，渡邵伯湖，溺焉。坦菴時方八歲，哀毁若成人，克家幹蠱，不復以生事累其母。比壯，應詔例補陰陽訓術，縣司廉其才與行，凡督委必屬之，故嘗巡捕則盜息，而民不擾。里人云：「往捕者弗盗捕，而反爲盜，旦暮囂囂然以詰捕爲名。自楊佛來，吾屬無廢業也。」正德中，權璫有畢姓者，以取海狗馬奄至濟上，張威焰，嚇挾如虎，諸海户謀欲辟匿海洋。時坦菴署大沽河巡司事，以身任利害，民用以安。又嘗督修武定鎮城，費省而功速，僉憲王公韙之，屬太史涇野吕公書石以紀。自是承委旁午，月不暇給，喟然歎曰：「人生行樂耳。久俛首居人下，何耶？」乃求退，買田於龍溪之上，結茅種樹，日遨遊其間。酒後放歌，多翛然遺世之詞，識者稱其有柴桑之風焉。至其化導鄉人爲善之心，老而彌篤。嘗修義勇武安王廟，月朔，會鄉人爲社，誓於神曰：「作善者佑之，其不然者殛之！」鄉人凛然，日有所畏，惟恐陷於不善，爲楊公所短。蓋薰其孝友之行，非一日也。寡母張孺人好施予，凡諸姨匱乏，必周之，又欲邀其旦暮同飲饌，坦菴每先其意之所欲。弟傲善使酒，一無所校，曰：「校則傷吾母心也，何以見先人於地下乎？」卒遺二孤，教養婚配無異己出。張孺人病且篤，惟亟呼孝子某者，屢日不絶口，鄉人聞而哀之。嘉靖丁未，給事成進士，迎養京師。明年戊申，授知武進縣，復迎養至武進。時坦菴患風痺，艱於動履，而言笑自若。給事以蘇之虎丘，宜興之張公、善權二洞，爲天下名區，屢請一遊。堅不赴，謂：「古之善養其親者，豈專在佳山名水耶？汝但修汝父母之政，使利澤及民，民歸德於我，足矣！」乃給事之爲武進也，宜民宜人，卒蒙君子之子之稱。明年己酉，還海豐，每天氣暄和，輒肩輿訪友人，笑歌終日，怡如也。辛亥冬，給事被召補兵科，命下而坦菴之訃至矣，蓋十二月二十九日也，距生爲成化己亥十月二十九日，享年七十有三。配安氏，生子三：長崇，早卒；次巍，即給事君也；又次巖。一女，適邳州知州孫重光。孫男一，名翱。女孫二。是年壬子冬十一月，葬於城北三里祖塋之左。坦菴天性篤厚，惇倫理，與人交出肝肺以示，雖五尺童子欺之，不疑。輕財好施，與物無競，故時之大夫士追論夫給事毓祥之所自者，往往有善人逸民之稱，非過也。

敕封孺人陳母徐氏墓誌銘

徐孺人者，贈文林郎藍山縣知縣寶善陳翁之冢婦，予友奉直大夫、南安州知州西川子之配，太學生珦、琱之母，珦子恩、珦子惠之祖母，其在恩之子某某則稱曾祖母也。家富萬石，貴拜恩封，紅杇填委，曾玄繞膝，享年七十有三而卒，卒復何憾耶？時孺人仲子琱候選在京，聞訃爲二月念七日，泣血茹痛，荒迷顛踣，已日乃蘇。奉厥翁手劄并其兄珦所述孺人事狀，謁予爲墓銘。予與陳氏姻且友，三世通家矣，義何可辭？

乃銘曰：妻以夫貴，大夫之配。母以子稱，國學之英。繼美元孫，濟濟雲仍。考終以德，匪哀且榮。龍潭之原，山水盤潆。卜葬厝吉，❶弗谷弗陵。君子銘之，式昭永存。

孺人諱某，姓徐氏。徐爲邑北門望族，迥超公有隱德，乃獨鍾其德於女，故孺人稱賢。年十九歸陳氏，六年而賓善公没。姑母太孺人帥氏以家政傳，而孺人之賢益彰。時西川子與予同學，未嘗問家事，惟旦暮歸省。太孺人訝之曰：「汝之歸也，何旦暮僕僕不憚煩耶？無以汝婦之養或有所逮耶？❷予固安汝婦之能養也。抑以食指之繁、庶務之叢委或有壅而集者耶？予嘗起而視之，咸井井不改予舊，予固安汝婦之家也。汝何旦暮歸，不以僕僕爲煩耶？」自是西川子得專志於學，學成而官，官無弗稱。由鎮江幕遷藍山令，已遷雲南南安州守，咸有賢聲。貤封考妣，恩及孺人，冠帔相輝，姑媳怡愉，稱家慶也。西川子未六十，謝政家居，優游晚景，白首相歡。每對親友談平生，未嘗不歸德於孺人也。

孺人生二子：長珦，字伯珍，以國學生選廣東萬州目，棄官歸養。娶程氏，生子恩。恩時卒業南雍，娶曾氏，生子某某。次子珣，字伯良，亦由國學拜官有日，乃以憂阻。娶張氏，生子惠，惠聘曾氏。孺人殁於是年正月十有七日，以臘月某日卜葬於邑里龍潭之原，酉山卯向云。

---

❶「葬」，康熙本作「茲」。

❷「所」，康熙本改爲二小字「未所」，可從。

敕封徵仕郎户科給事中筠菴居士藍公墓銘

封君諱賢，字世鳴，一字世則，筠菴其號也。筠州之有藍氏，自文靖始。文靖系出楚大夫藍尹亹之後，後梁時自蜀出刺筠州，卒，葬於高安之大成。子孫不忍離其墓也，遂家焉。今墓猶巋然在，乃郡志逸之，蓋郡志獨詳宋事，宜其不及梁也。宋南渡時，有諱卓字仁傑者，又自大成遷高塘，生明伯，生敬可，生才翁，生以政。政裒然亢族，以政稱傑焉。以政豪宕博學，元季盜起，出百死於兵革，而卒全其宗，遂遷今居。所著有《歷亂記》，敘廢興，核博與史合，謂非卓識之儒乎？政生三子，季曰伯澄。伯澄生田，字韞玉，隱而未見，益振其家。田生鐸，字子循。循生吉，字惟祥，豐於財，以詩名。吉生琢，字安成，倜儻有奇氣，封君其長子也。封君九齡，試有司，稱穎異，補郡學弟子員。稍長，從穩泉傅一守學，與少參劉月山定交焉。二公皆里中名士，雅器重封君。屢試弗售，遂棄去，歎曰：「攻程式之文，俯首有司聽去取，可利達功名，吾兒優爲之。而棲遲林壑，頤天和以暢乎曠逸之性，吾不能以此而易彼也。」自是，足不履城郭凡三十餘年，而鄉行益著。天泉潘翰林出推瑞郡，務章癉以風民俗，屢欲以禮羅而致之，强之不可。自是風規介亮，益爲有司所重。雅尚冲澹，所御服食多人所不堪，雖晚歲豐裕，視約乏無異，堅定之見。妙契數學，其言未萌得失多奇中，每秘而不發。性坦夷，不設城府，不解爲機詐以欺世，亦不疑人欺。及給諫登第，讀書中秘，改給諫，歷官户、禮二科，使封君張聲焰、傾軋閭里、開騙局如夫人無難能，乃矻矻以盈爲戒，約束子姓僮僕，無敢撓官司及有所加於鄰里。嘉靖癸丑，以子貴恩封徵仕郎、户科給事中。明年甲寅朔，以疾終於正寢，享年七十。配長汀教諭劉克中女，有士行，贈孺人，卒先封君十有七年。繼黄氏。子男五人。長瑩，娶劉氏，不壽。次即給諫君也，中丁未進士，娶鄒氏，繼黄氏。鄒、黄贈封孺人。女一，適五里諶弼。孫男六人，芬、蕙、芝、藴、蒙、蓀。

舊例册封諸藩王，每歲冬降詔，給諫例得充使。乃禮官以歲歉，請明年首夏行之。明年元旦，科臣忤旨，下廷杖，而給諫與焉。給諫慮封君聞而憂也，乃百計調攝，幸而愈。期遣兼程，冀庭趨有日以奉慰封君，而封君亦且日望給諫之來慰也，乃不及躬含斂，宜其痛忽忽無以自解。兹以是歲閏月某甲子，卜葬於某山之原。給諫具狀，懇予銘墓。給諫，仁孝人也，與予仲子爲甲午同年，又予以道義相契，即予弗文，義弗能辭。

銘曰：有筠猗猗，言旅其菴。居菴者誰？明珠淵涵。淵珠澤媚，鳳凰於飛。翰舘諫垣，朝陽藻詞。天子貤封，龍章涣賁。穹碣豐阡，以俟於世世。

故周母羅恭人墓誌銘

婦德主幽，義不外見，乃狀羅恭人章章著，何耶？恭人爲冷塘周憲伯之元配，憲伯傲岸一世，不以言色親人，肯阿詞以狥婦人哉？讀之而信且疑焉。已乃出吊陽田，質之太史念菴羅先生，先生曰：「此予之族姑也，賢哉淳淑，吾耳熟焉，銘之宜矣！」時節推劉子方興在座，亦曰：「吾鄉内助之賢，無踰恭人。譽弗昵親，憲伯之言足徵也。」予乃述憲伯狀而銘之。

恭人姓羅氏，名某。吉水熩下之羅，世稱右族，况恭人之祖若父代爲士人師表耶？祖某，以舉人試某縣教事。父某，以歲貢授華容縣司訓。恭人少不群，司訓愛而奇之，謂必擇不群士配焉，擇而得憲伯。憲伯爲別駕東泉周公之令子，別駕之擇婦，甚於司訓之擇壻。恭人之歸周氏也，善事舅姑，如事父母。別駕日與胡安人豫豫，乃傳勤儉豐約，事罔細麤，式遵安人之舊。安人常夜坐，不夜分不寢，則恭人亹亹左右，命之退，不敢退。時別駕以文學行誼，奔走士人摳衣脱屨，户無寧日。別駕不費一詞，供具豐備，靡不稱賓。別駕與安人喜曰：「大吾家者，必此婦也。」乙酉，憲伯舉於鄉。踰年，卒業大學。安人不豫，竟弗起，恭人侍膳嘗藥，衣帶不解者月餘。已乃哀苦代事，總總有條序，即憲伯當之以身，要不是過。終天之恨庶其少慰，賴有恭人代理之密也。己丑，憲伯登進士第，授行人，奉使河南，便道歸省，恭人從之入京。明年，拜監察御史，奉命清戎兩浙，取道濟寧，又從憲伯省別駕於兖州。尋別駕卒於官，扶喪歸窆，惟禮是相。又明年，兄弟分異，恭人惻惻不能安。憲伯曰：「子安哉？勢也。」服闋，尋有巡按兩浙之命，以持法忤輔臣，訐辯聽勘。人皆爲憲伯危，恭人曰：「以法危身，事久當白。」已果白。尋擢福建按察司副使，恭人從憲伯入閩。歷官中外幾二十年，未嘗一與外事爲憲伯累，而撫教諸郎，俱稱名士，是故婦德母儀，美暢聲流，人無間言。有非節，焉取者比也？恭人孝敬慈仁得之天性，不惟施於舅姑爲然，禮諸姑若姑，洽和妯娌，惠逮媵妾，而詬詈鞭朴不妄加於臧獲。鄰孤族寡，凡貧乏不能存、婚嫁無所資者，咸依以爲所。脱簪解衣，推食食之，略無靳惜。而傭保乳母之類，有終其身不忍去周氏之門者。是故没之日，遠近駭，大夫士聞而歎，閭里宗戚哀行道惻，[1]湅

---

[1]「惻」，康熙本作「側」。

餒無依者如喪考妣。憲伯狀所述，皆鑿鑿在人，非誣也。

恭人以夫貴封恭人，子四，曰意，曰心，曰忠，曰惠。意娶劉氏，繼袁氏。心娶曾氏，繼龍氏。忠娶廬陵劉氏。惠娶李氏。意、忠俱府學生，早世。心，國子生。惠，府學增廣生。女孫四，男孫一，名棟，幾周而殤。恭人生弘治某年某月某日，没乙卯某月某日。是年某月某日，卜葬於東山雇州之陽，辛山乙向，稱吉還云。

銘曰：淑矣恭人，孝敬慈仁。誰爲狀之？譽弗伲親。質之太史，斯名稱情。雇州之阡，蔚焉峥峥。納詞於幽，用勵女貞。

處士徐師儉墓誌銘

嘉靖乙卯臘月六日爲師儉徐君歸窆之期。其子璜懇予銘墓，跽而請曰：「先子託交於大人先生四十年，乃辱不鄙先子，而先子礪行遵憲，擇地而蹈，一惟大人先生之言是務是式。疾革，無他語，獨恨不獲與大人先生訣，而託璜輩以爲庇。九原弗暝，惟是爲歉。」璜抆淚再拜，予亦泫然悲痛哉。夫八十考終，富多男子，罔有醜行爲人神怒，即死何憾也？乃憾弗與予訣，此其人何如哉？夫讀書譚道，世之稱士人多矣，而彰穢煽惡，幾何不爲人神所怒也耶？予不銘則善無所勸矣，乃據徐生所述狀而銘之。

處士諱德，字可久。予嘗嘉其儉德，號曰師儉，鄉人遂以師儉公稱之。考岳衡，長者，與予先尚書公相善，捐金五十助軍餉，義聞當路，榮以冠服。衡之考清循，循之考孜蘭，俱以善行著。此處士淵源大概耳。處士善事義官公及妣夏氏，友愛二弟，老而彌篤，出可大於重辟。可膺補邑庠弟子員，已改補藩椽，處士嘗救左右，若蹈水火。處士忠厚儉樸得之天性，言不出口，行不中衢，體若不勝衣，而服舍、輿馬一無所騁。早年家甚薄，中歲以後起家，致數千金，而儉德如一日，鄉里嗤爲猥衰。「猥衰」二字，俗以不能凌駕人、横張聲勢者云也。處士聞而笑曰：「我以猥衰自待而以公溥待人，何不可乎？」蓋其錢穀子母生息，弗違例責人以厚償，即不償，亦不嗔，且索也無疾言勃色，用是人無怨惡而歸德於處士，如出一口。嘗念祠祀弗裕，出金生殖以資蒸嘗，而祭器、樂器及香火之器之類，捹百金以備之，致孝享也。子姪艱窘不能朝夕者，資爲轉運，而産業肥磽，隨人愛憎爲取舍。舍弗慆情，取弗抑直。遇賢士大夫，恭而禮。郡守竹墟屠公、署縣事别駕羅公咸禮以賓席，而縣令金石莊、魏南野、張龍田、孫兩山、凌海樓諸君子，皆知邑有善人如師儉，足多也。故平生不受官長譴辱，而邑之賢士大夫交口譽之，無退議焉。

處士生成化丙申十一月念二日，没嘉靖乙卯三月十四日。子三人，❶長琛，次璜，女鸞秀，元配鍾氏所出；次瑢，繼配劉氏所出；次瑞，則側室劉氏所出。女適南坊省祭陳某。瑢亦省祭，歸自天官，與長兄琛相繼亡。琛有子而殤，瑢未有子，璜子五，俊、倣、侃、偉、俛。今繼琛以侃，皆治命也。琛娶鍾氏。璜娶范氏，繼楊氏。瑞聘江氏。兹奉柩葬於興平鄉之周陂。周陂爲徐氏祖塋，例不得祔，而處士祔之，族人歸德於處士故也。

銘曰：周陂之原，例不得祔。乃祔處士，惟德是輔。厥德維何？義不放利，儉不張勢。恕以公物，忍

❶「三」，康熙本作「二」。按下文，處士共四子，似當作「四」。

以善世。君子與之，小人訿訿。噫！予不爾哭，哭以銘墓，庶瞑爾目。

敕贈文林郎監察御史坦菴宋公墓誌銘

世固有盛位無赫赫之光，而以布衣質行、義聞流暢、澤慶悠裕者，余於宋君坦菴有足徵焉。坦菴卒且十餘年，其子儀望舉進士，爲監察御史。上方招選茂異以充臺諫，而儀望諸所條對、論列率多稱旨，天下士翕然歸之。上覃恩敕封如其子官，人於是知有坦菴云。儀望出按河東，事且竣，予告還鄉，將謀改封其窆，乃以同年胡太史杰狀來乞銘。予知坦菴舊矣，而況於監察有師友之義，銘不可辭也。

按坦菴諱聞，字聞義，以字行。爲人坦夷，不習爲機曲奸回之行，人韙其坦，遂號坦菴焉。曾大父正己，大父邦鉉，含章弗耀。父魁昂，號隱閒，娶郭孺人，生坦菴。坦菴負奇氣，稍長，誦《毛詩》，攻舉子業，不得志，遂棄去。好涉史傳及百家雜語，觀古人成敗，譚當世務，率鑿鑿切事情。而克家幹蠱，凡歲時公私出入，不以累隱閒。乃伯氏好交游，不治生產，季且穉，隱閒不欲獨累坦菴，乃命析券。坦菴自取其荒頍，而推腴產以屬其昆若季。夜被盜，執隱閒甚急，家衆亡匿，獨出身代父，竟解其縛，尋亦以計自全。廣寇流刼至縣，糾衆捍禦甚力。逆濠反，爲仇者報役於官，領兵督餉，毅然從事。自是邑有難事，非坦菴不可。度田均稅，悉以委之，里人稱平。嘗挾貲遊湖襄，有一男子皇皇求附舟，初不知爲盜也，衆不納，坦菴憐而收之，勞以酒食。居無何，叩首謝曰：「公仁人也，害之不祥。」遂辭去。時舟人多病疫，躬調湯藥，賴以全活甚衆。未幾，坦菴亦病，衆籲天泣曰：「若等賴公無死，公即不諱，若等能獨生乎？」忽有一黃衣人來視，鍼之，尋愈。昔人謂「孝弟之行，可通神明；忠信之極，可以出入水火」，謂不信然哉？

坦菴生天順甲申四月十一日，卒嘉靖乙未五月初十日，享年七十有二。配嚴氏，生子敏；繼鍾氏，封太孺人，生子鳳，俱邑庠生。次掀，次儆，次儀望，即監察君也。女一，淑秀，嚴出，適張最簡。孫男十餘人。儀望幼穎異，坦菴於諸子中最所鍾愛，遣之就學，督課尤嚴。遂以文學起科第，令吳縣，均賦節財，有惠政。及爲御史，值逆帥怙權干紀，儀望首發其奸，公卿有朝陽鳴鳳之譽。且不自滿假，而從事於古人身心之學，日駸駸有聞焉。往余弱冠，與坦菴仲子敏同受學於梅厓郭先生之門，時坦菴以丁稅編役縣庫。凡縣之稅錢、贖金，咸出入於庫役之手，俗號爲「金銀庫子」，以其悖入簿發，城社污吏恣貪取焉。購而得是役者，每藉以致富；坦菴不購而得，得之而一無所染，反以累其家。即此一事已可書，況可書不止此，而又有儀望爲之子，足以顯名當世也歟？

銘曰：古有善作室者，樹漆於始，衆以爲落落。其後家裕，崛然大起。嗚呼！宋氏之樹德，真若樹漆者矣。故惟善降祥，惟德昌嗣。嗣以爾仁，祥視爾履。嗟哉！坦菴不仕，厚積弗施，乃延厥祀。今舉世重富貴，即使君躋崇據要，多珠玉文綺，豪雄當世，孰與發祥貽慶而食報於其子哉？矧寵命載錫，輝暎厥里。保爾後生，以媲前美。苟其美之可傳，斯吾銘之弗毀。

敕封孺人劉氏墓誌銘

孺人劉氏者，給諫陳君嘉謨之母也。孺人諱善毓，系出廬陵荷山周氏。祖榮，贅營前劉氏，遂襲劉姓。

父持鑑，惇默稱長者。母左氏，以弘治丙辰四月二十六日生孺人。孺人年十六，歸封君陳先生。先生以醫學望一方，十九在外，乃以家政付孺人，請命王姑而行。姑寡居四十年，無一不當王姑意。姑慈婦順，家以忘貧，里閈聞風感化。有婦姑相誶於室者，輒私相戒曰：「我則非人，獨不效王母、劉婦耶？」嘉靖癸丑，給諫以廬州郡推三載考績，得以例請恩，封父如其官，母封大孺人。天語渙賁，倶渥典也。又明年，風憲員缺，召天下郡縣官有治行者補之，而給諫爲召用第一人，遂擢吏科給事中。未幾，而孺人之訃至矣。孺人疾且革，王姑問所欲言，孺人泣曰：「婦死無他憾，獨恨不得終養老姑，乃忍累老姑送我終耶？」相嚮哽咽，竟無一語及他事。傳謂「終身慕父母」，若孺人則有之矣，蓋其孝敬慈惠得之天性。雅尚儉樸，終身如寒素女，初不驚意豐約。給諫三試鄉省三不利，孺人不知其爲不利；及登第居官，人皆以爲華也，而亦不知其爲華。庭闈訓敕，動以大義，不屑爲婦人之仁，而笞撲訶譴，雖臧獲之微，亦未嘗有所妄施。外兄之嫂寡無所依，引以同室，衣食與倶，於兹十年。是豈淺丈夫所能也？而孺人能之，一無所强，是可不謂之賢哉？

孺人没癸丑十二月二十七日，享年五十有九。生子三，長給諫，次嘉訓，又次嘉謀。給諫娶王氏，訓娶張氏，謀娶王氏。女二，長適蕭益，次適劉寅，倶同邑人。孫男三，希元、希寵、希亮。孫女一，許聘安成王副使季子可學。卜以是年臘月某日葬本里龍塘之青龍門，甲山庚向。給諫具狀謁予爲銘，予於給諫有道義之契，故撰次而銘之如此。

銘曰：婦貴孝，妻貴順，母貴慈。有一於此，女中之師，況備有之而風化里閈者乎？嗚呼，賢哉！天章渙賁，譽命四馳。龍塘之涯，龍躍雲垂。樹之豐碣，過者興咨。

敕封文林郎雲南道監察御史張公墓誌銘

公諱士優，早諱寵，字天錫，以字行，號寒泉居士，亦號石屋山人。先世有曰景重者，自袁州司户參軍三傳至洪，爲虔州僉判。子敏徙潭州，潭州爲南唐參知政事，生子五。其三宏淵，字清之，以補廕授承事郎，出知吉州，遂居吉之街西。淵生錫，錫生榮，徙萬安，去固山舍許，是爲横塘鼻祖。十一傳至縣尉公廷瑞者，乃生道立，器重。生懷菴，生潛夫，公之王大父也。大父穎異，五歲善屬對，遵晦畜德，長有士行，以儉約累貲甲一方，詳見於大學士少湖徐公所撰墓文。公弱冠，奉潛夫命以附籍補贛縣弟子員。贛去萬安二百里許，居無何，盗焚其廬，所畜古書若干卷付之烈焰。歎曰：「遠離膝下，曠定省以徼聲利，蓋將慰吾親也。今若此，非天意乎？」遂棄舉子業而歸。歸求性分之樂於事親從長之間，暇則究心墳典，博極群書，商確古今，臧否人物，鑿鑿如覩記。讀郭林宗、陳大丘、陶淵明諸高士傳，欣然神往，恨不與之同時相上下。一切俗慮所營營者一無所屑，惟義關風教、事切民隱則毅然以身任之。如修家乘以類族，拓舊祠以妥靈，廣粢盛之田以充歲祀，結祖墳之廬以虔守視，捐貲築陂灌里中高仰之田。歲旱不足，輒率衆露禱，徒跣暴烈日，孚號有厲，卒獲靈應。邑苦糧役如蹈湯火，役者十九蕩析，公役之再三。時廷尉爲御史，例得免雜泛。不免，不愬，乃約里甲請於有司，爲過比之法，役遂稱平。過比者，吊納於各户之親且友，而影射逋負之累可免也。邇時名勝寺觀率爲勢家所割據，平頭寺在公里中，取之如探囊，乃棄不取，又從而新其棟宇，葺其垣墉，奠安其僧衆，曰：「是不可爲歲時修睦、諸生藏息、杖屨遊詠之地耶？」張氏居街西，與信國文公先世稱守善長者相鄰好，故廬陵富田文、萬安固山張皆有别業，載《五雲志》。公過其里，輒俛仰咨嗟，謂：「文山忠烈祠祀徧天下，而桑梓之地無一畝之宫以棲神，非闕典耶？」乃倡諸生徵志以聞當路，咸允其請。

嘉靖甲午，廷尉領鄉薦，上春宫，臨岐囑曰：「南雍有歐陽先生在。先生，陽明高弟，予見其於父子、兄弟之間有唐虞氣象，盍往從之？」廷尉奉命惟謹，遂聞良知之學。戊戌，登茅瓚榜進士。踰年，授清豐令。尋以清豐異政，召補雲南道監察御史。廷尉每語人曰：「不肖學若官，服膺庭訓，麓有成立，第周旋不能逮百一爲恨也。」自是，人皆知有寒泉公。辛丑，奉敕巡山海關，以東宫覃恩，封官如其子。又明年丙午，奉命巡甘肅，時逆鸞爲甘肅鎮守，黷貨啓釁，莫之誰何。廷尉數其罪而發之，乃逮鸞下獄，自是啣廷尉入骨。已復總兵柄，怙寵煽焰，日毛索廷尉短而穽之，不可得。又明年戊申，命巡貴州。辛亥，復命，便道歸省。人皆爲廷尉危，謂當乞身以遯，公曰：「制命在君，怵禍以自全，非忠也。」日趣廷尉行，至則鸞以逆誅，始還今官。

公性孝友，端潔不苟，對妻子、童僕無惰容，用是爲宗黨所嚴憚。已乃易以和粹，人皆親之。潛夫喜賓客，故賓客過從無虚日，畢意欵具以樂其志，人謂其有薛包之風。敬事伯兄坦軒，老而彌篤。仲兄改齋、弟半醒俱早世，撫養諸孤，恩踰己出。比居父母喪，已踰衰年，乃不以衰年廢禮，苫塊衰麻，哀毁如制。每時薦，輒泫然感泣，自是德義益薰於鄉，鄉人式之。有不平，相率詣門質正，奉一語，皆帖然退服。以故郡之名賢如司寇執齋劉公、宗伯南野歐陽公、司成東廓鄒公咸敬禮之，談詩論學，互相傾洽。是可以聲音笑貌致之哉？

公襟抱夷曠，雅志林壑，喜吟詠，不屑爲流連光景之句。如曰「我今祇醉陶令酒，爾曹莫作五男兒」，此遺兒就學之作也；「睠言萬里軔，布汝一腔春」，此寄廷尉令清豐而作也；「孤隼已看雲外去，花驄莫負日邊來」，「愁説黄河苦冰雪，春風須度玉門關」，此廷尉巡山海、甘肅，作而寄之也。寄執齋則有「公去楓宸娱晚節，我甘榆社事春農」之句；擬結詩社，則有「三益只從閑裏過，雙丸任自暗中投」之句。赴東廓青原講學之約，以後至，題壁間云：「燕坐塵心息，行吟逸興饒。追遊不可及，力疾陟岧嶤。」禱雨奇應之詩則曰：「青使爲我達帝前，須臾靈雨即霈然。」喜平頭修復之詩則曰：「野人疏懶性，睡到日頭紅。却怪山僧苦，鷄鳴起撞鍾。」築石屋落成之詩則曰：「花落對酒吟，晝長展書讀。春去總不知，晏然老石屋。」曾有一字一句非關性靈、紀事實、昭風範乎？南野宗伯嘗對廷尉云：「而翁長者，温恭雅度，掬之使人心醉。讀其詩，鏗然有唐人遺音。」平生知公之悉，無如宗伯。甲寅春，宗伯以訃聞，公愕然震悼，寢食弗懌，容色日慘慘，遺書廷尉云：「文莊不禄，鄉失一典刑，朝廷失一柱石，汝失去師資。往訓在耳，慎勿忘之。」廷尉以書請，欲乞歸養，公曰：「爲全軀、保妻子計，得矣，其如天下多事何？汝謂歸養孰與效忠之爲顯耶？」

乙卯春，例當舉鄉飲，縣令率師生詣門敦禮，煩以賓席，辭不免。禮成而退，歸冒風雪，忽腹中隱隱痛，已乃痛不禁。誤服玄明粉利之，遂不起，爲是月二十六日也。縣之士民無問識不識，莫不齎咨涕洟以吊。孺人享年六十有七，距生爲弘治乙酉某月日。所著有《石屋稿》《秋蛩稿》《孤松稿》，藏於家。配廖太孺人。孺人有賢德，公平生無内顧之慮，以有孺人在也。生子五：長雨，即廷尉君；次霆，次霄，次霈，次霽，俱邑庠生，績學嚮用。女一，適西門生員劉宗武。孫男五，槼、榮、檠、櫱、祖保。孫女八，金娥適宗伯歐陽公長孫宗翰，月娥適衙前蕭謙，餘尚幼。以今年七月二十日葬於睦岡之原，丙山壬向。

廷尉以予有道義之契，乃戒幣肅狀請予銘。予乃據冬官周子仲舍所述狀而銘之：

温而恭，維德之良。端以潔，維行之方。樹德勵行，維君子之光。胡膏而屯？胡慶而昌？崛起廷平，鳳凰於翔。畀爾恩封，涣爾龍章。睦山之閟，佳城孔臧。載銘貞石，應地無疆。

處士羅秋湖墓誌銘

秋湖處士者，大學生溮之考。溮卒業大學時，亦往來予門，以其嘗師予友念菴羅先生，故亦樂與之遊。一日，持其考事狀及秋湖卷來請銘。卷有水厓彭公、念菴羅子題識，二公言足傳信，則處士之行實似可無疑也，況溮之昆季請之再三而辭弗獲乎？

處士諱暘五，字尚實，秋湖號也，世居吉水文昌鄉之白沙。白沙之有羅氏，始自廬陵教授瓛，瓛由南昌改卜白沙。而南昌之鼻祖，考之家乘，自唐鼎湖先生隱，暨諱彦、諱瑶者仕宋，終都靈侯云。教授歷數傳至方敬，號梅村，則處士之高祖也。清修文雅，與大學士解縉紳先生相善，家藏有梅村卷，足徵。曾祖諱弘烈，號耕樂。祖諱斐珏，號澹菴。其號繼耕，諱性全，則處士之考也。處士爲繼耕第四子，早與仲兄暘明、季兄暘泰鋭志舉子業，並稱穎拔，嚮用有待矣。乃二兄相繼淪謝，而繼耕老且病，處士歎曰：「是可朝夕離左右乎？」遂棄去，與伯兄礪菴瘁力孝養而侍嘗湯藥，日益虔。人曰：「孝哉！」泰無後，尋以溮繼之。爲之計貲遺，如卜兆、建祠，諸凡爲身後計者曲而當，謂溮可獨私其産乎？明有後而早卒，孤孫煢煢，以長以教，以至於成。四世同居，中外無間言，即張公藝不是過焉。家素豐裕，至處士益充衍，蓋持以儉素，又善節縮施。

至於赴人之急，如決防水，每歲侵，輒發廩以賑族黨，藉以舉火百十餘家。故舊有被誣積年不白者，百計營解，竟出之獄。里閈有親麗非法，鬻産以贖罪，色慘若悲，詰之曰：「此上世所遺祭田也。」遂與之直，裂其券，鬻者泣下不敢受，乃倍價以助之。其厚天倫、敦大義類如此。處士性嗜學，善論談古今事，鑿鑿如數計，歲聘郡中名士爲塾師。中歲後，屏謝世紛，闢地構池亭，日與士友徜徉詩酒以自適。顏曰「烟水夢野」，志所向也。娶夏朗劉氏女，貞婦行，足稱賢配。子三：長泳，字士濟，國子生；次溥，字士周，先處士四年卒；又次渢，字士雅。女一，適帶源王錦衣次子仲鏞。處士生弘治庚戌二月十一日，卒嘉靖丁未六月初十日，享年五十有九。卜以是年某月日，葬於本里皂坪之原。予乃據國博莆陽徐子所述狀而銘之。

銘曰：孰篤其親？莫競維仁。孰博其施？莫急維義。嗚呼秋湖，斯人之徒。斯人逝矣，其行可書。其何愧於，山林之儒？如玉斯瘞，皂坪之墟。

奉直大夫龍井曾公墓誌銘

大夫諱夢祺，字兆賢，號龍井，世居邑之纂溪，靖難忠臣鄒公瑾之派也。其居營前而以曾爲姓者，上世祖季式出繼營前之曾氏，遂居營前，姓其姓云。瑾抗靖難之節，坐族誅，乃季式之後獨得以出繼免，謂非天道耶？於兹百二三十年，疑畏相承，不敢請復，此大夫耿耿之懷，對予言之屢矣，而所以屬望於行人者蓋惓惓云。高祖德禎，曾祖治端，俱隱德不仕。祖元魁，以子貴封徵仕郎。父翔，由例貢官金吾後衛經歷。母蕭氏，封孺人，癸丑年三月三日寔生大夫。先是，里人有俊兒殤者，夢神人謂之曰：「是兒賢而貴，非汝家器，乃上舍公子也。」已而大夫生，經衛歎曰：「此生賢之兆也。」因命以名與字云。

大夫穎敏不凡，十歲隨宦京師，授學於進士茹鳴鳳之門。進士能尊師道，爲京師重，門下故多貴秀子弟，然於諸生中獨奇大夫。每校藝，必先諸弟子，諸弟子亦自謂未能或之先。無何，經歷卒於官，大夫年十五，執喪禮如老成人。進士別而囑之曰：「汝父爲清白吏，未究所施。計汝後當有聞，若以科第至京，當避舍以居，其他無相見也。」服闋，補邑庠弟子員，裒然著稱，邑大夫桃源朱璡雅器之。時陽明先生門人有冀惟乾者，朱鄉人也，素慕一峰先生之風，因桃源特過永豐拜其墓。朱遣大夫從之游，遂聞良知之學。每按考，輒以文行上其等，而端峰邵公尤重之，果以是年壬午中式鄉試。北上春官，乃依依然惟蕭孺人是念。己丑下第，期取道會稽，入拜陽明公之廬。渡京口，卜夢金山，得唐詩二句，思景慘淡，遂返棹遡長江以歸。時蕭孺人業以卧病，母子相見甚歡，病亦少差。曲意湯藥，幾一月而卒，人皆以爲孝感所致。乙未秋，授判永平，與郡守劉範東、節推柯雙華同寅協恭，郡治一變。歲大祲，灤州尤甚，適灤守罷去，灤人士請於當路，願得判署，當路䟦而檄之。百計勸相，招商散粟，餓殍不能移者，復設糜以飼之，所賴以全活者甚衆。當路疏於上，特給銀牌旌異績也。其他督濬溜河及委修沙河行宫，省費節勞，大有功於上下，咸謂殊擢之將及也。乃巡撫戴龍山薦擢滄州，遂擢滄州牧。守滄州三年，慈惠節儉，不求近名。滄當南衝，易以易謗，❶人或以此爲諷，大夫曰：「夫官以爲民也，與其剥民以媚人，毋寧損己以益下乎？」自是夫力供應之需悉從簡約，賓至罔

❶ 下「易」字，康熙本作「獲」，可從。

滯，民用不擾，權貴斂手。雖以此獲知於上，而謗亦隨之，乃卒爲鹽法使所不懌。適庚子十月獲聞行人秋捷之報，大夫浩然曰：「吾未畢之志幸有所託，不當於此時去耶？」士民遮留，奔走數百里外不忍舍，時少湖徐公聞其事而歎之。大夫歷宦八年，咸勷歷畿輔，譽藹蔚也。前後膺獎薦者疏凡十數上，皆美其才守、學行鑿鑿有指實。天津兵憲王在菴、河澗太守項甌東尤相愛敬，每稱謂則曰曾先生、曾先生云。

家居無他營，直欲講明古人身心之學，以訓飭子弟、化道鄉人爲務。每四方同志大會於青原玄潭之間，與劉晴川、鄒東廓、羅念菴三數君子迭相爲主，雖隆冬盛暑，猶披襟夜談，亹亹不倦，若不知其年之向衰者。然猶善談謔，博洽舊聞，達於世務。至論國家大計，則連引博❶喻，每切事實，故人樂與之游。其居官，薄於自奉，而於故舊時有饋遺。或以缺乏告，則倒囊以相貸，貸而相負亦不爲較。而一切寵辱得喪，若不留情。癸丑春，會講於邑之靈岡，適行人南宮之報至矣，衆譁然，而大夫無色喜，明日會罷乃散居。凡古先聖賢格言及名儒要語有切理學者，裒録成帙以自考。或作爲詩文，皆本性情，止乎義理，有益時教。工六書，而小楷有晉人風致。喜賓客，賓客有過從者，必傾倒壺觴，不盡歡不已。性孝友和易，兄弟三人，伯氏疏散不事事，仲氏又極力門户，大夫從事文藝，而諸費營辦不以煩伯、叔，惟恐拂蕭孺人意。乙卯夏，感便血病，雖昏憒有譫語，亦講學論道之詞。秋七月，行人奉使南還。丙辰春二月夜，巨盜數十入卧房，刼大夫出堂上，挾索財帛。大夫不爲亂，囊資罄然亦不介意。行人以程當北復，盤桓不能出門，大夫促之曰：「王命重大，毋

❶ 此後一頁底本原缺，兹據甲庫本補入。個別文字漫漶處參據康熙本補足。

以我爲慮。第能親賢取善，毋汩没於勢利，吾之願也。」行人拜辭，慷慨目之去，無離别難，時五月二日也。離八日，而大夫化矣。

予聞訃，遣家人習斂事者持練帛往事事，而予仲子議制郎静、御史宋儀望皆親視含斂，所以代行人之不逮也。行人奔訃歸，將以明年春正四日附葬於祖塋之某山，狀其行實，懇予爲銘，以予以道義契大夫，且世講姻表云。大夫終嘉靖丙辰五月十日亥時，距年六十有四。配陳宜人，上羅陳文郁之女，生行人兄弟五人：長潛，次湛，次汪，俱邑庠生，然皆先大夫卒；四即行人濂也，中嘉靖癸丑進士，授行人司行人；五澣，今爲國子生。六淑，庶出。孫男二，學松、學栢，濂之子也。女孫四，某、某、某、某。「嗚呼！大夫仕耶？學耶？不詭於道，求無愧於爾之心耶？聖峰之嶺，龍蟄於井，淵乎其深。」

賀公莞溪夫婦合葬墓誌銘

廬陵荷山梅塘賀氏者，其先出永新良坊，唐令憑公之後。宋末徙廬陵，至莞溪凡若干世。莞溪，予同年友賀龍岡之仲兄也。予觀龍岡所撰事狀，一字一涕，傷何如哉？

莞溪諱鑾，字和夫，號莞溪，自樂樵公孔循、鄰鷗公道亨、中齋公嵩至莞溪，凡四世，世以詩書仁厚爲業。而莞溪歷覽子史，兼通百家，凡天時、地理、數命、醫卜之學靡不究心。兄銓商遊江湖間，弟鈞業舉子，中丙子鄉試，稱龍岡封君是也。撑持門户，經理財用，養祭、婚喪、賓客諸總總，一以身代中齋之勞。中齋未老而佚，而兄若弟亦各得悉心於其所事，謂莞溪爲克家之子、宜兄宜弟非耶？性剛鯁不欺，急人之難，如決防然。族弟宣環貧不能立，曲爲之所，子女婚嫁周如己出，自是爲里人所敬信。凡争訟，决以一言，退無不服，非忠信行州里者乎？配羅氏，出楓塘著姓，年十四執婦道，勤儉慈惠，内外翕然。莞溪克成孝友之志，而家聲用裕，内相之功可少哉？嘉靖丙辰孟冬，莞溪届八十誕辰，而孺人亦以是月爲七十有四，宗黨、姻朋雲集稱慶，歡洽旬月而後罷。康寧偕老，遐福並隆，有足稱焉。未幾，孺人以疾卒，龍岡臨而哭之，止勿哭曰：「吾當從此逝矣。」龍岡哭益哀，曰：「兄强健過人，何爲遽出此言？」曰：「世寧有超然獨存者乎？明年六月，當合葬我於黄塘岡上。」遺曰：「宗族之貧者，可善遇之。」問家事何以處分，曰：「沂歸，當自有處。」神氣不亂，凝然而逝，去孺人之卒纔七日，爲仲冬十月六日也。嘗詰釋者云：「汝經有殺鬼登彼岸之説，汝知之乎？」諸無以應，乃曰：「鬼言己私，彼岸言出世也，私浄則岸登矣。不了此，誦經千卷無益也。」蓋其晚年静得之功，了晤冥理，故於死生之際真若逆旅傳舍，去不復顧。哲哉！

公莊重簡默，典刑鄉曲，委勤樂閑，享禄養二十年，爲有司所敬禮，奉恩例領冠帶烏紗。白髮人曰：「壽中仙也，豈曰壽官云乎？」長子沂，中甲午鄉試，初令大康，再令龍陽，牧威州，著有賢聲。次子淮，能世其家。人曰：「賀氏有義方，故士多成名，子皆富家，豈偶然哉？」莞溪生成化丁酉十月初八日，儒人生成化癸卯六月初八日，❶生同寄，殁同忌，魄降同瘞，男女之始終備矣。知州娶泥田周氏，生子一桂、一松、一楊。一桂是年中式舉人。淮娶田坊歐陽氏，生子一相、一材、一桃。長女適富田曾州同海，次適坑頭劉應軫。曾

❶「儒」，康熙本作「孺」，可從。

男孫燀，桂之所出。孫女七人。

越明年五月，知州自威州奔而歸，以是年六月初九日奉柩合葬於上黄塘東岡蛇形之巔，遵治命也。州牧奉狀謁予爲銘，予不能辭，以州牧與予仲子儀制郎爲甲午同年，又以男女締婚媾，況又重以龍岡之狀足徵耶？故銘之：

於戲，死生亦大矣！而能脱然於死生之際而一無所動於其中，如莞溪，謂非知命君子乎？父父子子，兄兄弟弟，夫夫婦婦。惠鮮浹於宗人，忠信孚於州里。罔有穹碑，泠然風世。彼己之子，貪生怵死，靡諳倫理，過而讀之，而不頮泚，希矣！

朴菴陳公配劉孺人墓誌銘

吾邑家世清白、足稱儒籍而能仰承御史公之遺風，惟大園陳氏爲著。御史以永樂甲辰進士起家，歷御史九年，資得進大理寺丞，適御史年六十，乃以年請，卒奉詔致仕。家徒壁立，惟遺其後以圖書數卷也。故永豐御史，推忠烈無如鄒公瑾、鍾公同，推清白則螺田陳公衡其選也。鄉評推大園之陳爲清白吏子孫者，以御史無愧於清白也。予嘗於人間見御史所遺詩文，古雅典則，猶可相見前輩風致，恨不與之同世相上下，而幸獲交於樸菴先生，庶幾少慰焉。

朴菴爲御史玄孫，給事黄門慶之父也。曾祖俊烈，祖廷充，父文彬，俱養晦潛德以昌其後。朴菴早業舉子，有時名，不售而退。篤家庭鄉曲之行，正容謹節，忱恂古朴，如商彝周鼎，與一切世態絶不類，澹然一布素儒也。日惟讀書授徒、督僮僕灌園力穡以資朝夕，暇則閉門静坐，若有所會。每酒酣，喜歌雲淡風輕、傍花隨柳等句以自適。以是爲有司所重，每鄉飲輒以賓禮禮之，讓德不赴至再三。有司重違其志，但過式其廬而已矣。俗尚鬼，先生惡其不經。一日病瘧，家人密事於禱，先生覺而怒，逐巫裂位，大駡曰：「我豈乞憐於鬼者乎？」汗淋淋下，瘧遂愈。人曰：「朴菴，其善驅瘧鬼耶？」正德辛未，閩寇掠永豐，背母羅孺人，冒毒暑，傴僂數十里匿山谷，得免。嘔血數升，遂成痰喘，至以此終其身。終之日，予方經理其後事，彌留不亂，但執手囑曰：「鶚以慶兒託先生，欲其聞正學以光大御史之門。吾目瞑矣，願終始全之。至於家事，幸有老室在，可無慮也。」老室，慶母劉孺人也。劉爲渝州故族女，十六歸陳氏，家甚落。朴菴方鋭志於學，及舉業不售，遊學於外，一切家事、養祭、賓客諸總總不復内顧，以劉孺人足勝之。孺人孝敬勤儉，機杼、牲畜以助不給，至脱簪珥以教子。分稍餘，以周同室之寡居者，嚼然稱士女，是故給事之有成也。給事辛丑上春官不第，南歸，適鄒公東廓以太常卿掌南雍，遂卒業南雍，以道在南也。已聞訃，奔歸，見劉孺人以哀毁喪明，頓足號天曰：「嗟嗟，天乎？喪吾父，又喪吾母之明，吾何爲生乎？」孺人止勿哭，曰：「汝但無負而翁託汝於雙江公之意，足矣！」庚戌，慶成進士。辛亥，以行人奉使，歸省。癸丑，復領使事，歸壽孺人，而孺人病不可起矣。給事轉官南垣，懋著風烈，論劾無所避，而追念庭訓，無以酬其萬一，而於此學尚望洋歎也。乃齎咨茹痛，述厥遺行，介其子銓謁予爲銘。銓，予孫婿也。予每憶古行如先生不可作，又以内連熟聞劉孺人之賢，而忍其泯泯不章，得無幽明之負耶？

先生生成化丙申九月二十三日，歿辛丑臘月二十二日，葬二都潢田，乾山巽向。孺人生成化辛丑九月二十二日，殁癸丑五月二十七日，葬十六都安同，亥山巳向。茲以潢田之阡未利，改葬於二十都劉源，某山某向。

銘曰：大樸既散，古風日靡。坦坦幽貞，系出御史。玉韞石中，珠沉淵底。不耀其光，聿章家世。逐巫袪瘧，避難全親。流汗浹體，吐血數升。孝耶義耶？幽贊神明。粤有賢配，内外相成。䘏嫠捐有，課子成名。賢科奮跡，瑣闥蜚英。貤封未遠，没有餘榮。銘此貞石，以詔後人。

休齋王君墓誌銘

休齋王君象玉者，睢眙學論王養大之父，庠彦養明之叔父也。養明撰其行實，謁銘於予。予覽而歎之曰：「休哉！何孝義之萃於一門也？姪之事叔與叔之教姪世有之，事叔如事父、教姪如教子，世有之而見亦希矣，況殁世不忘、久而彌篤者乎？」

養明生十歲而孤，嘗夢一紫衣人引拜歐陽文忠公遺像，於時不識歐陽公爲何如人，亦不識其爲何祥也。比長，讀《瀧岡阡表》并歐公譜略，乃知公早孤與己同，而長養教育賴其母與叔，又同。乃歐公褒大其母節，乞恩貤封以報其叔，顯揚極矣，顧己猶落落夫人也，齎志未酬，拊心踵門乞銘於予，以泄其無窮之悲，且奉有休齋遺命也。休齋命曰：「吾平生志在儒業，今汝與暹皆能以古人自期，吾足矣。他日銘墓，當煩名公，使後之子孫知我之窮不易其守，教不廢貧，而於子姪之成又身親見之，不可謂不穫矣。」予故采其事而銘之。

銘曰：於惟休齋，好善如薺。罔事作業，游情經史。以父事兄，課姪猶子。鬻産隆師，計口均地。會爨同居，遺言在耳。奉以周旋，敢私粒米？惻誣却金，昌言崇祀。已責還券，義動閭里。咸稱彥方，且云公藝。善無不報，聿昌厥嗣。鵠峙鸞停，璉瑚其器。考終睢庠，哀臨濟濟。疇昔之夢，惟神相爾。顯祔祖塋，珠連玉瘞。是曰休哉，始終備矣。

休齋諱玉，字象玉，休齋其號也。休齋早孤，克家承考，賴有伯子芙山在也。時休齋與其弟象珍俱幼，芙山篤愛之，而教之則甚嚴。稍有過，輒繩之，至引匿不敢見，俟意解面承訴答，如子之承父也。如是者十年，而休齋成矣。嘉靖庚辰，奉兄命商遊湖、湘之間。無何，芙山病，病遂不起，手幼弟象珍而訣之曰：「汝知張公藝九世同居乎？吾志也。罔識輩他日何似？❶吾受遯菴公田六十畝，顧今增倍其數。若以吾三人爲分法，則吾惟一子，是厚在吾兒，而諸姪得無薄乎？無已，惟計口授田可也。」休齋歸，奉遺哭曰：「誰敢負幽冥耶？」自是，釜甑甘苦，一氣如初，絶無粒米尺帛之私，惟日對經史，考古今興亡之跡，品題歷代人物賢否。酒酣，輒豪吟以自適，罔事家人作業而家益貧，至鬻産延師，皇皇爲暹謀者，日不暇給。甲申，師劉大僕燭。己丑，師周別駕子恭。子恭出主洞學，則從之洞學。庚寅，又師謝少參體升。三子者，皆吉之名士也，暹歷事之，而時名亦隱隱隆矣。已念菴羅殿撰在告，則又遣之師殿撰，提耳而詔之曰：「殿撰，天下士也。汝師其爲人，足矣！」暹自是鋭志古學，而休齋皇皇之念庶幾少慰。癸巳，里巫有被盗誣執者，休齋以糧役承追勾之令，巫以二金環爲囑，休齋曰：「吾力能白，則爲汝白之。」遂却金而卒白其誣。乙未，族人有

❶「輩」上，康熙本有「汝」字，可從。

負祠銀，爲掌祠者所迫，將鬻子女償之，休齋曰：「鬻祖考之子孫以崇祠，謂祖考安乎？」衆皆直其言，而爲掌祠者殊不愜。庚子，縣奉例丈量。凡役，都啚長者不免於費，例以族之富者承之，而富者曰：「必鬻祭田以助乃可。」休齋曰：「大夫無故不鬻祭器。茲以一役之費而鬻祭田，無已背乎？惟驗糧以出助可也。」癸卯，邈舉鄉試，休齋止子弟之譁者曰：「是何足多哉？吾平生傾産教姪，姪教吾子，今幸如此，庶不負吾兄弟初心也。」殿撰賀之以書曰：「先生教姪，今食報其子，亦天道之不爽也。」是年悉出遯菴遺券，還諸族人并鄉里之貧者。甲辰，倡修祖祠墳。族豪有負祠銀不償者，乃諭之曰：「向之鬻男女以償者爲誰？迫之使鬻者又爲誰？貧者既不敢言，吾又隱忍以自全，其何以釋貧者之怨、慰祖宗幽冥之心耶？」負者慚退以償，由是祭品豐潔，族人稱快。己酉，家口日衆，主饋者以匱告，乃呼暹而語之曰：「食詘矣，如汝父公藝之志何？向汝父之不欲分者，以吾多子慮也。今幸汝弟中式，汝學成人，吾有託矣，奈何幼叔之子乎？合體汝父之心，而以祖産悉歸之。」暹再拜泣曰：「一舉而幽明慰矣。」乙卯，一日語暹曰：「夜夢登山，青衿躋躋皆北向拜揖。」丙辰秋九月，邈授睢眙學諭，以迎養歸。方對客宴樂，忽疾作。經月餘，枕上口占云：「自古有生還有死，從來知命不知憂。」孟冬初，又夢天使惠藥飲之，飲莫能嚥，天使曰：「第飲之，可往睢眙。」起語暹曰：「疾可無憂也，但速邈速裝以待。」❶暹力止之，不得。明年丁巳五月十六日，至睢眙，甫六日卒於官舍。臨終，語教諭曰：「汝兄事我如事父，今不得與之一別，奈何！」是時諸生合力襄事，拜奠於學宫，學宫果在山，人

❶「邈速」，康熙本作「速束」。

皆以休齋好善之報云。

休齋生某年月日，卒某年月日。祖經約，父璧，即遯菴也。子五人，連、邈、通、選、逵。以某年月日祔葬於某處祖墳之左偏，某山某向。

奉直大夫西川陳公墓誌銘

予弱冠與州牧西川陳公相善。西川以孤子享萬金之富，乃翁不欲以學煩之。翁没，託交於予，始轉意向學，而以師事予。予曰：「師友之間可也。」至於講授經義，批抹文字，予固以師道自處。州牧刻意向上，敦人道，棄幼志，屏絶惡少，一惟予言是聽。臨終，猶亹亹道平生，若不忍於負予者。已乃執手泣曰：「幸交名公，獲有今日。墓石借重，吾目瞑矣。」予攬涙以心許之。公以是年臘月十有二日葬於龍潭，厥内徐氏孺人之左業。虚左以自待，出公意也。公季子光禄署丞珣奔訃兼程，歸如其期。先是，公仲子瑶、冢孫恩奉遺命請予銘，乃兹珣偕其子惠復以遺命來速。時恩與惠皆以大學生分曹光禄，謂非生榮而死哀者乎？乃銘之。

銘曰：官至大夫，家饒萬斛。世濟厥美，秩聯光禄。年邁古稀，是曰全福。比壯而老，惟公令俶。棄官終養，日崇鼎肉。夙拜恩階，龍章郁郁。進不忝官，退能勵俗。篤義輕財，施貧活族。鄉間歸德，宗黨稱睦。臨終琅琅，屬銘幽屋。顯書深刻，如日斯暴。龍潭之阡，榮墳草木。死者復生，生者何恧？

公諱唐甫，字弘之，别號西川，封文林郎、藍山縣知縣賓善陳公元達之子，處士景舜之孫也。封君歿，州牧甫弱冠，鄉族欺其孤弱且垂涎於其所有，私謂孺子易與，家可立破也，乃嗾善訟者以危言撼之，而豪奴悍婢亦稍稍生異志。公挺然不爲屈，竟白於官，衆計沮而家衆亦帖然退聽矣。乃獲悉意於學，學日進而行誼日有可稱，人皆異之。正德戊辰，由庠生充例貢，卒業大學。庚辰，授鎮江府經歷，翕著能聲，凡撫按有盤錯難處之事及積年不斷之獄，必委之，委無不稱。疊膺旌奬，而名出府佐諸僚之上。嘉靖乙酉，遷湖廣藍山縣知縣。藍民與猺雜處，猺野性難馴，稍繩以法，輒煽動爲亂，嚙噬藍民，甚者率醜類噪公庭、索犒與，習以爲常也。公涖事未久，聲威隱隱振，乃召諸猺赴聽約束。諸猺咸叩頭，如約而退。於是清獄頌，薄猺賦，興學校，絶苞苴，巷謡尸祝，如出一口。嘉靖甲午，奉恩詔授封文林郎，贈父如其官，母帥氏、配徐氏皆封孺人。九年再考，遷雲南南安州知州，投檄不赴。永豐例貢官至大夫、投檄家居以終養者，未之前聞。令俶有終，公無愧焉。

公家居簡出，喜看《皇明通紀》及予詔獄所編《困辯録》。性剛執寡諧，而睦族和鄉，未敢以富貴先之，然於寡昧則蓍龜是信焉。嘗詔其子若孫曰：「吾自弱冠獲交今宫保雙翁，道義骨肉五十年如一日，今幸無缺秋毫，皆翁之力也。汝輩善事之，無忘此意！」宅臨鬧市，去縣衙百步而近，非公事未嘗一至其室。縣令王明山、張龍田、孫兩山、凌海樓、陳雨亭雅敬之，每鄉飲，禮以大賓，讓德不赴者十餘年，近始一赴，亦重予之言也。公負義氣，見義如不及。曩予被逮，出百金爲助，泣而別曰：「老不能以身代也，奈何？」至於修譜牒，拓新祖祠，咸捐己貲爲倡。子姪之貧弱、婚喪莫舉者，助而舉之。每歲祲，輒出穀平價以售，濟及旁邑。措修乘駟橋及新學宫之門，雖重費不惜也，是皆義氣使然。是年三月得脾疾，已變爲臓毒，已又變爲痰喘，淹凡三月。予間日往視之，每囑予無間日往，且數遣侍童報予曰「病間矣」，然實未之間也。而以間報者，懼予之僕僕也。六月朔日，出就正寢，囑其子若孫：「我死毋殮，殮則重我之罪。」蓋追恨厥翁之喪有未備耳。已又曰：「可速報雙翁來。」予與仲子静往視之，瞑目不能言矣。乃視含殮蓋棺，痛哭而退。

公三子：長�，萬州目；次瑶，醫學訓術；又次珣。孫恩及惠，皆光禄署丞。曾孫二，曰芳、曰華。葬龍潭，某山某向。

敕封孺人進安人張氏墓誌銘

安人者，伯子五獻封君之元配，水雲尚書公之冢婦，雙江之嫂，儀制郎中静之母也。歸聶氏六十年，享年八十有四。隆禧遐福，内外所稱，蓋實録也。安人爲邑渝洲張公光昭之女，母丁氏，出潢田丁進士輔之後。永豐進士發科自輔始，丁，其望族乎？渝洲之張徙自金陵，諱孜禮者，渝始祖也。其先世仕唐有功，封都虞侯，禮出都虞之後，由金陵陟永豐之遷恩鄉。永樂初年，再徙渝洲，鵠山、蟾塘，皆渝之派也。安人諱某，端淑懿默，孝敬慈惠，與先妻宋夫人協理内政，諸井井當尊人意。敦穆四十年，未聞有反唇語，是可强而同哉？家人利貞，坤道無成，謂安人不足稱耶？安人三十以前屢孕而屢不育，太夫人耿耿抱隱憂，乃徧禱諸名山，期年而安人有協，爲正德元年。是年孟冬，封君商遊齊、魯間。明年丁卯，産男子，得静焉。太夫人珠而掌之，乃以視保襁鞠責之予妻，惟哺乳責安人也。静生四年，封君挾魯姬以歸。姬薄舌善間，專房無忌，安人日以哺子爲事，不知專房爲寵，亦不知人間以專寵爲忌也。企姬病，病且三年，醫藥飲食皆安人爲之所。已姬卒，封君復有納，納者狡妬出姬右。不數年，封君下世，筐箱之蓄悉爲讒婦所匿，安人一莫之問。有問者，輒叱之。嘉靖乙未，静舉進士第，出令丹徒，安人就養，無色喜。三年政成，擢刑科給事，例得請封，封兄如子官，嫂封孺人。去先人之封才十有五年，而予兄夫婦復拜制命之榮，豐人咸嘖嘖稱，謂前此未有也。及静以讁逐，逐而至再，安人無戚色，但曰：「生還，足矣！」性樸儉服，澣濯不厭。外氏寒薄，未嘗有私與，惟與諸静者聽之。雅有潔癖，凡飲食服御之器，非親滌不之用。雖寒夜，每汩汩弄水事盥滌。子婦勸之止，弗止，請以身代，禁弗代，卒以此得疾而終。傷哉！時嘉靖三十七年閏七月二十一日也，距其生爲成化十一年乙未九月二十九日。是年己未四月十八日，卜葬於虔之儲潭，飛鳳形，癸山丁向兼丑未。安人惟静一子，娶五都梘溪王氏，生二男一女：棟以予恩廕官生，娶村前曾序班女；杆聘武城曾博士之姪女孫；閨秀適生員陳銓，銓爲陳給事子也。枌出側室李氏，聘廬陵梅塘賀知州女。校出饒氏，女孫閣、闐同校出。閣許廬陵張知府之子某。曾孫男二，時遷、時遜，皆官生子也。静泣血具狀叩予銘，予銘之。銘曰：婦德主慈，地道爲妻。無成有終，安人以之。生於渝，葬於儲。反而亡，云何吁？

登仕郎翰林院待詔湖涯貢公墓誌銘

士生叔世，而能以聖賢之學自期，樹忠孝之節，考先王之典，究心當時之務以揭扶世教者，謂非古豪傑士耶？予尚論貢待詔之行，而歎斯人之不可作也。

公少有大志，大父異而訝之，謂：「術者常云，我家六十年後有傑出者，其在此子歟？」七歲入里塾，授

《論語》一過即了大義。見洞賓先生像，慨然歎慕，至忘寢食。十三補郡博弟子員，釋菜先師，喟然歎曰：「學在此乎？神仙不足事也。」時白沙先生倡道嶺南，鋭然欲往從之，大父曰：「弱齡遠役，如倚閭之望何？」林督學聞而奇之，乃引拜南陽王文莊公、京口丁補齋。二公皆以古學自命，時文莊爲南京户部尚書也。自是杜門潛修，編摩三禮，考註造管積黍、候氣正律，討論古今上下數千百年，窮陰陽人事之變，咸有論著，而邃於《易》。弱冠，時父翁疾革，醫者曰「不治」，刲股和藥以進，疾尋愈，人以爲孝感所致。踰紀而終，哀毁骨立，倚廬守禮，喪總總如制。録所遺《西園集》二卷傳於家，重手澤也。已乃鬻産購書，丘索墳典，根極領要，諸子百史，搜抉無遺。宣之博學宏詞，特立獨行，無如鳬山子梅鶚，齊驅並跱，稱二絶焉。每合并剖析玄微，引絲入髓，辯論古今人品高下、事當否者，若河決而東注也。正德癸酉，以《詩經》中應天鄉試。屢上春官，不第。戊子，留京師，屬今上鋭志禮樂，郊廟、喪祭聿圖鼎革，而淆亂喧豗，群言紛若。宰輔之所旁求，宗祝之所咨叩，惟公是正焉。考訂折衷，成一家言，以是受知君相，天下翕然推重之。乙未，夏皇后崩，議削其服，惟公哀服出入。雖嘗以是蒙訕笑，然亦以是爲識者所重。是年禮官聘修《祀儀成典》，受金帛之賜。丁酉夏，除翰林待詔，預史舘校書，上《復古治策》十五事，三萬七千餘言，士争傳誦之。戊戌冬，章聖皇太后崩，廷遵易月之制，乃抗疏請服三年。疏凡再上，留中不出。己亥，建儲，輯古教太子成訓三卷，名曰《保傅補》。凡士得待詔翰林，稱華秩。涖官未幾，養病求致，疏屢上。相臣方擬柄用，終格之。

公孝友忠信得於天性。父殁，家屬伯氏，室中多思分異，公痛哭呼先人以庶幾感動，卒不可，於是田宅器皿悉取其瘠弊，僮僕取其老罷者。庚辰，文莊公卒，千里赴吊，心喪不衰。其篤義慕善如飢渴然，乃於予無一臂之交，以臭味相求，契若平生也。嘗於稠人中颺言於時宰曰：「今天下稱才行名績，如聶雙江非歟？沉晦草野十餘年，相公亦嘗念及之否乎？」相曰：「予同年友也，予固知之矣。」南野歐陽公嘗言於予，予不識公之知予何所自，而公亦不知丞相嗔予舊矣。性嚴貌古，深居簡出，不苟合於人。坦夷灑逸，飄然如野鶴，未嘗以家貧爲累。手披口誦，博極群籍，日記數千言，雖仙佛詭奥談之了了。嘗謂五經皆朱子考訂，獨《經傳通解》非其手筆，故究意於禮文尤專。所遺詩文，冲淡渾厚，奄有魏晉以來而自成一家。晚乃歌詠聖朝功德，紀載時事，用備一代頌雅。每酒酣，長歌擊節，若自比於擊罄者。議者謂公智不能謀一身，而心存王室；力不能舉匹雛，而志超於古。雖禀命不融、大志未就，稽其所存不朽者，如所著《和齋集》《湖涯詩稿》《湖涯文稿》《三禮纂註》《三大禮賦》《南陽略》《倚猏子》《燕市吹劍集》《杜機子》《瀛海集》《市丘鼎臘觳》《湖涯劍吷集》《籟野集》《保傅補》諸書，皆有關世教也。

公諱汝成，字玉甫，一字宗聖，姓貢氏。貢出孔門子貢之後，以字爲姓，重所出也。世居瑯琊，王祖顯以武德大夫扈宋高宗南渡，寓居宣城之南湖。傳數世至士濬，發解浙漕。宋命革，不復仕，垂休委祉，貢氏自兹昌矣。濬生奎，官至翰林院直賢學士。奎生師泰，官至禮部尚書，並以文學忠義顯。泰從子時之入國朝爲車駕郎，時生蘭，蘭生乾，乾生頫，頫生鏞，鏞生公。乾以下儒業相承，敦崇行誼，鄉之父老至今能誦其概。鏞學宗伊川，瀕死，命以《程氏遺書》附棺。嘗取古隱逸無名者，著《真稱傳》以自況。距其生爲成化丙申三月二十一日，嘉靖己亥七月十三日卒於官。公娶陳氏，凡生三男二女：長安國，今爲吾永豐學訓；次持國，夷舘譯字生；又次昌國，庠生；女長，適建平監生姚彪；次適姑山孫給事濬孫男。庠生克明學訓，文行卓然，世其家業，以學問與予相長，當路聘爲洞學提舉。間以其友人戚君衮之狀，託予爲墓銘，可謂真能子者矣。愧無以答幽冥之知也，故銘之。

銘曰：古稱不朽，惟三爲賢：曰功、曰德、曰見於言。予觀太史，有足證焉。位不滿德，壽不永年。克肖其子，家學蔚然。墓木拱矣，宿草芊芊。惟君子暴暴，小人無聞。

都察院右副都御史少峰商公墓誌銘

維嘉靖癸丑七月二十八日，右副都御史少峰商公卒於大司寇獄。又明年甲寅，歸葬於承天。又五年，厥子祚等始克緘狀肅使，遡長江千餘里謁予銘。予以道義契公三十年，銘之何辭？

公諱大節，字孟堅，號少峰。其先世居荆門潛江縣之夏東鄉，元季避兵，遷安陸州原子村家焉。州爲今上湯沐邑，乃陞州爲府，制也。五世祖汝才生思敬，思敬生義，中永樂庚子鄉試經魁。義生汝霖，汝霖生盈。盈，公之考也。正德癸酉，公以《春秋》中湖廣鄉試，再上春官，不第。以家貧親老，遂領教洛陽，左右就養，維色維康。暇則讀書篤行，以身先士。六年而教成，鄉試中式凡十有七人，中會試者七人。洛陽故多才，而前此之盛，未有踰此者。嘉靖元年，應山東主考之聘。癸未，成進士，出令吾豐。豐令出身多鄉貢，民玩法弛，卒稱難治。公至明作，執遠鄉逋頑一二人，箠之死。獄有連繫數年、疑而不決者，立決之。劇賊某、某、某，祖孫父子，世濟其惡，刦才殺人，白晝無忌。公設法擒捕殆盡，仍掘其父祖墳墓，曰：「是斬草除根法也。」豐舊無城，閩廣之寇竊掠無已，公曰：「保障哉，誰之責耶？無城，無民。辛未之變，死者萬人，是可以不監乎？」乃乎號邑之義士百人爲倡，諭以大義，千人響應，程力出貲不五月而城成，名曰「義城」。而宣教練武，賑饑撫流，政通人和，盜戢民安。論薦交上，以治行考第一。天子賜敕獎之，進階文林郎，封父如其官，母大孺人。尋召補兵科給事，風裁峻凝，不避强貴。七年戊子，奉命主試雲貴。八年，勘事江右，以外艱家居。比滿，接丁母憂，哀毁骨立，而祠墓胼胝之勞身親爲之。清上世之墳，修合族之祠，尊祖敬宗，孝思足稱。嘉靖十六年起復，以例降鹽城縣丞，尋遷國子監丞，歷刑部郎中。十九年，陞廣東僉事，奉敕整飭高肇等處地方。戢暴安民，設險以控制猺獞，仍遣其子弟習禮於學宫。期年而變夷俗，功德碑具在，可考也。適海南黎叛，公奉檄分哨淩水，擣其巢峒，累級千餘。張總督浄峰上其功，頒賞加俸，遂遷山東督運參議。已又陞河南巡河副使，已又陞山東參政。歷按察使，尋陞都察院右僉都御史，巡撫保定，奉敕贊理軍務兼提督紫荆等關。選將練兵，飭理邊防，以戒不虞。公又逆知北虜内侵之釁，以故屢上崇重根本、拱護京師之疏。庚戌夏，召入内臺。八月，虜大舉薄京師，甚急。奉上命，督公卿巡視九門，疏又屢上，一曰固守關廟以安地方，一曰一事權、肅號令以肅軍威，一曰急殺叛賊以救生靈，一曰安插内移軍民以免飢餓，而懸重賞、招忠勇以固根本，尤疏内所深致意。是時逆鸞以公「急殺亂賊」之語意有所指，銜之入骨。蓋鸞❶嘗陰遣家丁時義潛入虜營，勾引俺虜入寇。庚戌之變，鸞獨引兵入援，主上嘉其在各鎮先，予錫駢繁。已又冒總督京營之命，怙寵作威，勢焰薰天，斥叱公卿，至有不敢仰視者。公義形於色，獨不下鸞。乃奉命陞公右副都御史，經

❶ 此後一頁底本原缺，兹據甲庫本補入。個别文字漫漶處參據康熙本補足。

略京城内外，招募義勇四千人，别爲一軍，訓練鼓舞，軍聲大振。鸞益忌之，乃奏與公畫地分守，而以離地二十里之内爲公信地。蓋公奉命經略，特爲京城設也，乃城外二十里之地俱分以屬之，蓋欲是以穽公也。公憤然曰：「不發其奸而死於逆人之手，無名也。」遂抗疏數其罪，忤旨下獄。麾下將領數百人相率詣闕愬冤，請以身代。一時未遽允，然已諒公無他矣。無何，華人自虜逃回者，能言逆鸞勾引亂華之秘，鸞知禍在旦夕，乃忿恚，疽發腰背死，竟以勾虜剉屍赤族。上於是憐公忠義，將釋之，乃遽卒於獄。棺衾含斂，皆得以禮襄事。陸都督東湖推廣德意寔主之，而公卿以下咸縞素撫棺哭，賻贈以百計，而予亦得從諸公後，可謂生榮死哀者矣。

公平生慷慨負奇氣，忠信孝友得之天性，而問學則以砥礪名節、忠義爲本。遇事英發，不肯以天下第一等事讓他人，故自其作教作縣，司諫司刑，歘歷藩臬，巡撫畿甸，總憲臺，風裁勳譽卓乎出士人右。及其卒也，以身狥國，蓋棺始定。謂爲威武不屈之大丈夫非歟？詩文尚古雅，悲壯激烈，類其爲人。公生弘治二年九月十二日亥時，享年六十有五。娶彭氏，衛舍彭相女，有内行。公嘗言，未遇時賴内助之功居多，故其學若官綽然無累。孺人先公歿於廣東官舍，歸葬於温口峽冠帽山下，即公今葬所。子三，長祚、次裕，俱郡學生；又次祜，納授承天衛指揮。女一，適陳運。孫男四，愈輝、愈光、愈揚、愈茂。女孫三人。法得書。

銘曰：傳不云乎？學之不已，闔棺始定，言克終之難也。於惟中丞，威武不屈，浩然罔競。發姦一疏，嶽崩雷震，狥國以身，庾死亦瞑。蘇湖之教，卓魯之政。禄以養志，仁以立命。瑣闥蜚英，臬藩專盛。畿輔棠陰，都城軍令。跡其平生，金輝玉暎。彼美新封，鳳栖鸞並。噫！温峽冠山，炳若書丹，行者永歎。

袁母胡孺人墓誌銘

予讀《周南・桃夭》之詩，歎女貞係家邦之興替，尚矣。謂宜其家人者，言一家之人也。上自曾祖考妣，次祖考妣，次翁姑夫子，又次則所生之子女與子女之婦，妯娌、臧獲之類，皆是子之所宜者。一之未宜，則《桃夭》之詩荒，而從夫之義虧矣。予觀袁子所撰厥妣孺人事行，孝敬雍肅，和順慈惠，一家之人各得其所，誰之力耶？於是即其狀而銘之云。

胡孺人者，諱某，介菴袁公某之元配，吾邑西塘里胡公森烈之女也。祖、父有世德，母聶孺人著賢稱，乃生孺人。孺人生不偶，嘉穀碩穗，根苗相符云。介菴九歲而孤，父主静蚤世，大父雲巖亦不禄，惟曾大父忠齋大尹公在堂。公耆年淵德，里中世澤遠近、氏族新故知之惟詳，且曰：「直吾之宗孫也，婚不可不慎。」乃議婚，得胡氏，曰：「胡氏舊，配吾宗孫爲宗婦，宜也。」遂妁之。妁不數年，歸。歸數月輒有稱，人頌之曰：「袁氏得宗婦，家必昌。」事母黄孺人、大母張孺人及上事大尹公，孝敬曲至，甘辛苦辣無不當意。黄曰「賢」，張亦曰「賢」，尹公亦曰：「賢哉，賢哉！」三世相臨，何翅十目之視，十手之指也？而稱賢如出一口，曷克以致之耶？予往聞里評，稱介菴曰「禮義孝友人也」，予以故家子弟當如此，初不知其得諸内助者多矣。介菴素饒裕，孺人持之以儉，不色盈；中年爲訟所窒，家日落，孺人處之以裕，不色怨。凡甘旨瀡瀡之奉祭祀、賓客，粢盛飲食之饋，一觴、一豆、一簠、一簋，鑿鑿務精潔，罔不稱介菴意。孺人麄衣草湌，早夜率僮婢勤耕織，善雞豚狗彘之畜，生殖繁滋，凡以相夫家之不逮者種種相繼，以故介菴貧而康。二弟早孤，婚教長養惟母意是承，不以弟視弟而子其弟，弟亦以父視介菴，不謂菴兄也。暨分異，孺人善體介菴意，庖有美味不私嘗，親故饋遺，即瓜果之細，必分授。四時享薦，備物澣器，無一非躬理者。先代生忌之辰，輪派分直，孺人先期戒直者。直如期奠，奠不如儀者，叱之。歲辛亥，介菴卒，孺人悲慟號天，曰：「亡人殷勤教子，未覩其成，妾之責也。一不酬，他日何以見亡人於地下哉？」隆師親友，凡供資以助成其子者，視介菴之舊，不少殺。每訓敕，輒簇簇淚下，諸子感激發憤，學日以進。長子禎補邑庠生，季子禮中乙卯鄉試。孺人聞報喜，喜不勝悲，哽塞椎胸曰：「天乎，天乎！胡不待而子之成而遽崩吾天也？」自是積憂不懌，御一食，稍甘，咽若不能下；御一衣，稍華，體若不能勝。卒成痰喘，諸藥弗効。疾將革，呼其子曰：「不信巫祝，不作佛事，父之治命也。汝無以顯揚未遂爲恨，汝父有言，死有重於泰山者，謂君子之言足恃也。」遂以嘉靖己未七月初六日卯時没，距生之年爲成化丁未十月初四日午時，享年七十有三也。

孺人生三子：長即禎，字時吉，娶城北徐氏；次衿，字某，娶華田高氏，繼娶吉水長松陳氏；禮，字時中，娶梅坑戴、甞下李，繼娶龍潭高氏。曰昂，曰早，皆孫男。曰蕃，則曾孫男也。卜以是年臘月十一日葬於本里葛嶺之原，辰巽山戌乾向，出洞龍形。

銘曰：嗟嗟！姆教久湮，婦德不傳。維兹士女，一代稱賢。孝敬慈順，默回否運。夫壽而康，子賢而潤。是曰世婦，以篤周祜。葛原新阡，鬼神訶護。

敕封宋母鍾氏太孺人墓誌銘

宋母鍾氏太孺人者，大理丞宋儀望望之母也。望之往以吴令徵爲監察御史，天子録其循良功次，貤恩封其親，於是父坦菴官如其子，鍾封太孺人。鍾出閬田舊族，文物、科第甲於邑中。至恭愍公同，又以復儲死節，一代殊絶，族望益隆。蓋崑産多奇，即閨秀之出閬田者往往稱賢，如宋母太孺人，則又其較著者。昔坦菴封君之失配也，諺謂「閬田女山高」，遂求婚於閬田。時鸞表公之擇婿如擇婦，入語其配陳孺人曰：「宋君，軒偉人也，後當有遐福。」遂婚之。乃太孺人早有閫閤之譽，性静默謹厚，勤女工，精中饋，不習侈靡綺麗，如女師然。迨其歸也，浹月而内政改觀，撫前室之子女不啻己出，孝養翁姑，和妯娌，慈藏獲，罔不得其懽心。正德辛未，流寇至，盡燹其居，已又薦遭凶歉，拮据治生而補敝絜。封君性倜儻，不能較量錙銖，每以貲貸人，或不能侔本，亦多置不問。其後連畢婚嫁，葺室廬，擇師教子，供給往來嘗數十里外，家事日益落莫，甚至稱貸鬻産，封君恬不爲意。太孺人私心隱痛，每歲會計粟米、魚鹽、酒醋、牲豚、鷄彘之類，咸躬自省視，以備祭祀、賓客。有餘，則盡以佐家口。平居督誨諸子，必曰：「女父年且老，家又日迫，女輩不自樹立，即非夫也。」嘉靖乙未，封君背棄。丙午，望之舉鄉薦高等，報至，孺人且喜且哭。明年，望之成進士，遂迎太孺人至都下。已拜吴縣令，復從如吴。吴爲東南劇邑，望之戴星出入，太孺人甚念之，至聞邑人安於令，則又甚喜。孺人既自吴還，望之尋以召入拜河南道監察御史。月餘，即首論劾逆鸞不法，朝論有「朝陽鳴鳳」之譽。其後累以言事著聲稱，權貴人多忌之。嘉靖丁巳，三殿災，遂監督尚工，同敘功，晉大理寺右寺丞。

太孺人聞之不色喜，曰：「吾知驟進非兒心也。」未幾，望之念太孺人年且耄，遂抗章乞歸，自宰相、卿寺、翰林、臺諫以下，咸以詩文爲壽，時嘉靖己未冬也。明年，太孺人屆九十。又明年辛酉正月廿有五日，竟以無疾終。然私憾於大理者，亦竟以事中傷之，遂落職左遷，於是知太孺人之私憂其子，非淺鮮見也。

封君諱聞義，予嘗爲誌其墓，後以望之考御史績，尋得改封其官。子五人：長敏、次鳳，皆爲邑諸生；次展業、展基，次即大理丞儀望也。女一人，淑秀，嫁爲城南張最簡婦。女與敏俱前室嚴出而太孺人所撫嫁也，然皆先太孺人卒。孫男十三人：球、琬、瑜、珦、瑄，皆邑弟子員；璠、璨、瑀，力本務農；珝、珣以下皆幼。孫女三人，一適野溪黄氏，二許城南張氏。曾孫男九人，曾孫女三人。其先世履歷俱載坦菴誌中，兹不著。大理既卜其年七月二十有九日，擇葬於吉水縣折桂鄉二十都某山之原，❶巳山亥向，而懇懇求銘於予。予於大理有師友之誼，其子珝又爲予從子儀部郎中婿，累世通家，其曷以辭？遂爲之銘。

銘曰：惟鍾之先，代有聞人。恭愍抗節，族望益振。於惟孺人，徽音是嗣。既相其夫，復成其子。龍章煌煌，冠帔有楚。遐齡純嘏，鄉邦羡覩。維子及孫，既繁且碩。奕世載德，我心所懌。後有攷焉，視此銘石。

巽公祖妣合葬壙記

惟我先太父巽公，生永樂十二年八月二十五日，没弘治元年六月初九日，卜葬於里之礲源東坑，於兹五

---

❶「某山」二字，底本原爲墨丁，據康熙本補入。

十年也。先太母袁氏，生永樂九年二月初七日，没天順七年三月念六日，先我太父二十有三年而卒，故其葬亦先之。先太母劉氏，生宣德五年八月念四日，没弘治十八年八月二十八日，時先考水雲大夫欲別爲卜兆，卜不獲，卒祔於東坑之原。原四山壁屹，陰氣襲人，先考悒悒於中，乃以重遷遺恨，重泉弗瞑。嗚呼，傷哉！嗣人不類，不敢不勉以承孝思。嘉靖戊戌十月之望，良朋遠賁，誘衷翼慮，尚占玄覽，吉兆乃具。以是年仲冬望前一日，出幽於遷。三窆用章，惟日之良，惟陂曰航。惟清溪瀠帶，白水紆洋。巘標對峙，西華迴翔。天光下臨，地德呈祥。不騫不崩，萬古之藏。嗚呼，傷哉！孝思惟先志是康。

先公諱德，字日聰，曾太父澹樂府君克家之震男也。謚曰巽，豹蓋竊取古人私謚之義，「孝友忠順、行無違逆曰巽」，稽實昭遺，稱情合禮。若曰阿私以誣先公，豹之耻也。先公配太母袁氏，生先伯一人，諱雷，字本治，配陳氏。生子四，元化、能化、開化、坤化。能化生子恭，開化生子環暨載。環，儒學廩膳生員。繼配太母劉氏，生子二，長先考，諱鳳，字玉治，封文林郎、華亭縣知縣。先妣鄒氏封孺人，生兄洪暨豹。豹中正德十二年進士，華亭縣知縣，歷任監察御史、寧波府知府，已調蘇州府。洪生子静，中嘉靖十四年進士，授鎮江府丹徒縣知縣。次先叔諱驥，字敷治，配陳氏，生子魁、泊、永。魁生旦，旦之弟昆，今易名靛者，以先妣命立以後豹。若元化、能化及魁，俱早世。戮力襄事，惟豹兄弟五人。曾孫凡六人。玄孫衡、棟、湘、諫、約，俱幼，凡五人。衡、湘、約爲恭所生；棟若諫，静所生者。並誌壙，百世以俟，雲仍委祉，昭我世系。

張孝子終墓碑記

嘉靖乙未是月某日，張孝子奉厥考明軒木像葬於羅坑之陽。何以木像葬也？痛明軒之骸骨未收，無以慰孝子，於是以木像葬也。何骸骨未收也？死於道路也。明軒，故家子，何道路死也？某年月，明軒以弟子員應例，奉厥考厓翁輸馬給邊，歸抵都昌，没於都昌也。厓翁，長者，富而好禮，携櫬以歸，能也，何不携櫬歸也？吴季子嬴博之葬，君子曰「禮也」，疑亦有見於此乎？厓翁有見也，彼孝子者乃不被跣都昌，刺血漬骨，乞殘骸以歸，有何也？厓翁歸且老，無何卒。孝子七齡弱，知痛而不知求也。比痛而知求也，野葬速朽，望慕永窮，九原不作，灑血無從，於是刻木肖像，立祠致祀，朝夕虔薰炬、修定省也，春秋嚴蒸嘗、展温凊也。靡故不啓，靡遊不躬，代告面也。孝子不匱者凡四十年，兹老矣，仰天泣曰：「養生，細也。人爲其大，緊我獨無於是乎？」營宅兆敦，衾衣棺槨，緣情起禮，招魂附木，詮日惟謹，奉以襄事。

君子聞而韙之曰：孝哉！子厥知所慕乎？今天下知所慕者寡矣！孟子不言「五十而慕，予於大舜見之也」？孝子不得爲舜之徒乎？人皆可以爲舜也，獨孝子哉？孩提之童，無不知愛其親，孰從而使之也？不學不慮，惟知爲良，舜與塗人一也。乃知好色則慕少艾，有妻子則慕妻子，仕則慕君，争則慕鬭，田廬車馬則慕駢麗阡陌，於是乎人之知與舜之知始二也。繼也十百，又繼也千萬，於是乎始有不慕其親者。生不養，死不葬，歲時伏臘餂若食不祭，日肆其忍情少恩之行，舉骨肉至親曾無一可愛者，是皆章逢之士談經摘史以瘖寐羹墻乎？蹠矣，謂爲蹠之徒非耶？夫舜與蹠之分，知愛與不愛而已矣。愛而慕之，至死不變，舜以之法天下、傳後世，孝子有一於是乎？慕少艾乎，慕妻子乎，慕君乎，慕鬪乎，慕田廬車馬乎，吾不得而知也。顧孝子今七十稀矣，乃皇皇於生事葬祭，罄家疲力不復有分毫顧惜，曾謂不知所慕者能之乎？若舜則克之盡，故曰：孝子，舜之徒也。

孝子名某，字廷佐，號石蘭，予友也。明軒爲孝子父，賢，名；希哲，字。厓翁，即瀧厓張翁邦俊者，孝子之祖，一峰先生故人也。祖孫父子孝義相承，豈以其居深山、遠市朝，不爲蹠俗所染，故能之耶？作《終墓記》，嘉靖十四年乙未歲十月朔日。

衡府教授陳竹塘壙記

予友竹塘先生，今葬靈岡閱武場之前，即其考潤瑾尊翁、妣李氏孺人之右。陳氏素不筮地，每與談地理，如風過耳，雖先生亦然。是年九月，先生歿，予撫榻而哭之，其家人婦女環予哭，謂即葬無所矣。予宿有諾焉：十年前，予卜筮得白鹿之地，蓋予友李蒙泉爲予卜之。予語之，先生亦嘻然不以爲意，其子弟家人亦無會吾意者。明日，有時師視之，皆不與。蒙泉豈虚語哉？蒙泉爲予遷先祖及葬予父兄及吾妻夫人，人皆謂爲奇，乃不得如其言以葬先生，謂非有命耶？

先生爲潤瑾公愛子，雖不吾師，而早暮敬信若師人耳。先生忠厚硬直，不可干以私。及其爲常熟平湖教，法皆與古人齊。至陞衡府教授，投檄而歸。歸踰年，病。病且念念謂寶誥堂爲先祖所植，燬於兵燹，今三十年，乃裒所積七伯金命長子良郁，亦如其所區畫，朞年而堂成，未期而先生病且死。先生生弘治庚戌年八月初十日，殁嘉靖壬戌年九月十七日，享年七十有三。子三：長良郁，娶牛山諶統仁之女；次季，娶東湖劉嚴敬之女；幼秀，未娶。女一，適北方權昂。孫男四，富、言、紹、官。卜是月初十日，奉先生柩葬於靈岡厥考塋之右，於是爲記。

亡妾王氏桃姐壙記

妾姓王，名桃香，後稱桃姐，以子貴也。妾本湖廣承天府鍾祥縣豐樂河民人王樞女，樞亡，隨母李氏再適旅人宋寅恭，踰年而李氏亦亡。妾方九歲，乃隨寅恭歸永豐，寅恭爲予妻宋夫人之族人也。嘉靖庚子正月晦前，夫人歸壽其伯兄儀莊府君七十初度，憐妾之父母俱亡也，乃育爲媵女，取名桃香。時門首桃花盛開，且曰他日結實，當如此花。嘉靖乙巳，夫人喪。丁未，予以保障平陽功爲權臣所忌，被逮赴京。妾隨諸婦牽衣哭，予叱之曰：「勞而爲僇，予未必死，即死，又安用爾等哭耶？」淹卹詔獄首尾凡三年，天子廉予冤且旨出權臣，票遂下。山西撫按覈實以聞，覈之再四，冤白而功狀益著。全身以還，天日再明也。嘉靖庚戌，虜擁衆四十萬逼都城，皇上憶予保障平陽之功，乃起爲僉都御史，整飭薊州邊備，兼巡撫順天等府。聖諭内閣云：「豹才可大用，何又出之外補？」遂陞兵部侍郎。辛亥夏五月，妾隨諸婦來京。壬子十月八日，爲予誕子。是日奉命協理京營戎政，涖營開敕，兵將雲集凡二十萬衆。時聞軍中亹亹談予生子事，若爲予助喜者。小字軍狗，紀其實且賤之也。明年癸丑春，所司以兵書員缺上聞，聖諭内閣云：「不必別推，以豹代之。」是秋，虜酋悉徵其部落，驀突紫荆關。我兵大捷，斬首千數級，蒙恩晉秩太子少保，蔭子爲錦衣千户。

命下，適又當十月初八日也。又明年甲寅，予復以古北却虜之功晉太子太保。妾以是年冬亡。乙卯，予以年至，請於上，蒙恩賜允，携櫬東歸。明年丙辰十二月十二日，卜葬於二十四都百蛟太和觀下、海螺形、坤山艮向之原。妾生壬辰四月十六日寅時，没甲寅十一月二十二日子時，歷年二十有三歲。

嗟嗟薄命，妾乎，妾乎！無母何恃？無父何怙？父母蚤世，九歲而孤。夫人育之，似爲得所。曾幾何時，夫人亦徂。箕帚巾櫛，歷試諸苦。遠從來京，雞生鳳雛。他日結實，言若合符。屯難方亨，詎云物故？嗟嗟薄命，妾乎，妾乎！携爾旅櫬，歸葬鄉土。百蛟觀後，神司吉厝。吾兒克昌，寧忘爾墓？

處士郭君中軒先生墓誌銘

君諱璞，字朝璞，永豐層山人。祖旦，卓有隱德。考崇秩，好讀《易》，以「玩易」名其齋，學者稱之。君生聰敏，授史書，不待强聒，輒就記憶，歲久能舉其事。好吟咏，嘗曰：「吾取適情而已。」平居，言笑不以假人，苟違於義，一分之細不以取與於人。遊虔、贛間，與人有信，故族殊心異如畲人者，一見亦爲之盡。數載歸，當舟楫之險，俄而獲全。蓋君自是不復出，思慕前人遺德，而耕且廬於其舊焉。

先是，層山郭氏自定功公徙居之。公生三子而君其一出也，屬遠而大。君嘗計曰：「譜族由近者始。吾小宗，昭穆可見如此。失今不治，後難尋踵矣。」乃禮從婿宋君儀望與校之，而請於國子祭酒東郭鄒公爲敘其端。嗚呼，仁哉！

君天性孝弟，於族人之饑寒無告者，不問遠近，一厚施之，亦不計其家之盈縮也。祭祀、慶吊、宴會之節，以身爲率，動不後時。嘗有志於大宗譜之修，顧力未能，常以爲恨。君既老，築室里中，學者稱爲中軒先生。教其子，沉潛經籍，爲致名士與之交遊，以成其德。嘗遭母氏之喪，哀毁踰禮，人士悲之，爲集《哭母卷》，其孝行稱述於人如此。君以嘉靖二十五年某月日遘於家，年六十四。以次年月日，葬於居里之蝦塘。配中沙吴氏，賢，有法度。子三人：長汝霖，成進士，今爲行人司行人；次汝楫，居植其家；次汝梅，邑弟子員。孫男，奂皐、奂禹、奂稷、奂伊、奂夔、奂周。汝霖者，昔與予遊，忠寔而文，將大用於世。兹以其父之狀來乞銘，誠宜銘也。

銘曰：松生於山，其榦自直。玉藏於淵，其輝不蝕。於惟處士，如松如玉。處士有子，賢而且貴。光其前人，爾則無愧。丘原之崇，檜栢之茂。神其安止，後人利止。

謝母徐孺人墓表

謝母徐孺人殁於丙辰春正月，窆於兹土者，又若干年矣。長子經受學於予，談及之，輒泫然以悲，切切以未表其墓爲恨。余固嘉謝子之知學而表其親者有在也，然無以慰其不已之思，乃孺人行又足以係彝教乎？夫古者翼贊陰德，首重閫壼，先儒謂王教之端、風化之始也。然以所事言，有婦道焉；以所字言，有母道焉。余以是稽諸孺人其可表也。

夫孺人之歸謝氏也，方事厥翁鑑物軒、姑張氏，克篤孝敬，循循不失常道，是猶可能也。及翁卒而姑喪明，孺人朝夕若負痛在躬，恒呼曰：「天其曷不令吾母獲見日月乎？」左右就養，視平日益細審，百方曲致，不貽其憂，顧可易能哉？僉以厥姑内視默默而恰愉自若，孺人慎所不見而洗腆篤至，能享年九十有八，俾其夫復開得以孝稱，心力何殫且至也？其逮有子也，義方姆教，余聞其有古截髮和丸之助。今其女事大方家而不忝，諸子咸能世其家，而經且不區區守□□詞章之學，乃能祗母命以力學於念菴羅太史之□□□□而能致之乎？謝子嘗侍予杖屨，故予知母之□□□□也。然則孺人以所事贊其夫，是曰令妻；以所□□□□，是曰令母。婦道母儀，庶幾其無慚負哉！世有□□□□而墮之於冥冥，易簀無聞而以諂教其子，即□□男子且不免，反而顧於孺人焉，其不汗顏也者幾希，以是□表見於世，不可樹之風聲耶？況懷萱有太史之咏，誌銘有宋廷尉之筆，而余姪儀部郎亦有「壟頭青草」之句，謝子且嘗歌之而泣不自禁，而余復有是表焉，其亦可以自慰否耶？不然，《孝經》有云：「立身行道，揚名於後世，以顯父母。」則謝子之所以表其親者，其尚有所在也哉？

禮部郎中陳明水先生墓碑❶

明水先生，臨川人也。先生姓陳，爲直隸寧國宣城著族。高祖觀負勇義，佐高皇征僞漢，以小旗留守撫州所。曾祖禮代之，遂家臨川。祖曰溥，字孟淵，號遯菴。父崑，字獻璧，號閒翁，以先生貴，得封文林郎、太

---

❶ 此篇據甲庫本補入。《四庫全書存目叢書》本《明水陳先生文集》亦收此篇，但部分内容有差異。

常博士。母吴氏，封孺人。先生生弘治甲寅年十月十六日。先時，母夢叶吞星，已而果得先生。先生諱九川，字惟濬，初號竹亭，改號明水。倡道東南，爲世羽儀，學士、大夫咸稱明水先生。

先生生而穎慧駿發，岐嶷不群。出就外傅，日記數千言。同舍兒課業弗瞭，爲之解譬不倦。其傅奇之，謂群兒曰：「陳生，若輩師，毋年以也。」居無何，告聞翁曰：「吾不足爲令子師矣，宜付大儒陶冶，自當超然脱穎。」翁疑其不率命，既訊其寔，乃遣卒業於行齋饒公之門。饒，從游者衆且多成人，士歷試課，無出乃右。先生質考，往往及先儒所未發；讀史，必稽覈是非，要於當而後已。饒益大奇之，曰：「陳生不當在弟子列，吾老友也。」先生自是學懋而識卓卓矣。當童子時督學校藝，凡三進爲弟子員，三不就，語人曰：「吾父謂予德性未定，恐不足以逐隊，願少俟焉。」恒閉户彌年，博極群書，天文、地理、兵曆、百家殫究靡遺，雖時務繁文，不練達密察不已也。既乃曰：「聖學宜不瑣瑣若此。」取周、程書，沉潛復熟，洗滌習心，專意聖學，而時藝日益根據矣。正德壬申，督學崆峒李公試撫士，招縣令龍君曰：「何邑中無一奇士乎？宜拾遺以進。」龍素知先生名，强之就試。崆峒閲先生卷，嘖嘖稱奇士。歲癸酉，先生與行齋同舉於鄉。撫俗，得舉例用樂騎迎歸，先生獨步還。甲戌，成進士，觀禮部政。同堂多用駿騎，先生獨策蹇以往。或議其僻，弗恤也。一夕，忽曰：「漆雕開謂吾斯未信，予可自信與？」遂上疏請告，凡三疏，始得允。即日往謁先師陽明先生門，得聞良知之學，乃躍然曰：「道在是矣！」默坐定悟，無間晝夜，商確砥礪，要於自得。先時嘗著《春秋本旨》《周易正義》《書傳》《詩説》《禮解》諸書，引燭焚之，歎曰：「六經且注脚耳，何有於是？」居數年，復出北上，授太常博士，志念日益精確，毅然不撓。己卯，閹宦謀惑，武廟南巡，衆皆汹汹不知計，先生獨與修撰舒梓溪、員外夏東洲、主事萬五谿諸人謀曰：「此君父之難，宗社憂也，豈宜自愛？」力上章尼之。武皇震怒，命梏項、拳，跪午門外凡五晝夜。先生不敢懈，無幾微見於顔面。已乃各杖，削爲編氓。臺諫部寺相繼諫止，先生曲突之功居多，直聲竦振，朝野有四君子之詠。歸里中，聚友講學爲務，青袍布襪，不履公庭。復與東廓鄒君事陽明先師於虔臺，學益精邃。先師嘗贈以詩曰：「況已玅齡先卓立，直從心地究宗元。」先生歸撫，倡學益力，撫士始知有聖學。辛巳，聖天子龍飛，召諸直諫者官，先生仍拜前職，尋轉儀部司員外，奉使封弋易王，得謁闕里廟。復命道出淛東，又與東廓鄒君密約復見陽明先師，竟所未聞。尋轉主客郎中，裁革日嚴，群小唧之，潛令通事誣奏先生處夷嚴刻，乞賜罷斥以消邊釁。下錦衣獄，杖加瀕死，童僕環泣，先生睁目曰：「吾死國事，無憾也。汝等南還，善事吾親而已，何以泣爲？」丙戌，竟謫戍鎮海衛。先生忻然就道，特以老親爲念。時余以御史按閩，先生自忘其爲遷客，余亦忘之，往來商訂，互有裨益。己丑，朝廷正郊典，得解戍還，先生果克終孝養。嗣兩遇恩詔，得復官致仕。

壬辰春一、二月，遭父母兄弟四喪，先生哀毁骨立，甘塊茹蔬，幾不自存。人咸苦之，知者謂先生得遂初心，忠孝兩無疚云。服闋，先生出越，拜陽明先師墓，爲經理其家政。尋歸，大會明水山中，四方來學者後先數百人，先生委曲造就爲多。繼以山中阻越弗便，乃移會於城之擬峴臺，更寒暑弗易。丙申冬，過予白水山中，益覺明健愈前。既又同予與東廓君爲華蓋山之游，既又赴念菴諸君青原之會，既又出會荆川唐君、南玄戚君、龍溪王君、緒山錢君，相與究竟歸宿。怡性於天台、雁蕩、匡廬、五老之間，而五嶽之興勃不自已。己酉，復就余山房，新知卓論亹亹不倦。自是赴沖玄大會，自是出訪甘泉湛老諸傑。丙辰，復來問余。北歸，持議益堅而定，反覆論較。予無裨於先生，先生未必無裨於予。予老病日臻，每恨不得繼見，先生亦復重耳，默坐一室，猶不廢書札論學。聞其詩曰：「帝固黜爾聰，俾爾日躋敬。」予笑曰：「先生守静篤矣。」未幾，以訃聞。嗟嗟，悲乎！何天奪良朋之速也！

予悼痛方殷，令子本、朱、休衰絰踵門，執其鄉節推舒君所著狀，蘄予言樹碑。嗚呼！予年先先生而生，先生先予年而委，既老而失良朋，予尚忍言哉？先生孝友忠信之行孚於鄉族，正直蹇諤之節振於朝著，造詣涵養之深洩於文章，至於陽明先師之學奉爲蓍龜，不以窮通貳其志，不以老壯易其守，遭險而不阻，負謗而不疑，商確闡明之功通於遐邇。東南士人類知陽明先師之學，先生大有力焉。故予與議論，終老而不以爲倦，識悟少異而不以爲貳，展轉訂正，期於相成而已。嗚呼！先生已矣，蓋棺之論定矣。國有史，鄉有祀，太史有志銘，諸名公有誄言，不可誣也。予方勵耄年，誰能輔予以一息之不懈哉？頽筆屬文，樹之崇碑，昭揭於南崗之原，人道、地軌相爲昭映。老成宿德，賢子令孫，永永有辭，而死生交情，幽明符驗，又有出於言語文字之外矣，予尚忍言哉？

撰次之既，將塵先生未瞑之神，復聞火罹於家，烈焰飄蕩，廬舍幾爲之盡。先生柩厝旁舍，衆共危之，方圖別徙，不踰時而長飈頓返，若有神以護之。非惟未驚先生幽棲之舍，而連次里者咸獲保全，於是衆咸懽呼，頌先生之得天者不輟。昔許伯遭母喪，戢火撫柩而俱焚，君子謂：「伯也，盡乎人而未能幸乎天。」先生之子，當是時也，諒亦有伯捐身撫戢之心，而卒幸乎天。嗚呼！天其有意於先生耶？先生其克當於天心耶？兹固口碑心史之灼灼垂宇宙而不朽也，焉用文？雖然，事以言傳，文不可以無也審矣。則紀而用繫以詩曰：

嗟嗟先生，象山之鄉。卓聞良知，曠矣翱翔。爲邦司直，爲世景行。履險若夷，罹變若常。召謗負怨，靡自阻喪。矢心聖學，甘同瑞釀。引翼後來，惠風載揚。忠告嘿識，曰篤不忘。祝融鼓禍，廬舍就荒。反風息燎，靈輀保藏。天心仁愛，騰揄無疆。樹兹崇碑，萬祀有光。賢胤似之，楚楚冠裳。宫保敷詞，宇宙煌煌。式之瞻之，凛然以將。

雙江聶先生文集卷之七

傳　碑　表　引　祭文

雲石山人傳

雲石山人者，寧人也。予不識山人作何狀，識山人子，故識山人云。予初不識山人子，徵志訪學，於是與山人子李經綸交焉。君子曰：交人之子而不本其父兄之善，知其善而使之泯泯焉弗傳，非古也。

山人蚤業舉子，文行出流輩，爲奇數所抑者二十年。屬以廩資得貢，乃浩然歎曰：「吾老矣，能復以時文易官耶？」於是退而耕諸雲石山，保身逸志，以究其所謂仁孝之學。故於生事、葬祭分力所得爲者，爲之未始不盡，收卹鰥嫠，存育孤廢，宗黨之無告賴以有養。正德乙亥丙子之秋，凶疫大作，山人給糜餔囚，施藥惠享，全活頗衆。其卒之爲溝中之瘠者，輙收而瘞之。架梁除道，割己之有以赴人之急，類皆長者之行。究其志與才，而謂屑以時文易官耶？

山人姓李，諱珮，字必達，易字德孚。雲石山人，其號也。性忠實，曉晰事理，里人所信服。凡里中之鬭，不之官而之山人，奉其一語而退，如受蓍命，率稱山人爲「里社神」，俗謂里社神正直而壹者也。按誌，山人高祖諱明達，曾祖諱景茂，祖諱彦昌。諱曰允高者，生山人者也。山人兄弟凡三人，子男凡五人：長一中；次經綸，經綸亦爲邑庠生，卒亦屏謝舉業，與友人賴元同受學於先師陽明子，意承考也；次應時；次雲龍；又次餘馨。山人生成化甲午九月初九日，卒嘉靖戊子七月十六日，奉葬於邑之吉地駱駝潭。生順死安，其殆庶幾乎？

論曰：昔人謂科目不足以盡才，故隱德弗耀，老死巖穴者世未嘗乏人。予考雲石山人之行而重有所感也：如山人者，遭世遘會，起而究厥施焉，則其仁孝所及，無告有養，豈但一宗里之惠而已耶？而竟以此已矣，惜哉！

資政大夫都察院右都御史贈太子少保謚襄惠張公神道碑

張維喬者，諱岳，號浄峰，閩之惠安人也。惠安張坑之張，乃文獻弟九臯之七世孫潤爲漳州刺史，因家惠安，族日以繁，遂名其地。先世出黄帝後，少昊氏有子曰揮者，制弧矢以威天下，帝命爲弓正，封之尹城，賜姓曰張。公勞定國，聿昌其世，宜矣！若漢之留侯良、晉之司空華、唐之文獻公九齡，蔚稱殊絶，百代瞻仰。入國朝，公曾大父諱茂者爲桐廬丞，皇祖諱綸令萍鄉，考諱慎令英德。萍鄉、英德皆領鄉薦，著治行，卒以公貴贈都察院右副都御史。祖母林氏、鄭氏俱贈淑人。

公生之日，異光滿室，桐廬曰：「是必亢吾宗者。」名之曰岳，異之也。弱不好弄，端凝如巨人。讀書過目成誦，終身不忘，自丘索墳典以及子史百家無不貫穿，精透賾隱，一時巨儒皆出其下。正德癸酉，領鄉薦第一，同予登丁丑進士，授行人。武皇不豫，出寓豹房，與閹嬖三數同卧起，兩宫以下者俱不得問。聞公疏請以九卿科道入直嘗藥以防他虞，奏雖寢，朝論肅然韙之。寧庶人亂，稱兵向闕，旨下内閣草詔，加武威大將軍，決策南征。時逆彬握重兵從行，在變叵測矣。諫者數十人，相繼下獄，公復率其僚諫之尤切。上震怒，獄之，已暴烈，凡五日不死，杖之又不死，調南京國子學正。聖皇御極，盡復先朝諫謫之臣，仍公行人，加俸一級。尋丁外艱，服闋赴部，部懸科道以待。公力辭不就，得留都武選員外、祠祭郎中。未幾，以承重丁祖母憂，繼丁母憂。起服，補主客郎中，由主客出爲廣西提學僉事，復改江西提學。坐廣西起貢違例，貶廣東市舶提舉。公在先朝，已賽然著直聲。其爲主客時，宗伯與張閣老議禘禮不合，張謂某祖爲所自出之禘，宗伯以問公，公曰：「以皇初祖設位，必有儼然陟降者。」李韙之，翌於朝房語張，張不懌，竟以原議上，内批設皇初祖位如公言。是時上方制作，張首以議大禮結主知，不謂其見出公下，甚忌公，因而出廣西，遂得貶。歲餘，起知廉州。廉荒鄙，寡文學，不務稼穡。公教民田，改建學宫，親爲講授，省里甲之費，嚴採珠之禁，三年，民俗丕變，士翩翩有中州之風。安南亂，久絶貢使，朝議將討之。公言遠夷自相攻殺，代以篡逆相承，非一日也，引高皇帝處朝鮮李仁桂事，聽其自爲聲教，又致書當路，條六不可征，俱不報。遂治兵食，立營堡，計王師所從入水陸道里之詳，如指諸掌。會擢浙江提學副使，轉左參政。以方有事安南，遂調廣東，至則逆臣莫福海扣關乞降，且曰：「張廉州不欲滅我族類，感天恩厚矣，敢復背之以速誅乎？」申天威而昭大義，經畫所以受降之策，督府皆取成於公，無一不中肯綮。詔賜金幣，陞俸一級。已又征崖黎，涉海南，攻羅活、抱萬、抱宥諸峒，雖承檄督府，而蕩平之策皆公成算。賜金幣，加俸，再拜恩命，上於是知公可大用也。壬寅，拜右僉都御史，撫治鄖陽，尋改巡撫江西。至則歲大眚，設法措賑，節紓財力，奏留當輸京師銀五萬兩，又請折正兑、改兑米數十萬石。適奉詔建嚴内閣延恩之樓，有司重復以請，公曰：「是非元❶老意也，況供費如式，是奉明旨批卻之。」介翁致書謝曰：「足下伯夷之所築也。」夏老築生壙，使司議廣信七縣每縣措夫價銀一千兩，公曰：「是將範金爲槨乎？每縣措百金足矣。」夏老亦以爲然，謝曰：「愛人以德者固當如此。」乙巳，擢右副都御史，總督兩廣軍務。討封川、文德、大滑腦諸巢，平之，遷兵部右侍郎兼僉都御史，賜銀幣。明年，奉旨集土漢兵征融懷、馬平諸獞，進攻馬鞍、魚窩等寨，平之，又有加俸、銀幣之賜，召入爲刑部右侍郎。巡按御史徐南金奏公：「忠純果毅，有古大臣風，況賀連反側未定，豈宜遽奪之去？」蓋刑部可闕右侍，而兩廣之總督不可一日無張某也。又明年，平連山，復召爲兵部左侍郎，尋陞右都御史，掌院事。未幾，而總督湖廣、川貴之命下矣。先是，湖之麻陽、鎮筸、貴之銅仁諸苗相煽爲亂，而龍許保、吴黑苗稱亂首。當事者專欲以撫縻之，乃貴苗益肆，湖苗亦洶洶伺釁。庚戌春，公開府於沅，峙糧餉，除戎振旅，決策進勦。凡將帥之不足用者咸易之，力言撫守之非便，苗始願撫以稽誅。而酉陽宣慰冉玄、土官指揮田應朝嗾苗四出，寇印江，寇石阡，寇思田，又陰遣兇狡入京師，挾貲騰謗。一日於朝房會議，科臣洶洶，公危矣。予時在本兵，猶得持衡於其間，乃宰執不能無惑於科臣也，降詔切責，最後奪一官以激之。公持之愈堅，上表謝曰：「元和伐戎之役，成於獨斷。」又曰：「若此賊不平，臣何面目可復奉敕書以對將吏乎？」遂集土漢兵約十數萬，

---

❶ 此後一頁底本原缺，兹據甲庫本補入。個别文字漫漶處參據康熙本補足。

檄諸將分道進勦，以計獲田應朝，斃於獄，前後斬獲數千級，苗始震懾。而龍、吴二酋首，酉陽黨而匿之。公數酉陽罪，仍指朝貴之黨酉陽者。酉陽之黨益不平，謂酋首未獲，未可言功。公不復用兵，卒以計擒二首，三方遂寧，功未及奏而公卒。是年壬子四月，有大星隕西南，不數月而公應之。予聞訃，哭於省齋。已乃據巡按之疏，策公之勳聞於上。上復公右都御史，贈太子少保，謚襄惠，廕子，賜祭葬。不煩請乞，皆由中降，蓋特典也。

公生弘治壬子十月初四日，卒嘉靖壬子十二月二十四日，享年六十有一。配陳氏，封淑人，與公合德，後二年亦卒。子男三：宓，官生，娶黄大參潤女；寯，恩生，娶洪侍御庭桂女；宿，監生，娶傅陽全女。女一，適庠生李忱。公長身玉立，隆準高顴，深目廣顙，眉骨稜稜，望之岳聳。其弘毅淵默、敦厚崇禮、忠信孝友之行得之天性，學以宋大儒程、朱爲宗，尊信傳註，出入以度。凡一切談説性命，指爲籠罩儱侗，排之甚嚴，雖一時賢智皆不能屈。其後示予以《學則》一篇，首以存養之要，繼以威儀動作之節。摘取《孟子》「牛山」以下諸篇及《曲禮》、《少儀》、《玉藻》「九容」，揭之居壁，收放心，養夜氣，先立乎其大而不爲之所奪。又曰：「喜怒哀樂未發時，最好體驗。見得天下之大本真在此，便須莊敬持養。」又曰：「心之體固該動静，而静其本體也。至静之中，而動之理具焉，所謂體用一原。」又曰：「心纔静，便覺清明。須是静時多，動時少，雖動而心未嘗不静焉，方是長進。」予讀而歎之曰：學在是矣！此道南以來相傳家法，孔、孟所以教萬世無窮者要不外此。謂公守傳註而宗程、朱，即其所由入，是也，要未盡公之底裹。

公始以文章、氣節著名，及交南用事，更推將略。莫福海扣關請罪，問關人曰：「向廉州太守安在？」畏威懷德，蠻夷且然。乃用兵，每有功，常薄其賞；微失利，輒被譴。於時邊臣競饋遺用事者以自全，相援爲通例，無所嫌，公獨不通一書。幕士有諷之者，公曰：「自分已定，但欠馬革一張，無煩諸慮。」非天子明聖，監公忠純，於星郞之後忌者尚側目以伺，安有今日駢蕃之錫乎？人比之諸葛忠武侯，非過也。蓋荆、粤、滇、蜀，東馳僰道，西控象郡，兼東、西二方之南，延袤數千里，皆武侯盡瘁之地，而公倍有其勞。故凡所經歷，如廉、如瓊、如沅，皆尸祝以祠，而鄉人則祠諸學宮。嘗就其文章論之，氣象宏裕，法度謹嚴，根柢道脉，時出精見，不規規於作者町畦。律之以董、賈、韓、歐諸家，兼有其製，而平正通達，論事論理簡切明當，有得於考亭深矣。夫德義、功烈、文章，古稱不朽，而罕有能兼之者，兼之而論定於蓋棺，公可謂一代之名臣矣。公所著有《惠安誌》《古文要典》《古文類選》《宋元名輔事業》《宋名臣奏議》《載道集》《名儒文類》《三禮經傳》《聖學正傳》《歷代兵法》《恭敬大訓》《小山類稿》，凡若干卷，皆有補於世教，愛而傳之無疑也。

四川僉憲養齋峰，公之弟也，率公子宓等，以嘉靖己未二月十七日葬公於許山。立碑墓道，虚以待予，蓋予嘗諾僉憲之屬。乃序其事而銘之：

張之受氏，昉於弧矢。以勞定國，聿昌其世。旅寓閩疆，寔維崇紀。有子曰灛，漳州刺史。家於惠安，遂名其地。黄帝之後，少昊之子。曲江之派，文獻之弟。於惟襄惠，挺生崛起。既亶聰明，學探精髓。發解鄉闈，起家進士。嘗藥一疏，安危攸繫。伏闕留行，暴箠幾死。低昂中外，弗愠弗喜。禘説不經，誰秉其是？天王聖明，宰臣猜視。市舶一麾，廉州再起。鐸振三藩，化雨多士。轅門錫命，備嘗艱否。策定交南，曾未血指。戡黎滅蠻，家祝而祀。蠢兹湖苗，負固不軌。撫之陽順，征則鬼徙。浮言聒聒，翰籓誰仔？揚師罙入，箄箐一洗。勞而爲僇，貞而見忌。一書不通，獨立何懼？衆皆危之，馬革自誓。有嘉折首，星隕而逝。我策其勳，天子曰韙。維兹康侯，邦家之紀。葬祭贈謚，蔭及厥嗣。不煩陳乞，中降特旨。論定闔棺，百世以俟。嗚呼！浄峰已矣，吾誰與侶？道南一脉，公噬其胾。敦化之原，悉有衆美。武侯之烈，董、賈文章，程、朱德義，所異者時，若合符璽。銘之不足，有淚如雨。

雙江阡表

惟是雙江口在今廢藥師寺後，蜿蜒盤結，風氣鍾藏。元末有異僧過而歎曰：「此吉地也。」不數年，有厚德者居，以昌其世。」我先祖考和公爲德公仲子，自恭公來由磊源卜居於西隅之下市者，凡四世。下市有六街，三市之樂，致民聚貨，日緣爲壟斷，擇勝者競居之。而我祖日厭其煩喧，謂：「毓靈章教，擇仁非智耶？」乃改卜是圖。卜而得雙江口居焉，寔爲雙江始祖。祖英烈偉特，有古壯士風。天覆胡運，祐啓我皇明，天下稱亂，盗刼四起。祖散財練兵團保，鄉族獲免播離，賴寔久之。元俗：午日競渡，刳木爲龍以侈，侈者用墨鑱龍於兩肩，襲以紗袍，暵爛其文爲雄。洪武初，博徵天下義勇領官以治爲，染元俗者不得與。祖方以義勇爲僻舉首薦，自惟其素不樂人籠駕，而朝恩暮死，重典方殷，遂文身自廢，得保首領。世嘗稱爲聶花人，而不知其所自，是得之先考水雲大夫，大夫得之我祖考巽公云。

祖娶胡氏孺人，生我高祖考瑞公四人：長敏高，仍居下市，令其子孫旅寓於湖之孫家灣；次敏行，生子汝昭，昭生子日亯，止；次爲我瑞公，以父命督運城磚之京，運者率以稽程成死於邊，惟公如期得歸，歸沉於南昌之象牙潭，説者謂刼運使然，念之痛哉；又次爲敏惠，惠倜儻英特，卓有父風，麾金擲帛，施賚旁周，叱咤揮霍，雄跨一代。惠生汝沖、汝英、汝韶。英生定遠、定佐、定傑、定寬、定顯；韶生定賢、定榮、定美；沖之後不延。今所遺叔伯、兄弟、子姪行，如宜順等，凡四十餘人，則英、韶之派也。瑞公蚤世，翳我高祖妣楊氏孺人少寡而艾，二孤煢煢，相爲形影：長曰瑚，甫十齡；次曰璉，甫八齡，即豹之曾祖考也。時家人有欲奪其所守以利有者，孺人泣曰：「我躬之弗䘏，遑䘏其它？敝蹤之遺，孰與完壁？❶完壁之玷，其何辭以白魚腹之葬耶？」結茆野處，苦節可貞，曲成二子，再造有家，念之痛哉！瑚生愈盛、愈隆、愈碩、愈大、愈堅、愈彰；璉生曰聰、曰明、曰睿、曰智、曰新，聰即我巽公也。今所遺伯叔、兄弟、子姪行，如本積等，凡六十餘人，則瑚、璉之派也。

始祖生延祐元年甲寅十月十一日，歿洪武十四年丁酉四月十八日，胡氏孺人生歿未詳，合葬於所居之左；高祖妣楊氏生至正二十年庚子九月初七日，没正統七年壬戌十月二十三日，附葬於姑之右，據譜云也。豹每於冬至之祭，得從伯叔後展觀始祖考妣遺像，像貌殊古，巾以鬃紗爲之，若今之平巾然，上世所謂「四方平定巾」是也。髮束而不幘，鬢脚鬖鬖四垂，廣顙長頦，修眉巨眼，虎鼻虬髯，紫衫而白靴，望之凛然生氣，非常人也。胡妣無簪珥諸飾，髮盤結於頂，覆以黑髻若拳然，服長袍，色白而緣紫。兩像相顧坐，尚右。安知其合葬也，不以右爲尊耶？蓋古人尚右故耳。今譜云「楊氏妣附姑之右」，附姑是也，左、右字或者其誤

❶「壁」，康熙本作「璧」，可從。

耶？譜又云「敏行夫婦合葬於親墳之左」，又安知左非右字誤耶？

嗚呼！厚德符讖，餘慶昌世。擇仁以居，懋哉創始。惟茲塋兆，視守弗虔。童孺嬉游，羊猪蹂踐。封土日磨，殚磚外見。豹於是泚顙痛心，號諸伯叔，樹碣乘墉，昭靈衛魄。仍表於阡，使我後人得有所考也。嗟爾後人，無忘所自。古人飲食，豆間必祭。矧茲功德，實配天地。

澹樂府君墓表

於惟我曾大父澹樂府君先世七十年矣，始克表於其墓，豹之罪也。府君積德百年，而發於豹之身，已復發於兄之子静，咸以進士相繼起聲。是故真珉昭遺，顯書來世，謂非豹之責乎？府君八十一而卒，疾將革，起而命曰：「吾平生無欺天事，吾身後六十年當有食其報者。」物土而讖之云：「下後田園多退敗，子孫榮貴却紛紛。」不謂夫言之若是其幾也。世常歸德於風水之祥，而不知善無不報，歐陽子固言之詳矣。

府君八歲而孤，爲我高祖考敏瑞公之仲子。瑞公督運城磚，歸溺於豐城之象牙潭。祖妣楊氏孺人孑遺少寡，靡中外可恃，據全業者摇其守，忌女真者危其孤。❶誅茅以庇，績紡以生，沈晦險艱，窘陵萬狀，其所以曲成二孤，潛消猜毒，豈惟痛弗忍言，蓋言之未易爲詞也。先大夫水雲公類嘗追論疇昔，每用酸鼻喉，隱隱噫聲。幸而天道好還，苦節日亨，弱冠奮樹，光昭貞訓。《易》云「幹父用譽」，府君無媿。痛惟魚腹之葬，

❶「真」，康熙本作「貞」，可從。

死王事也，每當寒食，濱江羅祭，號天泣血，若有慕於曹娥之烈。已而悔曰：「吾養不逮吾父，而尚幸於其母，吾豈若匹婦之爲諒也哉？殁而哀，孰愈生而養？鬣毛之肆祭，孰愈雞黍之爲歡？」於是殫情致樂，曲意承顏。泣扶和怨，篤彝親也；刲股爲糜，起危疾也。卒以老康考終，於食有福，寡孤之天於是乎始定也。

蚤嘗築室數楹，顏其堂曰「澹樂」，晚復改築別墅於所居之右，屏紛謝喧，幽頤晦養，百步之外，十年不履。於時立言君子如戴天曹瑞、陳水部律輩咸象德揚文，具存乘載。其略云：「聶君家故饒裕而性嗜儉樸，所居之堂畜琴養鶴，聚古法書名畫。冬一裘，夏一葛，日食飯一盂、蔬一器。客至，不設盛饌，焚香啜茗、彈琴觀書而已。至賓主自引退，亦不爲辭謝，視其貌若囂然自得者，故人之登其堂，皆若飲玄酒而茹大羹焉。」是蓋得諸見知，才數語也，而府君之樸風古行跂而象之，謂爲三代之逸民非耶？

府君五男三女：長曰聰，次曰明，次曰睿，又次曰智，俱戴妣孺人所生；側室陳妣又生子曰新。聰即豹祖考巽菴公也，公生本治、玉治、敷治，玉爲先大夫水雲公字；明公生本厚、本循、本兆；睿公生振肅、振用；智公生本植、本立、本積；新公生本誠、玉誠。本治生元化、能化、開化、坤化；先考生文偉暨豹；敷治生文理、文密。本厚生淳化、欽化；本循生郁化。振肅生文朴、文璽；振用生文熙、文烈。本植生恢濟、恢民；本積生湧海。本誠生文韜、文略、文博。自是而下，若静兒輩，凡三十餘人，静而下又凡二十餘人。讀書業舉子者代踵相接，即如環充廩膳，乾、概充附學，俱縣儒學生員。不有先德，孰開我人？表阡以識，謂非豹之責耶？

府君生洪武二十年三月二十二日，没成化五年八月二十三日。戴妣生洪武二十三年五月二十二日，殁宣德四年九月十五日。陳妣生永樂十六年十二月初十日，歿成化十三年十二月十七日。合葬於里之堪陂段，滚浪龍形，癸山丁向。

永臧之藏，百世之祥。母貞子孝，地義天常。嗚呼，念兹其永昌！

祭一峰羅先生文

某讀《孟子》七篇，至「聞伯夷之風者，頑夫廉，懦夫有立志」，未嘗不掩卷而歎曰：嗚呼！一峰先生其學夷、齊而有得者乎？彼脱屣千乘之封，餓死首陽，無所怨悔，而使百世之下聞之而興，是豈有所强而然哉？求仁而得仁，誠於我，風於彼也。是故卿相之位、萬金之富可以坐致，而卒以貧賤終其身，而日皇皇焉者，先生亦何爲哉？蓋欲自遂其求仁之志焉耳。是故語其文曰高山大川，語其節曰烈日嚴霜，語其氣曰浩然，語其心曰青天白日，語其志曰惟恐一夫不得其所，語其貧賤曰凍餒其妻子、死無以爲斂。故先生蚤世幾百年也，而薄海内外，五尺童子皆知吾歐陽之鄉有一峰先生者。泰北在望，而謂其風非夷齊之風，可乎？

某自童丱，先考水雲大夫平居燕暇，每語先生遺行以勵某。某雖顓蒙，已嘗有起而執鞭之願。暨束髮游庠，獲交中山子劉霖，而聞先生之行益詳。蓋劉子之翁，先生故人也，故其詳而有徵。執鞭之願，奮且益堅。今天下之頑懦如某，極矣，乃亦得以自附於廉而有立者之列，典則所貽，天日煌煌，安敢昧其所自哉？

先生故葬邑里之上原五十年矣，乃嗣人惑於禍福之説，起窆發棺，體魄如生，亦可以覰不朽之神。而俗園之阡業不可已，比及三年，毒罹螻蟻。嗚呼，傷哉痛也！豈鬼神者忌先生名實之隆，故嘗空乏其身爲未至，而復殘傷其體耶？不然，則鼎魁碩輔如西墅曾先生者，握骸售塚，暴棄二十年而始復，亦其後人親自爲之耳。豈今之鬼神即今之人心，傾忌殘妬，顧眩瞀其禍福之機，使善者無所於倚而惡者獲福橫而益滋耶？嗚呼冥冥，傷哉痛也！

先生還復故丘，乃季子棨、諸孫郁等實主之，而贊理左右，霖之功益多也。曩者戊寅之歲，瓣香絮酒，嘗訪先生於金牛故址，而榛莽風烟，導悲興慨。丁酉之冬，復得與霖等展拜先生之墓，乃表阡未碣，墓隧未除，宿草荒丘，益增感歎。於是相與徵金程石，戒日襄事，而棨盛之田且將有所屬也。夫天定繫於人心，景福要於身後，與其享於嗣人，孰若崇於多士？故於今稱之，比之繫馬千駟者，孰爲重輕也？兹者襄事告成，禮宜昭奠。

伏惟先生之神，不驚不震，皎爲日星，沛爲龍雨。濬發厥祥，鑒兹義舉。惟嗣人是翼，惟多士是迪，惟篤祜於善類是力。

祭中山劉先生文

於戲！生寄死歸，人道之常，先生其不可作也！夫先生之學，老而彌堅，若將希衛武以齊聖，而人亦以睿聖待之，不謂其遽止於斯也，而乃遽止於斯。孝友之行，忠信之德，同人之心，其可得而復見之也耶？風雹臨變，山川易色，於戲，痛哉！

先生擇友四方，四十以後而得予；予擇友束髮，而得先生忘年之交。同心之德，道義骨肉，質鬼神而無疑也。故先生之視予兄弟也，猶弟也；視予父也，猶父也；視予之子姪也，猶己之子姪也。而予兄弟之視先生之父兄、子姪也，猶先生也。休戚相攣，夢寐相通，人譁然率以爲疑者不之疑，而人之所不能信者乃信之或過，是豈阿私以黨也哉？其心同也，其道同也。喪予之慟，有難以語諸人，人惟撫膺酸鼻相嚮而哭以歎耳。先生疾之革也，呼其子曰：「速雙江來。」已而予至，時先生憒且危，正巾端坐，執其手而言曰：「三十年交誼盡於此矣，幸而彼此無一事相負。」斯言也，死者復生，生者無愧，雖先生之子弟有不能盡知其所以也，況其他耶？於戲，痛哉！中山峩峩，秋江潺潺。即之無從，渺不可攀。幽明一奠，有淚如瀾。先生鑒只，神其往還。

祭給諫朱泰浦文

於戲！痛哉，泰浦之死也！自古皆有死，死有常有變，變有甚有不甚，如給諫之變，變之甚者也。夫死莫慘於兵刃，兵刃而死於群兇之手，支解矣，又從而火之，且比無罪而死者家三人，嗟嗟，天乎？豈福善禍淫之機，天亦有時不得而與之耶？世固有積怨深讎於人而仇報之者，律文且有專擅之條，所以禁亂也；未有無故而加於善人君子，其爲亂也，不已甚乎？即謂爲大逆無道亦可也。給諫與群兇同里居，舊無睚眦之怨，徒以家故而微，群兇易而凌之非一日。已而起家進士，作縣有循良之譽，司諫有蹇諤之風，檢身善世，退然若處女，而忠信孝友益爲當路所敬禮，朱氏駸駸盛矣。群兇將復易而凌之如異時，宜有所未便也。猜狠日深，張弧胎釁，而不復有父母、妻子之念者，豈天厭其惡，鬼誘其衷，驅而納諸罟穽以殲滅之耶？夫寺觀廢址，官地也，變賣廢址以助大工，奉有明旨；差官估價給佃，亦非白占；卜地葬親，人子至情，是數者無一可以殺身，而殺身之慘至於如此。天耶，人耶，鬼神耶，予不得而知也。

往予統師兵部，泰浦給事兵科，事體相維，而道義之求，蓋嘗父師我也。而我於給諫，實骨肉焉，同心事主，期以上紓宵旰之憂。如築重城以奪虜志，折逆帥以發隱禍，神之聽之，胡謀弗臧？及其疏斥奸佞，罷官而歸也，深居簡出，未嘗有一語及官府事，是其平日所以自處者，皆足爲士風勸。卜葬一節未爲甚失，失在於處仁之不擇耳。鄰豺虎之藪，逼蛇虺之宫，而謂可以爲祠墓不遷之地耶？六月晦日，予嘗裁書弔汝，謂：「時師之言萬無足信，但如先儒所謂水深土厚、草木叢茂處便是葬所。溺於風水，不免有他。」而汝以爲然，且云：「欲於本里擇之，庶便祭掃。圖大鶩遠，竊所不敢，況奉翁教，心惕然懼矣。」是書答於七月五日，而給諫被殺在是月十九日也。墨血未乾，而身化飛灰，嗟嗟痛哉！拊心頓足，仰天迸泣，其何以慰予之哽塞耶？夫狐死兔悲，且傷其類。當路君子明罰勑法以維持王章，遏禍亂之端，開太平之基，豈無拊心仰泣、痛切如鄙人者耶？

噫！黑風揚沙兮白晝晦冥，泰浦遭殺，是日有黑風揚沙之變。天地失色兮山川震驚。爲國褫官兮爲親亡身，忠孝爲神兮駕風鞭霆。取彼兇殘兮如艾荆薪，無任不復兮無陂不平，庶足以章天道、慰群情而解予之怔忪也。瓣香束帛，昭鑒惟靈。

祭陸東湖文

於戲！太保遽止於斯乎？夫死生旦晝，人所必有，然無繫於世道之重輕者，雖生猶死，而況於死乎？太保出自將種，從龍於飛，發身武科，著績邊陲。晉典禁衛，入直苑宫。主上諒其忠貞，股肱心膂之託，不能一日去左右，於兹三十年矣。凡事關機秘，他人不得而知，獨承密諭，雷電以章，克當上心。至於贊決大計，潛消禍本，調和公卿，扶植善類，獨苦之心，神之臨之也。太保長身玉立，瞳光炯炯貫日，位極人臣，才兼文武，詩稱虎臣，無愧矯矯，宜其壽考無疑也，胡爲一旦暴卒？主上震悼，追念平生，優加卹典。忠誠之贈，武惠之謚，祭葬廕録，百倍常格。湛恩汪濊，始終一體，人臣遭際如此，謂此有重於泰山，是也。

豹自戊申之秋，讒人挑釁，時宰竊權，勢而爲僇，逮繫數千里，淹卹踰年，自分必死而卒獲保全，誰之力歟？庚戌之冬，復蒙恩命，召自田里，曾未幾時，正位本兵。虜情汹亟，人皆危之，太保翼我不逮，而浮圖、古北之捷，叨冒上賞。至於重城之設，奪虜志而壯天威，上説下教，太保之功居多也。乙卯之春，予以年至請老，獲奉俞旨，退卧深山。兩承使翰，不遠數千里，遺贈過情，若施於其所親愛者。何以報德？藏衷耿耿。乃兹聞訃撫膺，毛骨俱痛。

愁雲黯黯兮將星墜，嗟九原之不可作兮偉人長逝。天子盡傷兮縉紳墮淚，撫棺無由兮其如友義，束帛緘詞兮惟神之契。

祭東溪王親家文

於戲！涕之無從，古人所惡，乃予爲公涕也，而可謂其無從哉？夫情莫親於道義之交，亦莫親於通家之契。慨予蚤歲，硯席同師，予方束髮，公弱冠也。時見公温乎其淑，如未琢之玉，遂定交焉。後十有五年，又遂與公締男女之好焉，以予從子儀部郎爲公之婿，而公之嫒則予之從婦也。自從婦之歸予家也，稱婦道，稱妻道，稱母道，宜其家人，諸無不足稱者。予嘉吾從婦之賢而本其所自，故敬公也，久而彌篤。詎爲平生交誼，一旦永訣，奈之何不流涕也哉？然猶有以慰吾之涕者，公之所得多矣。

公自中年，厭棄舉業。拂袖而歸，秋風一葉。影響俱幽，聲華匪涉。弄溪月之泠泠，臥雲山之業業。齒德無瑕，鄉評日浹。晚承乎恩詔冠服之榮，屢拜乎大賓鄉飲之帖。令德考終，九原交睫。彼厚貲穹爵、無一可述者，即百歲其何慊？

祭劉中山入鄉賢文

維古者鄉先生没，祀於社，所以發潛闡幽、勵世磨鈍也。歷數代而得一人已足爲瑞，況父子相繼、百年再見如公者，非所謂世德作述乎？公行足以表正鄉閭，學足以追探道脉，誠昭代之遺民、斯文之先覺也。某自弱冠託交於公，勸規偲切，可質鬼神；覩茲盛美，豈勝俛仰？謹具剛鬣柔毛、庶饈之儀，用申祭告，所以慰九原之知也。自茲以往，有生一日，當不忘一日之脩。他日相見，庶免靦顔。

祭東溪曾親家文

嗚呼！我公温醇畜德，投跡高軌。敦率彝倫，制行琦瑰。産於賢族，洪源異委。一貫之傳，光昭萬歲。朝有錫典，永永弗墜。乃翼長公，象賢承裔。當其經營，萬里勞瘁。割肯矢力，相勗以遂。絶緒既紹，功亦延世。公之繼述，何其俊偉！長公既逝，嗣之者誰？仁人有後，士論咸歸。輳轢乃興，又奚以爲？刼奪之教，乃祖攸愧。况復朝命，爰求厥嗣。論功論嫡，亦有公是。何天弗吊，公去之遽？鄉邑失色，媚望隔異。灑此清泌，玄堂窅邃。神爽不移，公有英氣。

被逮稿引

余蚤歲嘗學爲詩文，久之無所入，乃棄去，故平日應酬，率漫意不留稿。留者，惟巡閩、知晉及兹被逮三稿也，以其於余有所關涉，所經夷險，一時憂樂之情、困窮拂鬱之狀，備之以俟它日知我者有所考云。

余自嘉靖丁未孟冬望日被逮，越明年臘月廿五日，賴天王聖明，廉余寃狀，命釋之。動心忍性，未嘗無所增益；追惟訟端，然後知括囊之義。咎不可有，譽亦不可有，有之，皆足以召禍。故曰：「無咎無譽，慎不害也。」余於是知學《易》之足以補過也歟！稿凡六卷，體裁未閑，篇章未融，音律未協，字句未鍊，不待作者嗤我而後知也。

雙江聶先生文集卷之八

書一

啓陽明先生

遯違道範，丙戌之夏迄今，兩易寒暑矣。泰北高寒，秉彝之好，無時無念不在公之左右也。恭惟道候迪吉，麟趾育祥，敬承有在，仁者之必有後也，斯言始信於天下矣，不勝慶慰，不勝慶慰！丁亥春北上，次真州，曾具狀託王巡按轉致，竟不知達否。何如？跡涉疏違，負此歉罪。

西粵之亂，先聲所至，莫不震疊，凱還當在日下，聖天子側席以待，而天下太平之望跂足久矣。某承乏一方，百無能爲，以春正入閩境，諸務叢委，茫無下手處，始知平生之學斯未能信。「患所以立」，聖人之言，近如地，遠如天。體即用，未有用非其體者，而仕優則學、學優則仕之説，竊疑其柝之過矣。天下豈有仕外之學哉？仕即學也，學即仕也。自十五志學以至於從心，自乘田、委吏以至於司寇，「是亦爲政」，無非仕也；「有民人焉，有社稷焉」，無非學也。是故喜怒哀樂之發，以至於視聽言動之著，感之而爲惻隱、羞惡、辭讓、是非之情，應之而爲君臣、父子、夫婦、長幼、朋友之道，變之而爲富貴、貧賤、夷狄、患難、死生之來，曾有一時一處而非吾良知之所當致者哉？某四十無聞，蹉跎孤負，教言在耳，寤寐騰愧。所不至於詭經畔道之甚者，幸而知有痛癢之心，未盡死也。近來非僻諸念稍稍裁抑，惟暴怒之氣時復妄發。當其怒時，自以爲義，然已不覺其爲怒所遷而有所忿懥，何啻千里？始信集義之功，不忘則助，甚難爲力，何如何如？瞻望伊邇，未緣鬣馳以需神化，謹此專人奉候門下。解官有志，摳衣何期？歲月如流，儲此耿耿。伏惟爲道珍嗇，厚自愛以慰天下。不備。

外疑事數條，附録以請：

一、學至於求仁求心，易簡而天下之理得矣。自秦、漢以降，周、程之外知此義者蓋寥寥焉。知行、動静之功既分，而支離汗漫之弊無已。旁求外襲，弊而至於今日科舉之學，極也。於是有不得已約仁與心之靈明，神化爲良知之學以援天下之溺者，是蓋獨苦之心，褰裳濡足之言也。學本良知，良知爲學，吾道足矣，支離汗漫之弊將不撲而自熄也。「鬼神之爲德，其盛矣乎！」蓋「上天之載，無聲無臭，至矣」。是知也，天且不違，而況於人乎？況於鬼神乎？時執塗人而問之曰：「汝有知乎？」曰：「有。」時執童子而問之曰：「汝有知乎？」必曰：「有。」知饑知食，知寒知衣，莫非知也。推而至於知天、知命、知化育，愚夫愚婦之與知，聖人亦有所不知焉，一也。其有不一者，致與不致之間矣。但致知之功，竊意其入頭下手亦自不同，當隨其資之近者而致力焉。孟子曰：「孩提之童，無不知愛其親。及其長也，無不知敬其兄。」不待學習，本於天性，此真知也，則是良知之用莫有切於孝弟焉者。孝弟也者，其爲仁之本歟？堯舜之道，孝弟而已。知皆擴而充之，不足以事父母，❶而仁義禮樂之實，要之以事親從長之間，是孟子有得於良知深矣。某嘗反求諸心，虚靈之用固自燦然，出有入無，超忽茫蕩，若無輳泊。近來求之於事親從長之間，便覺有所持循。如一念之欲方萌，輒自訟曰「是非孝也」，則罔念自消；如一言一行之過也，輒自訟曰「爲父母戮也」，則愧汗交迸。是非之心，人皆有之。時執塗人、童子而斥之曰「汝不孝不弟也」，亦皆艴然不悦，如蒙污穢焉。始知《西銘》即《中庸》之理，而曾子啓手足、得全歸之義，舜、武、周公之庸行，爲中庸之極致。只爲今人不識孝弟，往往求之於儀文之末，而不知一念非天、一事非理、一物失所皆非孝也，而良知之功用於是乎淺矣。孟子曰：「大人者，不失其赤子之心。」赤子何心也？愛親敬長之心也。「天下何思何慮？天下同歸而殊塗，一致而百慮。」某服膺明教，蓋欲於事親從長之間，而求所謂良知之學焉。何如？

一、御史以監察爲事，故凡吏治之賢否、民病之隱幽、風俗之淳漓，皆御史之所當知。然知之爲難，於今尤難也。巧詐者極彌縫之文，赴愬者多虚浮之説，若非清心下問，加志周爰，鮮有不爲人所欺者也。某承乏以來，晝夜憂勤，故於簿書條格之外亦頗廉得其一二，而臨之以不測也，於是貪墨之風稍見斂戢。比會陳惟濬，則又以逆詐億信惓惓爲戒，蓋恐爲此心本體之累。夫億逆先覺之説，先生之所以告崇一者，詳而至精矣。一言以蔽之，要不過復良知之本體。本體之知實知實見，常覺常照，然其所以覺之者，一惟據理之有無爲覺耳。由也不得其死，盆成适之見殺，固先覺也；入宫之喜，放魚之歎，亦先覺也。是故君子無意於逆億

❶「不足以事父母」六字，康熙本作「則足以保四海」。

與先覺也，而惟以窮理之功，勿忘勿助。不能窮理以覺人而爲人所罔者，忘也；惟恐人之罔己而馳志於億逆者，助也。忘則不明，助則不誠。不誠不明，離道遠矣。是故先生要之以誠也，誠則以羊易牛，其跡吝矣，適合乎行仁之巧法；不誠則攘夷尊周，如其仁也，乃不免爲假仁之伯術。竊意億逆之用則亦有然者，如其所以咨諏詢訪者，無非爲上、爲民之實心，而無一毫私意夾帶於其中，則雖億逆猶先覺也。何也？誠也，誠則旁行曲防皆良知之用也。萬一先有一毫自私自利之心攙於其内，即雖彰往察來，固先覺也，猶億逆也。何也？不誠也，不誠則周知旁燭皆良知之累也。誠與不誠之間，億逆、先覺之由分也。若今必欲以億逆爲戒，而一惟坐以待至以覺之，其流之弊將至厭事惡外、守空悟寂，恐亦不得爲覺也。不知何如？

一、《告子》《盡心》一章，造理履事之説傳疑久矣。外事以造理者必非理，外理以履事者必非事。不誠無物，理外無事也；有物有則，事外無理也。是故岐理與事而二之者，必非學也。學而至於内外合一，則所謂「精義入神以致用，利用安身以崇德」者，其殆庶幾矣乎？然非本於良知之致，終難免乎襲義之病。蓋自聞夫生知、學知、困知之教，而百年支離破碎之説，至是始渙然釋、怡然順，不復向焉牴牾之患也。比嘗反覆於體驗之餘，謬有見於管中之得，敢具以請。心也，性也，天也，命也，一也。心外無性，性外無天，天外無命。盡也，知也，存也，養也，修身也。其功一也，亦非二也。要之，只是盡吾心焉已耳。盡心云者，即《中庸》之盡性也。然已盡之心不存，則盡者有時而或塞；已知之性不養，則知者有時而或昏。存者，盡之繼；養者，知之篤。存心養性，一陟一降，在帝左右，所以事天也。至於殀壽之來，一惟存心養性以俟之，無所恐懼、疑惑以貳其心焉，則是以義爲命，命由此立也。盡心知性，日知其所無也；存心養性，月無忘其所能也。

殀壽不貳，至死不變也，窮理盡性以至命也，一也。妄意如此，不知何如？

一、《中庸》「尊德性而道問學」一句，精一執中之傳，萬古聖學之原也。朱、陸之辯，相持而不決者幾三百年，比今豪傑之士稍稍覺悟，而致知、存心并作一項下手，莫非先生倡明之力也。德性者，良知也；道問學者，致知之功也。是故外德性而道問學者，必非學；外問學而尊德性者，奚以尊？心外有知，存外有致，皆不得其説也。德性者，天德也，明德也，王道之本也。「大學之道，在明明德，在親民，在止於至善」者，尊德性而道問學也。克己以求仁，集義以養氣，慎獨以致中和，定之以仁義中正而主静。聖賢之所謂問學者，言人人殊，然未聞有外德性以爲道者也。廣大也，精微也，高明也，中庸也，故也，新也，厚也，禮也，皆吾之德性也；致也，盡也，極也，道也，温而知也，敦而崇也，道問學之功也。綱舉目張，《中庸》立言意義自明，若無待於辯矣。其有辯而不明者，習於聞見之舊耳。甚矣，習見之蔽人也！近淮陰邂逅甘泉先生，深夜講論，偶因及此，亦微有不同焉，併録以請。

答歐陽南野

屬者差人還，辱承教劄，萬里如對面也。離索之懷，浣慰良劇。僕柔不利遠，履錯之咎致駭鄉評，重煩知己之憂，慚謝慚謝！

來諭良知本體、工夫、効驗，忒煞精邃，其與陽明先生答示大旨多同，於是見南野之獨到也。先生所答，多非區區問意，横抹説過，頭頭是道，恨未緣面請耳。夫「良知」二字，乃是老先生特地體貼提掇出來，以破滅天下旁求外襲之弊，於學者有力，當與「夜氣」之説並論。而僕謬有見於孝弟者，正欲體貼良知，直將孝弟作良知看，非假之爲幫助也。孟子愛親、敬長，乃是指出良知一個面目與人識認，要其極，則曰：「堯舜之道，孝弟而已矣。」仁、義、智、禮、樂之實，事親、從兄是也。推而達之，人人親其親、長其長，而天下平。老老幼幼，治天下可運之掌上。《魯論》首篇，大抵皆務本之意，始之以君子時習之學而即繼之以孝弟爲仁之本，記者之意，不可謂其漫無次第也。《孝經》十八章，相傳爲夫子授曾子微言，曾子得之，故其言曰：「居處不莊，事君不忠，涖官不敬，朋友不信，戰陣無勇，皆非孝也。」戰戰兢兢，臨深履薄，其實功也；手足載啓，易簀而斃，其全歸也。而「世俗所謂不孝者五」，則已落在第二義矣。及考之《大學》，考之《中庸》，考之六經，屢言而不殺、異詞而同旨者難以僂陳，❶至《禮經》，以草木折非其時均之爲不孝。甚哉，孝之大也！天之經也，地之義也，民之行也，教之所由生也，置之而塞乎天地，溥之而横乎四海，施諸後世而無朝夕。試嘗求之吾身，萬物皆備，内則心、腹、腎、腸，外則皮、毛、爪、甲，皆吾父母之所與者。故誠身爲説親之道，守身爲事親之本。虧體辱親，雖日用三牲之養，未足爲孝。夫所謂虧體者，豈必斷體折肢、下堂而傷其足之謂哉？非禮而視，則目之體虧矣；非禮而聽，則耳之體虧矣；非禮而言，則口之體虧矣；非禮而動，則四肢之體虧矣。反身有毫髮之不誠，則本來面目即非其故矣，此舜之孝所以爲大、參之孝所以爲純乎？降自秦漢以來，大義日乖，往往以服勞奉養或一事一行之發於至情者，皆稱之爲孝，而不知夙興夜寐、無忝所生，《詩》之

---

❶「僂」，康熙本作「縷」，可從。

意要在全歸也。《西銘》一篇，明道兄弟亟稱爲秦漢以來學者所未到，豈徒以其文哉？誠以愛親敬長，譬之家常茶飯，語諸樵童牧竪便可執而行之，而王公大人即欲化成天下，非此不可也。愚夫愚婦之所能知能行，而聖人有所不知不能者，其在此乎，其在此乎？今世學士大夫糜爛顛迷於支離之習者，固無足道；其有卓然自樹，又率以孝弟爲常言俗説，别尋一個門路以新觀聽。厭家雞而獵野雉，外穀粟布帛之常用而求珍奇於海隅嶺表之外，無怪乎禍亂相尋，而三代之治不復見於天下者，厥有由然。蓋天下之本在國，國之本在家，家之本在身。思修身，不可以不事親。親親，仁也；仁，人心也。百慮而一致，殊途而同歸，良知之外無孝弟，猶孝弟之外無良知也。若曰性中曷嘗有孝弟來，則雖仁義禮智亦曷常有也？皆因其所發而後見之耳。今上尊親一念根之至性，竊意經筵獨不可請以《孝經》進講乎？若由此而充之，其於保四海何有哉？昔張南軒答象山有云：「今上聰明不世出，真難逢之會，所恨臣下未有以仰稱明意。大抵後世致君、澤民事業不大見於天下者，皆吾儒講學不精之罪。」竊歎今日之事，異代如見也。

僕愚鄙，何足與議？第辱陽明先生之教，企吾丈數年麗澤之益，比來以此檢點，微覺得力。前書不能遣詞，致有幫助之疑，雖今書亦然，惟略其文義而亮其意可也。「逆億」一段，來教甚善，而《盡心》一章，尚容他日面悉。合并未涯，群疑待釋，蓋種種耳。病軀日入尫羸，海邦風氣至今未習，遐想知己，每用悵然。不備。

二

久不奉聞起居，念之憮然。風塵埋没，遐想山林閑適、浴沂風詠之樂，不知穹壤間復有何物可代此耳？立本之學，邇來何似？《傳習録》中自有的確公案可查，不可以其論統體、景象、効驗、感應、變化處俱作工夫看，未有不着在支節而脱却本原者。夫以知覺爲良知，是以已發作未發；以推行爲致知，是以助長爲養苗。王霸、集襲之分，舍此無復有毫釐之辯也。夫動，已發者也，發斯妄矣。發而未發，動而無動也，其斯以爲定乎？考亭晚年有云：「向來講究思索，直以心爲已發，而止以察識端倪爲格物致知實下手處，以故闕却平日涵養一段工夫，至於發言處事輕揚飛躁，無復聖賢雍容深厚氣象。所見之差，其病亦至於此，不可以不審也。」又云：「程子云：未發之中，本體自然。敬以持之，使此氣象常存而不失，則自此而發者自然中節，此是日用本領工夫。其曰『却於已發處觀之』者，蓋所以察識其端倪，以致夫擴充之功。一有不中，則心之爲道或幾乎息矣。」又曰：「李先生門下教人，每令於静中以體夫喜怒哀樂未發之中，未發作何氣象，存此則發無不中矣。時方貪聽講論，又方竊好章句訓詁之習，以故若存若亡，畢竟無一的實見處，蹉跎辜負此翁，念之流汗浹背。」此是程門相傳訣竅，以上遡夫精一執中之旨，雖聖人復起不易也。陽明先生亦云：「聖人到位天地、育萬物，亦只從喜怒哀樂未發之中養出來。」養之一字，是多少體驗，多少涵蓄，多少積累，多少寧耐？譬之山下有雷，收聲於地勢重陰之下；龍蛇之蟄，存身於深昧不測之所。然後地奮、天飛，其化神、其聲遠也。復生於坤，震出乎艮，巽辨於井，其旨微矣。

蓋嘗反覆請正，而諸公未盡以爲然，近得明水一書，駁辨尤嚴。其謂「心無定體」一語，其於心體疑失之遠矣。炯然在中，寂然不動，而萬化攸基，此定體也。恨相去遠，識趣日卑陋，媿心汗顔，如失柁之舟，飄泊於顛風巨浪之中，與世浮沉，茫然莫知所止，如之何，如之何？虜寇以内備頗嚴，今秋可幸無事，而其所可憂者固自在也。臨楮悵悵，不盡。

三

除前承翰教，痛切懇至，若不忍其謬迷而思有以援之，感佩何如？《易》曰：「君子以朋友講習。」「辯之弗明，弗措也。」若曰增勝心而長己見，其與自暴棄者何異？

竊謂良知本寂，感於物而後有知。知，其發也，不可遂以知發爲良知，而忘其發之所自也。心主乎内，應於外而後有外。外，其影也，不可以其外應者爲心，而遂求心於外也。故學問之道，自其主乎内之寂然者求之，使之寂而常定也，則感無不通，外無不該，動無不制，而天下之能事畢矣。譬之鑑懸於此，而物來自照；鍾之在簴，而扣無不應。此謂無内外、動静、先後而一之者也。是非愚之見也，先師之見也。師云：「良知是未發之中、寂然太公的本體，便自能感而遂通，便自能物來順應。」又云：「袪除思慮，令此心光光地，便是未發之中，便是寂然不動，便是廓然太公，自然發而中節，自然感而遂通，自然物來順應。」又云：「有未發之中，便有發而中節之和。常人無發而中節之和，須是知他未發之中未能全得。」又云：「一是樹之根本，貫是樹之萌芽。體用一原，體立而用自生。」此豈《録》中長語哉？亦非先師創爲之也，子思子之意也。大本達道、敦化川流、遠近風自、顯見隱微、溥博時出之類，《中庸》言之屢矣。其標本、原委、工夫、體用、景象、効驗之不可混，居然可見。

來云：「本體是工夫樣子，效驗是工夫證應。良知本戒慎不覩、恐懼不聞，無自欺而恒自慊；工夫亦須戒謹、恐懼，無自欺而恒自慊。果能戒謹、恐懼，無自欺而恒自慊，即是效驗。」〇此可見深造之學也。反覆《中庸》之意，微有不同。《中庸》之意，似以未發之中爲本體。未發之中，即不覩不聞之獨，天下之大本也；戒慎、恐懼，其功也；中節而和生焉，天地位、萬物育，其效驗也。雖不免有所分別，而與先師前所云數條似亦相符，可合而觀之也。

又云：「良知感應變化，如視聽言動、喜怒哀樂之類。無良知，則感應變化何所從出？然非感應變化，則亦無以見其所謂良知者。故致知者，致其感應變化之知也。」〇仰體尊意，似云原泉者，江淮河漢之所從出也，然非江淮河漢則亦無以見其所謂原泉者，故濬原者，濬其江淮河漢所從出之原，非江淮河漢爲原而濬之也；根本者，枝葉花實之所從出也，培根者，培其枝葉花實所從之根，非以枝葉花實爲根而培之也。今不致感應變化所從出之知，而即感應變化之知而致之，是求日月於容光必照之處，而遺其懸象著明之大也。何如？

又云：「致其感應變化之知，則必於其感應變化。而戒慎不覩、恐懼不聞，密察其昭然不可欺者，以懲其忿，以窒其欲，遷其善，改其過，然後爲涵養本原之功矣。」〇夫本原之地，要不外乎不覩不聞之寂體也。不覩不聞之寂體，若因感應變化而後有，即感應變化而致之是也，實則所以主宰乎感應變化，而感應變化乃吾寂體之標末耳。相尋於吾者無窮，而吾不能一其無窮者而真之以一，則吾寂然之體不幾於憧憧矣乎？寂體不勝其憧憧，而後忿則奮矣，欲則流矣，善日以泯，過日以長。即使懲之、窒之、遷之、改之，已不免義襲於外，其於涵養本原之功疑若無所與也。何如？

又云：「《大學古本序》中謂：『動而後有不善，而本體之知未嘗不知也。』致其本體之知，然非即其事而格之，則亦無以致其知矣。」○若是，則本體之知僅足以知吾不善之動而已，而不能使吾之動無不善也。蓋不善之動，妄也，已非吾本體之動也。非吾本體之動而後有不善，一惟復吾本體之妄而已。若乃即其事而格之，不幾於隔靴爬癢乎？由是知先師之意，蓋言動於欲而後有不善，隨事隨物，惟格吾本體之不善，則天下之動無不善也，非謂不善在事也。何如？

又云：「知覺無欲欲者，良知也，未發之中也。夫喜怒哀樂本無未發之時，即思慮不生，安閑恬靜，虛融淡泊，無名可名，名之曰樂。故未發非時也，言乎心之體也。喜怒哀樂之發，知之用也。即喜怒哀樂之發而有未發者，故曰喜怒哀樂之未發，猶之曰聰明者，視聽之未發，而非視聽有未發之時。」○竊謂無時不喜怒，謂喜怒無未發之時可也。人固有時不喜，亦有時乎不怒，感物而動，與化俱徂，安得遽謂無未發之時哉？今曰「未發非時也，言乎心之體也」，猶云喜怒哀樂之本體謂之中也，誠若是，則致中焉止矣？乃謂中非體也，致中非功也，而於致中之外別提出一箇獨知爲頭腦，而於子思之意微有不協。程子曰：「不覩不聞，便是未發之中。」不聞曰隱，不覩曰微，隱微曰獨。謂之獨者，言人生只有此件，學問只有此處，天下之物無以尚之之謂也。「樂是心之本體」，先師嘗有是言，言雖喜怒哀樂，而心之本體脱然無所累，至誠惻怛，動以天而不雜之以人，非對喜怒哀樂而言之樂也。父母之喪，裂肝蝕腸；赫然之怒，徵色發聲，而尚能閑静虚融爲哉？執閑静虚融以爲體，未有不流而爲佛學之無情也。迅雷烈風，天地易常度，而太虚之體無加損，是謂發而未發也。何如？

又云：「心無時而不知，知無時而不發。發而過焉、不及焉，其獨知必不慊矣。無過不及，其獨知必慊矣，此所謂自然之節、自有之中也。不失其自有之中，所謂中也者，和也，中節也。所謂致中和者也，不可以動静分也。《傳習録》云『格物無間於動静』，孟子言『必有事焉』，言動静皆有事也。」○夫功夫有間於動静，不可以言聖功矣。僕謂歸寂之功本無間於動静，一以歸寂爲主。寂以應感，自有以通天下之故，應非吾所能與其力也。與力於應感者，憧憧之思，而後過與不及生焉，是過與不及生於不寂之感。寂而感者，是從規矩之方圓也，安有所謂過與不及哉？而不免於過與不及者，規矩之爽其則也。今不求天則於規矩，而即方圓以求之，宜其傳愈訛而失愈遠也。何如？

又云：「存養二字本於孟子，存對喪而言，養對害而言。人之所以喪其良心者，旦晝所爲多欲牿之；所以害其良心者，行有不慊，自反不直故也。則夫所以存而養之者，亦惟去其喪且害之者耳。蓋顔子之『非禮勿視、聽、言、動』，仲尼之『如見大賓，如承大祭』、❶『己所不欲，勿施於人』，樊遲之『居處恭，執事敬，與人忠』，皆格物以致其知，正存養之功無間於動静者也。」○夫存養二字，誠如來諭。存者，言收斂只在一處，不

❶「仲尼」，康熙本作「仲弓」，可從。

放逸也；養者，言下却種子而灌溉壅培以養之，無間乎立本之功也。敬也，恕也，恭也，忠也，皆吾寂體自然之節，均之謂禮也。非禮勿視、聽、言、動者，言非寂體之視、聽、言、動勿視、聽、言、動也。故致知者，致其寂體之知，養其虚靈，一物不著，感而遂通天下之故，即格物也。夫視、聽、言、動也而禮也，出門使民而敬也，勿施於人而恕也，居處與人而恭也、忠也，均之爲吾寂體之應，有以通天下之故者，是謂致知在格物也，又何内外動静之間哉？謂格物爲致知之實者，言非外物以致吾之知。外物以致吾之知者，釋學之所以異其端也。何如？

又云："復生於坤，震出乎艮，巽辨於井，蓋以爲動根於静之證。然坤六二之傳言内直、外方，敬義立而不孤；艮《象》傳言時止、時行，動静不失其時。九卦之序，履以和行，謙以制禮，而後能復、能恒、能居其所，則主静之功果專在於静耶？後儒所謂静而存養者，果孟子之所謂存養者耶？"○夫後儒所謂静而存養，是對動而省察者言也。存養屬本體，省察屬事幾，其與孟子之意誠異矣。蓋存養，養乎此；省察，察乎此。主静之非對動而言，艮止之止非對行而言，合動静行止而一之，學問之定功也。九卦皆反身修德之事，修德至本固而後有地可居，而巽以辨之也。"井，居其所而遷"，遷非義之辨乎？内直、外方，亦非對待而言。《象》傳不云乎？"六二之動，直以方也"。"内直則外無不方"，程子亦嘗言之。動根於静，動亦定，静亦定也。主静之功，豈專在於静耶？故曰：學問之定功也。何如？

又云："程、李二先生所言未發之中，亦只是二先生之意，未必子思意也。子思以率性、修道爲宗，獨知，其本體也；慎獨，其功夫也；中和，則其效驗也。慎獨之功念念無間，則良知念念精明。其未發之體，無少偏倚，故謂之中；發而中節，無少乖戾，故謂之和。稱名雖異，其實一獨知也。言良知則中和在其中，而不可遂以中和爲良，程子所謂『猶稱天圓地方，而不可遂以方圓爲天地』也。故觀乎天地則方圓可見，致其良知則中和在我矣。」○夫方圓者是指天地之形體而言，謂中和爲良知之形體可乎？又謂中和爲效驗：夫中者，天下之大本，大本云者，千變萬化皆由此出，而乃謂爲效驗，則將指何者爲變化之所從出乎？程、季二先生之意，❶是否子思之意不可知，然謂子思非堯、舜之意則不可也。堯舜「允執厥中」，是以中爲本體，允執爲功夫。有未發之中，便有發而中節之和，和即道心也。天理流行自然中節，動以天也，故曰微。先師不云乎？「未發之中，即良知也。」今以良知爲本體，慎獨爲工夫，中和爲效驗，則堯舜所執之中謂效驗之中，可乎？知以堯舜所執者即此中也，則又是遺却獨知一箇本體、慎獨一段工夫，其將何所信而執之乎？其於未發即良知之訓，又若不相蒙也。又云「子思以率性、修道爲宗」，是也。率性者，堯舜性之也，蓋人受天地之中以生，中即性也；修道者，湯武反之也，反身修德而至道凝焉。程子曰：「有天德，便可語王道，其要只在謹獨。」謹獨，修德之功也，如微之顯，❷可與入德，其義可見。來諭又以未發爲體，似以中爲和之體。和由中出，無疑也，却乃不以致中爲工夫，而又以慎獨爲工夫，與前所謂工夫合得本體之説微不協。又云以良知爲本體，似是二體也。即謂良知是未發之中，慎獨即是致中，又何不可？何如？

❶「季」，康熙本作「李」，可從。

❷「如」，康熙本作「知」。

又云：「謂致中於未發以立大本，致和於已發以行達道，既已遠於子思之旨，其後又或以未發字對中節字，而深求其義，以爲未發不可淺言也，必若所謂寂然不動、無聲無臭云者，而後謂之未發。夫無聲無臭，蓋贊歎上天之事；寂然感通，蓋贊歎至神之變化。不離變化與事，而聲臭俱寂，猶之曰大而化之、化不離大也。詞若玄，而義亦不甚深也。」〇夫前此既以未發爲良知之體，不知與上天之載、寂然之神何以異？天之所以爲天，文之所以爲文，義亦玄矣。立天下之大本，而天下之達道一以貫之，而可以淺求之乎？故愚謂未發非體也，於未發之時而見吾之寂體；發非和也，言發而吾之體凝然不動。萬感因之以爲節，故曰中也者，和也。何如？

又云：「先師於答問中發其義曰：『良知即是未發之中。』致知即致中，念念慎其獨知，文理密察，毋自欺而求自慊。縱令精詣深造，亦只是於獨知精義深造。」〇夫《大學》《中庸》言「慎獨」者三，本文原無「知」字，知字乃傳註釋文也。以獨爲知，以知爲知覺，遂使聖人洗心藏密一段反本工夫，潛引而襲之於外。縱令良知念念精明，亦只於發處理會得一箇善惡而去取之，其於未發之中、純粹至善之體更無歸復之期。致知即是致中，則致中即是慎獨。今又以慎獨爲工夫、良知爲本體、中和爲效驗，又似與「良知即是未發之中」、「致知即是致中」數語疑不協。何如？

又云：「來教疑『心無定體』之説。竊意形生之後，神發爲知，所謂心也。此知因應變化，故謂之易；其變化不動，不礙於私，故謂之寂然，謂之感通。夫有變有化，有感有通，則固有用矣。有用則必有體，有體則必有定。然其體神也，其用易也，故神無方而易無體，其定體也。定體無動靜，故精義入神以致用，隨時變易以從道，其功夫亦無動静。」○愚於此等處蓋嘗求諸心而有未瑩。程子曰：「心，一也。有指體而言者，寂然不動是也；有指用而言者，感而遂通是也。」用生於體，故必立體以達用，歸寂以通感可也。夫神與易，言乎心之用也，自心之變化而言謂之易，自變化之不可測而言謂之神。故曰「易有太極，是生兩儀」，而八卦吉凶，生生而不已。聖人洗心，退藏於密，而神知之用隨感而應。今不求易於太極，而求生生以爲心；不求神於藏密，而求知來以爲體，是皆即用以爲體，由是而有心無定體之説，謂心不在内也，百體皆心也，萬感皆心也。亦嘗以是説而求之，譬之追風逐電，瞬息萬變，茫然無所措手，徒以亂吾之衷也。孔子所謂「首出庶物」、老子所謂「燕處超然」者，更無時無地可理會也。蓋「心有定體，體無定用」，非邵子之言乎？蓋嘗體諸《易》而得彷佛也。寂其體也，虚其體也，止其體也。直内而外無不方，美在其中，而暢於四肢、發於事業也。先師亦嘗取譬於朝廷矣：朝廷，四方之極，端拱清穆，六卿分職，百官承式，此定體也。乃銓選而居吏部，錢穀也而居户部，兵馬也而居兵部。至於倉場税局，一一以身履其地而經理之，非惟勢所不逮，而下堂見諸侯，周其衰矣乎？記曰「正其本，萬事理」，「得其一，萬事畢」。今既謂百體萬感皆心矣，則將指何者爲本與一而止之乎？何如？

又云：「來教謂『定體炯然在中，寂然不動，而萬化攸基』，此是涵養所得，非若空想虚談者，乃略不言及感通，却似專主静養，鄙意微有未協耳。然體得未發炯然在中，未可遽謂之中，如前所謂敬持存養，却自是致中要道。到得動静無、❶内外兩忘，不見有炯然之體，則真炯然矣，允執厥中矣。」〇夫體得未發氣象，便是識取本來面目。敬以持之，常存而不失，則自此而發者自然中節，而感通之道備矣。前謂「萬化攸基」，蓋專指感通言也。故静養一段工夫，更無歇手處，静此養，動亦此養，除此更別無養。除此而別有所養者，未有不流而爲助長之宋人也。動静無心，内外兩忘，不見有炯然之體，此是静養工夫到熟處，不可預期，預期則反爲所養之害。何如？

又云：「延平先生言：『爲學之初，且當常存此心，勿爲他事所勝。凡遇一事，即當就此事反覆推尋以究其理。待此一事融釋脱落，然後循序漸進，别窮一事。如此既久，積累之多，胸中自當有灑然處。』」〇夫常存此心，勿爲他事所勝，已是識得仁體，故天下之物無以尚之。到此地位，一些子習氣意見著不得，胸次灑然可以概見，又何待遇事窮理而後然耶？如理在事也，則即事以窮之，是也。理果在於事耶？先師云：「窮理者，窮盡乎吾心之天理也。」吾心之天理既窮而不爲他事所勝，則爲子自孝，爲臣自忠，視自明，聽自聰，又何待反覆推究耶？即反覆推究，亦只推究乎此心之存否，與外物勝負何如耳？來諭乃引以爲先師致知格物之證，何也？蓋《大學》傳註謂格物爲窮至事物之理，先師辯之詳矣，於是有「格其不正以歸於正」之説。夫心無不正也，感於物而動，然後有不正。於是即物以正吾心之不正，非謂物有不正而正夫物也。嘗記得先師云，此亦是爲困知勉行者開方便法門，乃若聖功，致知焉盡之矣。夫致知者，充滿吾心虚靈本體

❶「無」下，康熙本有「心」字。

之量，使之寂然不動，儒與釋一也。而吾儒之致知乃在格物，而釋氏以事物之感應皆吾寂體之幻妄，一切斷除而絶滅之，比之儒者「感而遂通天下之故」則毫釐千里矣。蓋感而遂通天下之故即是格物，即是明明德於天下，即是以天地萬物爲一體。故致知譬之磨鏡，格物，鏡之照也。妍媸在彼，隨物應之，而物無遁形，謂非通天下之故耶？如此似與經文「知止而後能慮」一條庶不抵捂，至於先師前所論數條亦自照應。何如？以上鎖鎖，豈直欲以口舌取勝哉？求諸心而不得，而顧■■以自居，❶似非求益之道，是故復有此請。倘未當尊意，千萬批教，惠亦渥矣。至於「校勝崇私」，如來論所戒，偏以告諸同志，不敢負所託也。不盡。

答玉林許僉憲三章

適承款遇，領益不細，不謂復厪墨教，甚幸甚幸！

來論「於事物上作些工夫，隨處體察」，良是良是，乃吾輩進步第一着不可少者。但云隨處體察，不知從事事物物上體之察之耶，抑於事物上體察吾心之本體也？夫言也，事也，行也，道也，紛乎不一，迎之不見其始。言而察之，事而察之，行也、道也又從而察之，只恐賺入憧憧的科臼，其與何思何慮、精義入神境界，其相隔也奚翅徑庭哉？是故不跆不困，不疚不窮，本於前定。前定者，知止也。知止則定、靜、安、慮一以貫之，大本立而達道行矣。其曰「端緒甚微，有自以爲安處，此正毫釐千里之辯」云云，此段尤精。夫事物之

---

❶ 墨丁，底本闕文，康熙本補爲「假諸人」三字。

應本於吾心，吾心之體本自不覩不聞，微矣！夫不覩不聞者，虚也。鑑空衡平，感而遂通，尚何有自以爲安而謬千里者耶？自以爲安而謬千里者，非道理障，則格式障，故於事物若是，而於本體之真去亦遠矣。其謂「温公之學，平生不欺」，是也。蓋不欺之誠，至兒童走卒頌之而不疑，世顧復有斯人哉？然乃不免於不著不察之譏，得無於毫釐處定盤針而始知其然耶？不然，吴氏亦刻矣。子路平生不及管、晏，狂者之嘐嘐不掩，例之無舉無刺，可同日語耶？乃仲尼之徒寧爲此不爲彼者，蓋知風之自，知微之顯，而後可與入德。其曰「静坐有益，天君惺惺，衆欲退聽」，此已透程門訣覈，「吾道南矣」，以龜山獨領此耳。

執事天常之厚，而又能艱貞以守之，則信手拈來，頭頭是道，無事旁求，萬物皆備也。幸甚幸甚！執事謙降勤勵不凡之資，僕以駑鈍得備采擇，共圖允升，其亦不偶之遇也耶？若曰面從，仰負拳拳，神之聽之。外承藥惠，拜而嘗之，并謝。不宣。

二

疊承鼎誨，所論皆至理，非聞見億測可到，降服降服。

來諭「無終食間違仁，此段是下手處」，然哉然哉！孔門之學，除此更無伎倆，但須先識仁體，然後體仁不違處俱有着落。不然，則依傍幫輳，如前論「自以爲安而謬千里」者，將不免又有毫釐之差矣。蓋自吾心生理之肫密者而言，謂之仁；自生理之靈覺不容蔽昧處而言，謂之惺惺；自生理之發微充周、不屬有無、不落方體而言，謂之無聲臭，不覩聞；自生理之澄湛、天然自有、萬物皆備而言，謂之中；自生理之真純、無少夾雜而言，謂之精；自真純之常久不易而言，謂之一。道心本乎天，人心屬乎氣，善學者一也。蓋氣亦天，天亦氣，此二之者，後儒之陋。是故戒懼者，不違之功。造次於是，顛沛於是，戒懼之至也。太公者，戒懼之存；順應者，戒懼之發。君子未有不如此而能天下歸仁也，是之謂千聖一心、萬古一學，微哉微哉！其謂「近來真覺有過」，即此一言，尤見實際。往予巡閩，嘗語諸生有云：「聖人過多，賢人過少，愚人無過。」衆皆異之。蓋過必學而後見也，若愚則困而弗學者矣，冥行妄作，安以爲常，其不復知己之有過也，宜哉！是故懲艾之深者，隱伏畢見；勦捕之嚴者，巢穴弭彰。不然，則包藏隱射，日爲封閉，君子之所深耻而不使少有加於其身者，方且自雄其才藝，謂足以蓋愆而欺世，小人無忌憚，鄙夫之所以接踵也。

極欲面請，賤體殊未安，神思昏倦，日惟伏枕，慚罪慚罪！

三

某病憒中静思天下事勢，真如一鼎俱沸，更無下手處，未嘗不椎心頓足而自恨出處之欠審也。胡兒煽禍，毒戕生靈，行道酸鼻，齎咨未已。萬一天不悔禍，長驅又在目前。當路以吉囊既死，便謂安寧，沮制調遣，禁防内發，而總戎之官亦復裁革，豈廟謨神筭有非愚輩之所能測耶？抑狂風駭浪，舟中之人顧不知懼耶？杞人憂天，何益於天？乃古今賢之。以天下之人不知憂，而杞人獨憂之也。吾輩身任其事，知乏先見，才非克亂，又從而煦煦徐徐，僥倖萬一於無事，謂是爲委身事人者之計，得乎？

適奉尊教，亦足以慰，未嘗不幸同心之相照也。其曰「後世人心汩没，全不向身心體貼，故種種受病」，才數語而於治亂之源忒煞分曉，於是見聰明之獨到耳。夫所謂病者，豈徒病於己哉？凶於而家，禍於而國，流毒於天下，病亦長矣。是故學也者，所以調養吾之元氣而袪治夫百病之方。蓋天地萬物本吾一體，而吾之心乃天地萬物之元氣，是故戒慎不覩，恐懼不聞，凝神復命，久視長生，軒岐傳之爲肘後，孔門筆以爲奇方，來諭所謂「察識講習，欲求彼岸之登，舍此無濟筏矣」。如曰賴天之靈，時或惺惺，此元氣之神不容汩没處，仙家所謂「丹頭」，即此物也。只從此處調養充大，更無昏昧，更不染着，戒由此戒，懼由此懼，則著由此著，察由此察，諸凡纏絆冥妄之病不治而自却矣。

迂妄之見，仰負降問，慚罪慚罪！病體尚欠妥帖，再容一日，當勉强從事。不宣。

寄開封友人

疇昔深山之辱，高義雅情，至今温然在抱。別後兄擢憲大倉，静兒備數丹徒，曲蒙休庇。已聞轉參兩浙，已聞蒙讒歸，已聞事白而完璧，乃竟不能附一字爲候，偃蹇無狀，自謂山人體勢則然，知兄必不望我於形跡也。

平陽之補，寔出望外，以大義所屬，不敢坐而方命，乃靦顔就列，亦將圖爲尺寸以酬平生。不謂兵力財賦，古稱平陽，盡誑語也。兼以水土不習，舊病痰眩舉發殆甚，坐誤地方，愈久則愈無收殺。防秋無虞，當圖首丘。

至此始得薄聞起居，知者謂兄假聲妓以自廢，不知者則謂縱情於聲妓之間，然皆非不敏之所敢知也。

古之君子，廢則中清，歸潔其身而已矣，未聞縱情於聲妓而假廢以自文也。夫身者，家國之本，身不行道，不行於妻子。不行於妻子，則斁彝瀆常勢所必至，將不免率一家之人而廢之矣。兄聰明特達，嘗欲樹風聲以儀刑天下，而一旦隕墜至此，此鄙人之所未解也。是風也，昔聞於吴越，今見於關洛，説者謂李崆峒、康對山爲之倆。二公者，才雄一代，豪氣蓋九州，徒以一行不淑而類爲君子之所不與，至并其平生而少之。夫文人不檢，從古爲然。如二公者，止以詩文人自待，可也，夫何故而止以詩文人自待哉？乃後之人士，又才與氣曾二公不萬一，而惟欲縱情以效其自待之薄，此鄙人之所未解而重之以哀也。辱兄於弟以臭味相求、道義相勗者二十餘年，故不忍謂之徐徐，而竊自附於責善之義。心爲形役，今是昨非之覺，豈獨陶淵明爲能哉？居擇鄉，遊擇士，君子之所以輿衛其身者嚴矣。不然，則如登、如崩之歎，古人何拳拳耶？敬附狂瞽，伏惟鑒亮，毋曰迂士不足以語變也，幸甚幸甚！

答豐山孫憲長

昨大同公差過平陽，遠辱還答，并拜清貺，感甚，慰亦甚。

前書英氣之諷，蓋欲效友朋之義以自附於知己者，然與克齋意見之説不同。意見者，有所見而意之者，私也，遂於必、留於固、成於我者相緣而起；若英氣，則渾是道義，但於發用處精采大露，秋殺盡見。其曰害事，猶云害道，比之神化宜民、被物而物不自知者，又隔幾重公案矣，是在兄自考也。別紙所諭，畢竟還是英氣。皐陶之執，不見於天下久矣。上下和同，卑卑以取容，以豐山之智而顧獨昧於此耶？乃以身狥法，獨立而不懼，然必如此然後見豐山，必如此而後見豐山之不欲久居於位也。良用歆馳，夏中乞休何如？觀我相時，冷暖自知，友朋不得而與。防秋無虞，僕亦當携病骨尋首丘，不然，則坐誤地方，愈久則愈無殺合矣。戚南玄聞亦浩然歸，醉翁之亭相對鼾睡，不出疆而得朋，亦一時快事也。

仙舟往還京口，静兒不能趨領旨誨，竟莫省其所以。今亦不敢曲爲之辭，待歸日詰之。所需魯公石刻，亦俟歸日奉附，蓋行邊未之帶耳。文公佳墨，不知何時得從一玩，其曰「不下魯公」，又是尊兄爲文公争價，莫亦只是英氣否？一笑。往弟於閩中見文公與趙恭父一書，亦甚嘉其書意，又正是吾輩今日之事。予嘗臨而歸之，其書末云：「若是不得已而從官，唯有韜晦静默，勿大近前，爲可免於斯世。一或不幸爲人所知，則便不是好消息也。」若非以身履之，安知其針下見血哉？敢附以聞。鳳泉之官，道義之助，惟兄有之。然必如此，而後善人之勢不孤。餘惟隨時衛翼以慰遠抱，不備。

答亢子益問學

謙聞先儒曰：人之所以爲人者，以其有此心也。故從古聖賢皆以心地爲本，而初學以治心爲要。然正心、存心、養心、求放心，其説亦不同，不知會歸之地果同否？謙素不類，昏昧放逸，良心之喪久矣，近蒙天不棄，獲侍我師，訓誨再三，恍然覺迷途之遠。每欲勉承師教以克有樹立，然無根之善，乍生乍息，竟不能爲一身之主。復思古人所謂正之、存之、養之、求之云者，亦茫然其無所得也。主宰既虚，群疑復盛。開端用力之地，伏惟我師一詳示焉。幸甚幸甚！

學以傳心爲要。心也者，天之命也。畏天之命，於時保之，聖學之要也。顧其説有不同，其歸一而已矣。蓋心無不正也，自忿懥、恐懼、好樂、憂患之有所而倚於一也，於是有正心之説；心無不存也，自出入無時、莫知其鄉，於是有存心之説；自昏昧放逸而身無所檢也，於是有求放之説。求而不已，斯存。存而不已，勿忘勿助，和順從容，居安而資深焉，養心之説也。孟子曰：「養心莫善於寡欲。」周子曰：「一者，無欲也。」欲非惡之謂也，忿懥、恐懼、好樂、憂患豈惡哉？欲斯惡矣。有欲即有所也，有所者滯而窒焉，其於虚明之體何啻千里耶？是故意、必、固、我，皆所也；戒慎不覩，恐懼不聞，所斯無矣。無所，即聲色臭味皆天也；有，則子臣弟友之道，何莫非喪心之蠹乎？知狥理而喪心者，可與幾矣。無欲之説，微哉！孟子之後，周子一人也。《定性》一書，其濂溪之嫡派乎？惟「當其怒時，遽忘其怒以觀理之是非」數語却有病，恐是傳録之誤，不然，其未定之見乎？吾子所謂「無根之善，乍生乍息，不能爲一身之主」云云，已見近日悔悟之切，而於正之、存之、求之、養之之功曾未實下手，宜做身主不起而生滅之無恒也。勉之！

昔濂溪著《太極圖》《通書》，一以主静爲要，故伊川每見人静坐，必歎其善學。三傳至於延平，乃每教人觀喜怒哀樂未發時氣象。夫謂之未發，則此心正寂然不動、不覩不聞之時也，恐無所謂氣象者。既無氣象，何自而觀耶？況謂之觀，則此心已自紛擾，亦非所謂主静矣。晦菴復每每舉以告人，謙竊有所未安也，不知我師以爲何如？

夫學雖静也，静非對動而言者。「無欲故静」四字，乃濂溪所自著。無欲，然後能寂然不動。寂然不動，天地之心也，只此便是喜怒哀樂未發時氣象。然豈初學之士可一蹴能至哉？其功必始於静坐。静坐久，然後氣定，氣定而後見天地之心，見天地之心而後可以語學。即平旦之好惡而觀之，則原委自見，故學以主静焉，至矣。戒慎不覩，恐懼不聞，觀之謂也。觀之而反紛擾云者，非觀之罪，不善觀之罪也。矜持欲速，二三襍爲，是求静而反動矣。是故静坐之歎，伊川爲學者開方便法門；未發氣象，延平爲學者點本來面目。定之以仁義中正而主静，則法天之全功，非天下之至静，其孰能與於此？濂溪手授二程。「吾道南矣」，龜山豈逃禪哉？默坐澄心，體驗天理，延平殆庶幾乎？然此與前養心之論却是一致，透得此關過，便有回進處。

格物致知之説，我師與陽明先生少異。陽明以「格」如「格君心」之「格」，去其不正以全其正。夫人性皆善，氣拘物蔽，非其初也，恐本體無所謂不正者。不知我師所以異之之意，是如此否？當時亦嘗面訂未耶？伏請開示。

《大學》之功在誠意。誠者，天之道也，如好好色，如惡惡臭，不犯纖毫人力，動以天耳。動以天，而斯謂之誠。誠意之要，致知焉盡之也。知者，心之體，虚靈不昧，即明德也。致者，充滿其虚靈之本體，江漢濯之，秋陽暴之，可以合德天地，並明日月，而斯謂之致。致知即致中也，寂然不動，先天而天弗違者也。格物者，致知之功用，物各付物，感而遂通天下之故，何思何慮，後天而奉天時也，如好好色而惡惡臭之類是也。此予之説也。「格其不正以歸於正」，乃是陽明師爲下學反正之漸，故爲是不得已之詞。所謂不正者，亦指夫意之所及者而言，非謂本體有不正也。不善體者，往往賺入夫襲取科臼，無故爲伯學張一赤幟，此予之所憂也。予固盡其説以正之，雖未嘗與先生面訂，而知先生必以予言爲然。不然，何以曰「良知是未發之中、廓然太公底本體」，又曰「致知焉盡之矣」、「乃若致知則存夫心悟」？是故知先生以予言爲然。精思而實體之。

陽明先生以惟精爲惟一功夫。謙意精以擇之、一以守之，二者恐不可偏廢。味舜語意，則精一皆執中之功夫也，此與尊德性、道問學、博文約禮、格物誠意、明善誠身諸意，恐不可同。不知我師之意如何？

精一是執中之功，子之見是，然與先生謂惟精爲惟一之功，亦未嘗不同。蓋一者，精之守；約者，博之歸；誠者，明之實；德性者，學問之柄。聖聖相授，守一也。故道問學而外德性者，不知何所學；尊德性而非問學者，不知何以尊。是故廣大也，精微也，高明也，故也，新也，厚也，禮也，皆吾德性之名目也；致也，盡也，極也，道也，温知也，敦崇也，又皆學問之名目也。知此，則所謂精一、博約、明誠之論，可一以貫之矣。子思所述堯舜以來相傳之意如此，此意荒而後世遂無學也。哀哉！

謙讀史，妄有所見，時與古異，今舉其一就正焉。漢文帝，所謂三代以後令主也，然上功少謬，名將廢棄，烽火徹於甘泉而乃棘灞屯兵。夫羯胡疾迅，假直叩咸陽，則棘灞諸屯焉用耶？邊防重務，而帝疎略退怯如此，是豈英主之高致哉？武帝鞭韃四夷，動悉如志，而世儒皆以帝窮兵黷武、海内騷然，至曰秦皇漢武。夫外夷猾夏，中國深憂；雪耻除凶，帝王盛節。遏莒之師，征苗之役，聖人豈有過哉？使帝無蓬萊之惑、栢粱承露之靡，則天下未必虚耗矣。是帝之所爲，豈非千古之一大快哉？此意與恒言甚異，不知我師以爲何如？

雄才大略，鞭韃四夷，至幕南無王庭，武帝真英主也。子益抱近日之痛，有所激作，而追思漢武爲之一快，宜矣。不以兵車，一匡天下，微管仲則被髮左衽，雖仲尼不免，又豈漢武窮黷可萬一哉？乃孔孟鄙之，蓋多欲之累，義襲之取，成敗非所論也。內治修而後遠人服，遏莒之師，征苗之役，盍即其始末觀之，而後知後世之師其去仁義亦遠矣。恭儉仁恕而鎮之以清浄，漢之令主如文帝者，可少訾哉！

致良知之説，寔自陽明先生始發之，誠嘉惠天下後世之盛心也。然言良知而不及良能，亦有所據否也？近見田督學講義云「言致良知，則能在其中矣」，不知陽明先生宗旨亦如此否？伏乞開示。

「致良知則能在其中」，田子之言是也。單言良知，知即心也，外知則無心矣。知、能對言，則知是知覺，能是才能，致知難易亦本乎人之才耳。故曰「既竭吾才」，又曰「人一能之，己百之；人十能之，己千之」。由是觀之，則世之不能致知以格物者，夫豈其才之罪哉？其所以陷溺其心者然也。

簡湯少濠

昨據巡檢徐九齡報，見有達虜遺賊三十騎駐白店坡嶺尖。初頗駭，既而攻，疑爲土寇，隨差快手四人馳往探，且以告諸左右。今復遣精兵五百名，選委吏快官長哨領前去，訪圖貼説，授以方略，使去者奉行無失，賊當就擒。顧公益以精兵三百，頃已圖分十二枝：

一枝徐景隆領賀世敖等七十一名，由仁義鎮入羅家坰，至店坡後山爲逐兵，至期放砲火，吶喊驅之。一枝快手申學領水夫劉瑰等五十六名，由窰上村東入；一枝吏郭萬敖領賈仁愛等五十六名，由道前村西入；

一枝吏張秉信領趙學五十六名，由白果村西入；一枝吏任得禄領張仲禄五十六名，由白果村東入；一枝陰陽官毛驤、吏孔道原領劉根子等五十七名，由西村之西入，此皆至期視徐景隆舉號，四面嚮應攻圍。賊必東遁入尖陽、石高二山之間，而我兵按伏以待，出其不意，爽而攻之，就擒可必也。伏兵共六枝：一枝快手周廷佑領李文秀等五十一名，一枝快手孫景敖領張志等六十四名，共三枝，俱伏石高山；一枝快手周五領砲手張受等二十名，一枝快手段繼志領張鸞等五十三名，一枝快手翟六、吏關文進領段世雄等五十名，共三枝，俱伏尖陽山，相機應援各枝。

鄉道俱煩執事選乖覺三十人分引之，韓信嶺張疑兵一百名，至期舉銃以助兵威。草木皆兵，賊得無破膽乎？千萬留神，至囑至囑！

上内閣嚴相公

某善世無狀，仰負汲引之恩，每一念及，未嘗不愧汗沾衣也。自分今日之罪，亦犬馬愚衷，恐負君相所致。勞而爲僇，横被口語，公論既昭，旋加酷罰，戴盆之冤無所於愬。恭惟相公秉鈞造命，光復元台，一夫不獲，若恫在躬，凡有寸長皆蒙矜育，況桑梓門墻之舊乎？故公義私恩，凡可以兩全無害者，聖賢有所不廢，亦至公至仁之心也。

追惟疇昔保障微勞，伏聞皇上有「平陽何狀」之咨，誤蒙相公有「政在得人」之薦，聲聞過情，鬼神所妬，讒忌朋興，毁言日至。潼關之轉，急於求退，蓋將謝群猜、消衆忌，全身遠害以報知己之遇。被論以來，杜門結舌，未嘗出一語以求白。竊意事久論定，自生民以來，惟有國是可恃也。故前歲南科質諸平陽大臣，聯名具疏，爲豹暴冤，有「平陽之事，有功而無罪，但本官立己太峻，致招物議」之語。所司題奉欽依，照例調用。去年又該山西撫按查覆，極其嚴明，比之先日論劾之詞，曾有一字中情乎？苟全名檢，不辱門墻，方以爲幸，詎意威罰不測，亦至此極；械繫拷訊，備嘗艱險。情跡孤危，手足無措；畏疑顧忌，若涉春冰。如情當其罪，虀粉何辭？昨承欽依，坐追贓數，秋毫無犯。其餘加罪之辭，俱奉有欽依及上司明文，始末纖悉，勘案具在，可覆視也。古稱冤獄，如豹之所坐，亦往往有之，然非聖明之朝所宜。重瞳回日月之光，再造霑雨雷之解。呼天之望，今日所賴幸有相公在上，伏望尊慈，統惟矜亮，某無任隕越戰慄之至。

與吴令宋望之二首

别後以夏四月初二日抵家，雲山無恙，妻孥如故，❶温尋舊業，聊以卒歲，可免知己之累。自後寄問凡兩辱手書，并領近作，諗仕學之優，使望之後進。里有矜式，不但一家一人之愛也，欣慰何可言！賢資性穎絶，早負意氣，登第後尤卓然進取，不無與流輩胥沉溺，❷此其志可與尋常論哉？幸於實地安身，使可久、可大，後游之光也。入覲當於子月發行，慈養暨衙廨關防必慎擇取與，至於一切資費，得與糧里無相交涉，

❶「拏」，康熙本作「孥」，可從。

❷「無」，康熙本無此字，可從。

尤見高手。獄中謬繇,當至囑付,無傳他手,乃不相愛,使及齋取去,是揚醜也。舊稿商究未定,姑束之高閣。玉峰閣老、衡山翰史、陽湖少參、真山給諫、兩栢郡博,煩各致意。外一書奉謝元洲閣卿,并致之奚醫官着一目。萬萬!

二

賢弟入覲,還承華劄,并寄示諸當路保薦之詞,甚慰。獲上治民,不可必得,惟實政誠身者能有之。已復荷大篇之惠,相愛之篤而仕學之優如此者,亦不多得,又甚慰,愧衰病不足當之也。作縣於蘇之吴縣,宜人者不宜於民,便下者不利於上,乃能上下交孚,人民胥樂,難矣難矣!此衰病之所以慰也。顧善圖其實政誠身以永終譽,甚望甚望。比得再簡,所云宅基之説誠有之,然非百家鱗次之所,曠遠難居,待賢輩榮歸圖之。履旋高第後得書,亦惓惓以不學爲悔,予報之云:「望之凡惠書,亦是此意。兩賢並起,永豐斯文之福其可量耶?」蓋後輩中聰明有資性者固多,然求其根氣穩實者亦難得,所望於賢弟以風之,不淺不淺。尊堂八旬上壽,相遠無以爲壽,芹意附入,千萬呼名。不悉。

答東廓鄒司成四首

九月望後,接仲夏念日所惠教,并拜諸新作,浣慰無極。巨舟之喻,饑溺由己之論,痛快明切。然學未至於誠立,故言不足以動人,仰負知己多矣。

前書「坤復」之説，遣詞未瑩，致有寂感二時之疑。夫無時不寂、無時不感者，心之體也；感惟其時而主之以寂者，學問之功也。故謂寂感有二時者，非也；謂工夫無分於寂感，而不知歸寂以主夫感者，又豈得爲是哉？蓋天下之感皆生於寂，不寂則無以爲感，非坤則無以爲震。坤者，震之母也。乾一索於坤而得震，故謂之長男。聖人立象以盡意，合坤與震而成卦，名之曰復，其旨微矣。蓋虛以胎之，静以養之，寂以成之，而後帝出乎震。《彖》曰：「復，亨，剛反。」則是以剛反爲復，而非有取於陽動之義也。蓋言天德之剛，剥幾盡矣，至是而復全於我，而天地之心亦於是而可見。老子，深於《易》者，故其言曰：「致虛極，守静篤，萬物並作，予以觀其復。」夫萬物之作，不作於作，而作於虛與静焉，則復之爲復，將求之於震乎，求之於坤乎，抑將合坤與震而求其養之之端乎？先王以至日閉關，不省不行，非有取於坤之善養耶？不養則不可動也，故以大過次於頤。是夫子於《易》屢屢言之，蓋根極領要而疑其漏洩之太盡也。

比嘗以此語諸同志，或然或否，而其所以疑之者有三詆焉：其一謂道不可須臾離也，今曰動處無功，是離之也；其一謂道無分於動静也，今曰工夫只是主静，是二之也；其一謂心事合一，仁體事而無不在，今曰感應流行着不得力，是脱略事爲，類於禪悟也。夫禪之異於儒者，以感應爲塵煩，一切斷除而寂滅之。誠有於是，詆之爲禪非過也。今乃歸寂以通天下之感，致虛以立天下之有，主静以該天下之動，又何嫌於禪哉？動亦定，静亦定，動静者時也，而定無時也。井居其所，龍潛於淵，而往來之井井、飛躍之乾乾一惟其時，又何動静之分、須臾之離耶？自有人生以來，此心常發，如目之視也、耳之聽也、鼻嗅、口味、心之思慮營欲也，雖禁之而使不發，不可得也。乃謂發處亦自有功，將助而使之發乎？抑懼其發之過，禁之而使不發也？且將抑其過，引其不及，使之發而中節乎？夫節者，心之則也。「不識不知，順帝之則」，惟養之豫者能之，豈能使之發而中乎？使之發而中者，宋人助長之故智也。後世所謂隨事精察，而不知其密陷於憧憧卜度之私，宜其芒芒然歸病而苗已日就槁矣。孟子曰：「天下之不助苗長者寡矣。非徒無益，而又害之。」甚言其不可也。禁之而使不發者，是又逆其生生之機，與克代怨欲不行何以異？❶夫子蓋嘗難之，而佛氏亦以守念爲下乘，有以哉！助而使之發者，長欲恣情，小人無忌憚者之所爲，日蹈於水火，焚溺其身而不顧，又其下者也。是三者皆不足以言學，學之道奈何？子思子憂道學之失其傳，上遡堯舜精一之微，發而爲戒謹恐懼，不覩不聞之旨。夫不覩不聞者，虚寂之體，天命之性也，戒懼所以養之也。養之而大本立，則自此而發者自然中節，天地由此而位，萬物由此而育。功用至於位育，極矣，尚何感應流行、變化云爲之有不盡乎？「知遠之近，知風之自，知微之顯」，君子之所以不可及也歟？

鄙見如此，委於謙然之義有未當，然非固自出一説以求勝。蓋嘗反覆《易》《庸》，似有得於管中之窺。文公晚年痛悔逐外之失，拳拳於此處指點，前書所具亦其大略耳。幸與晴川同志共商之，倘猶有未當，無靳往復。外附絶句四首，謹用原韻，均惟覽教。不悉。

❶「代」，康熙本作「伐」，可從。

二

昨抵南浦，知公不數日前寓會城及克齋出晤港口，又知公游息各名山之詳，道體康適，可以意亮，甚慰。弟自季春朔後出京，取道吴浙，本圖安便，不謂川塗梗塞，邅迴蘇城，凡兩月無不在兵戈中。六月二十二日，寇退，始獲前進，然又警報不時，緣途驚悸。行路之難，有如此夫？昨以二十四日抵家，復上先人之丘，因念前以囚釋，兹以官解，悲喜交集，其致一也。他日執手，知公爲不肖悲且喜，有甚於不肖者。謬刻九册，近榻六紙，奉以請教。外書事二封，承介湖二翁委致左右，俱煩檢入。不備。

三

玄潭連床之教，自愧執迷，不足以仰承萬一。又煩諭道諄切，何愛人之無已也？

來諭云：「學問之道，不敢逐外，不必專内，貫内外顯微而一之，此正吾輩今日用功處，蓋嘗求其處而不得也。」竊料尊意無以「致良知」三字謂足以貫内外顯微而一之者乎？夫「良知」二字始於孟子，孩提之童，不學不慮，知愛知敬，真純湛一，由仁義行。大人者，不失其赤子之心，亦以其心之真純湛一，即赤子也。然則致良知者，將於其愛與敬而致之乎，抑求所謂真純湛一之體而致之也？以爲得手，但不知善惡安在何處？若以虚靈本體而言之，純粹至善，原無惡對；若於念慮事爲之著而所謂善惡者而致吾之知，縱使知之爲知、去之力，不知與義襲何異？故致知者必充滿其虚靈本體之量，以立天下之大本，使之發無不良，是謂貫顯微内外而一之也。

先師有詩云：「只從根本求生死，莫向支流辨濁清。」其所指根本、支流，從何處分别？ 豈以良知爲根本，而以顯微、内外而支流，别有所指耶？ 抑豈以用功之處要以立本歸根爲務，而顯微、内外俱在所不論耶？ 若然，則知微之顯，静爲動根，誠於中、形於外，内直則外無不方，此皆非耶？ 僕之所以謂致虚守寂以求未發之中者，正欲貫顯微、動静、内外而一之。 縱使感應顯見交錯於吾前，而歸根一段工夫不容少有須臾離也。而以先後分者，實少鄙人之初意也。

四

永豐山民愚蠢，爲各縣飛派所困。每歲里甲加派銀至一千八百九十餘兩，如是者三十餘年，積該銀五萬餘兩。戴甕受成，無所告訴。三十七年，又加派吉水夫馬銀一百六十一兩，偏累不堪，萬口嘖嘖。老人湯元震等采通縣士民之情具呈，撫按批委兩道、轉行本府查駁至再，已蒙糧儲道帶管分守凌，同分巡道馮，按府吊取九縣書筭，查審無異。 謀諸士夫，議得使司歲坐雜派該銀二萬九千七百餘兩，合以本府九縣丁糧共四十九萬一千八百九十四石。 均分十段，每年該丁糧四萬九千一百八十九石，每石該派銀六錢四釐八毫八忽，至公至仁，庶不失先年板榜之舊。 查得正德以前、洪武以後，每一百户内分爲一里，每里分爲十甲，每甲歲納銀六兩，以足一年派辦之費。 雖里有充實、有殘破不同，而六兩之派無不同也，名曰「板榜銀」，蓋刻板以示，使民曉然，知里甲輪年派銀無輕重也。 成化以後，户口消耗，里甲逃散，實納見在之數不彀支費。嘉靖初年，巡撫盛都御史奉勘合，改議將一府丁糧分作十年，每年每石派銀三錢五分，名曰「里甲均平」，正所以革偏重之弊。而今議每石派銀六錢四釐，比之初議每石已加派銀二錢五分有零，蓋部寺坐派歲有所加故也。本年七月内，案奉省府明文，遵承兩院批允，行令刻板布示。而安福等縣，復以丁可均而糧不可均爲詞。查得近年部寺加派，何啻數萬？以故各縣每石加派銀或五錢，或六錢，如永豐加至七錢四分，惟安福、永新獨仍初派三錢五分之舊，謂無所規避，未然也。夫科有輕重，猶丁有貧富，使糧不可均，則丁亦不可均矣。安福之糧八升，永豐之糧七升，永豐與安福、吉水、新淦等一十九縣，均以一則派總賦，規册可考，而曰有五升、九升、六合之差，疑查之未審也。安福路當衝繁，祗應夫馬原是里甲自辦，不在規則之内，前此稱重難，似也。近該本府黄大守議處，已加派夫馬祗應銀四百一十二兩，連前祗應夫馬共該派銀一千二百三十九兩，一併牽入九縣丁糧，通融均派，未嘗獨累安福，而永豐亦不得獨言省也。前奉使司明文，爲急缺應用料銀，乞預議裁額數以便民情，以濟工用事，奉部司坐派之數劄，仰府縣每糧一石派銀四錢五毫，亦何嘗以科則爲差？又如馬舡水夫，常年於民糧内帶徵，每一石派銀四分，或三分九釐，絶未聞以科則爲輕重也。今日之「里甲均平」，即嘉靖以前之「板榜月辦」。板榜月辦按里出納，未聞以糧則爲言。今謂丁可均而糧不可均，不亦大異先年立法之意乎？夫糧有輕重，國初起科皆秤土按租而差等之。凡重則必膏腴上田，以其歲入之多則之；輕者皆中下之田，一歲之入僅足以抵上田之半。今反謂重則之糧不得與輕則者均差，是謂齊其本乎，齊其末乎？

翁切於救民，其於絜矩一體之學聞教數十年，況永豐爲翁之宗國，不當與安福異視也。幸察之，萬萬。

寄王龍溪二首

吕光禄至，承教劄，甚慰。所諭「籌邊選將，使錢糧應手，諸凡由己，儘有可措手處」，奈何其不然也。度支告匱日甚，出納之吝，至於錙銖抄忽所必争。懸槽枵腹，驅疲乏以禦强胡，即使良、平爲將，恐無所施。今凶歉遍天下，斗米值銀三錢。宣大危甚，京師餓莩盈城野，而虜包禍心不悔，加以島夷煽亂，東南毒痛，而山東、河南之盗又竊發無時，不謂時勢之難遘會，亦至於此。然爲之自我者，當以身償，更何言？老師卹典，不得機會，不可輕舉。萬一舉而報罷，又增一障，雖百年之後終少不得。吾儕果能身明此學，便是老先生身後卹典也。今出者既不成章，處者又多浮議，尚何望斯學之有益於世哉？

兄論學每病過高，又務爲悟後解縛，不經前人道語，聽之使人臭腐俱化，四座咸傾，譬之甘露悦口，只是當飯吃不得。世間曾有幾人可辟穀耶？至論格物，却乃葛藤纏絆。願兄將此等見解一洗而空之，只於辭受取與、子臣弟友之間日求實際。如羅達夫、唐應德，其學未必盡然，將來人自信得。若或世情俗念與世人俗子無異，雖説得天花亂落，終亦何濟？僕是漩渦裡羅漢，又恐觀音落水，却令人疑佛法無救於焚溺也。僭妄，幸不訝。彭山老年兄、緒山老兄不及作書，均乞道意。

二

宋望之到，奉書教，甚感慰。承不鄙，謬有取於寂體之説，謂是爲師門第一義。竊謂虛寂乃大《易》提出感應之體以示人，使學者知所從事，蓋堯、舜相傳以來只有此義。即此義而精之，則天下之用備於我矣，尚何以思慮爲哉？感應而以思慮爲，則入於憧憧之私。《易》曰：「憧憧往來，未光大也。」其與以知識爲良知、漫然應感者症候不同，均之爲迷失本原，不足以語歸復之竅，誠有如來諭云云也。然則欲求歸復之竅，舍歸寂，其何以哉？

來諭又謂：「良知本寂，誠然誠然。此非先師之言乎？師云：『良知是未發之中、寂然太公的本體。』但不知是指其賦畀之初者言之耶，亦以其見在者言之也？如以其見在者言之，則氣拘物蔽之後，吾非故吾也。譬之昏蝕之鏡，虛明之體未嘗不在，然磨盪之功未加，而遽以昏蝕之照爲精明之體之所發，世固有認賊作子者，此類是也。」又云：「若不悟良知本寂，而於知覺之外別求寂然之體，未免有反鑑索照之病。其差毫釐，其失乃至千里，不可以不辨也。」僕於此等處亦嘗妄意於毫釐之辨矣，何也？虛明者，鑑之體也，照則虛明之發也。知覺猶之照也，即知覺而求寂體，其與即照而求虛明者何以異？謂是爲反鑑而索照非耶？盍不觀孩提之愛敬、平旦之好惡乎？明覺自然，一念不起，誠寂矣，然謂之爲寂體則未也。今不求寂於孩提夜氣之先，而謂即愛敬好惡而寂之則寂矣，然乎，不然乎？蓋孩提之愛敬，純一未發爲之也；平旦之好惡，夜氣之虛明爲之也。故夜氣不足以存，則其違禽獸不遠。大人參天贊化，一惟不失其赤子之心而已。是學問之要，稽其所養固有所在，而以知覺爲良知者，不幾於逐聲與塊乎？何如何如？

其謂：「達夫之學，近來精神命脉已在一處照察，可謂相知之深，相信之至。中間不無少滯，乃其脱化未盡，久久自當融釋也。」夫達夫豈隨人看場者耶？達夫早年之學，病在於求脱化融釋之太速也。夫脱化融釋，原非工夫字眼，乃工夫熟後景界也。而速於求之，故遂爲慈湖之説所入，以見在爲具足，以知覺爲良知，以不起意爲工夫，欒超頓而鄙堅苦，崇虚見而略實功，自謂撤手懸厓、徧地黄金，而於六經四書未嘗有一字當意，玩弄精魂謂爲自得，如是者十年矣。至於盤錯顛沛，遇非其境，則茫然無據，譬之搏沙捕螭，迷失當處，追尋無跡，不能不慟朱公之哭也。已而恍然自悟，考之《易》，考之《學》《庸》，考之身心，乃知學有本原。心主乎内，寂以通感也，止以發慮也，無所不在，而所以存之、養之者，止其所而不動也。動，其影也，照也，發也。發有動静而寂無動静也，於是一以洗心退藏爲主、虚寂未發爲要，刊落究竟，日見天精，不屬覩聞。此其近時歸根復命、煞喫辛苦處，亦庶幾乎？知微、知風之學，乃其自性自度，非不肖有所裨益也。不肖自出山來，已自知斷送平生。神龍之喻，仰負知己多矣。若如來諭責付之重，誠不敢當，臨楮赧然。

寄劉兩峰

往賀黄門便，草率奉訊，計此時已入覽。孤雲野鶴，與世無求，飄然自逸於物外，其趣味可想見，徒有羡慕耳。昨永新有劉生者到，謂安永去冬大會惟公未至，以尊體少有未快，頗切憂念，想亦只是時症也。鄙況附拙作，日負初心，於世無毫髮補，蓋忠誠、才略、委任、權力八字，少一不得。早夜慚懼，莫知所竟。相與從容於凌空白水之間，不知此後可復有時否也？

獅泉兄所見，不知近復何如？聰明特達，流輩罕儔，乃早年失之儱侗，晚歲不免支離，此僕之所願効忠也。兄深於《易》者，咸非主感應而言乎？「止而説」，非虚以受乎？非寂以通乎？此等處真是脱然有領悟，而後知《易》非爲卜筮設也。知幾之神，本於于石之介；神知之用，本於藏密之洗；道義之門，本於成性之存。終萬物，始萬物，莫盛乎艮；生兩儀，生四象，生八卦，莫要於太極。龍飛於深淵之蟄，雷奮於山下之頤。何思何慮，歸於精義之入，内也，非外也。義不由中出者，襲也。孟子曰：「行吾敬，故謂之内。」而夫子小《象》亦曰：「六二之動，直以方也。」謂義不由於敬乎？忒煞分明，夫復何疑？

今之爲良知之學者，於《傳習録》前篇所記真切處俱略之，乃駕空立籠罩語，似切近而實渺茫，終日逐外而自以爲得手也。良知非《大學》之明德乎？明德足矣，何又言乎至善？至善者，言乎心之體也，知止者止於是也。知止於是，而後能定、能静、能安、能慮。慮非格物乎？感而遂通天下之故是也。故致知便是知止，知止而不格物者，釋也。故曰「在格物」，所以辯儒、釋也。今必曰格物是致知之功，則能慮亦可謂爲知止之功乎？雖先師復起，不敢奉命。經文自有本末、始終、先後字，今皆諱而不提，只將「格物」二字纏繞，而其爲説亦屢變。今謂隨事隨物皆是這箇良知流行，靈昭不昧便是格物以致知，不知怎生得他如此靈昭不昧也？若謂其本來如此，則無事於學矣；若謂强而使之，如此則又疑於助長，其害苗甚矣；若謂養之而後能如此，則其工夫又自别有所在，如前所謂于石之介、洗心之藏、成性之存、精義之入。成言乎艮，易言乎極。龍蟄於無形也，而後天飛；雷寂於無聲也，而後地奮。故心廣體胖者，修德之符；睟面盎背者，根心之生。心也，德也，在物乎，在止乎？廣胖、盎睟，可一毫强之而使然乎？又不知廣胖、盎睟亦可謂爲格物之功否乎？究其受病之原，蓋本於以知覺爲良知，以心不在内，隨物而在，故膠於此説也。

數年曾與泉兄商訂，渠亦甚然之，不知近來何故特地翻出一箇頭面，而有「修性修命」之説、「知常止而意常運」之説，截然分爲兩段，儒不儒，釋不釋，仙不仙。其流之弊，不待子貢死而後有田子方也。此兄於同志中力大，而説辯排闔之嚴，四座咸屈，人皆避席而讓舍，莫敢有嬰其鋒者。不肖自念孱薄，賴其倡明此學，可以傳世，早夜瞪目以望，若復爲虚語以相誑，自待亦忍矣。兄平日着實用功，而其頓悟則有不及令弟處。暇煩將《中庸》細細體認一過，已而參之於《易》，莫將舊見在胸中作障，更煩以此意達之梅園先生。僕豈以言語取勝者耶？求諸心而不得，雖父師之言不敢苟從，幸亮之。

與宋望之侍御二首

今天下事勢莫急於宣大。宣大，京師之門户也，士馬疲困極矣，萬一勢不能支，則唇亡齒寒，門户撤而堂奥虚，謂不足慮耶？是當急爲生聚之計。欲計爲生聚，莫切於足糧料之本色。今折色且不給，況本色耶？二鎮主客兵之糧料，歲例以百萬計，而屯種，鹽利，河南、山東、西之漕輓，大司農據紙上之額數，出内銽以補其數之不足，謂度支之責塞矣。而派納地方之豐凶，塞下之田可種與否，牧馬之場仍在與否，商人之種納或至或不至，通不計，而以應文爲實支。驅枵腹空槽之士馬，披堅執鋭以禦勍敵，雖慈父不能令其子也，計將何所出哉？議者謂通桑乾之漕運爲第一義，乃格而不講者二百年，豈不有待耶？蓋二鎮之鎮巡多用北人，北人不習水利，間有知者，又以疏鑿諸凡之費不貲，勢必責之撫臣之措處，掣肘將見，功未經始而人將議其後矣，誰肯犯衆議而圖難成之功哉？夫古今之險，莫險於龍門，而徐州吕梁江之十八灘、閩之亂石灘，今操舟者如履平地，豈皆神禹爲之耶？不一勞者不永逸，不一費者不永利。難與慮始而可與樂成，人之情也。况桑河之險，惟壩村與墨龍灣爲甚，然亦不過三四十里，可排則排之，可鬧則鬧之，可屯而博運則屯而博之。「擊而行之，可使在山」，順其勢而利導之，則無不可能者。鄙人積慮於此已三年，而謀之於舜澤，亦往反數次，而遲遲不報，將亦謂措處之難，而萬一竟功非旦夕，得無稽其内召耶？而不知費當出自内帑，而監督之官亦當責之户、工二部，其於督撫當不以此爲累。昨見景山李道長於《漕運疏》内略綽數語，而户部已行查議，昨會間渠，亦欲再疏，且謂親歷其源，而度其漕運之必可通也。賢素有志於世事，煩急差一人往詢舜澤詳委，末具疏乞敕户、兵、工三部差南人知水利官二三員，遡流相看，并帶同匠作估度其費，以圖必成。則運船商舶魚貫而進，而三晉之富强計日可望，非百世之利乎？行當與朱泰浦南城之疏並傳也。

今之論者，每詳於戰守，急於簡選、召募、賞罰、訓練之法。自庚戌來，章疏無慮千百篇，而率無一二可采行者，足食之無策也。足食之無策，即有策而户、兵不相謀，雖良、平秉鉞，將無所施其能矣。幸圖之，萬萬！

二

籌邊二疏，元相亟稱之，不但文字之嘉也。後疏若得議覆施行，乃目前一大功課。上説下教，衆論方翕然，所憂者，所費不貲。若果有爲國之忠，雖合天下之力爲之，當不惜一勞永逸，萬世之利也。舍此更無他着，恐宣大事將來更無下手處。

南野下世，吾道失助，徒有撫心之痛。天意其將何哉？眼中不復有斯人也，奈何，奈何！乞病疏已至，當無不覆之理。銓路亦無留難意，但謂道中告者屢至，恐不好一時具題也。賢此回乃一邑汙隆一大機會，蓋士風浮淺極矣，若有豪傑之士從自身上做得主起，豈無三數興起者耶？如或隨俗浮沉，則將來所趨，不知何所底止？天下事，豈可讓第一等與他人做？望之脚跟氣力儘作得人動。據所有以孝養老親、讀書譚道，足矣，豈可低頭與世俗子角伎倆、鬬鬧熱以快目前也耶？陋矣，陋矣！此是痛心語，乃復爲望之一道。

鄙人如破舟浮巨海，隨風出没於顛濤之中，茫然無際，惟有悵歎。

答唐荆川

吕光禄至，領書貺，不但悉起居、慰懸渴，而一番警發，拜賜良多。

此學自嶺南一倡之，至陽明而後大明，即如《大學》古本之復，真是取日虞淵手段。格物之説凡三變，至「即佛氏之常惺惺，只是識取他本來面目」數語，却是公案。而今之所講者，葛藤未説，時或參和佛氏，金、銀、鉛、銅、鐵、錫攪作一器，其與經文「知止」一條漠不相照。夫學至知止，則定、静、安、慮生焉，即來諭「有取於寂」是也。蓋寂者，性命之源，神應之樞，原無一物而無物不備，一無所知而無所不知，譬之鑑空、衡平，而妍媸、輕重若其中之所素具者，可類而推也。孟子「牛山之木」一章，獨有取於日夜之所息，故曰：「夜氣不足以存，則其違禽獸不遠。」乃格物者不知養夜氣虚寂之原以發平旦清明之機，而乃於已發以求好惡之相近，卒之病已病人，不待其子往視而苗已槁矣。龜山爲程門高弟，而其所傳，不過令人於静中以體夫喜怒哀樂未發之中，此是頂門上針、往聖之絶學也。來諭「絶利之源，灰心默坐，參驗此心天機」，脉路的確，實際自見，幸甚幸甚！

趙浚谷忠孝勇略，真關中一人豪也，惜其苦不知事，硬争向前，又惜無好友壓得他下，以故自恃大雄，而於臨事而懼、好謀而成俱視爲過耳之風，昨歲取敗有由然也。方圖省悟，方受鑪錘，而遽令回籍聽調，奈何奈何！

僕如一葉之舟承重載，況重載而浮諸海耶？早夜兢兢，莫知所竟，皇恐皇恐。

二

尹司成到京，得詢道候爲慰，且謂執事有見於未發之中，而於管窺疑若有所取焉者，但未面證其來歷耳。何幸何幸！

夫欲知聖學之來歷，當先考二氏之來歷。知二氏之來歷，則於聖學思過半矣。知聖學之來歷與二氏同，而又知其所以異，思可以折毫釐千里之微。止也，虚也，寂也，未發之表德也，其於二氏之所尚，可以異言之耶？止而説，虚而受，寂而感，天地之所以長久而不已也。乃二氏鄙之，謂爲煩惱障，爲衆生魔，至於枯槁吝嗇，無情同瓦礫，參贊經綸之實乃付之烏有，此特其見之過高耳。夫人生而静，天之性也；感於物而動，性之欲也。謂虚寂非性之體，不可也；謂欲非性之所有，亦不可也。夫欲爲性之所有，而動於欲非性體生生自然之用，於是聖人之學必先立乎其大，以豫夫生生之機，所以梏童牛而戒於履霜也。故執中者，執天下萬有之中也，夏得之爲艮背，商得之爲安貞，周得之爲潛龍。吾夫子於咸卦盡發其藴，故曰：「觀其所感，而天地萬物之情可見矣。」此其來歷大較。《學》《庸》首章備之矣，參之於大《易》之咸、艮、坤、復之間，則立象之意可一目而盡之。若乃今之以知覺爲良知者，特緣情流注、逐物變遷，不過爲宋人張一赤幟。《傳習録節要》《白沙緒言》具在，可覆視也。

倭難日熾，本兵之罪何所辭？而當事諸公，恐他日無詞以白也。聖上南顧甚切，御札下内閣者再四，僕日在冰淵藁席以待，奈何奈何！餘惟善養自愛，苦節日甘，幸甚幸甚。

寄陳芹山

邊疆鄰朔漠，秋高氣肅，經畫焦勞，知公任事之忠，不以我獨爲歎，幸萬萬保重。

今之論者，謂目前要務在節財用，而足食足兵以圖安攘，又不可作第二義看。二者勢若相反而實則相成，惟智者灼見夫相成之機，則指背之輕重不待言矣。夫京師之安危，係宣大之强弱。宣大强而後京師安，京師安而後民生裕，而後府庫之財皆其財。今宣大之强與否，執事身親見之，而可不謂寒心哉？夫生之者衆，食之者寡，誠生財之道，以此施之承平則可，非謂容民畜衆、戡定禍亂概以施之，而可以致人之死命，未之前聞也。及考宣大二鎮之額軍原各十二三萬，今止六七萬；馬五六萬餘匹，今所存僅二萬，可謂寡之又寡矣。即不思爲生聚富强之策以固北門之鎖鑰，顧矻矻以財詘爲計，謂爲知時務之俊傑，可乎？即虜可不禦，兵可不食，馬可不料，驅不食、不料之兵、馬而可以抗方張之虜，即不可抗也，而又於京師之安危不甚係慮，其詘而節之又何不可也？今二鎮積弱已極，危若纍卵，人心思亂非一日，其不相胥而爲醜類者，譬之厝火積薪，特未然耳。萬一火勢炎上，可空拳赤手一呼而撲之乎？抑將竭天下之財，破數百萬之費，而後可安而集之也？與其大壞而極費，孰若少費而早安？杞人之憂無所控訴，不得不哀鳴於有道者之側，豈樂爲譊譊以自取强聒之厭哉？未然之覩，惟大君子之所先憂；而務爲未陰之徹，有國有家者之所皇皇也。孔子曰：❶「有安社稷臣者，以安社稷爲悦者也。」公非今之所謂社稷臣乎？萬無他諉。適古北報警甚急，臨楮草率冒昧。

寄李少泉書

往寓平陽，獲奉數書爲慰。癸卯，轉潼關，遂有青牛之興。已以勞績被劾，又踰年以勘白被逮，又踰年始得釋曰歸。傷弓高飛，竊念自此謝絶人間世矣，不謂業緣未斷，復入牢籠，致仕於四十五歲之前，起用於六十四歲之後，官至尚書，布衣之極。同年相知，自浄峰外，如吾少泉，幾人哉？設以身處其地，喜耶，憂耶，懼耶？憂與懼，孰重耶？平生自裁，狷褊不宜於世，假令栖遲山澤，勉中倫慮，自附於古之逸民，庶幾可能。如經綸乎雲雷之屯，傾反乎天地之否，當自有高手，而乃責諸不肖。自出山來，斷送平生，仰負故人

---

❶ 按引語出處，「孔子」當爲「孟子」。

多矣。而前此未通一字爲訊者，謂得機宜即求去，即不求去，可希冀尺寸爲知己道。今求去不得，又不可尺寸冀，是無一可道也。作書數四，摇筆不可就，愧心汗顔，難言難言。田莘甫補本部司廳，始得詳動定。鴻冥玉潔，明哲之保，可以意諒。回視漫山所遺，殊可寒心。修吉而悖凶，其幾微矣。潔己遜言，凡心力之所能盡者不敢不勉，以酬知己之望，若夫成敗利鈍，付之天定。臨楮悵然。

答松江吴節推

細看來諭，不免尚爲文義纏縛。學貴知本，知得本原則更不必攙搭。才攙搭，其於本原工夫便難透底。其曰：「良知即明德，知止即在明工夫，致其良知者也。知覺不可以爲良知，而不可不謂之良知，但有内外、存發之分耳。」此數語何嘗不是？却有病痛。推詳《大學》經文之旨，言明明德者，蓋言明德之在我，非與其自私自利、自有餘而已也。蓋大人者，以天下爲一家，天地萬物一體，故欲明我之明德，光天之下，至於海隅蒼生，莫非此德之形著動變，旁燭無疆也。親民云者，則明明德之實事，民不親則德何由而明？是明德、親民乃至善之功用。而止至善云者，是揭出明德、親明之本體，❶使人知所從事。而徒張皇於事爲者，五伯之假也。蓋五伯之於明德、親民似也，而不知至善爲何物；二氏之於至善似也，而以明德、親民爲幻妄因果，是皆不足以言知止。知止云者，知明德、親民之所止而止之，則定、静、安、慮一以貫之，而明德、

❶「親明」，康熙本作「親民」，可從。

親民在其中矣。下文致知，即此之知止，言充滿吾虚靈本體之量，不以一毫意欲自蔽；下文格物，即此之安慮，言感而遂通天下之故，無一物不在所愛之中也。故感而遂通一身之故，則身修；感而遂通一國之故，則國治；感而遂通天下之故，便是明明德於天下平。二氏致知與吾儒同，乃以人倫物理爲根塵而寂滅之。吾儒之所以異於彼者，全在通感應變以究吾彌綸參贊之實用，正與首三句及第二條相發明，非致知之外别有知止、格物之外别有明德親民的作用也。心之虚靈知覺，均之爲良知也，然虚靈言其體，知覺言其用。體用一原，體立而用自生，致知之功亦惟立體以達其用。而乃以知覺爲良知而致之，牽己以從，逐物而轉，雖極高手，只成得一個野狐外道，可痛也！陽明先生云：「良知是未發之中、寂然大公的本體，便自能感而遂通，便自能物來順應。」「便自能」三字，言不容一毫人力安排得。而人之所當致力者，惟於寂然未發處直窮到底可也。賢内外存發之論，近之矣。昨收斂之説，亦只於寂然未發處收而斂之，何如何如？賊果東向，又將以川沙一帶爲營窟。東南之禍，何時而解？令人切仰屋之歎。晚貺領愛，并謝，餘俟面悉。

寄馬鍾陽三首

自執事赴召入京，竟不得附一字爲謝，此心未嘗不歉歉也。風波滿地，惟穩着篙、牢把柁者庶免傾危。如執事，自是老稍手，可保無他虞，然故人所顧囑者惟此耳。鄙人平生所作，散漫不存稿，以不足存也。惟獄中諸篇，聊以寄一時所遭，兹欲併爲一部，請存齋相公題其首，請執事著數語於其後，使他日而覆瓿，見二公姓字當有不忍下手者。林秀才倭難流離，而立齋尚在土，存殁所賴，非鍾陽公其誰？僕落莫無所贈，但歎息耳。可泉司徒公，不敢别具，幸致意。

二

恭惟執事久勞於外，譽命上逮，綸音下召，畜極而通，道大行也，欣慰欣慰！第愧衰老，無緣出南浦圖一面，此後相見邈不可期，念之悵然。薄具見别意，伏惟原亮，臨楮傾側之至。

三

是月望前，接左右往歲八月所寄之書，詞義諄切，真若弟子之於先師，愧衰鄙無足以當之，感激感激！領書承差，以病久不達，至是遣家人賫來，至豐城被盜，杞菓不存，幸而尊翰如故，已足以慰遠懷也。適有寒疾作，此甚潦略，幸亮。杜門却掃衰菲，當知自愛，以免故人之辱。不宣。

寄李克齋司馬七首

豹自入京師，竊意得機宜當速求去，已求去不可得，又竊謂或可計時效尺寸以自見。今四年於兹，又無尺寸之効，更何詞以報知己？慚沮歉負而久稽訊候者，鄙衷可亮也。每對令兄卜起居，徒有瞻懸。今天下多事，倭虜作難，南北相煽，必得出群之才如執事者當之，始克有濟。乃以菲衰當其難，大匠縮手代斲，汗顔血指非所論也。方廷論翕然，共切隆中之想，不謂復有大故，聞訃悼怛，不但爲一人一家惜也。伏惟節順自保以圖顯揚，以副天下之望。臨楮不勝，傾切傾切。

二

往令兄少宰公行，嘗附唁達記室，知已久矣。彼時竊意與兄相見，非風波兵革之地不可期，不謂復有今日。主恩曠蕩，野人之幸出望外，多矣！至於負國之罪，則又何言？然犬馬之心，實未嘗敢有不盡者。兄才望壓人有日，適雲雷俱屯，衆皆避舍縮手，而廷論方翕翕推克齋，將來墨縗從事，恐不免也。僕以是日抵南浦，謁謝諸當路及三二故人，即發舟。禮當趨弔，以妻孥在途，淹滯太久，急欲攜歸以圖甦息。倘蒙枉舍出劍江一面，以盡欲言，幸甚幸甚！

三

江口之晤，十年契闊。此心蔽錮，賴公指剖，受益良多。浮生欻歘，勝會惟難，安得不令人耿耿？庭前雙鳳齊鳴，豈人間所常有之事哉？公可以自快也。萬一東山之願未遂，吾儕自有立命處。本兵奏稿附以請教，覽畢發下，無吝批示。傳文負約，非本心也，西塘能道其詳，不悉。

四

側聞榮召保障江淮，竊爲世道助喜。自是檐頭日重，賴鐵脊梁一肩頂當，交游之光也。中國御戎狄，守爲上，計勝之，而撫卹瘡痍、安集商賈，尤目前至急之務。叔季運微，堪着眼人品亦不多，如兄，可以第一等功業讓他人做哉？僕之不成，本淺故也。此學出世不得，吾輩之罪多矣。直道原非經世術，虚名不是療心丹。此是歷練語，幸味之。老眼相對，邈不可期，臨風悵然。

五

伏承書幣專使遠辱林藪，獲悉所願聞，甚慰甚感。并奉讀辯謗之疏，皭然可念。今天下事勢莫難於兵革，兵革莫難於殘破之地，淮揚又殘破之尤者。而責之以開創召募，旋爲保障之圖，又難之難也。執事抵任未幾，遂收奸伏之奇，已足以破賊之膽矣。已聞兵聲大振，竊以爲慰。既得邸報，又知有論列，此事勢之必然者。如僕不足論，即如邃翁、陽明二先生，積毁銷骨，今何如哉？今天下出頭當事者幾人？如兄，却是鐵羅漢也，萬無自餒！外論學書一帙，奉去請教。

六

大丈夫出世，必有所建立。縱無所建，得免污挫可也。如執事，其殆無愧於大丈夫歟？但不知成功後，此心與此氣少有加損否？今之號爲講學者，其出與處，如公之皭然者絶少，此鄙人之所竊慶而深喜者也。求退且勿動念，嘗見朱文公遺趙恭父一書云：「即不得已而從官，惟有韜晦静默，勿大近前，爲可免於斯世。一或不幸爲人所知，則便不是好消息也。」執事名實方著，又鄰家林火方急，而欲高枕於焚溺之傍，萬無是理。遠拜書幣，兼悉起居，甚感甚慰。相對無期，臨風悵然。

七

僕自前冬偶得一疾，幾於不免。淹延歲月，未獲痊愈，以致久缺修候。乃蒙專使遠至，兼之教惠，感愧何如？翁北行而淮揚寧，南轉而金陵定，功施顯赫，當時鮮儔，恨病廢無能爲天下頌也。生男之望，仰勞知己，深以爲謝。使還，力疾附申萬一。諸不悉，惟故人勉力以事聖主爲祝。

北京大學《儒藏》編纂與研究中心　編

《儒藏》精華編選刊

雙江聶先生文集

（下）

〔明〕聶豹　撰

王傳龍　校點

北京大學出版社
PEKING UNIVERSITY PRESS

雙江聶先生文集卷之九

書二

寄羅念菴十六首

昨有一書付段承差，託羅知印致之。發去後，又覺有不盡處。即如「移居是身世所不能免，又何必數數作悔」，此間不無有大病痛在。陽田風水，貴縣士夫多言好，又有言穴宜居左者，既信柴子，主人樂者便是真龍。柴子想是個聰明、有地理之才者，惜其言語猶是時師伎倆。古之深於地者，或不如是。此學須自主張，無因人言便生支節。

即如答董蓉山一書，循此可直達天德，管不相誤。若謂更無一毫破綻可省，更無一毫可商量處，雖顔子亦不敢如此云。商量、破綻，只合於功程中究竟，不當致疑於頭腦也。咸拇，咸腓，咸股，咸頰舌，皆言凶悔，致戒於憧憧，而要其歸於咸脢。《本義》云「脢，背肉」，非「艮其背」之謂乎？《象》傳既取「止而説」，而又拈出「虚寂」二字以示人，可謂探月窟而躡天根矣。學者不讀《易》，讀者又不省究，聖人一點精意却被佛老遮瞞到今，又爲小《象》「志末」二字訓得别誤了。蓋志末是言志無私係，乃云「不能感物」，不能感物便是一塊死肉，何得無悔？何以復言「咸」？何以言「艮其背」、「止其所」也？何以言「不獲其身」、「不見其人，無咎」？此豈近時一種浮淺譸張的可語哉？兄無又鄙我自是也。

嶺北新兵憲游讓溪者，讀書好古，得之佛學頗深，渠十月到任，欲會兄與廓翁甚渴。如約，當勉强一起。

二

王貢士暨兒輩先後到京，承書教再三，領惠至再四，保抱提孩亦承念及，通家之義固應如此，感與謝不足言也。論出處一書甚悉，肺腑語不屬安排，自是真切。曩以情跡孤危，計無所出，欲致二賢相與同事，將必有濟，及商之三數知己，皆以爲然。乃格於機會，然後知行止非人所能。麒麟可縻而縶，則何異夫犬羊？

南野長逝，世道之悲。有志經世而才足以充之，如南野，世復有斯人哉？吾道失助，痛怛難言。予長南野十年，乃予不死而死南野，予不悲南野之短，而悲予之勞苦與辱無盡期也。南野嘗云「兄之學却是自見得，絶不隨人口吻」，又云「《節要》只是節得與己合處」。其語門人則曰：「吾二人之學雖不同，却真是學。」惜其道路滑熟，久成片段，蹉跌不破，即雖自家亦恐無究竟處，痛傷痛傷！夫言學須以道爲至，言道須以體爲至。未發之中，先天而天弗違。夫子於大《易》發感應之體，揭「虚寂」以爲言，已是再闢混沌，此外更無極則可尋究。惟所造有深淺，故所見有精粗，進一步才見一步，但當趲步，不當再問路程、躭閣日子也。

兄自玉山會後所賜二書，却時有出入語，蓋竊疑之質正過直、語涉不遜。豈敢遂以所執爲極則，更無分毫商量，更無分毫破漏可省處？致有不復敢言之疑，是何待我之淺耶？及讀答董蓉山、曾雙溪及門人諸書，剔骨倒髓，即使周、程再面，恐當肯首。此是先天傳來脉路，佛老竊據以雄跨百代，後儒不省，反推以與彼而諱言之，而其所枕籍以爲得者，皆彼之棄餘也。此處與兄幾番商量，幾番勘驗，暫合而復離，已然而復否，經十數年讎詰而後定。而又謂此非其極，太山頂上不屬泰山，必隨所至而後有見，豫期則助也。擇里而居，智者不免，而衛公子荆善居室，夫子稱之。不必登龍，而知其聊且粗略必在衛公之上，其爲夫子所稱無疑。願深溝高壘以貽燕翼，無學鳩拙，使他日令郎復擅肯堂之譽，幸甚幸甚！

江南倭患大作，百餘年所未有，大致具部覆。此賊祖宗經略三十年而卒以撫定，乃多議紛拏，國是動搖，奈何奈何！北虜勒馬臨邊，蓄毒以逞，畿内漸次充實，當不如庚戌之倉皇也。

昨以城工冒陞恩廕，甚愧循例，辭不敢再。推廕以及舍姪孫棟，以其先人嫡長曾孫，而亡妻篤愛如寶。豚兒乳名軍狗，生之日爲僕入營開敕之期故。今頗壯盛，數日内小疹，今愈矣。令郎續聘如何？恐亦不可大遲。適郵吏便，先附此致近懷。搔首南向，不盡悵快。

三

僕以是月廿三日舟次文江，祥盛來見，拜大章教劄之賜，甚慰。廿四抵家，連日苦應酬，不及作字。及作字，又不得盡所欲言，奈何？

僕自出京，私計某月日當至桐江，故人握手，數千里思念契闊之懷，五六年所遭悲喜境變之異，圖傾瀉一快，如饑渴之慕飲食。而不得，怨且怒，人情也。曩途間聞殿撰託妻子之楚遊，蓋已逆知其從方氏子也。

及至毘陵，晤荆川而得其細，且謂前此有簡邀渠同行。荆川親在，老且病，縱使荆川好怪如殿撰，恐當責其不可。可復招之棄卧榻之親，以從己出遊於千里之外，無於人倫日用舛已甚乎？此非不肖不遂所斯，❶固爲是深文以章殿撰之怪，蓋此等舉動，正《中庸》「後世有述焉」者之流，「吾弗爲之」，夫子固已察其隱而知其流弊之不細也。雖然，此空谷足音。世方謬迷譸張，驚怪恍慌，索摸影響以誤己誤人，而殿撰獨苦修强行，脱污穢鄙靡之習，慕康節百原山中故事，深探静根，務見性體以一群動，此其志豈易易及哉？

讀來教，字字句句沉痛切骨，令人喜極而悲。巨海扁舟之喻，念之竦然。所敘「静功皆精神經歷磨勘所到，輪刀上陣，殺人見血，此中一毫容情不得。自在家，當亦不似前日之在家」一段，極精膩。工課見解絶類釋子，亦自不妨，蓋非此何由見得？既無真見，亦難實際，面壁九年恐亦是有轃泊不來處，故如是煞喫辛苦也。人謂殿撰以五祖推方子而以六祖自待，渡江時千萬記得自渡語，無使衣鉢落在别人手也。捉筆至此，不覺發笑。外《學録》一册附覽。瑶篇不能一一拜和，謬借弟五韻奉見招隱之意，蓋期其速歸也。

四

某薄德，胤嗣未繁，歸咎風水，至有今遷。土木累人，辱公規諷過勤，足見肉骨之義。然從而不改，前書所謂「生前帶來」，惡敢欺高明以自文乎？仰煩專使華翰，而拭梁助役之貺，不敢不拜，感謝感謝！

---

❶「斯」，康熙本作「期」，可從。

洛村來顧，連榻二宵，有道者氣象，自是可親。所論大意皆同，只是於格物處苦執舊見，牢不可破，譬之轉身那步，却又爲葛藤絆脚也。護法之意太堅，誤法之弊不小，然豈但洛村一人爲然哉？

來諭「虚懷而以大舜之大爲望」，甚善甚善。夫大舜不可及也，然求其所謂大者，執中用中以從人之中，豈是漫無主宰，聲諾聲應，只是隨人口吻，因風使柁爲虚耶？今使趙甲執一説以説乙，則勸乙曰「願乙虚懷」；乙復執一説以説甲，則又勸甲曰「願甲虚懷」，然將使甲從乙説、乙從甲説爲虚乎？亦只是擇其中之所在而執之者爲虚也？嘗考《大學》一書，其精微之藴全在「知止」一條，以故群於此處艮之、敬之、欽之、安之。今不於此處領略，而乃以格物爲知止，不知本條定、静、安、慮四字安在何處？其謬不已甚乎？昨與洛村議論上下，龍山兄備聞之，兹不贅。

趨吊之期恐在月初，夢寐爲勞，願公節情，幸甚幸甚。

五

郭、曾二友回辱書教，甚荷。洞中景界已與塵世隔一層，恐當於未發之體更親切也。令郎進取，當不止於舉業耳，但令其志意舒，不爲課程所窘爲上。

承問告子、養氣二條，往時舟夜曾與兄論及，今亦不能盡記其説。自「志，氣之帥也」以下六句，是孟子分説自家所以可告子之意，以告子知心爲大，但不當分與氣爲二也。蓋志是氣之將帥，氣是志之卒徒。貔貅百萬，進退由將，故志之所向，氣亦從之。能持其志，便自無暴其氣。公孫丑以至爲至極，次爲等差，又以持志、毋暴爲兩項工夫。至，到也；次，舍也。「志壹則動氣」，言持志之自無暴也；「氣壹則動志」，言暴氣者之不能持志也。志動氣者十九，氣動志者十一，工夫主客、輕重自可見也。謬意如此，高明何以教之？

六

昨裁書託醫者轉上，而薄暮適奉來翰，佳章妙染，種種拜賜，詩、情、景俱到，柱帖風神飄動，皆奇品也。論學數語，悉從按驗中來，但忖尊見不無爲「内外」一語所障，故曰：「説内説外，翻使人無尋向。」夫子於坤之《文言》，恐人於「直方大」無尋向也，故説「直内方外」。曾子之學，專用心於内，故傳之無弊。今反爲内外字所困，此則僕之所未解也。

夫内外、賓主之辯明，則反求退藏之功密。内外如形影也，外而空却當下，内而脱離感應，何形影之不相蒙也？蓋感應者，吾心之妙用；虛寂者，立本之要功。立本云者，言立感應之本也。感應之本既立，則變化云爲其出無窮，而乃謂於感應處别有工夫，不知所謂豫者豫何事，前定者定何物？「前定之前即未發之中」，蓋嘗有是説也，而無所謂「未發之前即前定之前」等語，非謂與先儒語意不合，❶而於學問之道大舛矣！體驗在進反之間，此是今日極緊要處，不可作尋常混過看，萬萬！

❶「謂」，康熙本作「惟」，可從。

七

承諭「洞中久住忘歸，眠食有常」，恐不但免身病耳，即習氣亦當於此處潛消也。路徑歸一，旦夕喫緊，盡力收斂，不容稍有透漏，此顔子如愚、竭才地步。曩時書中有「氣泄針芒」之語，正指此處。昨見《會語》中云「即吾之視以盡吾心之明焉，而吾目之才竭矣；即吾之聽以盡吾心之聰焉，而吾耳之才竭」云云，顔子有多少精力，而乃耗費如此，安得不短折也耶？信乎學術之殺人也。此皆諸公格物之學，彼謂「未發寂然之體未嘗離感而别有一物在中，即感之中而未發寂然者在焉」，兄謂「其數語近之」。以其論統體，似也，然於工夫則未之及。既曰感體，則用從體生。「有是體即有是用，有未發之中，即有發而中節之和」，此非《傳習録》中語耶？若乃平日全無工夫主宰，而於發用處摸索寂然以爲體，不自覺其大阿之倒持，而精魂已落在别人手矣。是皆本於「無不感物之時」之見也。愚意竊謂無問感與不感，而一以歸寂爲工夫主宰，所謂喫緊收斂，亦只於此處喫緊收斂。惟只於此處喫緊收斂，而後如愚氣象、屢空體段、不遷不貳應驗可以體見。兄勇往承當，則斯學有主，百年不落莫矣。

八

數月不聞動定，殊懸懸，忽承翰教，甚慰。每閑中，念門下尹、趙二子，可以言信善有恒者，不謂相繼淪謝，斯文失助，令人悲歎。松溪在京時已覺有心病，竊疑其不久也，今若此，徒有幽明之感耳。儒、佛之别，其千里謬處無足言。他只理會「人生而静」以上一段爲秘密，而有識、有知皆塵根也。斷臂、面壁是何等斬截，更無些子漏洩。「彌近理而大亂真」，程子辯之詳矣。要之，却是古今一大豪傑。閉關卒歲，公當透其三昧，而乃質之不肖，愧無以代促膝。

九

承諭，極探佛學，非愚鄙之所能悉。大抵明道之論，謂其自私自利爲盡。其曰「應無所住而生其心」，以一切倫理、稍有動念便是住處，才住便死。五蘊皆空，虚明廣大，與天同體，自以爲凌跨古今第一義，與吾儒同異大略可見。其書中所載言語有不盡同，有開示群迷初入處，有得了後解縛處，有前後相背，而意之所指却只從一虚了性命者。公欲悉究其藴，豈區區能副萬一哉？今之論未發之中者，言人人殊，亦竟無歸一可究。誠使虚寂之體無一時走漏，萬感萬應，一無留情，亦便是無所住而生者。彼所謂生，吾所謂死。器即道，道即器，化裁通變，推行舉措，是吾儒的大功用，天下後世賴之以生生者，非佛氏所能與。公入静，想益信得虚寂，足以了天下萬事萬物，不須假借外面分毫幫助，但不可令此物作頑空了，恐於時無情却變了症候，如何？

廓翁兩簡俱有詩教，詩有「真聞非耳入，實講在躬踐」二語，煞精。浙中事聞之甚多，諸兄思以易天下，而舛謬至此，宜訥溪所深恨也。人生歘歘，公一時同起聲聞者數人，而公獨以儉嗇得長年，此虚盈大定數也。幸自愛，萬萬。

十

使至，獲詢動定，兼拜翰惠，并諗令弟、令郎近日進修。斂菴一變至此，可稱難弟，欣慰無量。「不出門庭，無咎」，節之首事，静中坐進，斯道之幸。

來諭仙佛甚精，亦可以驗静中之得，非億度可至。程子往往以孔子與佛並論，又有佛氏知性知天、極乎宏遠之説，而吾夫子亦有西竺聖人、蕩蕩難名之贊，豈謾相許可哉？度大慈悲，普度衆生，冤親平等，又不可謂其不仁，但其作用無中做有、化心爲要，世皆以枯寂譏之，而不知其真腴遍十千。二氏之學，想自黄帝以來傳授，故久而不磨。今日世界混亂至此，不知爲誰之學所使？不能不動遐思也。

令郎時義近何如？多記多作，説雖淺近，却是舉子要領。出得身去，便是出世小歇，幸道之。

十一

每讀教翰，言下便有醒。佛老之學，被他占得高了。程子口攻佛學，其實陰折，臨川尊見得是。良知之學，自先師而明，亦自是先師而晦。《傳習録節要》本欲發明先師正意，又被諸公埋没了，生怕人上了我船，不知我船是三板尖頭，縱有人附搭，恰受兩三人耳。一笑。

所示各條者無不當，甚感。孔門教人，更無家法。謂《論語》成於有子、曾子之門人，此語不差。孔子之學，非子思不明，非孟子不傳，故《中庸》三十三章，皆微言也，其載諸《論語》者才一二語。顔，何人也？而三千之徒僅僅有一曾子識之。而明道謂孔門弟子更無一人善問，恐非若今人謾語也。龍溪在先師之門，人比之顔子，奔走四方豪傑，但欠諸侯結駟，而屨滿户外則誠有之，不謂散漫無歸、宿蒙西河之疑，亦至於此。「致吾良知之天則，周乎物而不過」與「推行於事事物物之間」等語，全屬人爲，渾是知識。兄已一眼看破，渠錮焉莫省，豈七聖皆迷耶？

兄入關一年，想内入之關俱閉，而風水、時日、神仙之念不免時乎撞入，恐又是漏洩處。落禪之譏，僕不足以當之，禪亦無愧於兄之知己也。幸甚幸甚。

十二

昨宋望之自宅上來，具道丰儀履況，静養所得可以概見，欣慰無量，欣慰無量！

昔孟子以學術晦明爲氣運盛衰、世道治亂之機，邪説害人至比之洪水猛獸、夷狄篡弑之禍，甚言其所關非細也。今之稱教主，宣之口而筆諸書者，律之以楊、墨、告、許之徒，均之不經。然楊、墨、告、許則言如其行，非若今之背其言而馳之。生心害事，生事害政，其端已大見於天下。使孟子復生，能免七篇之載見乎？

先天下之憂而憂，公自不能忘情於天下也。坐視堯舜之學破裂潰爛而莫之救，使後學無所適從，得非與於不仁者乎？近答龍溪書二十餘條，而不辭好辯之譏。「知我者謂我心憂，不知者謂我何求」，同明相照，幸有公在。不吝批示，至望至望！

十三

近兩承教翰，并拜節貺，何辱之拳拳也？感激感激！「寂感」二字，本夫子《大傳》發以教萬世，而於儒、佛之辯已著其大端。往聞荆川以此爲笑柄，恐後人亦將以此笑荆川也。荆川與薛考功，皆一代文人之雄，而其集中談寂處亦津津有味，豈訶佛罵祖、文人相詆自古爲然耶？《異端論》煞正大，尊道德而黜仁義，二氏亦各有見。先師云「三教同原」，特言其端之異也。薛西原稱述晡伽處，却亦有見，不肯隨人口吻。相對未涯，何由盡其底裏？徒耿耿也，不悉。

十四

賤生何足介意，而歲煩使貺，況惠貺多難繼，糟、鰣、藥、醞姑未論，即如縮頸鯿，自臘月至今四拜八尾，過愛一人而殃及潭魚，得不重食者之罪乎？極感極愧。

入關後乃復多情，豈「因地果還生」耶？前書撞入之諷，竊有所窺耳。夷、齊之學，流而爲陳仲；子惠之學，流而爲鄉愿。楊子學夷，墨子學惠，至於百世之下聞風興起，廉頑立懦，寬鄙敦薄，賴以不墜者，萬世君臣父子之防。如夷、惠者，得不謂之聖人乎？孟子願學孔子，以學言也。來諭「人品、學脉難以並論」，誠然誠然。願公無以寂感爲熟爛而他有所適，幸甚。履端萬福諗使者，甚慰。令郎聞入城了人事，且聞復約月塘爲侶，俱中節拍。

十五

先壠幸祥至再，兩辱大篇之賜，幽明寵光，何以報之？ 軒銘得借重一語，庶足傳他日爲口實，幸甚幸甚！ 棟孫遠邁，不敢拜辭，恐爲扣關之擾，乃承追贈，兹復專使致之於家，俱非淺薄所能當。《書》曰：「無教逸欲，兢兢業業，一日二日萬幾。」此「幾」字合作「務」字看，如下文惇典庸禮、命德討罪之類，與《易》通所命「幾」字不同。 蓋幾一也，安得有萬哉？ 精一執中，却是從一處把握。 至於敦庸命討、順天休命，莫非行其所無事，如何着得「兢業」字？ 而所謂兢業者，蓋有所在也。《學》《庸》是醫案單方，程子曰「《大學》，孔氏之遺書」，又曰「此篇乃孔門傳授心法」，而六經、《論》、《孟》俱未之及。 又爲今人將格物、慎獨之義説得支離了，使程子尊信表章之功至此一厄，當有任其咎者。 龍溪之學，其初竊得二氏意見，而於二氏苦功曾未之及。 所謂自度者，度其逸欲之情耳，以故誤盡天下學者。 前書論夜氣，謬謂「養得夜氣到熟時，自然無物不長，不但平旦與相近而已」，渠乃借予言而反之云：「不須更説夜氣養到熟時，只合下便是熟的。」一生茫蕩，更無著脚處。 近聞其閉門不出，恐亦是聞兄之風而興者，此敬所近日之書也。

尊幣美醞一一拜領，外小物見芹意，以昭案列優等。 小試之端，足慰遠念。

十六

來諭「除却執中，更無兢業」，是也，但不知中與幾何所別？ 亦不知本文「無教逸欲」一句便是執中工夫否？如無欲便是執中，則中者，天下之大本，本立而道生，天理流行自然中節。動以天也，故曰微，此程子之言也。《易傳》曰：「知幾，其神乎！幾者，動之微，吉之先見者也。」而要其歸於介石之一語，故曰：「介如石焉，寧用終日？斷可識矣。」蓋言幾在介石，不在上下之交也。君子知微知彰，知柔知剛，萬夫之望，正是「無曠庶官，天工人其代之」以下事。謬以「萬幾」爲「萬務」，一時管窺之見。若曰萬有其幾，則「研幾」亦有萬乎？將不勝其兢業而薰心之危也。兢業只在一處，一真一切真，與佛氏所見相同。「大德敦化，天地之所以爲大也」，註云：「大德者，萬殊之本；敦化者，敦厚其化。根本盛大，其出無窮。」無窮之出便是全體之分。恭己無爲，堯舜垂衣裳而天下治，得非幾有所在乎？非以「兢業」與「行所無事」作二義看也。

龍溪夜氣之説當如尊諭，蓋渠以無我法爲第一義。昨得巡撫一書，其大意亦不過如此，而極言歸寂非當用也。諸公作用，似與學問全不干涉。敝邑前輩有習虚菴先生者，文行皭然，乃埋没百五十餘年，昨始得其全集刻之，奉上一覽。古人實行淳樸，無些子粧點，宜其久而後彰。龍溪平日於公極號相知，出帖昭布，不入公門，已是前此七戒内事，竟無所補。弭謗莫如自修，於人何與而告之耶？苦口相證，公亦不能辭其責矣。

答胡青厓

昨過南浦，獲聆清誨，甚幸且慰。適試事方近，而僕以幼孩在暑途，歸心亦甚切，不及容與以請，别去又極怏怏。承書教，重以腆幣，若施於其所親愛者，其何以堪之哉？不敢不拜，感當何如也？今士夫談學者不少，往往逐塊襲影，而於本原之地全不理會，如以知覺爲良知之類是也。夫知覺乃良知之影響，良知自然知覺，而以知覺爲良知，其與逐塊之犬何異哉？又謂「寂感無二界，動静無二時」，此説之惑人久矣！夫寂感、動静，犁然爲兩端，世固有感而不本於寂、動而不原於静，皆妄也。惟感生於寂、動原於静者，始可以言道心。觀之入井之怵惕、平旦之好惡、孩提之愛敬，則原委標本可以概見。今不悉心於幾微而引導於支流、摘取於標末，雖極高手，不過習宋人之故智耳。《復齋記》自謂窺見一班，而或者又謂知母而不知父，疑於卦體、卦氣漫不省究。剥盡而繼之以坤，坤也者，地也，萬物皆致養焉，非以虚静爲萬化之基耶？山下之雷，可以並觀。今往一紙，煩公於未發時細體之，則端緒自見。承公教，惓切無以報，伏惟亮之。

答成井居

昨過會城，辱諸公相愛之過，但未緣容與以請，别來又甚怏怏。即承翰貺，菲薄何足以當？感愧感愧！來諭「隨事體察，畢竟是義襲爲病，於寂體上無分毫得力」，幸數語，足見體驗真切處。其所謂「不得力」者，不知寂了後不得力耶，抑是不能寂故不得其力也？夫大《易》之所謂寂，即程子之所謂定。定是未發之中，定則明，明則尚何應物之爲累哉？而《大學》知止一條，却已盡發其藴。事本外至，感而應之者，寂也。學惟主静，而自能該乎動也。今曰事非在外、至學無動静者，恐亦有語病。謬刻數册及《復齋》一記，於此處辯之太贅，政暇萬惟覽教。

答黄洛村

昨承迂途枉顧，連床之教實勝十年之讀。其曰「寂體之所操，真可百世以俟」，於是見公之獨斷也，何幸如之？臆説誖謬，世方呶呶，而公獨見韙之，無亦憫其苦心無他，而恐後世無楊子雲者作耶？又甚幸也！「學問之道，各有所由入」，此與「所入之途雖異，所至之域則同」云云同意，然先儒之意，似云安、學、利、困、勉之不同，非謂適燕而南其轅、走越而北其轍者，均之可望至焉也。講學混異同爲高手，恐不免於「姑徐徐云耳」之見好辯。距詖放淫以息其邪，與楊、墨、夷、告、許、仲之流疑若對壘以争雄者，當時目之爲好辯。自今觀之，其好辯乎，其不得已乎？機心之報，何相報之速？當時以此諷公，今亦茫然莫記其端。夫見幾而作，此機心也。鷗鳥不下，非鷗鳥之機心乎？但機發於寂者謂爲先覺，其逆億卜度所致，則人心之危也。顧曰「不免爲寂體之誑」，豈以僕本不能寂而誑爲寂？僕則實未嘗直以爲能寂，泯然忘機，如海上老人也，然不敢不黽俛以盡其力，以求不負知己切偲之深愛焉。

馬牛之齒，本無足辱荷注念，感刻莫既。

二

孟夏辱枉教，極感極謝。稠衆喧雜，非惟僕不得以盡所欲請，而公之所欲以教予者，亦恐有未盡也。憶自識荆於鹿鳴，一見相契，四十餘年意氣如舊，而以道義相期待，未嘗以室遠會疏而或有差池。乃以近見不同，至相牴牾，僕之謬迷，罪誠有之。

僕妄意未發之中，非敢有所作也，蓋推本堯舜以來相傳之意，取正於夫子、子思之微言，參之楊、羅、李、朱授受之旨，若有契於愚衷，暗中摸索，似可無疑。而卒以此蒙諸公之疑者，三十年於茲矣。廓翁書云：「四方同志之士環而攻之，豈無一言當君之心者乎？」心苟當矣，而復欲狂辯以求勝，夫子所謂下愚不移是也；實則於予心有未當也，不當而面從之，不幾於誑己誑人乎？

試以諸公之所以疑於僕者請之：

有曰：「喜怒哀樂無未發之時。其曰未發，特指其不動者言之。」誠如所論，則「發而中節」一句無乃贅乎？大本、達道又當何所分屬乎？不曰道之未發，而曰喜怒哀樂之未發，此又一説也。蓋情之中節者爲道，道無未發。又曰：「無時無喜怒哀樂，安得有未發之時？」此與無時無感之語相類，然則日夜之所息，指何者爲息乎？且晝之所爲，非指喜怒哀樂之發者言之乎？「虛寂」二字，夫子於咸卦特地提出以立感應之體，非以寂與感對而言之也。今曰「寂本無歸，即感是寂，是爲真寂」，語意甚玄。夫寂，性也；感，情也。若曰「性本無歸，即情是性，乃爲真性」，恐不免語病也。性具於心，心主乎內，「艮其止」，止其所也。於止知其所止，是謂天下同歸。而曰寂本無歸、性本無歸，將由外爍我，其能免於逐物而襲取乎？或又曰「性體本寂，不應又加一寂字，反爲寂體之累」，此告子勿求之見也。「操之則存，舍之則亡」，夫子固欲以此困人乎？而老子曰「絶學無憂」，則又以絶學爲學也。無所存，自不亡；無所理，自不亂。此「仁者安仁」，天下一人而已，恐非吾輩所可輕議。

冬初擬買舟東上，以卒所請。人便幸示一字，毋曰「固哉，此老不足與有言也」。

答賀龍岡

昔聞雪舟及門，興盡而返，竊嘗疑其興之淺也，不謂復有淺淺過於王生者乎！夫楊山抵寒門僅二十五里，公放舟來顧，已勞一百二十里之遠，功虧一簣，「止，吾止也」。主人之不足辱，徒懷歉負耳。謬和來章云：「有客來螺川，寒雨陰雲層。興盡雪舟返，望望不及門。無亦厭家貧，舊醅尚足淹。新學好商量，何時抵足眠？」

來諭「學屬勉然性自然」，此見道之語也，歎服歎服！然所勉然者，蓋亦循其自然之則而勉之也。《中庸》題如所云云，亦不妨。其謂「格物，格吾良知之致不致」，此又是一説。致知者，充滿吾虚靈本體之量；格物者，感而遂通天下之故。曰「在格物」者，蓋言釋氏致知與吾儒同，但彼在絶物，吾儒則在格物也。「恕」字亦發得好。動而後有不善者，蓋言動於欲而後有不善，非是發動便不善也。入井之怵惕、平旦之好惡、孩提之愛敬，何嘗動有不善耶？深求之駁，則吾豈敢？言仁義之實，猶言仁義不可見。其可見者，孝弟而已矣。惻隱、羞惡、辭讓、是非之心，亦是指言仁、義、禮、智之端。即其端而知其中之有所主，即孝弟而知仁義之發見，於此爲切近精實也。性虚而事實，一虚而百實皆生，此天地之所以爲大也。離家出外，便覺有妥貼快當處。程子每見人静坐便歎爲善學，江門亦每每提出以曉人，於此見公之學近裏也。不離此體，萬法具備。感應事爲上安枕者，俱是邊見外修。宋人助長以槁苗，以其不識生生之端也。「今人之學欠勇」，誠然誠然。公已灼見脉路，别無可言，循此勇往，不患不到原頭也。

答陳明水

令郎歸，更無由一訊候爲歉。不惟逐逐不暇，仰負知己，而亦無可爲言者。才非撥亂，學不經世，平日講説皆虚誑耳。至於心與力之所能而爲之自我者，不敢有絲髪不盡，要之，衛精填海，❶姑取其心焉可也。

昨秋以倖功冒賞，非望之福，知者所深憂，況福爲禍所倚耶？今凶歉遍天下，京師斗米三錢，而宣大猶甚，餓莩盈城野，携男女以求鬻者填於塗。閩、浙、蘇、松，島夷煽亂日熾，山東、河南竊發尚汹汹，而廣東猺獞紛然雜出，至孔道梗塞，羽檄交馳，應接不暇。而弭亂大端，要在博賑、省徭賦。而各省庫貯，搜括殆盡，度支帑藏銀不過百萬，京通米粟僅彀二年之食。土木之興日增，大内祈玄之費歲當三十餘萬，至於軍馬錢糧，雖錙銖杪忽，司農争之如讎。懸槽枵腹，各邊士馬疲乏極矣，尚何望富彊之有日也？畿内料理漸有次第，今秋可幸無虞，山西、宣大則有可憂者焉。

外五言近體六首，録見近況。豚孩漸長養可弄，無時不攢眉，惟對此却便開口，亦老牛甜犢故態也。知所欲聞，并報。

---

❶「衛精」，康熙本此二字互乙，可從。

二

僕以衰病乞骸骨，蒙恩賜允，幸出望外。凡在同志，罔不助喜，無亦矜其力小任重，恐將來無以善後也耶？公交深愛厚，宜其矜與喜百倍恒情。初歸，苦於應酬，又爲風水所累，趨山向時日之利，急圖遷居，内外俱困，久稽遺候爲罪。及承專使，重以翰貺，益增愧感。

來諭所引先師論至善數語，甚精。而當時節之不入者，竊疑其以靈昭發見爲良知，則今之以知覺爲良知者實本於此。近見公書董明建行卷，亦有「使能於感應機微之際精研而密察之」，似亦於發處提掇，此非面請，未盡底裏。來春融和，得侍几杖，彼此沛然當有幸矣。適洛村諸公下顧，極冗，率作此，草草。

三

賤生何足辱，乃承寵以大章，兼拜腆幣，道義骨肉之愛，可當如此耶？感刻感刻！

寂觀之教，不敢不勉。夫子於《易》曰寂、曰虚、曰密、曰止，不嫌於同二氏也，以故思爲意必一毫不着，無處不是本來面目，足見上下與天地同流。反覆《節要》中所載，大率類此。而後來却以知覺爲良知，直以心爲已發，而以察識端倪、襲取於外爲實下手處，至今猶呶呶不已，使《節要》中一段精意爲葛藤末説所纏縛，恐不免夫子門墻之麾也，奈何！無緣促席，徒增悵仰。

答應容菴二首

王敬所督學過螺川，獲奉書教，不啻面對，殊慰懸渴。僕迂鄙寡諧，誤蒙吾丈謬與而過信之，若將終身，蚤夜念此，懼無以仰副知己爲罪。敬所，天下士也，兩澤相麗，足稱不孤，而矻矻以不敏牽懷，豈塵緣未斷耶？

承諭執中之學，甚幸甚幸。但子思以後，無人識「中」字。隨事隨時討求是當，謂是爲中而執之，何啻千里？明道先生云：「不覩不聞，便是未發之中。」不聞曰隱，不覩曰微，隱微曰獨。獨也者，天地之根，人之命也。學問只有此處，人生只有此件，故曰天下之大本也。慎獨便是致中，中立而和生焉，天下之能事畢矣。乃曰「求之於慎獨之前」，是誠失之荒唐也。力主朱説，何嘗不是？但不知所主何説。如曰：「李先生門下教人，每令於静中以體夫喜怒哀樂未發之中，未發作何氣象。敬以持之，使此氣象常存而不失，則自此而發者自然中節，此是日用本領工夫。向來講究思索，直以心爲已發，而以察識端倪爲致知格物實下手處，已故闕却平日涵養一段工夫，常覺胸中擾擾而無深潛純一之味，至於發言處事飛揚浮躁，殊非聖賢雍容深厚氣象。」所見之差，其病亦至於此，於是有辜負此翁、流汗浹背之歎，此朱學平生斷案也。主此，則可以直達天德矣。其曰「寂不可見，見非寂也」，此語甚精。若然，則中不可執也而執之，止不可敬也而敬之，天命不可顧諟也而顧諟之，「立則見」、「在輿則見」皆非歟？見仁見知，謂非君子之道，是也。蓋君子之道曰仁與知，而乃謂之仁、謂之知，則非矣。白沙之學渾是濂溪主静之意，或者詆爲禪虛，此則鄙人之所未解。

倭難未息，天下自此多事。仰屋傷心，知所同然。川塗梗塞，雞黍之約未可遽訂，心往神馳，則無日不懸懸左右。歸來爲風水累，急圖遷居，追悔無及。豚兒漸漸長成，得此以供蘋蘩，足矣，敢復有他望哉？謬次霜押，奉附鄙見，萬惟批教。

二

前此，鍾天台人便曾附啓，及是又拜尊翰，甚慰。邇來倭難稍寧，尊候安定可想。承示眠食有常，婚嫁稱家，讀書隨意，而諸郎鼎立向學，即此便是羲皇上人。縱使稱貸，當不如鄙人之甚也。豚兒自春來病瘞，今漸向好，保此爲傳家計，足矣。薄福之人，寧復有添丁之望哉？

白沙先生周旋於人倫物理之中，而以其言虛無爲禪，則過矣。虛無不足以病佛、老，其間毫釐之差則不可以不審。誠使有佛、老出而不鄙棄倫理，吾當誦法之不暇，可復敢有雌黄哉？虛無即未發之中，心之本體也；感而遂通，物來順應，心之妙用也。而乃以感應爲幻妄，此則二氏之過耳，此中煞有議論。中途之約，不知何時可遂，徒有懸切，臨紙耿耿。

答錢緒山

承論云：「學問得悟本旨，言語筆札不相涉。特爲學者設法，入門下手終當有實地可據，故老師誠意之旨所以終年曉曉也。」公之意將無謂「致虛守寂以養乎未發之中」云云，非初學可驟語，只説誠意方有實地可據乎？ 註云：「言欲自修者，知爲善以去其惡，則當實用其力而禁止其自欺，使其惡惡則如惡惡臭，好善則如好好色，皆務決去而求必得之，以自快足於己。」是入門下手，全在「實用其力而禁止其自欺」十字。使好好色、惡惡臭亦須力之實用，而其中亦有欺之可禁，是也。世顧有見好色而不好而好之不真者乎？ 有聞惡臭而不惡而惡之不真者乎？ 絶無一毫人力，動以天也，故曰：「誠者，天之道也。」又曰：「誠無爲。」又曰：「誠無事。」又曰：「誠者，自然而然。」稍涉人爲，便是作好作惡。一有所作，便屬自欺，其去自慊遠矣。故曰「欲誠其意者，先致其知」，蓋言誠意之功全在致知。致知云者，充滿吾虛靈本體之量，而不以一毫意欲自蔽，是謂先天之體、未發之中。故自此而發者，感而遂通，一毫人力與不得。一毫人力不與，是意而無意也。今不養善根而求好色之好，不拔惡根而求惡臭之惡，好謂苟且狥外而爲人也，而可謂之誠乎？

蓋意者，心之發，亦心之障也。慈湖深病「誠意」二字，謂非孔門傳授本旨，而以「不起意」爲宗，是但知意爲心之障霧，而不知誠爲意之丹頭也。點鐵成金，來無所起，過而不留，惟誠者能之。蓋意者隨感出見，因應變遷，萬起萬滅，其端無窮。乃欲一一制之以人力，去其欺而反乎慊，是使初學之士終身不復見定、静、安、慮景界，勞而無功，衹自疲以速化耳。不知當時先師之意果如文公之註乎，抑别有説耶？ 嘗觀平旦之好惡、孩提之愛敬，是即好好色、惡惡臭之真體，未嘗實用其力而用無不實，未嘗禁止其自欺而自無欺之可禁。窮其源委，間不容髮，故曰：「苟得其養，無物不長。」願公有以教之。

答王敬所

昨負青原之約，又辱石蓮寄聲，乃兹復拜禮貺，無已之愛，感激感激！此學寥寥，講而求之者又多以助長爲養苗，探索於平旦之近，而於所謂息夜氣以養虚明之體者全未之及。謂是爲得其養乎，不得其養乎？夫子於大《易》指虚寂爲感應之本，今忘其本，斤斤於感應而求之，日陷於憧憧而不自覺，宜其説愈多而學愈遠也。恭惟執事主一方之文教，求内養以端風化之原，多士景從，敬服敬服！惜相去遠，參對無由，奈何！外拙揭二紙，附上覽教。

答汪周潭

往歲邂逅吴門，傾蓋數語，輒辱以臭味相契，别去念之不置。昨擁鉞虔州，又辱以禮先林壑，不敢專人馳謝，懼嫌也。貢司訓來，拜書教，又甚慰。此身在人世，如孤雲野鶴，不屬人拏捏，水西精舍便是極樂天宫。此等光景，未宜容易蹉過，幸珍重。

《大學》曰「至善」，《中庸》曰「大本」，此是孔門傳授心法。不知知止、致中從何處入手？至善、大本亦不知安頓在何處？屬心乎，屬事乎？其在心也，屬本體乎，屬發用乎？此中根究分曉，自可以息衆喙之囂囂也。邇來多病，且不幸有斷腸之悲，未盡欲言，臨楮悵然。

二

人生晚年散適，不受人招呼，便是好結果處，又況共聞此學，亦足爲延齡丹乎？先儒云：「未發之中，可以養心，可以養氣，可以照萬物而施無不備。」此是言丹頭也。近時格物之説遍布寰宇，不知與義襲何以異？陽明先生云：「顔子不遷怒，不貳過，須是知他有未發之中始得。」又曰：「聖人到位天地，育萬物，也只從喜怒哀樂未發之中養來。」又曰：「格物之學，如大人格其君心之格，只是要去其心之不正，以復吾本體之正。」「世儒舍心逐物，將格物之學錯看了，終日馳求於物，只做得個義襲而取。」此四段乃《傳習録》中學問最緊要處，願公察之。貢師歸，便附此録，致起居。拙刻寄去，煩一目。

答何吉陽

歲前敝縣有蕭舉人下第回，承賜尊翰。去秋貢司訓來，復拜幣貺，重領鐫誨。公方羽儀天朝，而乃加意林藪，感當何如？

中正之觀，憂豫之則，此聖人時中事也，而來諭責之鄙人，不已過乎？其謂飾文言而鮮躬行，行仁義而蔽明察，與夫外親民以爲明德、離感應以爲寂體者，恐皆異於聖人之所謂中正也。仰見衛道至意，甚幸甚幸。竊詳前二句是指俗學言，後二句指禪學言。禪學與聖學，異只在寂感毫釐之間。夫天下之感皆生於寂，以感爲塵而一於寂者，禪也；不寂而感者，妄也。妄則爲悔、爲腓、爲股、爲朋從、爲輔頰舌，凶吝之招也。惟貞則吉，脢則無悔，止而説則亨且利。止者，寂之舍也；脢者，寂之體也；貞者，寂之道也。夫子本咸之體德，探虚寂之藴，以立感應之體。體用一原，體立而用自生。乃謂寂不足以盡感，而必即感爲寂乃爲真寂，此僕之所未解也。若謂寂由感而生乎？實所以主夫感也。《大傳》曰："天下何思何慮？"言感應分毫思慮着不得，其可思慮者惟歸與致耳。歸致云者，指寂與止而言之也，《易》於此義發之盡矣！附去謬刻十册，亦是摸寫此意，第愧辭不達耳。

講學是吾輩第一事，幸慎擇所與，今之以學爲亂者不少。孟子懼而距詖行、放淫詞、息邪説以承三聖，其功不在禹下。楊、墨、告、許之輩是何等身分，而惑世誣民，其禍比之洪水猛獸、夷狄篡弑，識者能無動心乎？正經以興民，在執事一加之意耳。

答鄒西渠二首

昨入虔，準擬回途請教，不謂相左如是，奈何奈何！忽辱書示，諄悉反覆，仰見獨到，敬服敬服。寂是未發之中，君子時中，言無時而不寂也。無時不寂則萬象森然，而天下之能事畢矣，尚何感有不通而遺棄事物之疑哉？來諭所謂一貫一本之説，正是如此。工夫在一不在貫，正其本，萬事理。工夫在本不在事，貫與理，自然之功用也。體立而用自生，"有未發之中便有發而中節之和"，此非陽明先生之言乎？附去《節要》并《臆説》，暇煩一一與心對之，當有豁然貫通處。

二

承教翰，細讀數過，何愛我之深耶？「寂然不動，感而遂通天下之教」，夫子《大傳》本卦德之「止而説」以翼之，是以虛寂爲感通之本。朱子曰：「寂然者，感之體；感通者，寂之用。」程子曰：「心一也，有指體而言者，寂然不動是也；有指用而言者，感而遂通是也。」經傳大意忒煞明當，兄以執寂俟感爲一本，非鄙固之所能悉。其曰「龍溪從感上求寂」，前此嘗聞，此語殊不可曉。若寂因感而後有，從感求寂可也。寂是感的主宰，是謂天地根。不寂而感者，妄也，其能通天下之故，鮮也。和上求中，事上求止，萬上求一，此等舛謬，只因格物之誤蔓延至此，奈何！吾爲此懼，乃復妄發，幸與郭、劉二三君子共商之。

均差簡兩院二司各道

亢旱方數百里，民用皇皇。有司非不虔禱，而不見有霑足之澤，奈何？永豐僻在山間，民村鄙寡知識，凡百徵派，戴甕受成，更不知查筭比對，陰受其禍非一日矣。乃兹吉水復有無妄之加，是將以鄰國爲壑也，而不知永豐之重數倍於吉水，父老受屈無愬，懇僕爲之轉達。僕不能爲鄉民福，而坐視其毒痛而不救，非人情也。伏惟臺下以公天下爲心，而況於一府九縣之肥瘠，能不加之意乎？凡徵派，須覈一府各縣丁糧之實，而以歲派諸色按石均攤，務令輕重畫一，然後吏書不得舞弄於其間。老書之蠹食久矣！永豐一年暗加銀二千餘兩，而莫知所由。呈詞并開單俱鑿鑿可稽，幸留意，萬萬！

簡張月泉

安福、永新謂丁可均而糧不可均者，其縣之舊例，以一丁折糧一石，貧無卓錐者與萬金之富同科，輕在大家而重在小民。今議以兩丁折糧一石者，蓋當路裒多益寡之意，乃仁術也。安福人丁三萬三千一百一十四丁，每年輪派三千三百五十七丁，以一丁折糧一石起筭，該銀四百一十四兩。今以兩丁折派一石，得減派銀二百七十七兩。是二百七十七兩之利，小民陰受而口不能言，乃士夫鬨然如鬭者，以於糧上有加耳。即於糧上有加，總不過銀七百餘兩。今議以該縣夫馬祗應之費均攤於九縣丁糧之内，寔減去銀一千餘兩，其利與害孰多耶？公，堂上人也，堂下之曲直居然可見。此係九邑禍福之原，願萬萬留意。

二

某衰病相成，久負起居爲歉。恭惟即辰萬福，殊慰瞻企。永豐爲鄰國之壑三十年，近賴滄溪、重菴二府尊重念永豐之困，謀及鄉士，曲盡人情。其兩道參申、兩院批行之詞具在可查，可謂至公至仁。而失利者復有煩言，豈各自以其心爲心乎？東廓公經理該縣賦役二十餘年，悉付之生員劉寅。寅，精於筭者，廓翁特喜其利於安福，而不知移重爲輕，重當有所歸也。牛之釁殺免矣，而羊之呼號於挺刃，獨不能一念及耶？本縣具奏勘合已至，不日當煩鈞裁以垂不刊之惠。昨蕭舉人歸，道尊示，不勝惶悚。外近答廓翁一書附覽。

答鄔節推

前此辱加存問，盛意何可當？感激感激！均差事，永豐爲鄰國所壑三十年，比蒙撫按行府議處，以使司歲坐雜派辦等該銀二萬八千七百九十二兩，而以合府丁糧四萬九千通融均派，每石議派銀六錢四釐。雖各縣燈籠火把亦在其數，似乎均齊方正，較若畫一。而安福、永新復有煩言，而謂糧不可均，而不知其何所自。始末具載答東廓公書中，幸以至公照之，當不復多言也。萬萬！

答張浮峰三首❶

時方傳聞轉院之報，殊爲地方稱慶，乃承書教并拜豊貺，豈勝感愧？伏讀壽文，具見護法至意，如東廓公，真可謂家法弟子也。

致知格物之説，疑與知止一條不相蒙，即雖先師面授，不敢奉命。若《節要》中所載四十四條，則字字當心，百世以俟聖人而不惑者，鄙人尊而信之，與諸公之尊信格物無異。先師云：「世儒將格物之學錯看了，舍心逐物，終日馳求於物，畢竟只做得個義襲而取。」「學要成就自家一個心體，則用在其中，自然有發而中節之和，自然無施不可。」又若是，則與今之所論者，同乎，異乎？非區區敢於差池也。

---

❶ 「三」，當作「二」。此篇康熙本題爲《答張浮峰書》。

權度之喻，甚善。造權度者，將取物之輕重長短以爲則乎？亦只於定錘之星、中分之墨不差毫釐，則天下之輕重長短舉於是乎取則矣，而權度非有意於輕重長短。此等非面陳不盡。

二

昔人重久任，以於一方之民情、土俗歷閱熟而措注之得要也。恭惟名公駐節江藩凡三仕，而咸以旬宣保釐爲職，今又得專制省府，而大阿之柄在我，甘棠其蔽芾已乎？重爲地方稱慶，不獨一人一家之私喜也。講明學術，謂非首事不可，但不必提出另作一題目。只自我而發者，罔小大莫非精誠，則周、召之業自著。今之所謂友士軒者，特溱洧之濟，恐爲柔佞開鑽刺之門也，何如？先師云：「隨物而格是致知之功，即佛氏之『常惺惺』，只是識取他本來面目。」又曰：「格物如格其君心之格，是去其心之不正，以全其本體之正。」本體之正，非未發之中乎？本來面目是也。故曰：「致知焉盡之矣。」佛氏致知在絶物，吾儒致知全要格物。感而遂通天下之故，則意自誠，心自正，身自修，家齊、國治而明德自明於天下，正與「知止而能定、静、安、慮」一條相發明。若乃如今之格物，終日馳求於外，只做得個義襲而取，先師嘗病之，其言具在也。獄刻十二册奉覽教。病卧偃蹇，尚阻參對，均惟照亮。

答徐少初

先丘倖瑞，仰辱大雅之和，不一而足。錫類之仁，幽明咸感。良知之學，時相慶以爲大明，自鄙人觀之，晦則甚矣。以逐物爲格物，而遂以格物爲止至善，豈意舛謬亦至此乎？先師云：「至善是心之本體，未嘗離却事物。若於事事物物上求至善，便是義外。」蓋所以救文公訓「至善」爲「事理當然之極」一語，不謂操戈乃承秀也。竊歎孔門之學，孟子之後得象山而後明，象山之學得先師而益顯，此處關係非輕。距詖放淫，孟子以空言配禹，自東坡推出申、韓之害，而配禹之功始著。暇煩與明水、元山、蘇山諸君子共商之，無使象山含悽地下。外答龍溪一書、墨榻二紙、《大學臆説》及《傳習録節要》附上覽教，便中不吝批示，至望至望。

答蔡白石

自執事下車之初，僭奉起居，恃有一日之雅也。厥後不敢復有所啓，亦山林衰病之勢則然，非敢爲高以自絶也。方以爲懼，乃承使翰豐貺，寔出乎分義之外，極感極愧。

來諭有取於坤、復之論，不特此耳。艮以止之，而繼以帝出乎震，亦是此義，故曰：「終萬物、始萬物者，莫盛乎艮。」此造化氣機，學問脉絡，乘承之妙自是如此。而執事乃以擾擾勞勞不暇爲辭，豈學與仕各自爲路耶？狂瀾着篙，方是高手。目前陰雨連綿，穀價騰貴，新城之賊未退，而敝邑山城孤懸。願公念之先丘倖瑞，能賦一語以光幽明，不肖孤之至幸至幸者。臨楮傾仄。

答亢水陽

孟夏晦前，接仲春念三日所寄書貺，甚慰。仕，所以行其志也。平生所志者何事？顧其所志而決擇之，所嚮自是不凡。倘非其志，縱使談王説伯，於生民未必有益。志於堯舜，雖簿書奔走，亦便是堯舜事業。古之人得志，澤加於民，志定而治成也。願賢究厥施，以光交游。近答王龍溪覆議一册及先壠倖瑞稿二紙奉覽，倘賜一言爲荷。山中無事，頗覺自便，無勞遠念。

答曹紀山

伏惟道駕臨螺川，聲光入懷，徒懸瞻跂。復承教劄，意義何惓切耶？堯舜開萬世心學之源，只在一「中」字。子思憂道學之失傳，乃作《中庸》，而「喜怒哀樂未發之謂中」一語，真是嘔出心肝。道南以後，龜山傳之延平，每令學者於静中以體夫喜怒哀樂未發之中，未發作何氣象，存此，則自此而發者自然中節。明道先生曰：「不覩不聞便是未發之中，才發便屬覩聞。」又曰：「此是日用本領工夫。」可謂深切而著明者矣！蔡傳訓曰「中字在事爲上求」，是當與今之以逐物爲格物者病症相似，一蟹不如一蟹也。恨無緣一論謬議，已發鄙見，千萬批示。

答陳履旋給舍

所謂虚寂者，其體何似？致守之者，其功何居？

虚寂便是體，虚寂之外别無體；致守便是功，致守之外别無功。諺謂「騎驢覓驢」，此類是也。

《書》曰：「人心惟危，道心惟微。」夫血氣心知之性，皆屬人心，若日用應酬此爲主宰，則道心安；若血氣心知盡皆斷除，則又近於枯槁，而道心或幾乎息矣。

文公以生於形器之私者爲人心，原於性命之正者爲道心，識者謂其分别太過。蓋人心、道心原非犁然兩派出來，但形氣之得其正處便是道心，性命之失其正處便是人心。除却血氣心知，又安有所謂道心在乎？中是心之本體，虛寂是也。有未發之中，即有發而中節之和，和即道心也。天理流行，自然中節。動以天也，故曰微。人心云者，只是纖毫不從天理自然發出，而稍涉思慮營欲，便是動以人。動以人便是妄，故曰危。乍見皆有者，道心也；納交要譽，則人矣。

致守工夫，不知於幽獨時致之、守之以俟其沛然乎，抑人心不生而真性自見，通晝夜、動静、内外而炯然常照，不俟致守而自無不致守乎？

虛静便是未發之中，即《中庸》之不覩不聞是也；致守便是戒謹恐懼，無間於晝夜、動静者也。惟其無間於晝夜、動静，然後人心不生而真性自見。感應流行，沛然若決江河，莫之能禦，遂通之神也。不疾而速，不行而至，尚何致守之可加乎？其曰致守，亦只於未發之體致之、守之。《易》曰「知至至之」，致也；「知終終之」，守也。近時格物之學，都是從發處致守，不自知其陷於義襲而取、宋人助長，自謂得手，可哀也。咸卦要機，只在止與虛、貞與脢。致戒於憧憧，凶吝於腓股，然則工夫在已發乎，在未發乎？

鑽求於二六時中，若一念不起，則判斷公事、應酬賓客、覽觀載籍、燕居息卧自是安妥，精神亦見充長。

一念不起便是未發之中，亦便是虛寂之體。前所謂致之、守之，亦只是於此處致之、守之也。致之極，守之篤，便見「天地變化，草木蕃」。往白沙先生答趙提學書中一段，已先得我心之同然，附去，細味之。此等路頭，每每作禪學看，俗儒之亂道也，周元公、程伯子豈肯借寇兵而齎盜糧耶？

偶一緣起，即閉户面壁，愈見膠擾，此心比應酬時反不寧。不知何如可使常不起念，靜無所厭，動無所惡，常感常應常虛寂耶？

要得此心常不起念，須是常常戒懼，無時無主。有主則内欲不萌，外誘不入，縱使有念，却是正念，非邪念也。弊屋禦寇之喻，言無主也。周子所謂無欲者，非專指邪欲言，凡有所着，如意、必、固、我，皆欲也。一切掃除，令本體光光地，惟是戒懼得力，自然無所厭惡，自然常應常寂，故曰：「敬而無失便是中。」

簡劉三五侍御

至人難見面，徒切瞻企。先壠倖祥，承賜佳和，有裨顯揚多矣，幽明咸感。此學自先師而明，亦自先師而晦。《録》中所載正法眼藏，俱無一語道及，只終日説格物。甚者，以「聖人到位天地、育萬物也，只從喜怒哀樂未發之中養來」究極精微之言，謂是設法救弊，而以先天正心俱着不得工夫，工夫在後天誠意上用，潛驅密引，令人喪心棄天，納諸罟獲陷穽而莫知避也，其禍不在洪水猛獸之下，敢爲高明一道之。同明相照，同病相憐，願無視爲細故，而坐使堯舜執中之學顛覆破壞，將來責備，恐公亦不能辭也。答龍溪一書奉上教正，萬萬！

答董兆時

遠承使翰，辭意諄切，惓惓推予之愛，具見好德之懿。此便是惻隱之心、人之生道，愧鄙人不足以當之。然充此一念，足下受用無窮也。今時講學之士，往往將書册義理從肚裏過，翻出許多説話以資口耳，不成片段。如今日崇正之會，更不見有順德積小高大之升，辜負中山振作之意。着衣喫飯未見飽煖，只是攤放與人看，畢竟饑寒勞苦以斃其軀也，可歎可歎！德門長幼卑尊，俱有卓異之資，將來涵養成，必有大賢出於其間也。願着實勉之，千萬千萬！外述答草率，迫於去人故也。

其曰閑思雜慮，只是聲色、貨利、富貴、功名數事相續牽引，此古今學者公病，荀子所謂「偷心」，禪氏所謂「流注想」。若能撲滅得此樣念頭，將近大歇處矣。然河南兄弟肘後旨訣，不過敬以直内而已。敬以直内，不徒惺惺提起，須是止於事。止於事則時止而止，時行而行，其道光明，故曰：「思不出其位。」玩味艮卦，久而有得，則寂然不動境界可想見矣。足下謂「念頭起處輒加克治」，大意不差也。禪學之與聖學，均之先立乎其大者。聖學之立，明於庶物，察於人倫；禪學者之立，寂滅根塵，斷除煩惱。虚實是非之差，毫釐耳。後世疑象山之學爲禪者，畢竟不知禪學作何狀，可笑可笑！

古之學者必有師，道義由師友有之，故人倫有五，而師友其一焉。觀之堯、舜、禹、湯、文、武、周公、孔子、顔、曾、思、孟、周、程，蓋可見矣。特以世之先後，生之逢不逢，有不可必。足下全在立志之意，得之矣。果能立志，則志即我師。張横渠曰：「心爲嚴師。」楊慈湖曰：「心之精神是謂聖。」是皆有見於《中庸》修道之教、孟子「歸求有餘師」之旨乎？ 大《易》曰：「雖無師保，如臨父母。」言猶在耳也，乃謂孔子遠於今之世，何哉？

人惟學，然後知過。過而能改，復於無過，希聖之訣也，故顏子之「不遠復」爲修身之學，而風雷之益莫大於是。蓋天下之至勇而速者莫如風雷，故曰：「震無咎者存乎悔。」然震之爲義，爲風爲雷，而巽之一陰伏於二陽之下，震之一陽復於二陰之下，其即人心一念之動乎？ 一念之動，善惡之幾。顏子之「不遠復」者，其知幾乎？ 是故學顏子之學，莫大於「不貳過」，其他知過而不能改、改而不能速，比之冥頑不靈、醉生夢死者雖微有間，然卑巽苟止，積而成蠱，是昧於風雷之象也。鄙人嘗曰「聖人過多，賢人過少，愚人無過」，蓋亦有見於知過之難，非知學者不足以與此也。

雙江聶先生文集卷之十

書三

答戴伯常 即幽居答述

適接光霽，所謂見聞不能累心者，似以靈昭明覺人人各具，堯舜可爲，何由以累？愚意竊謂物欲者，理性之障也。天理渾然，靈明固有，而物欲之蔽乃見聞致之。見聞之善，所資益明，而其不善則紛擾膠固於胸中，有終其身而不知其可脱者。爾乃依違顧忌，積習不忘，坐稽歲月，求其無累，亦可得乎？敢希裁教。

聞見者，虚靈流行之用，安得爲累？而反爲累者，虚靈先累於物故也。故戒慎不覩，則天下之覩無不善；恐懼不聞，則天下之聞無不善。是之謂致中，而天下之本立矣。若資聞見之善惡以爲吾心之勸懲，則已落在第二義，察之。

來喻云：「聞見者，虚靈流行之用，安得爲累？而反爲累者，虚靈先爲物累故也。」傍批云：「主本定静，豈有紛擾？」蓋定静者，心之體也；見聞者，心之用也。愚前所謂「靈昭明覺人人各具，堯舜可爲，何由以累」者，性真之本，其體定静，寂然之中，大本攸立者也。但物欲之感，善惡相形，而情妄之來方屬於聞見也。夫天下未有無見聞之人，亦未有舍見聞之學。再希裁正。

虚靈者，鏡之明；見聞者，鏡之照。磨鏡者，亦惟於本體之明去其塵垢班蝕，而於照則隨物應之，已無所與也。而反有所謂紛擾膠固者，只爲本體先受其病，故物交物，引之而去不難也。程子謂：「定則明，明則尚何應物之爲累哉？」可於平旦之好惡觀之，當有得力處。

立其大，正其本，反觀於平旦之時，仰辱誘進之方，無所不至。但幼無資稟，學不知要，三十以前物欲之累，蔽錮已深。受病之原，緣於知識太早，其蔽至於如此。每觀平旦之時，夜氣清明，未與物接，此正義黄之世也。當此用力，庶乎易矣，却被昨日未了之事而復萌，今日方形之事而即至，可惜百年聰明境界，只作憶往思來所用。伏乞極力一援，成功不細也。

思慮纏繞絆縛一生，只是意、必、固、我四種。精察而力去之，常令夜氣存存，不求近功，深造以道，當自有會心處。知生知死，便須起死回生。欲起死回生，便須萬死一生。既竭吾才，庶乎屢空，斯可以學顔之學也。邁往，勿多疑。

往惜思慮之患，忽覺紛擾，亦能暫忘，所恨不能覺耳。自聞尊教，體認累日，似覺異於前時。蓋向之思慮者，憧憧往來，謾爲無益之事爾。思之有益聖功之本，如昨所面諭者，不識有益之思亦傷本體乎？而閑思浮慮，亦可化乎？程子破屋、翻車之喻，惟求覺察，亦此意耳。若司馬君實之以中爲念、張天祺之上床不思量事，皆有得否？

思慮營欲，心之變化，然無物以主之，皆能累心。惟主静則氣定，氣定則澄然無事，此便是未發本體。然非一蹴可至，須存養優柔，不管紛擾與否，常覺此中定静，積久當有効。若不知緊切下功，只要驅除思慮，真成弊屋禦寇矣！越把捉，越不定，又是調停火候也。

伏讀陽明先生《古本大學》，仰見聖域重新，周文復覩，誠爲曠千古之高見、定百世之久疑者也。但於格物致知之説，似若未安，謹陳所疑，伏冀請正。朱子曰：「致，推極也；知，猶識也。推極吾之知識，欲其所知無不盡也。格，至也；物，猶事也。窮至事物之理，欲其極處無不到也。」先生曰：「致者，至也。致吾心之良知焉爾。良知是乃天命之性，吾心之本體自然靈昭明覺者也。凡意念之發，吾心之良知無有不自知者。其善歟，自知之；其不善歟，亦自知之，無與於他人也。物者，事也。凡意之所發，必有其事，意所在之事謂之物。格者，正也，正其不正以歸於正也。正其不正者，去惡之謂也；歸於正者，爲善之謂也。」夫物格致知，一也，自朱子所解推廣知識、窮極至善，已爲詳盡，夫何先生復解以爲善去惡皆自知之？若夫自知其善之當爲與惡之當去，則意不必誠而自誠，心不必正而自正，則天下無學矣。舍窮理而務自知，其意本於率性，其流必至於任情也。

知善之當爲而爲之，如好好色；知惡之當去而去之，如惡惡臭，此是天然真意，故曰「自慊」。陽明先生云：「無善無惡者心之體，有善有惡者意之發，知善知惡者知之良，爲善去惡者物之格。」蓋恐學者墮於解悟聞見之末，故就地設法，令人合下有用力處。若愚意，竊謂知，良知也，虛靈不昧、天命之性也；致者，充極其虛靈之本體，而不以一毫意欲自蔽，而明德在我也；格物者，感而遂通天下之故，而修、齊、治、平一以貫之，是謂明明德於天下也，正與「知止而後有定」一條脉絡相應。知譬鏡之明，致則磨鏡，格則鏡之照。妍媸在彼，隨物應之，而己何與焉？是之謂格物。聖學本自簡易，只求復性體。知善知惡，不知從性體上看，亦只隨念頭轉。若從念頭上看，何啻千里？今之以任情爲率性者，類如此。

以知爲虛靈之本體，以物爲感通之妙用，致則充極其知，此德乃明；格則任其物來，各當於理，如此致知、格物合爲一明。《大學》一書，知之一字可以盡其體，物之一字可以該其用。修身以上，固舉而措之；誠意、正心之功，未免附力於致知之地。若以致知爲誠意、正心工夫，則修、齊、治、平即其効驗也，至簡至易，誠發前聖所未發，但窮理之功終無以見。陽明先生以致知不在窮理，又謂：「昏闇之士，果能隨事隨物精察此心之天理，以致本然之良知，則雖愚必明，雖柔必强。」文公用功之要，全在一窮字；用力之地，全在一理字。今謂精察者，非窮乎？窮非精察乎？此心之天理爲理，而事物之理非理乎？既不云窮至事物之理者，將謂不必窮其理也；又自謂隨事隨物精察此心之天理者，是謂惟察於心也。不窮其理而惟察於心，非舍萬緣而求一悟者乎？天地間事事物物，孰非吾分内事也？若以事物爲外，又何隨而察之？即如昏闇之士，精察孝之理於其心，當此之時，良知猶未致也。既曰昏闇，將以養志爲孝乎，養口體爲孝乎？從親之令以陷於不義，亦將從之乎？是非兩端交戰於胸中，所察未明，所知未致，使之行孝，不亦誣乎？察孝者，非據前人之論，必因長者之言，曰養口體，不若養志；從親之令，不若盡義。一加審察，即所謂窮理也。朱子所謂極處者，此也；所謂無不到者，亦此也。既謂文公多添一窮字，先生却又改添一精察字，豈非增遠年之載籍，換前代之文辭者乎？高明以充極其虛靈之本體而不以一毫意欲自蔽者，無乃窮理之地乎？抑亦精察於心，以候其自知乎？一得之見，言有過中，仰冀教亮。

自吾身之主宰而言，謂之心；自主宰之靈覺而言，謂之知；自靈覺之生理而言，謂之性；自靈覺之感而遂通天下之故、物各付物、各有條理而言，謂之理；自吾心之盡夫天理之極而無一毫人欲之私而言，謂之窮理。故明道先生云「窮理便盡性至命」，正謂此也。故精以察之者，一察夫此心之純不純、雜不雜，而益密夫窮理之功也。故以純乎天理之心以事父，便止於孝；以事君，便止於敬，是何等切實的工夫？乃欲舍此而隨事精察。夫視聽言動，喜怒哀樂，變化云爲，倏忽萬狀，纔着思慮便是憧憧，其害有不可勝言者。了此，便可語一以貫之之義。以理在事，以考求事物爲窮理，不落道理便落格式。先生費了許多口舌，才闢得此二障。

承喻致知即窮理，極荷指示。竊謂良知即明德也，知之良即德之明，庶謂之天理。但混謂之知，猶似乎知覺運動，是雖表章知字之義，不若明德之入人深矣。所謂良知無分於動静者，静即明德之藴於中，動亦明德之推於外。此知未發，固已同於明德矣；此知發用，豈非念慮之萌乎？高明亦曰：「主宰之靈明，皆德之本明也。」夫人之所得乎天而虛靈不昧，以具衆理而應萬事者，即不慮而知也。知止、知至爲本體，而能得天下平，乃其極功也。必知與德合，而後可知德一，則無異議矣。然乎否歟？

自其靈明昭覺而言，謂之良知；自其純粹全備而言，謂之明德。故曰：「江漢以濯之，秋陽以暴之，皜皜乎不可尚已。」良知即明德也。若曰「知與德合」，猶二之也。猶曰皇天，曰太虛，曰乾，曰蒼蒼，或以形體言，或以性情言，或以顔色言，一也。知止，知至善而止之也，知止便是致知。定、静、安、誠、正，身修也。慮則齊、治、平一以貫之，即格物也。蓋嘗告諸同志，亦未有能盡信之者。豈以知止一條，爲八條目之外，别有一箇脉路耶？幸參而思之。

良知之説，兩承開誘，已無不屬知覺之疑。但良知即明德，又似乎不能盡明德之大。愚意必知與德合而後可者，欲以知寓於德，正來喻以純粹全備爲明德、靈明昭覺爲良知也。蓋虚靈不昧者，德之本明也。良知二字，止釋得一明字。知德即明德，可也。生知之資，固有其明，何待於學？何待於慮？竊恐中人以下，不能如是之通明。思欲脱去氣質之偏、物欲之蔽，不即物以窮之，徒爲精察於此心，非惟古今事變、禮樂名物聖者難知，而人欲纖毫未盡者，亦未免墮入於舊習。性尚不明，則將何所率乎？愚向所謂「其流必至於任情」者，意謂此也。會三綱八目之統名，其爲善乎？在至善者，惟本於德之一字，而致者，上之明字；知者，下之明字。良知二字，亦下之明字，終不若明德之入人深矣。老先生又以知止爲致知，定、静、安、慮、得、誠、正、齊、治、平爲格物，簡明通暢，真若一貫，而定、静、安對意、心、身，尤爲切要。愚意惟恐慮字非徒處事精詳，亦不惑、不動心之意也。

偏與蔽，在物乎，在心乎？自吾心之有所倚着而言，謂之偏；自吾心之有所遮隔而言，謂之蔽。懲忿者，懲吾心之忿；窒慾者，窒吾心之慾。遷心善，改心過，故象山先生云「可使不識一字之凡夫立造神妙」者，蓋以聖學本易簡，而其功甚精切也。若夫禮樂名物、古今事變，其於作聖之功初無所與。子貢之多學而知、不聞性與天道，而卓爾之見、一貫之唯，乃在愚、魯之顔、曾，可以知聖學之先後緩急也。良知、明德異名而同貫，致得良知便是明得明德。故江漢以濯、秋陽以暴，皜皜乎不可尚已，可以爲明明德之贊，亦可以贊良知也。自主照之靈覺而言曰良，自實理之靈瑩而言曰明。只爲執事平日看得知字輕，而於德字看得太重，故其分别有如此也。窮理二字，不是窮事物之在外者。盡夫天理之極而無一毫人欲之私，此是孔門窮理訣竅。而《中庸》云：「及其至也，雖聖人有所不能。」豈以禮樂名物、古今事變、問禮問官爲至乎？是老聃、郯子能聖人之所不能，而孔子反不能也。孔子志學以至於從心所欲，只是盡性至命、不知老之將至，何嘗汲汲於事物之窮索耶？其以不惑、不動屬慮字，亦是，但於本文静、安字疑複也。

不肖自有知識以來，首被思慮之害，資本無良，不能正始，紛紜纏繞以致如此。静而觀之，蓋緣❶

德業非二事，進修亦非判然兩項工夫。修辭立其誠，亦只是箇忠信的心，無内無外也。豈有忠信之人，言辭有不誠乎？有天德，便可語王道。程子云：「修省言詞，只是要體當自家心體。」故多言者忠信薄。

孟子云「生於憂患而死於安樂」者，非安樂能死人，乃宴安恣肆之漸也。憂患亦非能生人者也，但困於心、衡於慮而後作，作則不溺矣；徵於色、發於聲而後喻，喻則不蔽矣。不溺不蔽，則本體昭明矣。本體昭明，豈非生道乎？若夫動心忍性、增益其所不能也，雖非困心衡慮、徵色發聲，然其遺亂處難而憂患亦自有在也。

憂患最能使人恐懼修省，故有生道，所論良是。

---

❶ 此後底本、甲庫本、康熙本均闕文。

行之不著、習矣不察者，行則由於氣質，率多一己之偏，不能的然以著明也；習則逐於習染，莫非見聞之陋，而不能毅然以覺察也，是以終身由之而不知也。註云：「方其行之，而不能明其所當然；既習矣，而猶不識其所以然。」

動靜無端，而以思爲動靜之交，似有端耳。思也者，統動靜而一之。方其靜時，而動之機未嘗息；及其動也，而靜之理未嘗忘。蓋動靜無時而思無邪，乃所以常主夫靜也，故曰「復，其見天地之心」，而艮之所以爲止也。中，非未發之前不可驗。常是中意，則發皆未發，此程門相傳指訣，龜山傳之仲素、延平，獨賴此意不忘也。君子之學，要於意、必、固、我既忘之後，而求之於喜怒哀樂未發之前，則學之至也。息思慮之説，甚得之。今之以思屬動、以戒懼屬念屬感者，却甚害事，更不知思箇甚的、戒懼箇甚的，要知思的、戒懼的是靜根。

傳曰「儼若思」，是謂閑居獨處之時，其氣象若有所思，此可見靜中之無思也。孟子曰「不慮而知」，是謂不待思慮自能知之，此可見動亦無思也。程子曰「動亦靜，靜亦靜」者，亦此意爾。老先生謂「思統動靜而一之」，無乃動亦思、靜亦思乎？朱子曰：「慮謂處事精詳。」慮本於心處則着事矣，似猶少遠先生以慮與齊、治、平爲一脉，慮則親民之事也。蓋思與慮亦相須也，定、靜、安、慮、得，雖有先後之序，其旨意不甚相遠。此承知止至善而言定、靜、安，既若誠、正、身修，而何獨惟慮爲齊家、治國、平天下者哉？

「心之官則思，不思則不得也。」「儼若思」，敬也。敬無間於動靜，故曰「思統動靜而一之」者也。蓋思誠者，人之道也。「思曰睿，睿作聖」，思可少乎哉？但思要知安頓處，不從別的滲漏。思不知要，反致紛擾，故又曰「慎思」云。定、静、安、慮，一了百了，初無階級，與八條語意本自相貫。不然，則此一段無着落，謂之附贅懸疣可也。知止者，知至善而止之。知至善而止之，正是無動無静境界，豈待慮而後察善惡乎？慮而後察善惡，則前此已是無善無惡矣，何故慮時又有善惡出來待察耶？只從一路做去，久當冰解凍釋。善惡屬氣，止無善惡。

連日捧誦華翰，分附於《心經綱目》者逐節而詳玩之，發明歸正，櫽括無遺，宛若沉痾之脱體，皆曲成再造也。中，非未發之前不可驗，鄙意久懷，亦若是也。蓋「喜怒哀樂未發之謂中，中也者，天下之大本也」，立天下之大本，惟在此中耳。此中者不屬於上下四旁，又非懸空高閣，無形狀之可求，無方體之可據也，故觀於未發之前氣象者，已爲切要。

體認未發氣象分明，則發時走作，便自有轉頭處。人得天地之中以生，中是心之本體，故識得本來面目，不爲動處所擾，佛經所謂「信手拈來，頭頭是道」。白沙云：「物物信他本來，何用爾手勞脚攘？」以高明之資，又能隨時隨處反身而觀，不患不入定静閫奥。此是堯舜相傳以來正法眼藏。

載觀厥中，既得聞命矣。愚意中之在中，蘊之無相而施之不窮，未知此物何所從來？知所從來，則耳、目、鼻、口之所以能視、聽、言、動者，亦可得而言矣。夫人身之有精氣神，天下古今所同也。《易》曰：「精氣爲物，遊魂爲變，陰陽不測之謂神。」蓋有此精氣交感而能成人，至於魂游魄散，則返以歸矣。故少年血氣未定，戒之在色者，節之也；養心莫善於寡慾者，斂之也。古人謹此，莫非存神，欲以大而化之。竊謂中亦不測也，其斯之謂歟？ 陽明先生《答陸原静》若曰：「良知，一也，以其妙用而言謂之神，以其流行而言謂之氣，以其凝聚而言謂之精。」夫良知比擬於神，可也；若精氣者，質也，何與於知？

中者，天命之性，神也，所以命夫氣質者也。故氣質非神，不病狂即死漢耳。來喻所謂「耳、目、鼻、口能視、聽、言、動者可知其故」，蓋止此一言盡之矣。煉精成氣，煉氣成神，是言不囿於氣質，皆神之融化也。學以變化氣質爲要，知變化之學者，其知神之所爲乎？ 虚者養之，以至於充；柔者養之，以至於剛。雖愚必明，雖柔必强，非神，其孰能之？ 故曰：中者，天地之心，生民之命，萬世之太平，千聖之絶學也。寡欲以養之，寡之以至於無，則白日飛昇矣。白沙詩云：「請君試向東南看，何處凌空柱杖飛？」

「天命之謂性」，通指人物之生而言。《中庸》以人立教，惟論人也。故所稟强者、明者，能爲率性之道；其弱者、昏者，悉皆任情爾，故君子從而修之也。喜怒哀樂，原無已發、未發之異。竊謂「喜怒哀樂未發謂之中，發皆中節謂之和」，中和者，率性而有，故君子時習則時中也。中所從來，豈非時習之所疑乎？

中是天命之性也，情之發得當處便是和。情命於性，發無不中，戒慎不覩，恐懼不聞，無時不然，故曰時中。無忌憚者，戒懼之反。聖益聖，愚益愚，其在此乎，其在此乎？

執中之旨，授受相傳，然其史臣贊堯惟曰「克明俊德」，贊舜惟曰「玄德升聞」，而益與皋陶，一則曰「帝德廣運」，一則曰「帝德罔愆」，未始有謂中者，蓋以德屬於行，故紀其成功也。禹曰：「惟德動天，無遠弗留。」伊尹曰：「咸有一德，克享天心。」蓋以德行於己，乃能格天，故曰：「與天地合其德，日月合其明，四時合其序，鬼神合其吉凶。」是乃天人一理，更不分別。自是而後，不肖弗嗣，罔知所愆。孔子憂之，乃詳言「自昭明德」、「在明明德」，欲其各求所喪以復其初，而又以多識前言往行以畜其德、道聽塗説者爲德之棄、鄉愿者爲德之賊，以爲勤而得之，守而勿失。子思以知微之顯可與入德，是謂由顯而後入微，因情可以合性也。愚意竊謂未發處，此中；發處，此節。未發處，此明德；發處，此修、齊、治、平。此中、此德，即此理也，但隨在而異名耳。高明分附有曰「凝道本於修德，此王伯之辯也」，亦此意耳。

昨喻道理障，極有警悟，中德若明，或省事矣。

未發之中，天地之性也，以此契諸心而實得於己曰德，自其高明廣大者而言曰峻德，自其精微静寂者而言曰玄德，自其靈覺不昧者而言曰明德，自其純粹不雜者而言曰一德，一也，隨其所見而名之也。塗説、鄉愿謂爲德之賊者，例之以未發之律，則斷案自定矣。鄉愿煞高，程子曰「鄉愿是箇無識見的好人」，蓋以其忠信廉潔，無舉無刺。今世所謂學者，恐未可窺其籓籬，特誅其一念之微，非欲自成其德，蓋將以此爲鄉人所稱愿，其於發之中何如哉？適乃所以自害其天德也。今世之學，其高者有二種，不落道理障，則落格式障，其次落言説障。言説障者，言不顧行，行不顧言。格式、道理二障，乃模倣古人已行之跡，及揣摩義理，襲取而用之。是皆言與行不得於其心者。據鄉愿之斷案而比附之，其猶穿窬之盗也歟？執事用心詳密如此，其風塵中皎皎者乎！

中德隨在而異名，已爲至當，無復可疑。尊教以不覩聞即隱微，隱微即獨，迥出尋常、遠邁前古者也。愚恒以見顯、隱微與戒慎恐懼、不覩不聞皆對待而言，非見即隱，非隱即見；非顯即微，非微即顯。文公註曰：「隱，❶暗處也。微，細事也。言幽暗之中，細微之事，跡雖未形，幾則已動。」是將「小人閒居爲不善」一章引以爲釋，始一意而兩分，以戒慎恐懼爲静時，以莫見莫顯爲動處，則又以全體而岐出矣。夫惟其不可離也，必加戒慎恐懼、莫見莫顯之功，乃所以能慎其獨。而獨者直不覩不聞，顯微之地也。既云莫見莫顯，何有動邪？意似明而實晦。至於致中和，一也，何故自戒懼而約之於至静之中，纔極其中，天地方能位；自謹獨而精之於應物之處，纔極其和，萬物方能育？子思子何不曰「致中，天地位焉；致和，萬物育焉」？夫慎獨，一事也；位育，一功也，未有能位天地而不能育萬物者。今觀分附，日覺恍然。

《中庸》首章，是三聖授受十六字的當註脚。蓋夫子微言，而子思述之以教萬世，以見祖述、憲章蓋有所自也。執事切於内求，故信而不疑，可謂同心之言也。文公之註專爲初學言，但施之於行，不免有牴牾處。如曰：「君子之心常存敬畏，雖不見聞，亦不敢忽，所以存天理之本然。」天理之本然存，便是成性存存，天地設位而易行乎其中矣。又曰：「既嘗戒懼，而於此尤加謹焉。」加謹於戒懼之上，將令人首尾疑畏而手足無所措。不覩不聞，静之至也，又曰「自戒懼而約之以至於至静之中」；謹獨精矣，又曰「自謹獨而精之」，則是謹獨時猶有未精在，似不免於架床疊屋。文公開示來學之心過於精切而反困之也，遂至與明道之論矛盾而

---

❶ 此後一頁底本原缺，兹據甲庫本補入。個别文字漫漶處參據康熙本補足。

不自覺。毁經畔傳，亦今世學者大病。因喻及，輒嚽妄。

伏讀《大學章句》，未嘗不掩卷歎其古聖全書無復覯矣。夫誠意一章，乃大學用功之首也。文公嘗改自謙者云「讀作慊」，何故後世無疑焉？非無疑也，不敢疑也。文公《集註》自童而習之，先入固爲已深，及長而疑之，必曰：「朱註，幼而資之以爲學也，豈有所誤？況吾質不逮古人，古人已有定見矣。」故曰：信之無疑，何足怪哉？嗚呼，其固執也久矣！文公著書立言，嘗返往遍質於當世之士，不居然自以爲是，猶曰以俟後人者，此謙德之至也。百世之下有所見而不爲之正者，非惟有負文公之望，抑且徒生於兩間矣。中藏既久，不敢以示人，恐獲背朱之咎，以取粗武之譏。今也高明伊邇，有疑不質，是謂自失依歸，夫其可哉？夫謙者，誠意之本也；欺者，誠意之僞也。謙之之意，有而不居，止乎内而順乎外；欺則中無實德，而外示以誠也。故曰：所謂誠其意者，毋自欺也，在此自謙爾。自自謙者而言之，惡臭者盈也，故君子從而惡之；好色者謙也，故君子從而好之。《易》曰：「人道惡盈而好謙。」此君子之自謙。所謂慎其獨者，不矜不驕而自有之，謙之深、誠之至也。自自欺者而言之，小人知其不善，而良心暫明以著其善，而欺心復作。見君子猶有自揜之心者，乃文過飾非，其情亦有所不能自安者。人之視己，如見肺肝然，而彼之隱中示外、冀人不知者，其用智愈深，而已惡猶著矣。此小人之自欺。申言君子必慎其獨者，乃所以昭君子之謙冲，暴小人之詭詐，以明其誠也。若讀作慊字，而註之以爲快也、足也，竊恐聖人不如是之過求，以啓其欲速期必之端，又近於有所好樂之不得其正、之其所賤惡之辟，甚非優游不迫景象，而心廣體胖者亦不容如是之匆遽激切也。雖然，孟子英才，卓爾有如泰山巖巖，尚曰「是集義所生也」，猶以膚撓、目逃見陋，豈效黝、舍之流，妄騁其能，以役於血氣者哉？

謙字看得亦甚精細，足見用心之密。但註疏亦以慊字訓之，蓋此是指出一箇本體的好惡，不犯纖毫人力，故謂之誠。誠者，天之道也。若知其當好而作意以好之，知其當惡而作意以惡之，已非感而遂通之應。通而曰遂者，不疾而速，不行而至，無思無爲也。感非遂通，便有不得於心處。不得於心，而心可正乎？故自慊是意誠，亦是心正，如見好色便好，而好之極其真；聞惡臭便惡，而惡之極其真，曾假分毫人力幫助於其間乎？必如此，而後謂之誠意，則註中「實其心之所發」六字，疑非誠字本旨。故寂然不動，以復其本體虛靈之量，致知也；感而遂通天下之故，便是格物，便是意誠，便是心正，便是明明德於天下。故自欺者，欺其本體之知；自慊者，得其本體之知也。誠意本於知致，故君子必慎其獨。獨，知也，慎獨即致知也。以是見誠意、致知、格物是一串工夫，本無闕文。闕補而蛇生足矣，蛇生足而蛇之本體失，其傳之訛也久矣。

來喻作意以好惡，既非遂通之應，是無與於慊也；好惡極其真而不假幫助，豈又入於慊哉？二者自然之功用，何嘗有所快足之心邪？一加快足，即涉自私，則有妄意耳。古人不自滿假，安有皆務決去而求必得以自快足於己者？故假五十以學《易》，踰九十而成《抑》詩，果何謂哉？朱子釋文本意，蓋由悦樂不慍而來，不審聖經本文原非慊字，觀之謙卦曉然可見。何故不改謙卦，而改於誠意之章？豈非編摩至此，意向近似者而爲之乎？抑踵前人所解，未加體究而漫爲之乎？細玩謙字，與欺字正相反。謙者有而若無，欺者無而作有。誠乃真實無妄之名，妄即欺而誠則謙也。夫有而若無，非致飾於外以示人作無也，迺有其德而不自居之，非誠意懇切篤至者能如是乎？謙者，誠字之註脚也。雖註疏亦以慊訓，當遡而上之，遠求孔意可也。若爲釋經者所惑，恐誤所歸也。「實其心之所發」，莫非蔽塞其知識，不使其虛靈乎？且知既至而所發自誠，更何待於實其所發？誠非誠字本意。大抵誠意而上皆有兩意，各相對待。以誠意而言，不誠即妄；以正心而言，不正即邪；以修身而言，不修即廢；以齊家、治國、平天下而言，不治即亂。若臨事實其心之所發，則兩岐互出而無着落矣。謙者，其充實之具乎？

「內省不疚，無惡於志。」不疚、無惡是自慊處，即平旦之好惡、孩提之愛敬、見孺子入井之怵惕。意之誠不誠、慊不慊，可自驗。行有不慊於心則餒，餒便是疚處。謙是主德的體量，慊是進德的工夫。滿假對快足而言，誠是，但滿假不復有進，快足則其進無已，故「樂則生矣，生則惡可已」矣。而《魯論》首章即示人以時習之説，蓋凡學，所以求自得也，好惡不識本體却甚害事。如有所忿懥、之其所親愛便辟而不得其正，可謂自慊乎？慈湖、象山不喜《大學》「誠意」二字，而佛學亦以起心爲大邪魔，俱以意字爲障，而不知誠字是自然發動的，意而無意，猶禪家之念而無念也。但看誠字分曉，則意之流轉變化，皆所應之妙用也。心之萌動處是意，意之流注處是情。此章訣竅只在誠字，體認得誠處有下落，即以謙爲慊、以慊爲謙不妨。如未當心，無靳往復。

《大學》一書，其要在於格物、致知，二者盡之矣。朱子亦曰：「知既盡，則意可得而實矣。」是謂一誠明而大本攸立也。誠意以下，大段不甚費力。程子曰「中心如自固，外物豈能遷」者，爲其有本故也。來喻謂「此章訣竅只在誠字」，甚爲至要。愚所謂不誠即僞者，是無欺則誠，亦不資於慊也。若內省有疚、行有不慊於心則餒，乃是自反而存心處。自反者，省察之功，何止誠意而已哉？自其誠、正、修以至於齊家、治國、平天下，皆可爲也。若意不誠而求討快足，然心不正、身不修，則將何所討求乎？其平旦好惡、孩提愛敬、入井怵惕，乃至誠感通、無妄之理也。以此驗慊，似第二義也，何如？

來喻「大本攸立，而誠意以下，大段不甚費力」，此意盡之。但不知大本安頓在何處？若是指未發之中，則未發之中即良知也。陽明先生云「致知焉盡之」，而執事亦云盡之，則謙與慊亦不必甚纏繞，爲字義困也。但於良知本體時時充養無間，自有日達不悖處。「有天德便可語王道，其要只在謹獨。」謹獨二字，是明道先生體認真切處。「良知即是獨知時」，亦陽明先生詩教。凡天德自然流行處即誠意也，此處精思力踐，則凍解冰釋，群疑亡也。

兩承教喻，率以謙、慊纏繞爲憂，又恐爲字義所困，真至愛也。愚意蓋非字義之不明，而入德工夫有異用者矣。誠意者，大學之要領也。行方發軔，先困於快足之心，竊恐喜意一生，終成踰矩，不惟失好惡之正，抑將啓功利之端，其弊有不可勝言者矣。若謙者，則有善於己而無伐於人，此其誠慤真切，不涉矜驕之跡，不假襲取之功，雖堯舜以上不過如此。夫授受之際，豈有意於取後世之尊榮，而强以大位與人而易此名耳？飯糗茹草，若終身焉；被衣鼓琴，若固有之。即此恒心，謙之至也。《書》云「無有作好作惡」，果何意乎？請誨頻煩，欲求至當之歸以觀良知之用也。

學本以自成、自道、自得爲要。蓋自成、自道、自得，然後爲爲己之學。纔涉於外，便離本體，故無作好惡正是本體自慊處。故本文於慊處自有發明，如曰「心廣體胖」、「見君子而後厭然」之類，渾是慊不慊之驗也。蓋得其本體則廣胖，欺其本體則消沮，他人所不及知而己獨知之，故君子必慎，所以云致知要矣，「乃若致知則存乎心悟」。自慊如來喻云云，以此自作工夫亦自不妨，但於誠意章疑於慊字爲切。孟子曰：「義理之悦我心，如芻豢之悦我口。」是豈有所勉而然哉？高明縝密之資，如吾楚望，循循不已，他日自有手舞足蹈處。

天地間一氣往來，常運不息；人身血氣周流升降，亦無停泊。夫何天地大運至恒且久，而人生限此百年，且又多有所不能齊其數者，獨何歟？蓋天地，氣魄之大者，兼且普萬物而無心。若以眇然之軀而千思百慮，勞苦形骸，好惡萬端，紛更情狀，良以繼日，終無止時，救死且不贍，曷能及乎？若使此心湛然虚明，静定内直，惟其無善無惡，是謂不覩不聞也。謹獨之至，尚能順應無情，況不能與天地參乎？竊謂太古淳風，人人若此。自是而後，知善而有善惡之名焉，知好而有好惡之心焉，以至於久，則邪慝百出，日用不知，而天下始無全人矣。老子欲絶仁棄義，但惡有此名耳，非謂不仁不義也。有其意而無其名，孰能之乎？孟子以善端發見處指示爲仁，未嘗乘此以求自慊。自慊之言，似亦混矣，不可專指爲善，而爲惡者亦有在矣。縱情肆欲，放僻邪侈，豈不快其意乎？雖有善念，則曰「自我得之，自我失之」，膠固若此，非快意之所致乎？夫善學者，大要在自法天運，不當在萬物上討着落也。時事繽紛，亦快心所致。推原其始，一念之忽，以至不可藥救，於此重有感云。

「此心湛然」以下、「惡有此名」以上一段甚當，足見近功。其曰縱欲以自快者，乃是自欺其本心，認賊作子，故其衰也，有不足之色；其病也，凄然有可憐之言。其視起而易簀、没吾寧也，其慊不慊何如？程子曰：「浩然之氣，須於心得其正時識取。」行有不慊於心，則餒矣。賢汲汲於此學，如求亡子於道路者，豈非欲自慊其心，與雞犬終日營營以自快者同行而異情耶？「學要於法天，不當在萬物上討着落」尤精當。心普萬物而無心，天地之所以恒久而不息也；情順萬物而無情，聖人之所以久於其道而參乎天地者也。學術不明，至於天地失心、生民失命，如執事所感慨者，其得杞人之隱憂乎？

歷觀秦漢而下，相業顯著者不爲不多，終不若伊、傅、周、召者，蓋生非三代之淳，必淪於習俗之陋。是雖不及古人，而天植之良信不可誣。❶若宋之韓、范、富、歐，信❷美矣，使無嗜慾以動其心、利害以沮其忠，直任天德，即成王道。惜乎拘於時世，限於學術，所以柄鑿扞格，無復有爲。夫相者，天地之心也，生民之命也，一人之助也，四海之賴也。學術大明，坐致位育者，一念之公也；學術不明，萬物失理者，一念之私也。察乎二者，直道而行。故一齊人傅之，衆楚人咻之，孰能獨傅而不咻哉？此生斯世率多可上可下之資，上行下效，捷於影響，故曰趨下流者，日用不知也。智者惟有悟焉，而舊習復掩，半明半滅，暫存暫亡；愚者則甘心怡悦，冥然同其死生，不亦哀哉？安得如高明，一人信之不爲少者，以矯天下，力挽流俗，以示斯民之準則乎？偶感時事，有此一得，録以就正也。

相業至伊、傅、周、召，極矣，然其學何學也？見而知之，蓋精一執中之傳耳。其所以收位育之効者，有

❶「良」，底本此字頂部有板裂，疑當作「良」。

❷此後一頁底本原缺，兹據甲庫本補入。個别文字漫漶處參據康熙本補足。

本有原也。自是而下，若韓、范、富、歐，亦可謂表表者。律之以天德、王道，已不免於不著不察，如吴文正公之所議。自是而降，則一蟹不如一蟹也，然風俗之汙隆、世道之升降實係之。昔楊綰今日即相位，而減膳徹樂，豪貴爲之一變。蓋以一齊人傳之，不待莊嶽，數年而左右前後皆齊語。《大學》末章所引《秦誓》一段，乃萬世相業之公案也。學術不明，士心日卑鄙，徒竊仰屋之歎。如來喻云云，恐亦不可多得也。

愚嘗竊謂報應之説，乃好事者爲之耳，天人感通之理奚有意於其間哉？及觀史傳，魏晉以下之君，其始也篡其君，及其衰也，而其臣亦篡之；宋取自孤兒寡婦，其失也國無長君；胡元驅宋入海，及其亡，亦被逐於窮漠之外；至於雷州司户之邂逅於道路，亦莫知其然而然者，又信乎有是理也。凡此率皆一念之欲，以至若影若響，不可測識。若聖賢，應世無欲，則天且弗違也。故用世者容一私意，而報應之説遂乘之而中矣。弗知其理果如是耶，亦偶然默契耶？報應之説，雖賢聖所不道，而氣之感應，禍福如響，稽之史牒，如來喻云云，信然，信然。蓋人心纔涉私意則心便歉，歉則昭布森列，左右皆鬼神也。《易》學以道義配吉凶，使人有實地可據，而竟無想像妄意之失，天且弗違，而況於鬼神乎？先儒謂「報應之説專爲開誘愚民」，亦甚有理。

承教，觀之佛書，不執空，不着相，以念念不斷爲繫縛，以百物不思爲窒礙，率皆至言，遠有古意，雖儒生恐亦不能難也。但讀歸依三寶，又似着相；離迷離覺，除真除妄，於實性中不染善惡，又似涉空。蓋緣不學無文，其言亦有自相矛盾。若使與周、孔同生，其人寧如是邪？世儒以槁木死灰喻之，恐不能有以服其心。彼之堅心苦志，而文人學子之任情縱習者或有所不及也。本來面目雖近於中，應用流通恐難中節。若以此法加諸支離煩瑣之人，正對病之良劑也。何如？

佛學以無念爲宗，無相爲體，無住爲本。至於無其所無，空其所空，萬法盡通，萬法具備，一無所得，離諸法相，此最上乘。所謂三寶三昧，只是識自本心，見自本性，而於一切處所、一切時中皆無所染。雖千言萬語，説來説去，只是此意，更無走作。若欲搗其巢穴以服其心，非周、孔復生，有難言者。今之所闢者，只是闢得下乘，若論未發之中，渠學尤逼真，但無發而中節一段，此其賢智之過。賢隨處用心如此，何可多得？幸自愛。

承喻，佛氏「未發之中，渠學逼真，但無發而中節一段」，此即所謂有體無用也。彼非憎此發而中節之和以不爲，蓋其心專於本體上作工夫，故不暇及也。世人見其不暇及於日用常行，則以爲棄人倫、遺物理，遂規規於日用事物之間，將身伏事，却又不暇及於本體。若此者，果孰輕孰重，孰得其要乎？即其所爲，豈能一一中節？縱有中節處，是謂捨其本而逐其末，有其用而無其本矣。何況於意中之慾、身外之務，經營日夜，馳騁身心，而滔滔者天下皆是也，豈非盡皆無體無用之人乎？與言及此，可勝慨歎？高明將何術以拯之？愚亦可得而與聞焉，幸甚幸甚！

屏息諸緣，一念不生，自性自度，便是無上菩提。蓋彼於未發之中，正前喻所謂歸依三寶也。然其學惟上根上智、一劍兩斷者能之，故謂之頓教也。若吾聖人之學，無智賢、愚不肖皆可入手，合下便有用處。若發與未發，一滚出來，無增無減，順天理，安人情，所以經世而立極者也。若乃意中之欲、身外之務，彼所謂塵勞毒障，秋毫不入於其心者也，吾輩原無佛氏堅苦之志。其所謂學，不過講經解義，誤己、誤人至於誤天下，誠可慨歎。

奉閲《困辯録》，仰見高明廣大，纖細不遺，蓋平日萬分之一耳。第愚昧蕪陋，不諳至教，所疑者雖承命妄言於其内，未蒙明示，敢乞引正，庶獲終教也。近日始得薛考公所解《老子》，乃以儒道發明，自古以來未之有也。其無知、無識、無爲、無極之旨甚詳，惟「谷神不死，是謂玄牝」不能無疑。解之曰：「谷神者，虚而無形、感物而應者也。谷神本自不生，故不死也。」既以谷神爲虚而能應，是謂人之精神所致也。彼術亦云「錬精化氣，錬氣化神」，故神乃精、氣二物所化。而玄元，始之初，其神或未之有也。且人以水穀爲命，然水穀運化而生氣血，水穀停滯而成疾病，故氣血周流會合所以能生精神。故人之老也，精神日減，志慮日衰，平生所爲率多遺亡，其身雖存，神則已去矣。故赤子之初，不見其妙者，乃神未嘗充也。豈有常存而不死者乎？又曰「死而不忘者壽」，解之惟引龜山「知性知天」爲證，又以晦菴「古今聖愚，公共之物，非顔子所能專」者爲疑，兩存其説。蓋死生存亡，一理也，生之即存，死之即亡。死、亡二字何所分别？豈有既亡而猶有不亡者乎？愚意古人進道，在乎神而明之，默而識之，若薛公云云，且啓後人想像之端，而於踐履之實亦有所隱乎？以爲何如？

谷惟虚，故其應如響，故謂之谷神，虚靈不昧是也。谷神者，精氣之主也，有神而後有氣，有氣而後有精。男女搆精，一念交感，即其神也。錬精成氣，錬氣成神，蓋不滯於跡，神而化之，尸解天遊，以氣質爲宅舍耳。其在老氏之學，致虚極，守静篤，以無爲爲天地萬物之母，而天地萬物，吾得而孩之。究其旨意，渾以神化，不依形而立，不恃生而存者也。主乎精氣，而實超乎精氣之外。易有太極，是生兩儀，生四象，生八卦，可以例觀。賢追意古學，讀書一字不苟，歎服歎服。謬《録》承教，尤善。戒懼是工夫，未發之中是工夫的主意。混於世而世莫知，降志辱身而中倫中慮，必如是而後謂之括囊，雖和光同塵非所卹。漁父點化屈子數語，煞高。

仰承「高節堂」扁，書法精嚴，筆勢遒勁，謹爲世珍，容躬謝也。尊《録》中數段，無復疑意，而「混於世而世莫知」與「與世推移」之旨亦同，甚荷教。伏讀前喻，始知男女搆精之初，一念交感處即以爲神者，可謂神即理也。譬諸五穀之種，播自羲農，是後一禾所發，雖成百粒，而粒粒皆本此一禾之氣。至今數千年，其粒猶當時之性，特生生不窮爾。歲歲所生者，乃根苗花實之氣，而性則未有可易。故人惟知爲今之獲，而不知爲古之種乎？夫人物未生以前，此理已具；既死之後，此理猶存。何以異於是？愚初未敢以此理爲神也。故來喻所及，反復思之，道乃理之所爲，而理所從出者亦無分於天地萬物，蓋均謂此爾。所謂不依形，不恃生，主乎精氣而實超乎精氣之外者，是矣。又曰「出生入死」，解以「凡人惟欲斷死，不知斷生」；又曰「以其無死地」，解以「由無生，斯無死地」。以此觀之，所謂不亡者，必得其所乃獲不生。蓋死而不亡者，此之謂歟？是殆難以言語形容也。再希教正。

神者，天地萬物之母氣也，穀種之喻甚切。《化書》云：「神生氣，氣生精，精化而天地之所以塞也；精化氣，氣化神，神化虛，虛無而萬物之所以通也。」塞斯物，通斯變，天地萬物之所以生生無窮也。是故知死生之説，是故知鬼神之情狀。善養浩然，吾儒之所以塞乎天地；普現化身，釋氏之所以空萬緣也。神豈遠於人哉？窮理達化，稍離身心便是外道。願收斂精實以光高節，甚幸。

經賴老先生開明指示，引誘提携，厚德深情，淪肌浹骨。自承仁誨以來，此心之靈宜乎日異而月不同矣。夫何新知少獲而陋習相仍，進之不力而守之多滯？竊恐中無定見，日流於故失之塗；志之精專，終入於苟安之地。覃恩數月，復積諸疑，伏乞大推明德，悉見博施，不厭再三，逐條垂示，奉爲終身之佩服，以永此生之依歸。笈囊久具，未獲負擔；恭俟來春，趨堂侍側。有懷未盡，尊慈亮之。

僕，井中人也，學不足以備問，乃承矻矻，精藴日新，詰難發奇，廛土中用心不苟如此，惟有歎服。隨條欵對，如不當意，無靳面讎。細玩高見，終不免纏繞文義。大抵吾輩學問，既知脉路，真正就此進步，自有脱然融化時。若左顧又探，❶反見擔閣日子、有誤途程也。不盡。

良知者，此心之靈昭明覺也。其晝之所爲，若能加察，即在此也。弗知夜之所夢，亦能靈昭明覺否乎？經往往驗於夢中，亦自知其爲夢也，突知而即覺，此心徹然如應事方畢。由是觀之，此心之知無分於寂感，無分於晝夜矣。然曾子未易簀之先，此知固與天地合德、日月合明也；既易簀之後，此知將安之乎？請解久惑。

靈明乘氣機，迭運不息，通乎晝夜之道，無分於寂感，是也。然亦豈有分於天人乎？有分於死生乎？既曰與天地、日月合，則天地日月即我也。易簀之後，軀殼非我有而靈明自在，謂曾子至今存，可也。不然，天地間何以生人、生物不絶？何以生人，此靈明；生物，亦此靈明，與上古不異。

---

❶「又」，康熙本作「右」，可從。

「無所住而生其心」，陽明先生以喻明鏡應物：「妍者妍，媸者媸，一過而不留，即是無所住處；一照而皆真，即是生其心處。」夫一照皆真者，謂之良知則可也，心何由而生？若無所住者，則是應物無滯耳。須由不覩不聞，而生意方滋。

無所住便是不覩不聞，便自能應變無窮。明鏡不疲於屢照，生也；所過者化，不住也。

懿子、武伯、子游、子夏四子問孝，一也，孔子答之，何以有無違、疾憂、敬養、色難之不同？樊遲問仁者三，孔子曰「居處恭，執事敬，與人忠」，「先難後獲」，「愛人」，何其屢答而屢異也？蓋以四子之材質有高下，而樊遲造詣有淺深，如醫之用藥，各隨其病之所宜而治之。至於陽明先生語上智則曰「致良知」，語下愚則曰「致良知」，告初學、告天下亦皆曰「致良知」，其執方療病，將何以奏功乎？

聖門教人如醫之用藥，是也。良知是軒岐肘後之方，何病不知？何病不能醫？未有有病而不自知者，未有知病而不求醫者，但致之之道不同，聖人與賢人異，賢人與愚人異。夫子告樊遲等其言不一，乃是急治其標也；顔子無標症，只是告他養元氣。其告問孝，亦是隨病發藥：子夏直義，子游能養，三家僭禮，俱屬不孝。

陽明先生《見齋説》「有而未嘗有，是真有也；無而未嘗無，是真無也；見而未嘗見，是真見也」，深切有味，但牽於文義，喻道反迂。夫道不可見也，使道之可見，文王、顔子當先見之，必無望道未見之語，必無從之莫由、欲罷不能之歎。先生因作文之頃，乃以有無二字立論，工其辭而忽乎理，未必不苦於文也。説有、説無，不得已乃以道爲可見之物，以天譬之：「謂天爲無可見，則蒼蒼耳，昭昭耳，日月之代明，四時之錯行，未嘗無也；謂天爲可見，則即之而無所，指之而無定，執之而無得，未嘗有也。」夫天之無所、無定、無得，誠無也，而曰蒼蒼、昭昭爲有可見者，豈其有哉？蓋天無色也，有色者乃日月星辰、山河草木、人物禽獸，皆流行發用之迹，安得以此爲有？使天有色，則有方所、有形體矣。蓋蒼蒼、昭昭，乃空中之色耳。晝而有日，則日暎而爲濃碧；夜而有月，則月暎而爲淺碧；夜而無月，則星暎而爲玄；欲曙未曙之際，則星月光微而爲青。一日之間，其異若此，豈天本然之色哉？乃三光迭照於其上，遂成空中之遠色耳。今夫山，視之於近，乃土石之物；遠而觀之，色濃於天，愈遠愈淡，而直與天地同色矣。此道之在人心也，亦然。肌膚緻密，腸胃盤迴，曷能見乎？其聰明睿智發見於外者，視聽言動自能周旋中禮也。請示極論。

道不可見，是也。見而無所見，未爲不是也。知止有定，精進向往，謂無所見，不可也；深造以道，勿忘勿助，欲其自得之也，謂可見乎？此是學問中調停工夫的火候，只是戒慎不覩、恐懼不聞兩語，真是不着有無。佛書所謂萬法盡通，萬法具備，一無所得，離諸法相，語亦精。

陽明先生送湛甘泉先生《序》，痛懲後儒言之太詳、析之太精，蓋恐人易知而多忽，恐致畏難而無成。乃以不慮而知者立言，欲無思無慮之久，自能靈昭明覺，即「民可使由之，不可使知之」之意也。知之又恐增其疑意，矯當時之宿弊，反上古之淳風者乎？

三代以後之學，只是從知能聞見上鑽研，流而爲考索詁訓，誤了天下多少好資質的人，而聖學之荒蕪非一日也。故先生提出「良知」二字，將謂人性中萬物具備，無所不知，無所不能，惟反而求之，以充滿其本體之量，則天下之能事畢矣。非徒矯弊，亦真實語。而今日之誤，則又以知覺爲良知，其與從知能聞見上鑽研者何以異？均之爲失其本也。

不覩不聞，文公未嘗明註，而戒慎恐懼亦未嘗解也，但云：「君子之心常存敬畏，雖不見聞亦不敢忽。」蓋此「敬」字似「恭敬」之「敬」，以釋戒懼；此「畏」字似「畏大人」之「畏」，以釋恐懼。以上文觀之，「道也者，不可須臾離也，可離非道也」，人身豈能違道哉？故戒慎恐懼是不可離之工夫，不覩不聞乃不可離之本相。觀之下文，「故君子慎其獨也」，慎字是釋戒慎恐懼，獨字是釋不覩不聞，是故不可離之功在一慎字，不可離之實在一獨字。

所論得之。戒謹恐懼，亦是人性本自能如此，非無故於人性上添一物也。周公繫《乾》九三爻辭曰：「君子終日乾乾，夕惕若。」《本義》云：「九三，性體剛健，故有能乾乾惕厲之象。」不聞曰隱，不覩曰微，隱微曰獨。戒慎恐懼，言非他人所能與。精而明，小而辯，尊而無對，獨之時義大矣哉，其萬化之原乎？知獨而後知未發之中。中也者，三極之道也，可以養心，可以養氣，可以照萬物而施無不當，至矣哉！

逆億之久，有詐不信之機積於心；不逆不億，則詐不信之事蔽於己，均謂之失。蓋逆詐、億不信而覺者，乃慮而知也；不逆、不億而先覺者，乃不慮而知也。若逆億而雖覺，終無以除詐不信之機；若不逆億而無覺，又不能有以明詐不信之事。所貴乎能先覺也，欲致此覺，其在誠意乎？

既是誠意，自不逆億。誠則明，又何事於億逆也？蓋逆億便長機心，而去道遠矣。周子亦曰：「謂能疑爲明，何啻千里？」

朱陸之學不同，以致後世之疑而無定論者久矣。非無定論也，勢不能也。我朝置科目，以朱註爲程式取士，以不失朱意爲得旨，乃曰明經，是與其進也。間有異議，率皆遺置，故士習所趨，遂至不敢詆議。即唐以詩取士，而士相競習，以至於今猶尊其韻，雖無法制禁令，而自不能違也。夫取人以文，已無力踐矣。出科目者，以不合爲非，而謹受先入；守章句者，以沿襲爲是，而堅守舊聞。經嘗以是而質諸人，竊見樂近小者，率多詆陸；慕高遠者，不盡尊朱。惟此兩可相疑，終難以言語解通。每竊妄議朱子早年之見，恒以繼往開來爲己任，及至易簀之際，猶改《誠意章》。使其壽躋百年，亦無可了之事，所惜一生精力，皆馳心於紙上陳言，可謂知未極而行未力也。陸子晚年進道，取捷徑以入清微，而禮樂名物、古今事變未暇悉考，所惜一片身心，遂委致於虚靈光景，可謂行有力而知未充也。若以二賢之跡合而觀之，夫人之學也，其始不可減朱之即物窮理，繼而不可無陸之力踐躬行，是謂之知有準而行有法，庶可收聖學之全功者乎？

吾輩今日之學，當以孔、孟爲宗師。朱、陸之學，與孔、孟同乎，異乎？如其同也，雖五尺童子，吾將師之，況陸子乎？如其異也，雖文公於我有罔極之恩，然亦未敢以爲是也。其曰行有力而知未充，不知可舉一二事證之乎？世顧未有行之力而知未充者也。行之力則知之愈精，如力行於孝，則於吾父母之顔色志意，可以聽無聲而視無形也。陽明先生於此等處論之甚詳，暇可看《道一編》。我朝理學名臣，獨遺篁墩程先生。先生所著《道一編》《心經附註》煞有見，至論朱、陸之學，有取日虞淵手段。售題之誣，今固有能暴其冤者。即其著作，類多峻潔。

夫中和者，性情之德；寂感者，動靜之時。故此心存，則感通皆未發之中，寂然亦中節之和；此心不存，則無分於寂感，皆憧憧往來爾。程子曰：「心，一也。以其體而言，寂然不動是也；以其用而言，感而遂通是也。」方其靜也，虛靈明覺，故曰常感；及其動也，沉潛安定，故曰常寂。然一有好靜惡動之意，其心已入於好惡之場，不得謂之中矣。故感而能寂，則和即中，所謂恰好處也。

不患不和，但患不中。和是中之影，先儒云「無忠，做恕不出」，愚於中和亦云然。「此心存」三字，語意未備，當云此心常寂，雖感應亦未發。此心稍有所動，已不可以語寂矣。鑑空衡平，凝然不動，中之謂也；妍媸低昂，隨物而應，而不爽其當然之則，和之謂也。是將求中於和乎，求和於中乎？

意者，心之所發也，而所發惟好惡兩端。但好善如好好色，此好之正也、好之誠也，而隱然有不好之意雜於其間，乃好之邪、好之僞也；惡惡如惡惡臭，此惡之正也、惡之誠也，若使不惡之念介於其中，乃惡之邪、之僞也。然此好惡之邪僞，與下文爲善著，不善之發見，均爲自欺。然此一念之微，其意首被所亂，寔心、身、家、國、天下之先機，學者不可不察也。使知其善之當爲而爲之，不疑所行，假以歲月，真積力久，以致於美大聖神之域，其原在於爲善而不疑乎？

毋有作好，毋有作惡，如好好色，如惡惡臭，動以天也，故能自慊。然此非能充滿其良知本體之量而無一毫自欺之蔽者，不能及此。其善之當爲而爲之不疑者，知之至也。若在意上做誠的工夫，此便落在意見，不如只在良知上做誠的工夫，則天理流行，自有動以天的機括，故知致則意無不誠也。

德業者，内外交致之道也。《易》曰：「忠信，所以進德也；修辭立其誠，所以居業也。」故主於中者無不明，則見於外者無不當，此誠之至也。故動容周旋中禮者，乃德之英華，可以觀德之聚也。

意、必前馳，固、我後滯，一任朋從，爲患已久。幸賴指示，微覺時異而日不同矣。近日於思慮交雜之時，即舉以性命精微爲念，蓋性命精微與思慮交雜正對證之藥劑耳。天地間邪正不容並立，非邪則正，非正則邪。思近於正，久當自固。每感「思無邪」之一言，實萬古正固此心之指南，不可一時而或輟也。夫思者，心之官也，思則感而遂通，不思則寂然不動也。而整菴先生乃謂：「叔子嘗言：『存養於未發之前則可，求中於未發之前則不可。』此殆一時問答之語，未必其終身之定論也，且以『既思即是已發』，語亦傷重。思乃動静之交，與發於外者不同。推尋體認，要不出方寸間爾。」此見以思爲動静之交，似以静一也，動一也，動静之交又一也，顯然三物聯序，鼎峙角立。竊謂冬至子時，乃是冬至子時之初初刻，非是亥、子之間又有一刻與子時不同也。思者，方涉乎動，已不屬静矣。即思者，非已發之初初刻乎？❶行亦習爾，安有先後之分？

吁！既習矣，容或猶有不知其所以然者，然則方行之始，未有不能明其所當然也。

自其方有事於此而言曰行，自其常有事於此而言曰習。如子之行乎孝也，而無和氣愉婉之著；常有事於孝也，而無所謂明動變化之察。「察」如「察乎天地」之「察」，「著」如「形則著」之「著」，是皆義襲於外者之

❶「意必前馳」至「初初刻乎」，此段文字底本格式特殊，疑當上接前文「蓋緣」闕文處。蓋刻工此前漏刻，故插補入此處。

所爲，故終身由之亦冥行耳，何足以知道？ 謂之曰知道，蓋心與道契，故著察不容已。

孟子曰：「徐行後長者謂之弟，疾行先長者謂之不弟。」夫徐行者，豈人所不能哉？ 所不爲也。堯舜之道，孝弟而已矣。 夫堯舜之行，通乎天下古今者，亦惟先後、疾徐之間。 今夫欲速助長之人，亦疾行先長之類耳。 人之應事，當應而應乃無私心，若立意於事先，則惑矣。 事先有意，則已入於逆億、意必之歸。 慈湖「勿令起意」之一言，得堯、舜、孟氏之家法。

徐行後長謂之弟，蓋言堯舜之道非有高遠難行，而人莫之爲，疾先之念蔽之耳。 若夫助長，猶在爲學一邊，只是不能養之於豫，以培其生長之機，却乃臨時安排，襲而取之，而苗之生意槁矣。 三代以下之學，只是一箇助長。 故知集、襲之分者，可與語王、伯之機。

乾乾者，法天之誠，純亦不已也。 程子曰：「乾，天也。 乾其乾者，言君子當終日對越在天也。」夫天之在上，以吾身而對越之，勢相懸隔也。 若承祭祀，洋洋乎如在其上、如在其左右者，乃致敬爾。 蓋祭天有時，而法天者則無息矣。 周子曰：「士希賢，賢希聖，聖希天。」志在希天，其功必無間。 彼課佛者，亦不欲求對佛也，何況吾人堯舜可學而至者乎？ 聖人本天，未嘗一日而忘之也。一陟一降，在帝左右，便是對越在天。 天與人，一也，其懸隔者形體耳。 希天之功，惟乾其乾者得之，一毫私意着不得，渾是天命本來，故能與天地、日月、鬼神、四時合。

天人相與之際，授受甚明，而人得之以爲性也。 然今與之同生並育之中，已非鴻荒淳樸之俗，而所見所聞者未免邪正相半、僞誠相雜，以故人人染之，各蔽其清明純粹之質，以從於是非可否之間。 雖不能爲大善大惡，而日日相親相近，終成其可上可下之資，相逐百年，莫知所已。故聖人因時立教，始則謹其胎養，次則慎諸見聞，繼而立之、定之，以至於順耳、從心，以全其善，此則聖帝明王、文、武、周公是也。至於發乎天德而率由性真，歷乎世變而不易所守，此堯、舜、禹、湯、孔、孟是也。乃若聞見泛常，師資而得；簡編浩瀚，考索而明，此程、朱是也。蓋聖不多見，賢猶間出。君子立人極，不正俗乎？俗之染人，甚於丹青。自里巷塾序之教不興，而世之善人，惟得諸天資之美者百之一二，其餘惟可悼歎。君子欲立極而正俗，莫若講明正學，而力行孝弟忠信以倡之，縱不能遠，猶可一家也。

「中」字雖云無過、不及之差，實乃不喜不怒、不哀不樂之時也。夫喜怒哀樂，情也，而性未嘗不寓焉。方其中也，渾然全體，猶太極未形，何有動静之分？及其發也，喜怒哀樂各有當否，猶太極動而生陽、静而生陰，以至萬物化生，其變無窮。故太極非静而中非未發，喜怒哀樂非常情也。

人受天地之中以生，天然自有純粹至善，故曰中即太極也，喜怒哀樂之天則也。「太極非静」以下三句，微有語病。

一於無欲，竊恐莽蕩而無歸宿，須令提撕警覺，使此志常明，乃能惺惺不惑、生生不窮也。故無欲而有志，方爲至善。

既是無欲，便自惺惺，便自生生，非壁立萬仞者豈能及此？

「仁者先難而後獲」，工夫全在一難字。人生氣質無良，習染爲害，猶如重雲密霧，不可辯於天日。能使情慾退聽，天理炯然，則即時可見其光華矣。難者，其氣習乎？

《易》曰：「損，先難而後易。」《本義》云：「損欲先難，習熟則易。」故君子惟難其難耳，稍有一毫計功謀利之念，便是欲。必有事焉而勿正、勿忘、勿助長，正得先難後獲之旨。

無入而不自得者，遇富貴、貧賤、患難、夷狄非有所避爾，雖在富貴、貧賤、患難、夷狄之中，而惟求其自得也。夫自得者，非獨中心悦懌而已，上下同流、物我俱忘也，何況富貴、貧賤、患難、夷狄者乎？雖死生之際，亦無所避，而殺身、餓體皆所不讓也。

自得不可强揠，惟率其素履而往，始能富貴不淫、貧賤不移、威武不屈、夷狄不變、死生不易。自得者，得其素耳，素是本來面目。素之義，不明久矣！

欲動情盛，乃其好惡之重而然也。若富貴、貧賤、是非、得失以一例之，必不爲其所役，然吾之向往安有所執滯乎？好惡既輕，則情欲不能勝也。

輕好惡，恐會賺入禪空。好惡如何輕得？只是不作好惡，本其動以天，雖如好好色、如惡惡臭十分真切，即是天理。此處却要體味到底，如孩提愛戀母親，纔離手便啼哭，是何等重？却是天則。往論《誠意章》，曾明白了。

程子曰：「聖人情順萬物而無情。」又曰：「物來順應。」此「順」字若以順從之意觀之，則四凶之來，亦將任其惡矣。夫順者，喜怒哀樂之中節也。中節處即當其理，無節則不順也。故節者，斬釘截鐵之意同。

順是順天理，不是順人情。順天理纔是節，説得是。

蘇季明問：「喜怒哀樂之未發，莫是動上求静否？」程子曰：「聖人便言止。且如物自好惡，關我這裏甚事？」又問：「未發之前，下動字，下静字？」曰：「謂之静則可，然静中須有物始得，這裏便是難處。學者莫若且先理會敬，能敬則自知此矣。」季明於此再問，必有深切著明矣，却以敬上如何用功爲問，復曰：「静坐時，物之過乎前者，還見不見？」惟以動静二字上用意，竟未嘗窮究能動能静者是謂何物。若知此物之能動能静，則不勞論動論静，惟此一也。

季明此問，却是煞然用功到此處。只云「静坐時，物之過乎前者，還見不見」，却是静中無物了。大抵程門諸弟，高者俱從禪學中來。静非却事，只是澄心，此儒釋之辯也。

豫章《韋齋記》謂：「《中庸》之書，世之學者盡心以知性、躬行以盡性者也，而其始則『喜怒哀樂之未發謂之中』，其終則曰『夫焉有所倚？肫肫其仁，淵淵其淵，浩浩其天』，何謂也？差之毫釐，繆以千里。故大學之道，在知所止而已。苟知所止，則知學之先後；不知所止，則於學無自而進矣。」晦菴以「肫肫」三句「即全體，是未發底道理，惟聖人盡性能然」；延平乃以「是體認到此，達天德之效處。就喜怒哀樂未發處存養，至此氣象，儘有地位」。愚意竊謂「喜怒哀樂之未發」與「肫肫其仁」，乃中之本體也；「淵淵其淵，浩浩其天」，乃中之限量也；「苟不固聰明聖知達天德者，其孰能知之」，乃致中之功夫也。夫天淵極於上下，仁道混合於内，有何所倚著？由未發而普於天淵，非達德者能之乎？故喜怒哀樂，情也；聰明聖知，質也。情之未發，而養之以致中和；質之所見，而固之以達天德，其義一也。故達天德者，曰固其聰明聖知之質，乃能「肫肫其仁，淵淵其淵，浩浩其天」，以明其至誠之化也。

「肫肫其仁」三句，承「夫焉有所倚」而言，蓋云至誠經綸、立本、知化，渾是一個肫肫的天性流行，不犯纖毫人力。自其肫肫之有本者而言，曰淵淵；自其肫肫之無所限量者而言，曰浩浩。聰明聖知，上智之資；達天德，希天之學。學至希天，與天命一也。然後可以言至誠，言肫肫，言無所倚。凡屬覩聞、犯人力、非動以天者，皆是倚。問學至此，令人手舞足蹈。「肫肫其仁」之「仁」，即「修道以仁」之「仁」。嘗記得白沙先生詩云：「虚無裏面昭昭應，影響前頭步步疑。學到鳶飛魚躍處，絶無人力有天機。」此當玩味，不然又是向癡人説夢也。

文公謂：「虚靈不昧，以衆其理而應萬事者也。」❶夫事之在外者無窮，何限於萬？然理之在於吾心者則一也。若一事各具一理，則千頭百緒，憧憧往來於方寸之間，及其事至物來，感於此而應於彼者亦勞矣，豈無所誤？愚意具一理以應萬事，若遇君，以此理應之則爲忠；遇父，以此理應之則爲孝；以至朋友、長幼、夫婦之類，莫非此理之應用，乃所謂隨在而易名耳。理果衆乎，一乎？

一理而萬事畢焉。只是一般水，煮出千般味。

整菴先生推原性學，自禹而下以及程、張、朱子，遠有端緒。然謂「性一而兩名，雖曰『二之則不是』，而一之又未能也」，尤見妙契。但謂「寤寐求之，積以歲年，一旦恍然，洞見其性命之妙，無出於『理一分殊』四字。語其一，故人皆可以爲堯舜；語其殊，則上知與下愚不移。雖聖人復起，必取其言」，弗

❶「衆其理」，康熙本作「具衆理」。

知窮年體認，亦嘗考之不謬，質之無疑而後世果能不惑否？夫人皆可以爲堯舜者，智愚、賢不肖同具是理也。不惟無分於堯舜，雖天地萬物亦不可分別也。然堯舜固有生知勿喪，而人人則任氣逐習，日用且不知也，然其縱欲自喪則可哀矣。若「上智與下愚不移」，乃孔子對舉互言，猶「魯衛之政，兄弟也」，豈以政爲兄弟哉？所謂上智，自能合德同明；下愚，非天降其愚，乃氣習所限，蔽錮日深，化之難革，堅不可解。是故上智天成，自不可移；下愚習成，亦不能移，非專指其終不能移也，故曰：久習成自然。

「上智與下愚不移」，非不可移，不肯移也。若上智可移而爲惡，謂爲上智可乎？下愚可移而爲善，謂爲下愚可乎？故可導而上下者，惟中人之資耳。知之一，行之一，理之一也。或生而知之，或學而知之，或困而知之；或安而行之，或利而行之，或勉强而行之，分之殊也。如此説，亦不妨。

鄙人質本昏愚，習復庸陋，年至三十，賴天之靈，始有覺悟。而獨學無朋，每披聖經、賢傳之旨，但覺其恢弘深遠，又切於日用常行，遂妄意於古人爲己之學，一有所得，竊效横渠「不思還塞」之語，日付筆劄，時加檢閲。筐筥既久，多涉猶疑，幸被春風，與聞至道，粗獲所論之緒餘，莫非此生之厚遇。即今税駕將行，侍教漸遠，有疑不質，誠爲自失其時。謹將丙午、丁未年日見數條，録具方册，冀高明之廣大，開薄劣之隱疑。每見之右，乞下一轉語，兼推再造之功，溥施回生之術。無任感德沐教之至。

某衰病，何足辱？乃承矻矻，若以爲可與而麗澤之，極感極謝，繼之以愧也。恐虚來意，謹附所見於各條之下。倘未當心，無靳往復。

性，不可見也，即其喜怒哀樂之發見者而觀之，有以知其性之所蘊也；理，不可見也，即其視聽言動之應用者而察之，有以識其理之所遇也。故因情可以見性，即氣可以見理。

因情可以見性，故性其情者，發而未發也；即氣可以見理，故理其氣者，動而不失其靜也。約其情，使合於中；養其氣，配義與道，非戒懼之學不足以語之。釋之無情，道之鍊氣，有見於聖人之學而失之者也，可不慎歟！

「道之大原出於天」者，乃推其理之所從出也。人之於家，必推其所自出之祖以時祭之，此義起也。求道者豈忘本乎？

「道之大原出於天，天不變，道亦不變。」變之者，人也，故踐形惟肖、聿修厥德爲不忝。「維此文王，小心翼翼，昭事上帝」，其可謂不忘所自者乎？

盡心知性知天，朱子以爲格物之謂。陽明以盡心知性知天爲生知安行事，存心養性事天爲學知利行事，妖壽不貳、修身以俟爲困知勉行事。予私淑諸人，何敢議也？竊有疑焉：盡心知性知天，皆知也，何有行？存心養性事天，皆行也，安有知？蓋盡心知性知天，乃知之盡也，至善之所止也。前賢發明道統，是雖一人之識，然其博學力求，未必無真見。

知、行，一也。知之篤實處是行，行之明覺處是知。盡心云者，充滿其虛靈本體之量，而不以一毫意欲自累者始可以言盡，是惟知之至、行之力者始可以語之。故盡心於愛親敬長者，便能知孝弟之性，便能知孝弟之性本乎天。盡心便知性知天，無先後等級也。自夫知、行分而聖學無全功，而聞見知識之學恣其輕盈，而虚談張矣。陽明先生之言是。

道心爲主，人心聽命，本於志帥氣之意，終似二心也，誠不若陽明「道心即天理，人心即人欲」之爲精確。

心一也，自其本於天理自然流行者而言曰道心，自其有所思慮營爲者而言曰人心。「道心即天理，人心即人欲」，程子嘗言之，而陽明先生特發明之耳。《二程語録》中此一段甚精，不可不熟看。

喜怒哀樂未發之前氣象，乃一念之將萌也。即此而觀，中可見矣。

喜怒哀樂未發之前，寂然不動，天然自有，無所謂萌也，萌則發矣。程子曰：「雖無所知所覺之事，而能知能覺者自在。」斯言是。

不覩不聞，一念未萌也；戒慎恐懼，防檢其將發也。

不覩不聞便是未發之中，戒懼以養之，所以立本也。養於未發之謂豫，「凡事豫則立」，即此豫也。先天之先，素履之素，可以合觀。今人不知養良知，但知用良知，故以見在爲具足，無怪也。半路修行，卒成鬼仙。

習染之害，若膠漆然，未易除也，能去舊則知新矣。若孔子，温習往昔之見聞，則有新己範人之實效。所謂温故之學，即去舊之方也。

濯去舊見以來新意，正如執事所見。但温故之故，乃人生所得於天之本體，即故吾也，良知良能是也。新則是良知良能之長裕無窮處，故養其本體之知則日進無疆矣，故曰新。新非於良知之外有所加，只是日益著察明動也。

知此理而行之不力，是謂虛擲其知，故縱於昧。

知此理而行之不力，便是聞見之知。雖出入古今，畢竟對塔説相輪，終非己有也，故曰昧。然後知「知行合一」之論，於學者極有力。

仁道至遠至大，至精至密。本於天地之心，發爲萬物之性。推之六合而一體，反之萬化而一原。善者默契其真，惡者顯知其僞。傳心之至言，扶世之要道也。

學者須是識得仁體。識得仁體，而以誠敬存之，然後可與共學。顔子三月不違，曾子死而後已，便是與天地萬物爲一體。程明道云：「不仁便是死漢。」此語當玩味。

三原王公欲以《大學》「有所忿懥」一章，各貼一先字，謂：「事未至而心先有忿懥，則忿懥之行不得其正。」不知若無箇事有激其忿懥，彼亦安得無端而生忿懥耶？即是「有所」二字，即着於事矣。夫事未至而心先有忿懥等事，則是將迎意必而泛用其心者也。忿懥、恐懼、好樂、憂患者，喜怒憂懼之正也，但加「有所」二字，蓋是過也。過於喜怒憂懼，乃爲助長，非其正也。觀下文「視不見，聽不聞，食不知味」，蓋是不及也，是爲忘也，皆非其正也。今又以未至而將迎，既往而留滯，鑿矣！

有所便屬覩聞，屬覩聞便失本體，故曰「不得其正」。失其本體便是心不在，故曰「心要在腔子裏」。腔子是未發之中，此是真實不誑語。大抵常情應事只有三病：未至而迎，既往而留，當應而有所偏重，均之謂有所。故於齊家、修身處，又指出「之其所」三字。釋氏有「外迷着相，内迷着心」，疑亦有得於此乎？

吁！聖經殘缺多矣！《周易》流於卜筮，幸免於秦火；《詩》讀考定，❶出於漢儒；《春秋》之旨，秘相授受，悉非全書，而《禮》《樂》亡矣。今之《禮記》，又被漢儒穿鑿附會，其簡編錯亂，不止於《大學》而已。

經殘教弛，儒者之嘅久矣。幸而全經在人心，萬古不磨，學而知所以求其心，即使六經無一字，而作聖之階固在也。《易》之時，《書》之中，《禮》之敬，《樂》之和，《詩》之無邪，《春秋》之是非，今五尺之童能道之。賣櫝還珠，經雖全，何益哉？慨有甚於殘也。

夫教無定法也。以世而論，大則時之所尚，次則俗之所同；以人而論，大則有質之所近，次則習之所偏。隨所向而立言，同歸於善也。

教無定法，學有定體，故羿不能爲拙射變其彀率，大匠不能爲拙工改廢繩墨。南轅北轍，趨中華而慕主則一也。隨時因俗，量其資之所近，而潛易其習之所染，惟善教者能之。未發之中，萬世之彀率、繩墨咸取法於是，雖二氏之過高亦不能變，特其端緒別耳。

由堯舜至於今日，三千有餘年爾。其間變故如是之多，以今視堯，遐乎邈矣。自堯上距鴻荒開闢，弗知幾何年可也，而曰十二萬年，則是强其所不知也。

元會運世，只是説得大概。若銖銖而稱，寸寸而較，其舛誤難盡合處亦多。故象數之學，儒者當以理

❶「讀」，康熙本作「書」，可從。

會,而泥之者失矣。

恕,能省身也。可以恕人而不可恕己,恕己則過日勝而不知也。

如心爲恕,恕之義大矣。故不自欺其心者,始能度人之心。不然,則恕己、恕人,皆姑息以從欲也,故曰:所藏乎身不恕,而能喻諸人者,鮮矣。恕即《大學》之矩,絜矩以照天下,則人易從。

天地間,可把玩者皆陰,其不可見者皆陽也。

輕清未形者理,重濁有跡者器。器可跡求,而理可心玩。然理即器,器即理,故曰「一陰一陽之謂道」也。

《莊子》曰「百昌皆生於土,皆歸於土」者,所以始萬物而終萬物也,此論形也。若夫理,則始降自天,終歸於天。

理不離形、氣。《莊子》所言者形,執事所言則氣也。乾知大始,坤作成物,闕一不得。理也者,寓於形、氣而超乎形、氣之外,不在天,不在地。

一噂衆咻,爲其不同也。風俗已成而欲變之,孰能獨噂哉?有國家之責者,求獨噂以成大同,可也。

變已成之俗而歸之大同,責有所歸。文明以健,中正以應,惟君子爲能通天下之志,故曰「同人於野」。

譽人者肆欲,毀人者不情,未得其宜也。夫毀譽不能累情,而情不係於喜怒也。過譽過毀,何容心哉?

天下有道，有是非而無毀譽；天下無道，有毀譽而無是非。是非者據理，毀譽者狥情。事久論定，情隨人往，理固在也。

夫至神者，虛靈不昧也，明健不息、顯微無間也。

天地之道恒久而不息，賴有此物。故明明德於天下者，所以參天地而贊化育也。

人生而靜，以上無容言。自有生之後，皆動也。幼而襁褓食息，長而應事接物，無非動也；雖睡無知覺，亦氣昏少憩耳，皆非所靜，故有生之後皆動也。即此動中，可以求沉潛安定，栽培根本，庶勝其動。若任其汩汩，終日窮年，無由以靜也。

即動以求靜者，始可以言定。未發之中是靜根，舍中而求靜，棄柁而操舟也。「沉潛安定，栽培根本」二語精確，養德藏身無以踰此，幸常存此意。

穀種，體也，根苗花實則用也；鳥卵，體也，爪牙羽翼則用也；無欲，體也，知覺運動則用也。種穀而因暄涼，伏雛而資温暖，而學者豈無存養省察之功以立其體乎？

「無欲，體也，知覺運動則用也。」即體而用存於體，即用而體主乎用，此暄涼温暖之節、存養省察之功乎？「立其體」三字緊要。

一念之邪即過也，一事之非必改也。遠則忽其天下國家，近則切於身心意氣，故不可以一念之細、一事之微而不加察，以速其過也。

過不止於邪也，正亦過也。過之義博矣！或生於氣質，或生於天理，或生於人欲，或生於時位，無時無過，無念無過。聖人補過之不暇，故終日乾乾。君子改過，小人遂過，天地懸絶也。此中要精察，纔覺無過，便是工夫疏處。

欲勝氣暴，易於耗也。必寡欲以凝之，必直氣以養之，而天下之理得矣。

寡欲始能見過，直養始能改過。不見過時便是欲蔽，不改過處便是氣餒。

守静待動，不若制動以馴致於静也。

二者不可廢一，故常寂常感，常應常止，守静制動之方也，此與「沉潛安定，栽培根本」不相背。大抵立本工夫，一時歇手不得。若曰「制動以馴致夫静」，却有病。

夫「天地之帥，吾其性」，吾性，天地之理也；「天地之塞，吾其體」，吾體，天地之氣也。吾性不能外於吾體，則知理與氣不能二之也。❶

論氣不論性，不明；論性不論氣，不備。「二之則不是」，程子之言盡之。自理氣之説分，而太極之體裂矣。

當仁者，猶當事也。當事者，勇往直前，何暇悠悠顧忌？

當仁者，以仁爲己任也。任仁者，雖一息退步不得，少有所遜，便不可以語當仁。天下之言當遜者，莫過於父師。雖師亦無所遜，勇之至也。

---

❶ 此後一頁底本原缺，兹據甲庫本補入。個别文字漫漶處參據康熙本補足。

孔子喪、哭，不飽、不歌，是謂主一無適。

主一之説是。哭、歌不可以無常，無常非所以養心。當喪不飽，❶當哭而歌，有常心者不然。

天依形而弗已，地附氣而乘化。

道器、理氣不相離。少有所間，則乾坤或幾乎息矣。

人生者，靈也。自受氣以來，孩提漸能知覺，至於志學立事，聰明充滿。及其老也，其靈漸滅，以至昏耄，無復知覺，繼之以終。此靈獨萃於中年，何不乘中年之盛，以精一斯仁而延造化可乎？

氣有盛衰，而靈無老少。隨盛衰爲昏明者，不學而局於氣也。「七十而從心所欲，不踰矩」，越老越精靈。

就己之氣習所偏而務，曰合道者，意也。

氣習所偏處便不合道，故學莫先於變化氣質。

直道而行者，任其性，則其失也愚。

既曰「任情」，却便不是道矣。證攘、乞醯，害道莫甚焉。變易以從道，則情命於性矣。情命於性，天聰明之盡者也。今之所謂直道，只從格式道理上安排，故其失也愚。

見聞者，磨礪之具也。聞見廣而驗體真，斯爲定矣，所惡乎執所見所聞自以爲真者。

---

❶「不」，康熙本作「而」，可從。

執所見聞以爲真者，是以瓦礫爲金玉也。抱璞而泣，知真者亦鮮矣，故孔子有「莫我知也」之歎。戒慎不覩，恐懼不聞，真見真聞也。

整菴謂：「惟其有聚有散，是乃所謂理也。」是何異於以知覺運動爲性乎？

整翁有見於「一陰一陽之謂道」也，故云。以知覺運動爲性者，是不知有氣質之性也。

人之於家也，事父母則以孝焉；之於國也，事君則以忠焉；之於天也，有覆載生成之義，未聞以何道事之。惟孟子有曰：「存其心，養其性，所以事天也。」此則非止承顔養志、盡心盡思而已，蓋天地以生物爲心，人能存此養此，以收復舊物而全歸之，是以天地之心爲心也，其斯之謂事天之道乎？愚竊謂事天以誠。

惟仁人爲能事天，惟孝子爲能事親。《西銘》一篇渾是此意，明道極稱其筆力，非獨以其文而已。

命者，天所賦予之理也，但人不知盡其道焉，而以殀壽惑之，不能有以立卓爾。巖墻、桎梏，是謂他虞。故修身以俟之，所以能順受也，能順受者乃盡其道也。

「順受」二字，發明極當。爵位、軒冕，巖墻、桎梏，吉凶、禍福之器也。命有正有變，順其變與正而受之，則富貴、貧賤、夷狄、患難只一例看。

知行合一之論，爲其知之明而行不力也。知者，脱去見聞之機括爾。勇以行之，立躋高明之域；若行而或緩，不誰復入舊習，❶抑將沉痼益久而不易知矣。聖賢之學雖不若是之拘，而補弊救偏，實學者

❶「誰」，康熙本作「惟」，可從。

之要務。

知行之説，蓋嘗論之矣。知而不行者，不可謂之知；行而不知者，不可謂之行。故博學、審問、愼思、明辯、篤行，繼之曰「學之弗能，弗措也」，可見「學」字原兼「行」字意，不然，何以曰「弗能」？

有格物之學，有執理之學。執理之學者，惟精察此心之天理，以致本然之良知，所性而有者也；格物之學者，今日格一物，明日格一物，至於用力之久而一旦豁然貫通，由教而入者也。講學者惟此兩端，任其質之所近者而信從之，各以爲眞，故有二者之異。

精察此心之天理，以致其本然之良知，此聖學也；今日格一物，明日格一物，此多見多聞之學也。欲學聖學者，當從前一説；欲由聞見入者，當從後一説，是在學者定其志耳。

格物、致知，一也。朱子則亦外資於事物，陽明則惟內任其心思。朱子乃困學之功，陽明乃生知之具。

致知者，充滿其虛靈本體之量；格物者，感而遂通天下之故。致以復其心之體，格以達其心之用，均之謂求心也。或生而知之，或學、或困而知之，及其知之，一也。

愛官職者，事多忍爲。

「鄙夫可與事君也與哉？其未得之也，患得之；既得之，患失之。苟患失之，無所不至矣」，故曰「事多忍爲」。

古者無盜。自有盜之名，君子不能無慨也。夫自穴居野處而道不拾遺，風俗淳焉；自汙尊杯飲而愛親敬長，❶禮讓興焉。飲食起居，進止作輟，罔不中也。乖之則有爭，爭則人道息而盜心生矣，故盜原於無禮。

禮教衰而盜風起。盜無足道也，衣冠之盜興，而生民之肝腦始塗地也。故曰：非其有而取之者，盜也；以言、不言餂人者，穿窬之類也；梏亡於旦晝之所爲，而夜氣不足以存者，禽獸也。可勝慨哉，可勝慨哉！

喜怒於己求無過情，可也。被人誘而好之，其喜必深；激而怒之，其怒必揚。若能察之，必無此弊，所謂明鏡止水、隨感而應也。

當喜怒而察之，縱使中節，已是義襲而取。若曰察其本體寂不寂而密其功焉，却又不可少。明鏡止水，體常定也，故曰致中而和自生焉。《禮》曰：「禁於未發之謂豫。」豫字緊要。《易》曰：「豫順以動，故天地如之，而況於建侯行師乎？」

因病以求道，猶就祿以養親也。世祿者，甘旨易致，而韋布之家，必資祿以慰親。至於人身亦然，氣禀完厚者，不待針砭，易於進修；其身體羸弱，氣血違和，病痛百出，救危且不贍，奚暇論道哉？所謂治疾者，修身之事也。

約情節慾，治病有修身之事，未有能修身而反致疾者。至於禀賦羸弱者，寡慾可以壯盛，程伊川四十以後可見。

---

❶「杯」，當作「抔」。「汙尊抔飲」，典出《禮記·天運》篇。

農桑之業，非慾多勞少獲，惟無過求，亦近於理。

農桑者，王政之本，治生之恒業也。逐末者多而盜心生焉，王化之不復見也。

臨深淵，履薄冰，持志之要也。曾子蓋嘗終身從事於斯，故臨危猶以是告其門人，可謂一夕尚存，此志不容少怠者矣。

此可見戒懼之學不可須臾離也。孔門傳授心法，只有此一件。子思得之曾子，故云。

蘇老泉欲士愚而後可與之俱死，非脅從之術乎？誘人於死地，而又使其不知，是誠何心哉？

此有激之言也。行險以僥倖者，皆智巧之士，惟樸忠者多成仁而取義也。

孟子曰「孔子不得中行而與之」，乃述前人之言，引證後學也。註以「當有『曰』字」、「作行」、「作狷」分孟子之言，何其鑿也！孟子之時書無刊本，一時問答，不過傳聞記憶，安得一一無訛？若如此，必手錄面質而後可。

雖不加「曰」字，本文亦自明當。

夫萬物皆有易也，而不可易者，理也。易之言字，已爲深切著明，人自忽之而不察爾。

天理之生生不已曰易。自古及今，非此，則天地或幾乎息矣，故河出圖而學始興焉。

心無出入，不可收放也。夫心者，性情如舍，志意所寓而神明出焉。《大學》之誠意、正心，在當時，人所知識是心也。惟言心者，使其易知。今自當云誠意、正心、收其放心，語涉紛更，而事則切於用力。

心豈有出入？出入無時者，放也。「學問之道無他，求其放心而已矣。」動而不失其本然之靜，志之正也。

《内經》謂春爲發陳，欲使志生。吁！志如何得生？日新者，非志之生乎？

人之精神志意，乘時爲發舒收斂也。春以作事，如士之就學，農之舉趾，工之居肆，商賈之行貨、居貨，未有不始於春者，故曰發陳。生志，非「尚志」之「志」也。

日新者，爲能遠其舊見、舊聞也。

自可欲以至於聖神，自致曲以至於變化，皆日新也，不但去其舊見、舊聞而已。

群居終日，互談其所見、所聞，其未之見、未之聞者亦不能談也。噫！

群居而談其所見、所聞，猶之可也。言不及義，好行小惠，而未之聞、未之見者又日入於耳而種於心也，士安得不變而爲盜也哉？故曰：「其何能淑？載胥及溺。」

嗟乎！見聞之溺人，不可解於心也。愚者固已同其死生矣，智者久而任之，亦不他向。嗟乎！

見聞之縛，甚於徽墨。慎言寡尤，慎行寡悔，此是夫子爲子張解縛法，而子貢之忽疑，終不若曾子之唯也，故曰：「知德者鮮矣。」凡自聞見入者，皆不可以語自得。

醫人有用中之道，日者有定志之術。診視其氣血之不足則補之，有餘則瀉之。脉又有至數，病則過不及也。子平卜筮，吉則行之，凶則避之，無妄爲也；富則必貴，貧則必賤，無妄思也。

「小道有可觀者」，以其皆有聖學之一班，故其傳亦遠，「致遠恐泥，是以君子不爲也」。用中者以平爲福，定志者以探測爲妄。

農夫寓爲學之道：土中有自然生意，勤則得之，不勤則不得也。學猶是也，知性中之所有，則固守而勿失。引而充之，仁不可勝用矣。

譬得是。故曰：「苗而不秀者有矣夫！秀而不實者有矣夫！」又曰：「夫仁，亦在乎熟之而已矣。」集義所生，本立道生，皆自然生意。學力不至生處，便是宋人見解，故曰：「天下之不助苗長者，寡也。」

良賈不擇貨而兼收，獲利均也。爲學而待於日月，滯矣。

歲月不待人。「待」之一字誤人多矣，故曰：「待文王而後興者，凡民也。」

聖賢之言如醫之治病，因其所偏而治之，初無定説。若孟子之言性善，乃因告子蔽錮之深以教之，俟其省悟。惜乎終於固執，而孟子中道之言不復聞矣。後世以天地之性、氣質之性會之，不能無惑。

氣質之性得中和處，便是天地之性；天地之性失中和處，便是氣質，非犁然二物在人者。聖賢教人，只是救得氣質之偏，如醫之用藥，亦隨其所偏而治之，要亦只是培元氣。

今之交游者，相知相得，有過多不知之，雖知而必諱相戾、相違，反是狥於私好。孰從而察之？

聖學不明而友道廢，友道廢而明倫之教寂焉無聞，是豈世道之小故哉？故欲君臣義、父子親、長幼序、夫婦別者，非復友道不可也。

天下同志者無幾，而志不同者，舉目皆是也。若擇其同志爲交，其志不同者豈能違之？故君子雖有一長亦交之，在乎慎所與也。

「無友不如己者」，慎所與也；寸長必交，取善之廣也。「友直，友諒，友多聞」，當以夫子之言爲的。

海潮非地之喘息，地惟一丘土爾，潮汐乃氣之升降也。人之喘息能通乎親，是與天地之氣相塞也，

而此心之靈豈不上通於天乎？至誠能格天者，此也。

天、地、人，一氣也。潮汐爲天地之氣之喘息，亦人之喘息也，論得是。

神仙之術，乃一氣孔神爾，吾道則一理昭著。

理氣本不相離，但所主不同耳。屈子云：「一氣孔神兮中夜以存。」陳白沙詩云：「仙家自有調元手，屈子寧非具眼人？」

人能戰戰兢兢，不雜不息，乃致「溥博淵泉而時出之」。

文王「純亦不已」，亦只是如此。天淵之體，人所同具，惟戰兢不息者能復之。故言而民莫不信，行而民莫不説，動而民莫不化，出以時也。

人心方寸，虛而不實，神明出焉。以天體觀之，四海之內，地之涯也；四海之外，天之際也。地涯之內，人物生焉；天之際，水氣滔天，則人物不能以存。而西北窮山塞險層疊其間，人物之生氣本不和，率皆執偏守拗；東南瀕海，瘴烟騰滿，海外諸夷異域殊形，昏昏懵懵；惟中國爲天地之中，二氣往來，其中必虛，人生於此，受氣多正，中虛心靈。吾人已幸稟其正氣，又復得其中虛，却乃千機雕鑿，百慾攻取，自耗其靈，虛擲其正，哀哉！

昔人以幸而生爲丈夫，又幸而生中土，而以不聞聖人之道爲至恨，亦正此意。同此哀者，幾人哉？

朱子以「夜氣正是復處，固不可便謂之天地心，然於此可以見天地之心矣」。夫夜氣澄息，及爲夢

時則百感紛紜矣，然其一感之初即復矣；旦晝牿亡，及無思處則萬念澄寂矣，然其一念之起即復矣。一感之幾，一念之微，而天地之心可見矣。

復者，復其本體也，天地之心便是未發之中。夜氣清明，敬以持之而不牿亡於旦晝之所爲者，其於天地之心殆庶幾乎？此等處却要體認得真切，然後工夫不走作。

孔子曰「仁者，人也」，由人身具此仁道；孟子曰「仁者，人也」，以仁理合於人身，此註者之義也。愚謂人之爲人，未有此身已有此理。此身既立，此理先涵，而赤子之心，天然完具者也。但交於好惡而習俗又能移之，故漸有遠處，而善端所備未始有離。故人依仁以立體，仁因人以達用。

天地非仁，人何以有此身？有仁而後有人，盡得人道而後復得仁體，故曰：「仁者，人也。」合而言之，道也，不仁則人道息矣。仁是生生之機，學者須識仁體，則所以預養此體工夫便有着落，而以愛言仁者，淺矣！

二年日見，過蒙深教，悦心怡目，恒不知所感云。捧誦月餘，意涉淺陋者已知妄謬，奮當鞭策前往，求副盛意。但一二少異者未免疑猶，仰賴高明，將原見新疑録呈指示。言有躁妄，意欲求諳，尚冀抑而教之，無任幸荷。

辱不鄙厘咨問，若欲根求此學，是當以不負麗澤，特愧淺陋，無能仰答虛懷爲懼。學須領略主惱，❶其

❶「惱」，康熙本作「腦」，可從。

中有未融會處，主腦明健，久當豁然也。幸再教之，萬萬。

鄙人日見云：「三原王公欲以《大學》『有所忿懥』一章各貼一先字，謂：『事未至而心先有忿懥，則忿懥之行不得其正。』不知若無箇事，有激其忿懥，彼亦安得無端而生忿懥耶？即是『有所』二字，即着於事矣。竊意事未至而心先有忿懥等事，則是將迎意必而泛用其必者也。❶忿懥、恐懼、好樂、憂患四者，喜怒憂懼之正情也，但加『有所』二字，蓋是過也。過於喜怒憂懼，乃爲助長，非其正也。觀下文『視不見，聽不聞，食不知味』，蓋是不及也，是爲忘之，亦非正也。今又以未至而將迎，既往而留滯，鑿矣！」

承教云：「心體是虛的，有所便屬覩聞。如未至而迎、既往而留、當應而有所偏重之類，便屬覩聞，便失本體，故曰『不得其正』。失其本體便是心不在，故曰『敬以直内』，而密察此心之存否，敬以直之。直之便是未發之中，此是真實不誑語。故於齊家、修身處，又指出『之其所』三字。釋氏有『外迷着相，内迷着空』，疑亦有見於此乎？」

王端毅公雖欲貼一先字者，已增一意必矣；蔡介夫則以或先或後皆能爲病，不可指殺一處。故今日舉業之文，則有未至而將迎、既往而留滯之説矣。既不可指殺一處，則不容不分先後，不得不備固我，傳習之弊，其堅如此。高明乃謂「有所便屬覩聞，便失本體，爲不得其正」，蓋忿懥、恐懼、好樂、憂

❶ 下「必」字，康熙本作「心」，且與前文所引相符，可從。

患，即來教所謂當應而有所偏重處也。既屬應而嫌屬覩聞，則此四者不屬覩聞乎？愚意竊謂「有所」者，喜怒憂懼之過情也。文公亦謂「皆心之用而人所不能無者」，但不可久於其所也。今之過於喜者，事未至亦喜，當應亦喜，既往亦喜也，然亦有終日經旬横於胸臆、喜而不忘者。有數歲嗃嗃、未嘗一悟者，亦有終身由之、蒙然不知者。豈未至既往、片言寸晷可言所哉？亦非止見聞滋味之不察。雖死生亦可輕，而此意之不忍捨者，竊謂有所者喜怒憂懼之過情也。統希啓豪。

未發之中是喜怒哀樂的天則。當喜怒哀樂時，渾是未發之前氣象，便是情順萬事而無情也。順應之情便無所，便不屬覩聞，便無先後，便無過不及。譬之太虚，雷霆風雨、日月寒暑日萬變而無跡，虚故也。非虚不足以語未發之中，故戒慎不覩，恐懼不聞，致虚極也。一爲意、必、固、我所累，則物而不化，故不得其正，而於耳目鼻口皆無所檢，其弊有不可勝言者。前説本自明白，而復云云，蓋爲多言纏繞，不深究夫未發之中，而致疑於中節之和也。

又曰：「有格物之學，有執理之學。執理之學者，惟精察此心之天理，以致本然之良知，所性而有者也；格物之學者，今日格一物，明日格一物，至於用力之久而一旦豁然貫通，由教而入者也。講學者惟此兩端，任其質之所近者而信從之，各以爲真，故有二者之異。」

承教云：「精察此心之天理，以致本然之良知，此聖學也。今日格一物，明日格一物，此多聞多見之學也。欲學聖學者，當從前一説；欲由聞見入者，當從後一説，是在學者自定其志耳。」

以此觀之，「欲學聖學，當從前一説；欲由聞見入者，當從後一説」，無異於「欲學寂滅，當從《楞伽》

諸經；欲學虛無，當從《老子》」者乎？ 所恨者，氣質之性萬有不齊，若立教條，不勝繁析。合無悉由教入，得示真知，則高明者即獲，而凡近者先難，如此志有定而學不繁，各能有以會其歸也。

今日格一物，明日格一物，已非《大學》「格物」本旨。但今之學者，志在廣聞見，故力主此説而不破，而至以一物不知爲深耻，終身弊考索而於身心一無所得者，往往有之。賢有志於聖學，但當究意於精察此心之天理，以充滿吾良知本體之量，則低昂屢變，泛應無窮，自有天則以臻夫格物之妙，非爲兩可之説以啓多門也。

又曰：「群居終日，互談其所見、所聞，其未之聞者亦不能談也。噫！」

承教云：「群居而談其所聞、所見，猶之可也。言不及義，好行小慧，而未之聞、未之見者又入於耳而種於心也，士安得不變而爲盗哉？ 故曰：『其何能淑？ 載胥及溺。』」

所常聞及常見者，入於耳，種於心，互能談之矣。其未嘗見、未嘗聞者，不知安能談乎？ 但人被見聞所拘，高以就高，下以就下，群居終日，互談何已？ 焉得超常情，求獨悟，以爲世之準極乎？ 擇友之游、擇里之處不見於後世，故所與群居、群游者，不過里巷相往還、親戚相昵狎、情義相投契者數輩耳。日與講求，高者文藝，下者拍肩促膝，如貨色規取之術。日聞其所未聞，日見其所未見，日行其所未行，日究於汙下而莫知其所止，此等何限？ 故曰：「友便辟，友善柔，友便佞，損矣。」「友直，友諒，友多聞」，即所聞見雖庸言庸行，相觀而善，其益無窮也。

又曰：「聖賢之言如醫之治病，因其所偏而治之，初無定説。若孟子之言性善，乃因告子蔽錮之深以救之，俟其省悟。惜乎終於固執，而孟子中道之言不復聞矣。後世以天地之性、氣質之性會之，不能無惑。」

承教云：「氣質之性得中和處，便是天地之性；天地之性失中和處，便是氣質之性，非犁然爲二物在人者。聖賢教人，只是救得氣質之偏，如醫之用藥，亦隨其所偏而治之。」

良是。夫中和者，性情也。氣質之性則有中和之説，而天地之性純中也。後世所謂天地之性，非繼之者善乎？既謂之善，則無失中和處也。氣質之性有偏，則天地之性無偏也。然性即理也，理無動，而亦非有静也。性既無惡，而善亦非所有也。故自氣質之稟，而昏明、强弱、善惡、邪正，萬殊畢集矣，及物欲所染，以成其所偏。其性之本體，善惡無名，蓋混然之物耳。愚見如斯，弗知終有合於中道之言否？

過於愛，過於厚，伯奇之孝、屈原之忠亦是天地之性過處。故均謂之善，可也；均謂人人得中正，則有未備也。氣質之性鮮有不偏，然百姓日用，亦有隨其所禀而合道契理。豈可謂氣質之性與天地之性，禀受之初，真是判然爲兩物交付來耶？故曰：器即道，道即器。要之，道爲器拘，器以道化，學與不學也。

心經分註疑問

分附《心經》，指示詳明者，易於體察矣。尊筆疑貳者，必與原意有異，經日每求之不能釋然。蓋我朝尊信文公殆若蓍龜，故後學者先入既深，卒難了達。今特逐條奉陳，伏冀終教，不勝感荷。

承問，條有精義，老誇不達於詞，故令賢者復生疑。學問只於大主腦分明，其於傳註有不盡合，亦不必規規符會也。況《集註》未必盡出文公之手，蓋多門人成之，愚嘗讀《朱子語録》而知其然。《中庸》正文當熟讀詳味，久當得力。「大江東去」近見和詞，儘有蹊徑，非區區所能贊一詞也。

《心經》所引朱子曰：「人自有生，即有知識。事物交來，應接不暇，念念遷革，以至於死。其間初無頃刻停息，舉世皆然也。然聖賢之言，則有所謂未發之中、寂然不動者，夫豈以日月流行者爲已發，而指夫暫而休息、不與事接之際爲未發時耶？嘗試以此求之，則泯然無覺之中，邪暗鬱塞，似非虚明應物之迹。而幾微之際一有覺焉，則又便爲已發，而非寂然之謂。蓋愈求而愈不可見，退而驗之於日用之間，則凡感之而通，觸之而覺，蓋有渾然全體、應物而不窮者，是乃天命流行、生生不已之機。雖一日之間萬起萬滅，而其寂然之本體則未嘗不寂然也。所謂未發，如是而已。夫豈别有一物，限於一時，拘於一處，而可以謂之中哉？然則天理本真隨處發見、不少停息者，其體用固如是，而豈物欲之私流蕩之中，而其良心萌蘗，亦未嘗不因事而發見者？學者於是致察而操存之，則庶乎可以貫乎大本、達道之全體而復其初也。」❶詩云：❷「可疑。既云以日用流行爲已發，而指夫暫而休息、不與物接之際爲未發者以爲非，則無泯然無覺之可求矣。」

---

❶ 此處所引文字出自朱熹《與張欽夫》一書，但部分字句有差異。

❷ 「詩」，據上下文義，當爲「註」字之訛。

夫邪暗鬱塞即暫而休息、不與物接之時也，若於邪暗鬱塞之中以求虚明之迹，則幾微有覺亦中也。未知所疑云何，併賜啓蒙。

自「日用之間」至夫「豈別有一物，限於一處，而可以謂之中哉」，渾是指暫時休息、不與事接爲未發；又以幾微之際、一有覺焉爲已發，此屬可疑。變化云爲而本體寂然，發猶未發也；事物既往，念慮未萌，炯然在中而一無所主，未發猶發也。故覺不可以言中，覺而無所着者爲中。不聞曰隱，上天之載也；不覩曰微，道心惟微也。知隱、微之義者，其於未發幾矣。

又曰：「光陰幾何？而靡弊於事役塗路之間，動涉時序。雖隨事應物，不敢弛其警省之功，然客氣勝而天理微，纔涉紛擾，即應接之間尤多舛逆。如來教『一言未終，已覺有過言；一事未終，已覺其有過行』，在高明未必然，而熹實當之矣。以此常恐因循舊役，辜負平生師友之教，尚賴尊元未即遐棄，猶時有以振德之也。」註云：「『應接之間，纔涉紛擾，尤多舛逆』，此可見致和之必本於致中也。此等處要善看，不然亦有病。」

夫纔涉紛擾，則事體無主而舛逆之病作矣，安能應事接物一一中節以合乎中哉？蓋紛擾既久，所守亦喪，所以動而有悔也。

既曰「隨事應物，不敢弛其警省之功」，又曰「纔涉紛擾，即應接之時尤多舛逆」，則所謂警省之功，不知何所用也？如此用功則不成片段，與戒謹恐懼、不可須臾離全不相似，如何更有輳泊時？故曰有病。

又曰：「所論大概只是如此，但日用間須有個欛柄，方有執捉，不至走失。若只如此空蕩蕩地，恐無撈摸也。中只如此，應事接物無過不及，中間恰好處。閲理之精，涵養之久，則自然見得矣。」註云：「『日用間須有個欛柄』，是指何物？莫亦只是指天下之大本言也？白沙云：『得此欛柄，則上下四旁、往古來今，一齊穿紐，一齊收拾。物物信地本來，何用爾手撈脚攘？』煞是。」

應事接物無過不及，中間恰好處便是中節之和。能中節，則中在其中矣。聖賢之道，若言乎有則未嘗有也，以言乎無則未嘗無也。若尋欛柄執捉，則有形狀方體，而採藥結胎之術迤邐向進矣。

中是天然自有、寂然不動的本體，由此而發，則事事物物無不中節，便是恰好處。而乃欲求中於應接之際，恐於精一允執之意不相爲謀。自中之爲説不明，而堯舜之學不傳，其來遠矣。《中庸》首章忒分明，願熟味，可見。

又曰：「特守之要，❶大抵只是要得此心常自整頓，惺惺了了，即未發時不昏昧，已發時不放縱耳。」「只如此着工，可不至於大差。蓋已發、未發却只是一箇工也，然語亦微有病。」

夫持守之要，在乎一而已矣。一則無欲而有主爾，無欲則了了矣，有主則惺惺矣。能惺惺了了，則主意常有於胸中，不分於已發、未發，自能不昏昧、不放縱也。夫子何疑？

既曰「常自惺惺了了」，又曰「未發時不昏昧，已發時不放縱」，又似有接續改換數摺，故云「微有病」。若如來喻所云「要於一而已」，却是簡明。大抵工夫有進退、駁換者俱難成章。

❶ 「特」，康熙本作「持」，可從。

教謂：「學要識得仁體。」

退思之，仁者以天地萬物爲一體，仁主於愛，所謂「親親而仁民，仁民而愛物」是也。識得此體，隨處推廣，皆此仁愛之流通，便是求仁，故《西銘》一篇及陽明先生《大學或問》發明此意甚備。不知所謂須要識得者，只如此便是識乎，抑别有求仁之功也？

仁可以愛言乎哉？以愛言仁，淺矣！仁是天地萬物一個生理，即吾身所由生之理也。孟子曰：「仁者，人也。」又曰：「仁，人心也。」蓋言人之所以爲人與心之所以爲心，只是這個生理，如桃仁、杏仁之類。除却這個生理，則天地人物都消滅了。全盡得這個生理，方能與天地萬物爲一體，故遇親便孝，遇長便敬，遇民便仁，遇物便愛，自然生意流通，一毫安排容不得。纔着安排，已是天地懸絶，物我間隔。故孔門言仁，只説克己復禮，主敬行恕，先難後獲，未嘗以愛言也。其曰愛人、知人，又只説「舉直錯諸枉，能使枉者直」。子貢才高意廣，而以博施濟衆爲仁，子曰：「何事於仁？必也聖乎！」言此非所以求仁也，此特聖人之功用耳。孔門求仁之方類如此，未嘗遽以天地萬物一體爲言。自世之學者不求濬其萬物一體之原，使之肫肫淵淵，生意流通，乃懸空杜撰儱侗籠箄之説，謂是爲學問大頭腦，究其至，與墨子兼愛、鄉原媚世又隔幾重公案？蓋墨子之摩頂放踵、鄉原之忠信廉潔，實有此行，特誅其一念之微不從天德發見，而孔孟闢之，至比於盗賊禽獸，可畏哉！今讀《西銘》者，不知求仁於匪解、無忝之學，而專事乎同胞、吾與之施，强者放誕以自恣，弱者闒媚以自安，使生與孟子同時，恐亦不免於放距之例。程子曰：「學者須要識得仁體。既識仁體，而以誠敬存之，存久自明。」又曰：「質明者明得盡，渣滓便渾化，却與天地同體，其次惟莊敬以持養之。」此皆孔門相傳求仁之訣竅。不圖實功，空談統體，弊也久矣！

《易》言咸、恒反對，豈以咸速恒久，速者之不能久，久者之不能速，故謂之反耶？又曰：《易》重咸、恒，故曰「取女」，又曰「婦吉」。而其卦德，咸言「止而説」，恒言「動而巽」，似於「取女」、「婦吉」若不相蒙。昨承教，謂：「欲明此學，當熟讀《易》。夏首《連山》，商首《歸藏》，《周易》首乾而爻先潛龍，此三代之學，即執中之旨。」又曰：「咸、恒二卦亦當體究。」然皆有所未達，幸示。

咸主感應而言，感而遂通，受命如響，故曰速；恒主定體而言，天地之道恒久不易，天且不違，而況於人乎，故曰久。蓋久而後能速，速而不本於久者，妄也。義若相反而實相成。夫感莫速於男女之相説，説而不離乎止，即《關雎》之「樂而不淫，哀而不傷」，性情之正也，故曰利用取女。《象》言「虚受」，《傳》言「寂通」，止之義不既深乎？故四之悔亡，不若五之無悔。蓋「咸其脢」即「艮其背」，脢即背也，寂然不動，而五臟附之以運其化。於止知其所止，其惟咸之九五乎？《象》言「志末」，末，無也，言心無私係、動而無動也。而註以不能感物爲末，竊恐未然。蓋天下之感皆生於寂，寂而不能感者，惟下乘之頑空有之，況於「咸其脢」三字文義不協。「咸其脢」猶云感以寂，「天地人之至妙至妙者也」，而可以易言哉？恒之「動而巽」，動言感，巽言寂，言感應變化一本吾寂體而順應之，故天地之常以其心普萬物而無心，聖人之恒以其情順萬事而無情。普萬物、順萬事，動也；無心、無情，「巽稱而隱」也，豈「婦吉」之從一而終者可語哉？《傳》曰：「利有攸往，終則有始。」又曰：「九二，悔亡，能久中也。」中者，天下之大本，立不易方，而後能神應天下之故。故曰：「終萬物、始萬物者，莫盛乎艮。」《本義》於恒既曰：「久於其道，終也；利有攸往，始也。終則有始，動靜相生，循環之理，然必以静爲主。」於咸又曰：「此卦雖主於感，然六爻皆宜静而不宜動。」而世固以静寂虚無詆二氏，而不考其毫釐之差，豈非古今一大冤事耶？ 信得此處過，已是透得人鬼關。

聞命下，將送法司。囚榻相對，自後想無期矣，念之憮然。

雙江聶先生文集卷之十一

書四

答王龍溪即致知議略

來書云：良知者，本心自明，不由學慮而得，先天之學也；知識則不能自信其心，未免假於多學億中之助，而已入於後天矣。良知即是未發之中，即是發而中節之和，未應非先，已應非後。即寂而感行焉，寂非内也；即感而寂存焉，感非外也。此是千聖斬關第一義，所謂無前後、内外而渾然一體者也。若謂良知之前別求未發，即是二乘沉空之學；良知之外別有已發，即是世儒依識之學。或攝感以歸寂，或緣寂以起感，受病雖不同，其爲未得良知之旨則一而已。爰述一得之見，疏爲數條，用以就正於三公并質諸敬所君，且以答生來學之意。

先天之學，即養於未發之豫。豫則命由我立，道由我出，萬物皆備於我，故曰「先天而天弗違」。感於物而動其中，動而七情出焉，乘天時行，人力不得而與，與則助，助則去天遠矣，故曰「後天而奉天時」。邵子曰：「先天之學，心也；後天之學，迹也。」先天言其體，後天言其用，蓋以體用分先後，而初非以美惡分也。「良知是未發之中」，先生嘗有是言。先生曰：「人只要成就自家一個心體，則用在其中，自然有發而中節之和，自然無施不可。」若曰良知亦即是發而中節之和，詞涉迫促。

「未應不是先，已應不是後」，程子蓋爲心體言也，然於學問之功則未之及。其下曰：「譬如百尺之本，❶自根本至枝葉，一貫也。」使種樹者堅守乎百尺一貫之説，而於培灌之功昧其所施，安望其能百尺耶？寂性之體，天地之根也，而曰「非内」，果在外乎？感情之用，形器之迹也，而曰「非外」，果在内乎？抑豈内外之間，別有一片地界可安頓之乎？竊嘗譬之，心猶兵器之銃鉋也，響聲之激射，發也；引線之火，感也；硝磺之内蘊，未發之寂也。今徒知激射之利足以威敵，而忘其有事於硝磺之具，則銃爲啞器，可復有相繼之聲乎？其曰「即寂而感在焉」、「即感而寂行焉」，以此論見成，似也，若爲學者立法，恐當更下一轉語。《易》言内外，《中庸》亦言内外，今曰「無内外」；《易》言先後，《大學》亦言先後，今曰「無先後」，是皆以統體言工夫。如以百尺一貫論種樹，而不原枝葉之碩茂由於根本之盛大，根本之盛大由於培灌之積累。此鄙人内外先後之説也。《定性書》嘗有「無内外」之言，蓋因張子疑外物爲定性之累，而欲絶去外物以求定，故云然也，而要其歸於「定」之一字。先生曰：「定是未發之中，即有發而中節之和，體用一原，是之謂渾然一體者也。」今曰「良知之前無未發，良知之外無已發」，似是混沌未判之前語。設曰良知之前無性，良知之外無情，即謂良知之前與外無心，語雖玄而意則舛矣。孰爲

❶「本」，康熙本作「木」，可從。

沉空，孰爲依識，似是無難辯者。

尊兄高明過人，自來論學，只從混沌初生、無所污壞者而言，而以見在爲具足、不犯做手爲妙悟，以此自娱可也，恐非中人以下之所能及也。

來書云：《易》曰：「乾知大始。」乾知即良知，乃渾沌初開第一竅，爲萬物之始，不與萬物作對，故謂之獨。乾知者，剛、健、中、正、純、粹、精也，七德不備，不可以語良知。此統天之學，「首出庶物，萬國咸寧」者也。

《本義》云：「乾主始物，而坤作成之。」已似於經旨本明白，「知」字原屬下文。今提知字屬乾字，遂謂乾知爲良知，不與萬物作對，爲獨知，七德咸備，爲統天。《彖》曰：「大哉乾元，萬物資始，乃統天。」是以統天贊乾元，非贊乾也。及以下文照之，則曰「乾以易知，坤以簡能」，又以易、簡爲乾、坤之德，而知、能則其用也。人法乾坤之德，至於易簡，則「天下之理得，而成位乎其中」。他又曰：「夫乾，天下之至健也，德行恒易以知險；夫坤，天下之至順也，德行恒簡以知阻。」健、順言其體，易、簡言其德，知言其才，險、阻言其變，能説、能慮言聖人之學，定吉凶、成亹亹言聖人之功用。六經之言，各有攸當，似難以一例牽合也。

來書云：獨知無有不良。不覩不聞，良知之體，顯微隱見，通一無二；戒慎恐懼，致知格物之功，視於無形，聽於無聲。從日用倫物之應感以致其明察，非至静無感、偏於虚寂之謂也。

程子曰：「不覩不聞便是未發之中，才發便屬覩聞。」獨知是良知的萌芽處，與良知似隔一塵。此處着功，雖與半路修行者不同，要亦是半路的路頭也。致虚守寂，方是不覩不聞之學，歸根復命之要。蓋嘗以學之未能爲憂，而乃謂偏於虚寂不足以該乎倫物之明察，則過矣。夫明倫察物，由仁義行，方是性體自然之覺，非以明察爲格物之功也。如以明察爲格物之功，是行仁義而襲焉者矣。以此言自然之覺，誤也。其曰「視於無形，聽於無聲」，不知指何者爲無形聲而視之、聽之？非以日用倫物之内，别有一個虚明不動之體，以主宰之而後明察之？形聲俱泯，是則寂以主夫感，静以御乎動，顯微隱見，通一無二是也。夫子於咸卦特地提出「虚寂」二字以立感應之本，而以「至神」贊之，蓋本卦德之「止而説」以發其藴。二氏得之而絶念，吾儒得之以通感，毫釐千里之差又自可見。

來書云：良知者，無所思爲，自然之明覺，即寂即感，動而未形，有無之間，幾之微也。動而未形，發而未嘗發也；有無之間，不可以致詰。此幾無前後，無内外。聖人知幾，賢人見幾，學者審幾，故曰：「幾者，動之微，吉之先見者也。」知幾，故純吉而無凶；見幾，故恒吉而寡凶；審幾，故趨吉而避凶。過之則爲忘幾，不及則爲識幾。忘與識，所趨雖異，其爲不足以成務，均矣。

首春見兄所著《三山語録》云：「千古聖學，只在幾上用功。有無之間，是人心真體用，當下具足，是謂無寂無感，是謂常寂常感，是謂寂感一體。」與此段意同，俱以見成作工夫看。寂然不動者，誠也；感而遂通者，神也。今不謂誠、神爲學問真工夫，而以有無之間爲人心真體用，不幾於舍筏求岸，能免望洋之歎乎？誠精而明，寂而疑於無也，而萬象森然已具，無而未嘗無也；神應而妙，感而疑於有也，而本體寂然不動，有而未嘗有也。即謂是爲有無之間，亦何不可？老子曰：「無無既無，湛然常寂。

常寂常應，真常得性。常應常定，常清淨矣。」則是以無爲有之幾，寂爲感之幾，非以寂感、有無隱度其文，故令人不可致詰爲幾也。知幾之訓，《通書》得之。《易傳》「子曰：知幾其神乎！幾者，動之微，吉之先見者也」，即《書》之「動而未形，有無之間」之謂。《易》曰：「介如石焉，寧用終日？斷可識矣。」此夫子之斷案矣。蓋六二以中正自守，其介如石，故能不溺於豫。「上交不諂，下交不瀆，其知幾乎？」盱豫之悔，諂也；冥豫之疾，瀆也。幾在介，而非以不諂、不瀆爲幾也。《易》曰：「憂悔吝者，存乎介。」介非寂然不動之誠乎？《中庸》曰「至誠如神」，又曰「誠則明」，言幾也。舍誠而求幾，失幾遠矣。内外先後、沉逐忘助之病，當有能辯之者。

來書云：顔子不遠復，正是德性之知。孔門致知之學，所謂「復以自知」，不學不慮之良知也。子貢務於多學，以億而中，與顔子正相反。顔子没而聖學亡，子貢學術易於湊泊，積習漸染，至千百年而未已也。先師憂憫後人，將此兩字信手拈出，以承千聖絶學，誠不得已之苦心，世之儒者反鬨然指以爲異而非之。夜光之珠，視者按劍，亦無怪其然也。

克己復禮，三月不違，是顔子不遠於復，竭才之功也。「復以自知」，蓋言天德之剛復全於我，而非群陰之所能亂，却是自家做得主宰定，故曰「自知」，猶自主也。子貢以多識億中爲學，誠與顔子相反，至領一貫之訓而聞性與天道，當亦有見於具足之體。反而築室，獨居三年，其中之所存亦苦矣，要未可以易視之也。先師良知之教本於孟子，孟子言孩提之童不學不慮、知愛知敬，蓋言其中有物以主之，愛敬則主之所發也。今不從事於所主以充滿乎本體之量，而欲坐享其不學不慮之成，難矣！

來書云：孔子曰：「吾有知乎哉？無知也。」言良知之外别無知也。鄙夫之空空，與聖人之空空無異，故叩其兩端而竭。兩端者，是與非而已；空空者，道之體也。口惟空，故能辯甘苦；目惟空，故能辯黑白；耳惟空，故能辯清濁；心惟空，故能辯是非。世儒不能自信其心，謂空空不足以盡道，必假於多學而識以助發之，是疑口之不足以辯味、目之不足以鑒色、耳之不足以審音，而先假外物以淆其本質，不至於爽而眩聵者幾希矣。

時人以夫子爲多學而識，知足以待問也，故凡問者必之焉。夫子不欲以知教人也，故曰：「吾有知乎哉？無知也。」至於告人，則不敢不盡。「有鄙夫者問於我，空空焉無所知，我必叩兩端而竭焉。」兩端之竭，非知之盡者不能，於是見聖人待物之洪、教人不倦之仁也。今謂「良知之外别無知」，疑於本文爲贅；而又以空空爲道體、聖人與鄙夫無異，則鄙夫已具聖人體段，聖人告之，但與其空空，如稱顔子之「庶乎」足矣，復何兩端之竭耶？心與耳、目、口、鼻以空爲體，是也，但不知空空與虚寂何所别？

來書云：學，覺而已。自然之覺，良知也。覺是性體自然之覺，即是天命之性。格物是致知日可見之行，隨在致此良知，周乎物而不過，天然之則也。吾人今日之學，謂知識非良知則可，謂良知外於知覺則不可；謂格物正所以致知則可，謂在物上求正而遂以格物爲義襲則不可。後儒認纔知即是已發，而别求未發之時，所以未免於動静之分，入於茫昧支離而不自覺也。良知無奇特相，無委曲相，本心平常，以直而動。愚夫愚婦未動於意欲之時，與聖人同；纔起於意，牽於欲，不能致其良知，始與聖人異耳。若謂愚夫愚婦見在良知不足以語聖，幾於自誣且自棄矣。

良知是性體自然之覺，是也，故欲致知，當先養性。盍不觀《易》言蓍卦之神知乎？要聖人體《易》之功，則歸重於「洗心藏密」之一語。洗心藏密，所以神明其德也，而後神知之用隨感而應，明天道、察民故，興神物以前民用，皆原於此。由是觀之，則致知格物之功當有所歸。「日可見之」云者，《易》言潛龍之學，專務修德以成其身，德成自信則不疑於所行，日可見於外也。潛之爲言也，非退藏於密之謂乎？知之善物也，受命如響，神應而妙，不待致之而自無不至。今曰「格物是致知日可見之行，隨在致此良知，周乎物而不過」，是以推而行之爲致，全屬人爲，終日與物作對，能免牽己而從之乎？其視性體自然之覺，何啻千里？

「覺無未發，亦不可以寂言，求覺於未發之前，不免於動静之分，入於茫昧支離而不自覺」云云，疑與先師之言又不類。師曰：「良知是未發之中、寂然太公的本體，便自能發而中節，便自能感而遂通。」感生於寂，和蘊於中，體用一原也。磨鏡、種樹之喻歷歷可考，而謂之「茫昧支離」，則所未解。動静之分，亦原於《易》。《易》曰：「静專動直，静翕動闢。」周子曰：「静無而動有。」程子曰：「動亦定，静亦定。」周、程，深於《易》者，一曰「主静」，一曰「主定」。又曰「不專一則不能直遂，不翕聚則不能發散」，是以廣、大生焉。廣、大之生原於專、翕，而直與闢則專、翕之發也，必如此而後可以言潛龍之學。

「愚夫愚婦之知，未動於意欲之時，與聖人同」，是也，則夫致知之功，要在於意欲之不動，非以「周乎物而不過」之爲致也。鏡懸於此，而物來自照，則所照者廣；若執鏡隨物以鑒其形，所照幾何？延平此喻，未爲無見。致知如磨鏡，格物如鏡之照。謬謂格物無工夫者，以此。

來書云：仁者與物同體，息爲化生之元、入聖之微機也。夫氣，體之充而塞乎天地者也，氣之靈爲良知。孟子論日夜所息，平旦虛明之氣即是靈氣。造化無停機，纔止息即有生息之義。静專動直，靈之馭氣也；静翕動闢，氣之攝靈也，是以大生、廣生。動静之間，惟一息耳，邵子亦謂「天地人之至妙至妙者也」。醫家以手足痿痺爲不仁，蓋言靈氣有所不貫也；又以呼吸定息爲接天地之根，蓋言養而無害、塞乎天地之間也。人能從此一息，保合愛養，不爲旦晝之所梏亡，終日一息也；日至月至，日月一息也；三月不違，三月一息也；九年不反，九年一息也；推而至於百千萬年，百千萬年一息也，是爲至誠無息之學。

仁是生理，亦是生氣。理與氣，一也，但終當有別。告子曰「生之謂性」，亦是認氣爲性，而不知係於所養之善否；杞柳、湍水、食色之喻，亦以當下爲具足；「勿求於心」、「勿求於氣」之論，亦以不犯做手爲妙悟。孟子曰「苟得其養，無物不長；苟失其養，無物不消」，是從學問上驗消長，非以天地見成之息冒認爲己有而息之也。「仁者與物同體」，亦惟體仁者而後能與物同之。「馭氣攝靈」與「定息以接天地之根」諸説，恐是養生家所秘，與吾儒之息未可强而同，而要以收斂爲主，則一而已。「一動一静，爲天地人之至妙」，邵子是從《易傳》「一陰一陽之謂道」看得來。無以繼善成性，顯仁藏用，盛得大業，生生不已，而終之以陰陽不測之神，即邵子「至妙至妙」之歎？陰陽迭運，動静相生，循環無端，而天地、日月、水火、土石、人鬼、禽獸、草木，皆從生減摩盪中成象成形，❶而莫知誰之所使，故曰「至妙至妙者

❶「減」，康熙本作「滅」，可從。

也」。如曰「氣之靈爲良知」，即謂氣之理爲良知亦可。氣有升降便有動静，而曰「良知無未發之時」，豈別有説乎？

來書云：性爲人之生理，息則其生生之機也。佛氏以見性爲宗，吾儒之學亦以見性爲宗。致良知，見性之宗也。性定則息定，而氣自生生，故曰「是集義所生者」也，「盡性以至於命」也。若曰息則氣定，氣定則氣命於性而歸於虛寂，則將入於禪定，非致知之旨矣。

息有二義，生滅之謂也。攻取之氣息，則湛一之氣復，此氣化升降之機，無與於學問也。予之所謂息者，蓋主得其所養，則氣命於性，配義與道，塞乎天地，生生之機也。《傳》曰：「虛者氣之府，寂者生之機。」今以虛寂爲禪定，謂非致知之旨，則異矣。佛氏以虛寂爲性，亦以覺爲性，又有皇覺、正覺、圓覺、覺明、明覺之異。佛學養覺而嗇於用，時儒用覺而失所養，此又是其大異處。

來書云：息之一字，範圍三教之宗，老氏謂之「谷神」「玄牝」「其息深深」，蒙莊氏謂之「六月息」，釋氏謂之「反息還虛」，吾儒則謂之「嚮晦入宴息」，邵子謂之「復姤之幾」「天地之呼吸也」。是息先天地而生，後天地而存。人能明此一息，是謂天地絪緼，萬物化生，一息通於今古，平旦之氣有不足言者矣。

《易》曰：「隨時之義大矣哉！」「澤中有雷，隨，君子以嚮晦入宴息。」蓋亦康衢「日出而作，日入而息」之謡。消息盈虛，天行也。君子尚消息盈虛，亦只是隨時之義。申申夭夭，休休蕩蕩，便是夫子息境。若是精神向裏收斂，亦便是時時息，更無晝旦之别。其以息爲範圍三教之宗，而攙和二氏及養生家之言以神其説，疑張皇之過也。

來書云：「正其誼不謀其利，明其道不計其功。」道誼未嘗不利，未嘗無功，但有計謀之心，則爲有所爲而爲，即入於功利。先師所謂一心在根上培灌，不作枝葉花實之想，但得此根生意不息，不怕無枝葉花實。此是對症之藥，所當時時勤服者也。

「物上求正，隨在致此良知，周乎物而不過」云云，恐不免有功利心。「君子以成德爲行」與「德修罔覺」，更無些子功利意，却別是一乾坤也。《無妄》六二之《象》曰：「不耕穫，未富也。」言耕而穫便是功利，惟耕而不計穫者方是一心在根上培灌，不作枝葉花實之想，其間特毫釐之差。不識尊兄以何者爲根，亦以何者爲枝葉花實？「格物是致知之功，隨在致此良知，周乎物而不過」，謂是爲培灌根乎？亦只是培灌枝葉花實，便是培灌根也？鄙人之見，竊謂心體是根，事爲是枝葉，事爲之得其當處是花實。致虛守寂，以養乎未發之中，而於感應之變化聽其自然，人力無所與也，却是一心在根上培灌，不作枝葉花實之想。

來書云：吾人今日正當潛龍之學。「不易乎世，不成乎名」，故君子立心爲己，莫先於淡，淡是入德之基。吾人潛不久，淡不下，只是世情心未忘。此是最初發軔第一步，不可以不深省也。

君子闇然之學，便是潛龍之學。潛則含晦章美，專於内養以成其德，不見其有外見之美，泊乎其淡也。潛故淡耳，非有心於淡也，故曰：「不易乎世，不成乎名。」謂是爲發軔第一步，是也，但前此既謂「良知者，千聖之絶學，範圍三教之宗」，又謂「息之一字，範圍三教之宗」，又謂「千古聖學，只在幾上用功」，又以「無前後内外」爲「千聖斬關第一義」，又以「乾知大始」爲「渾沌初開第一竅」，又謂「千古道脉，只在虞廷道心之微」，玆又以發軔第一步歸之潛與淡，不知是一了百當耶，抑自有前後内外之可言也？

答黄洛村

來諭云：喜怒哀樂之未發，且不論其有時與否，但子思子云「喜怒哀樂之未發，謂之中。中也者，天下之大本也」，曾謂天下之大本可以時言乎？未發非時，則體道之功似不專於歸寂而已也。故子思子曰「致中和」，蓋合寂感以爲功者也。「發而中節」一句，焉得爲贅？而大本、達道，精微各有所屬，不容軒輊於其間者也。

來諭云：「喜怒哀樂無未發之時。其曰未發，特指其發而不動者言之。」嘗聞諸公有此言也，僕未敢以爲然。夫喜怒哀樂，豈無未發之時？但於其未發也，可以驗吾寂然之體。常存此體，不離須臾，則大本立而達道行，初未嘗遂以未發爲大本也。程子曰：「此是日用本領工夫。」其曰「却於已發處觀之」者，蓋所以察識其端倪，以致夫擴充之功。一有不中，則心之爲道或幾乎息矣，故曰：「敬而無失便是中。」程子之言，於諸公之心容有未當。諸公平日之所尊信者，非陽明先生乎？先生曰：「未發之中不可謂常人皆有。有未發之中，即有發而中節之和。體用一原，有是體即有是用，未有體不立而用自生者。常人無發而中節之和，須是知他未發之中未能全得。」又曰：「聖人到位天地、育萬物，也只從喜怒哀樂未發之中養來。」若是，則功在立本，本立而道自生，明矣。合寂感以爲功，曾謂先師之意然乎？其謂「發而中節」一句爲贅者，蓋發而中節便是未發，既以發而未發爲中，又以發而中節爲和，有似於贅也。蓋贅在意度者之欠審，非以本文爲贅也。

來諭云：諸公之意，以子思子不曰「道之未發」，而曰「喜怒哀樂之未發」，蓋喜怒哀樂，其發也，而曰喜怒哀樂之未發，何也？蓋自其發而未發者謂之中，自其發而中節者謂之和。天道常運也，自其運而不變者謂之體，自其運而不已者謂之用。天道、人心，合而觀之者也。至於日夜之所息，可以言息而不可以言無也。旦晝之所爲，日夜之所息，自得其養、失其養者言之而已，人心本不二也。

朱註云：「道者，日用事物當然之理，皆性之德而具於心，無物不有，無時不然。」道可以未發言之乎？若喜怒哀樂則有時不然，而曰未發，信乎其有未發之時也。發而未發，已是得其本體，由是而應，則用無不和，是謂體用一原、中和一德、一以貫之也。天道常運而不已者，謂之用；其主宰乎運而不已者，謂之體，如曰「於穆」、曰「太虚」。天之所以爲天，即人心未發之中也。日夜之所息，非未發之氣象乎？延平授受，此最汲汲。得其所養者，養乎此耳。養乎此而不失，則好惡公於天下也，豈但平旦近人而已哉？

來諭云：艮止之貞，不獨寂體爲然也。感應而不止，則爲拇、爲腓、爲股、爲朋從、爲輔頰舌，凶吝也，惟脢則無悔。苟徒知艮止之爲寂，而不知感應之利貞，其能以見天地萬物之情乎？是故寂感之爲功，一而已矣。

天下之感皆生於寂，不寂而感者，妄也，妄則凶吝之❶招耳。周公係咸九四而以貞爲戒者，以四爲心體也。程子曰：「貞者，虚中無我之謂。」以虚中無我爲體，則感應之能事畢矣，非虚寂之外别有所謂感應之貞也。天地惟虚也，故四時行而百物生；萬物爲虚也，故風感水受，鶴鳴子和。無心之感，無心之應也，必如此而後可以言貞也，故曰「情可見」。《象》曰：「山下有澤，❷咸。」山體虚寂，故能受澤之感，布雲雨以潤天下。夫子曰寂然不動、虚以受人，其有得於咸之象深矣。「寂感之功，一而已矣」，是也，須是識得感之功在虚與寂。若於虚寂之外别求感應之功，不幾於畫蛇安足乎？

來諭云：「『歸寂』二字本無可疑，亦不必更援天下同歸之意以爲證。但以歸寂爲功，而以感應爲效，則寂與感終屬二義，似與精一之旨尚隔一塵。其功其效，恐兩歸於影事，是則反爲寂體之累耳。」

夫子於《大傳》釋《咸》九四爻義曰：「天下何思何慮？天下同歸而殊途，一致而百慮。」正以發明虚寂爲感應之歸，非泛然援以爲證也。虚寂之於感應，受命如響。「谷神不死」，「是謂天地根」，黄老與之深矣，而乃謂「終屬二義」、「歸於影事而反爲寂體之累」云云，莫則其所云云也。僕方以今之論格物者爲逐影，不謂公復以我爲影也。心事相應，寂感相通，功效相隨，一神而兩化也，而謂之爲影、爲累，無乃文致之過與？記得公曩時有曰「心體本寂，而復加寂字，反爲寂體之累」，得無有似於告子「勿求」

❶ 此後一頁底本原缺，兹據甲庫本補入。個别漫漶文字參據康熙本補足。
❷ 「下」，《周易·咸卦》作「上」。

之見耶？心體本中而加執中字，心本至善而加止至善字，未聞前此以之爲累者，而今以寂爲寂體之累，無乃表章之非人耶？

來諭云：襲取之説，孟子爲告子發也。告子有見於學術之敝，其偏於内者，是徒知求於心者也，我則勿外於心；其偏於外者，是徒知求於氣者也，我則勿求於氣。然則告子之所求亦微矣，孟氏乃指之爲義襲，則襲取之爲敝，又豈但逐感者爲然乎？此古今學術之通患也。凡屬之影事而徒爲分別者，皆此類也。

告子渾似佛學，認得心體是個潔潔浄浄的，一塵加不得，有所求便是動。蓋其學合下以不動心爲主，故不免於意必助作。夫言與氣，義之發也，今曰「勿求」，是以義爲外也。以義爲外，故不免有疑於孟子之爲襲。孟子發明自家學問，是集義所生，非義襲而取之。集之爲言也，「成性存存，道義之門」，「無入而不自得」。無有所謂不得者，尚何卿相之加之足動乎？孟子之「不動心」，乃充養積盛致然，非有心於不動也。兹謂孟子指告子爲義襲，而併其求内之學均之爲襲，則過矣。告子心如墻壁瓦石，肯以義爲屑而襲之耶？揠苗之喻，切中膏肓矣。兵家以掩其不備而取勝於一時者之爲襲，與忘其有事於集義而逐感以取辦者，症候相符。五伯，假之襲也，影事也，與今時所論格物之學頗相類。

來諭云：夫寂與感，不可一例觀也，有得其本體者，有失其本體者。自得其本體之寂者言之，雖存之彌久，涵之極深，而淵微之精未嘗無也；自得其本體之感者言之，雖紛然而至，沓然而來，而應用之妙未嘗有也。未嘗有，則感也，寂在其中矣；未嘗無，則寂也，感在其中矣。不覩不聞，其體也；戒慎恐懼，其功也，皆合寂感而言之者也。

竊詳來諭，似以不覩不聞爲寂感之本體，又似以淵微對應用言，則體用已自分曉，初不知寂之上又有所謂本體也。程子曰：「心，一也。有指體而言者，寂然不動是也；有指用而言者，感而遂通是也。」鄙人所謂體用者，蓋本諸此。不覩不聞與寂然不動，戒慎恐懼與致虚守寂，同乎，異乎？恐不可以出於鄙人之見而遽異視之也。「静爲動根，寂爲躁君」，❶君對民言，根對枝言，非李老述黄帝之言乎？培根以達枝，立君以統民，輕重先後，天地懸絶。使黄老無庸衆人，乃黄老則古之人龍也。公講學素不喜人引用經書，僕書主也，❷外經書、憑己見而自立一説以籠箄古今，則所不敢。

答陳明水

某不自度，妄意此學四十餘年，一本先師之教而紬繹之，《節要》録備之矣。已乃參之《易傳》《學》《庸》，參之周、程、延平、晦翁、白沙之學，若有獲於我心，遂信而不疑。而曰「加精密焉」，無乃譽之太過乎？

昨諸公枉教，誠以不合而罷，非諸公不能諒僕，僕之不能諒諸公也。如來諭謂「慎獨即所以致中，致中即所以爲和」云云，又何説得？蓋非致中之外别有致和工夫，慎獨之外别有致中工夫也。其有謂慎獨而後中和出焉者，猶今道家者流，於天地之上又推出一個元始天尊，不免駕床而疊屋。三聖授守，只説執中，而

❶ 按，此句《道德經》原文爲「重爲輕根，静爲躁君」。

❷ 「主」，康熙本作「生」。

未嘗及獨也。蓋獨即是未發之中、不聞之隱、不覩之微，天下之大本也。人生只有此件，學問只有此處，自我有之，自我尊之，他人些子與不得，故謂之獨。而謂獨爲獨知，已是交於物，引而出之於外，不免雜於堂下衆人之中，豈能爲萬象之主乎？此僕所不合於諸公者一也。

來論「良知者，未發之中，天下之大本也，致之便是天下之達道」，此數語的當甚。「格物以致其知，喜怒哀樂之物格而良知致」，蓋嘗聞是説於諸公，求諸心而不得者數年。縱使矜持到十分恰好處，已是賺入義襲科臼，與克伐怨欲不行者一樣作法，又與上文「致之便是天下之達道」語意微不同。物是感應之迹，寂是感應之體，寂然不動，感而遂通天下之故，此區區致知格物之説，與諸公之説不合者二也。

來諭謂鄙人看「致」字與先師看得不同，敢自誑以爲同乎？却看得與「致中」「致曲」「致廣大」之「致」字同。充養乎虚靈之寂體，而不以一毫意欲自蔽，是謂精義入神，而用在其中也。感應是良知的應迹，而曰致良知在感應上致之，物之感人無窮，而人之好惡無節，電光波影，與物輪迴，若翻車然，可復有端拱清穆時耶？先師不云乎？「世儒舍心逐物，將格物之學錯看了，馳求於外，終日只做得個義襲而取。」又自與今之所論不同。蓋《大學》全功，要在「止於致善」一語。❶知止則能定、能静、能安、能慮，慮即格物也，知止則知致矣。定、静、安、誠、正，身修也。先儒以此節爲釋致知格物之義，當不甚謬。曩聞諸公以格物爲知止，以定、静、安、慮爲格物的工夫，不知定、静、安、慮四字於格物上何以安頓？即使曾子面授，不敢奉命。終年

❶「致」，今本《大學》皆作「至」。

談格物，矻矻不離口，曾無一語及知止、定静，此僕之不合於諸公者三也。

來諭謂「僕將『格物』字看得甚輕，故精義入神别作致知工夫」，誠是也。物字本輕，精義入神本是致知工夫。《易》曰：「精義入神，以致用也。」「致用」字方屬格物。本文言「屈信相感而利生焉」，而下引蠖屈龍蟄以明之，其義自見。記得尊兄曩時有「腐蟲從穀道出」之戲，不惟戲之太虐，亦恐看得《易》義大麁淺。夫斂而入者謂之屈，達而出者謂之信，利用安身謂之利。屈信相感而利生焉，是謂天地生生之機、萬物感應之本。「物與身、心、意、知爲一」，嘗聞其説而疑之。心是生身之始，猶始祖也，靈明合氣以成形。有心而後有身，而後有知、有意，而意之所及則物也。身譬之高、曾，知譬之祖，意譬之考，物譬之家衆，所以給使令、代耕作、勾當門户不可闕焉者。謂之一氣可也，使指子爲父，指父爲祖，指祖爲高、曾，爲始祖，恐隔幾重公案，未有不落影響者。況可指家衆爲祖、父乎？此僕之所以不合於諸公者四也。

格物成訟，各持一説；竟能歸一，罪在僕也。不若姑置之，只將知止一段研究，自有精義。

答王龍溪

龍溪云：「『寂』之一字，千古聖學之宗。感生於寂，寂不離感，舍寂而緣感謂之逐物，離感而守寂謂之泥虚。夫寂者，未發之中、先天之學也。未發之功只在發上用，先天之功只在後天上用。明道云：『此是日用本領工夫，却於已發處觀之。』康節《先天吟》云：『若識先天無個字，後天須用着工夫。』可謂得其旨矣。

夫「未發之功只在發上用，先天之功只在後天上用」，至引程、邵語以附會之，只縁尊兄站得地步高，故敢如此立説。乃程、邵之意，實非兄之意也。程子曰：「未發之中，本體自然，敬以持之，使此氣象常存而不失，則自此而發者自然中節。此是日用本領工夫。」其曰「却於已發處觀之」者，蓋所以察識其端倪，以致夫擴充之功，一有不中，則心之爲道或幾乎息矣。中是察識底標的、擴充底聖胎，故曰「不如且只道敬」，又曰「敬而無失便是中」。邵子詩意，謂識得先天是個至虛至無之體，則奉天時行，無所作爲以害之，便是後天的工夫。不然，何別有一首云：「一片先天號太虛，當其無事見真腴。直從宇泰收功後，始信人間有丈夫。」無事真腴、宇泰收功，將屬之先天乎，後天乎？果在發上用乎，抑自有未發之功乎？「寂」之一字，兄信之深矣，故謂「寂是未發之中，先天之學」。夫有未發之中，便有發而中節之和；有先天之學，便有奉天時行之用。感生於寂，歸寂所以通感，已無復可疑。而謂爲離感，謂爲泥虛，不知何説？願加意理會「無思無爲」一條本意，及「先天而天弗違，後天而奉天時」，其間語意輕重居然可見。前既以多學億中之助爲後天，不知後天之功亦只是去其學、億之病，惟復以奉天時行爲功也。如以奉天時行爲功，則學在推崇先天，至矣。凡引用經傳，若只摘取一言兩句，而忽其通篇大旨，如前所引程、邵之言，無亦斷章之太過乎？

龍溪云：先天是心，後天是意。至善是心之本體，心體本正，纔正心便有正心之病，纔要正心便屬意了，故曰：「欲正其心，先誠其意。」猶云舍了誠意，更無正心工夫可用也。

夫謂「至善是心之本體」，則止至善是復其心之本體，知止而定、静、安、慮，天下之能事畢矣。其曰「心體本正，纔要正心便有正心之病」，此慈湖之言。便是慈湖之學，不有孔孟之公案乎？曰洗心，曰存心，曰養心，而二氏亦有修心、明心之語，自古聖賢未聞以此爲心病者。「纔説正心便屬意」，猶俗論云「纔説止至善便屬物，纔説戒懼便屬覩聞」，不知正是正個甚的，止是止個甚的，戒懼是戒懼個甚的？傳謂「有所忿懥則不得其正」，明意之不可有也；「心不在焉」，則視、聽、言、動皆失其職，明心之不可以不正也。記得先師云：「正心只是誠意工夫裏面體當自家心體，常要鑑空衡平，這便是未發之中。」又云：「正心、修身，各有用功處。正心屬未發邊，修身屬已發邊。心正則中，身修則和。」是聖學致正心焉盡之矣，誠意以下，乃爲困知勉行者開方便法門。今曰「舍了誠意，更無正心工夫可用」，不惟背其師説，其於孔孟之言背亦遠也。

龍溪云：良知是寂然之體，物是所感之意，用則其寂感所乘之機也。知之與物而復先後可分，❶故曰「致知在格物」。致知工夫在格物上用，猶云明德工夫在親民上用，離了親民更無明德之學也。

來云「良知是寂然之體」，是以良知爲主腦，而以寂感爲兩股，故曰「用則寂感所乘之機也」，疑與經傳之意太別。「心，一也。有指體而言者，寂然不動是也；有指用而言者，感而遂通是也。」此程子之言也。「寂然者，感之體；感通者，寂之用。」此朱子之言也。今曰「良知是寂然之體」，不知寂然之上又有一體也？「邵子曰：『先天之學，心學也。』陰陽消長之理，吾心寂感之機，妙哉妙哉！」夫贊先天之妙，以其具陰陽、該寂感，今謂「用爲寂感所乘之機」，無乃遷就己意之太過乎？「致知工夫在格物上用，明

❶「而復」，萬曆刻本《龍溪王先生全集》卷六《致知議略》作「無復」，可從。

德工夫在親民上用」，先師曾有是言，特欲發明萬物一體之學，與《大學》本意微有間。今曰「除了親民更無明德工夫，除了格物更無致知工夫」，則「知止」一條所謂定、靜、安、慮者，不知何所指？豈親民、格物之前，別有一首淨身咒乎？《大學問》曰：「明德、親民而不止於至善，亡其本矣。故止至善之於明德、親民也，猶之規矩之於方員也。方員而不止於規矩，爽其則矣。」本末先後，五尺童子可知也。

龍溪云：良知是天然之則。格者，正也，物即事也。格物云者，致此良知之天則於事事物物也。物得其則謂之格，非於天則之外別有一段格物之功也。

來云：「良知是天然之則。格物云者，言致此良知之天則謂事事物物也。❶物得其則謂之格，非謂天則之外別有一段格物工夫也。」信若是，則工夫在致知，不在格物，明矣。端本善，則致知、致中焉盡之。況致之一字，亦非推此及彼之意，即「致廣大」之「致」也。充滿乎虛靈本體之量，而不以一毫意欲自蔽，則自此而發者自然中節。如孩提之愛敬，又何待於推乎？鄙以充滿虛靈本體之量爲致知，感而遂通天下之故爲格物，感而遂通天下之故便是明明德於天下。

龍溪云：即如公以兵器諭學：心猶銃砲，硝磺之内蘊，未發之寂也。而其所蘊之真否，須於所發之激射察之，以益求其所蘊之真，固未嘗狃於激射而忘其有事於硝磺也。引線之火，即觸硝磺而達於激射之機也。然非所發之激射，則其所蘊之硝磺亦無從而致其察矣。昔在軍門，見幕士揀鍊火藥蓄之，以爲極真，及臨陣

---

❶「謂」，所引上文原句作「於」。

用之，皆不效，是徒知蓄藥而不知驗之於臨陣也。即此可以喻學。

夫以火器譬心，以硝磺之内蕴譬寂，以引線譬感，以激射譬應，亦是僕不得已曲爲之譬，以見火器之法，惟在量其銃腹之大小、劑量火藥之多寡，猶格物之學惟在充滿其寂體，以豫夫感而遂通之機也。蓋硝性直而遠，磺性横而裂，遠而不裂當加磺，裂而不遠當加硝。遠且裂矣，而聲不吼怒者，又當密築其楔以固其氣。是皆在内蕴處劑量，而驗於點放，不過爲火器之印可耳。執事謂但知蓄藥而不知臨陣之不效，此病在硝磺之失則，猶格物之不通，由吾寂體之失則。不反求天則之是否，而矻矻於物上求正，終不免爲啞銃也。

龍溪云：前謂「未發之功只在發上用」者，非謂矯强矜飾於喜怒之末以制之於外也。節是天則，即所謂未發之中也。中節云者，循其天則而不過也。養於未發之豫，先天之學是矣。後天而奉時者，乘天時行，人力不得而與。曰奉，曰乘，正是養之之功。若外此而别求所養之豫，即是遺物而遠於人情，非在塵出塵作用，與聖門復性之旨爲有聞矣。❶

來云：「未發之豫，先天之學是也。」夫既以先天之學爲是，而豫養之功却又要在後天上用，又謂「非矯强矜飾於喜怒之末」，則過矣。又云：「曰奉，曰乘，正是養之之豫，❷外此而别求乎豫，是遺物而

❶「聞」，康熙本作「間」，可從。

❷「豫」，上文所引原文作「功」。萬曆刻本《龍溪王先生全集》卷六《致知議略》亦作「功」。

遠於人情。」此皆異乎吾之所聞也。古之所謂豫者，蓋言事有前定，非臨時補凑，又謂「非矯飾以制之於外」，不幾於掩耳而盜鈴乎？未有此事，先有此備，梏未角之牛，豶將牙之豕，《中庸》所謂前定者如此。夫學至於遺物而遠人情，無本者如是也。「溥博如天，淵泉如淵」，寂之體也；言而民莫不信，行而民莫不説，動而民莫不敬，言感而遂通也，幾何遠人情而遺物乎？孔子曰：「先天而天弗違。天且弗違，而況於人乎？況於鬼神乎？」天地人鬼，物之至大、至要者也，且不能外先天以有成，而區區感應，必有待於格物而後盡，是先天徒擁虚名於萬感之上，不知後天之所奉者又何天也？聖門復性之旨，當自有知者在。佛經曰：「有物先天地，無形本寂寥。能爲萬象主，不逐四時凋。」朱子歎曰：「你看他是什麼的見識？區區小儒如何闞他下！」蓋「有物先天地」，言先有此物而後有天地也；「無形本寂寥」，言其至虚至無也；「能爲萬象主」，言萬物統體一太極也；「不逐四時凋」，言其不垢不浄、不生不死、真常得性也。

龍溪云：未應非先，已應非後。即寂而感行焉，即感而寂存焉，正是合本體之工夫，無時不感，無時不歸於寂也。若以此爲見成而未及學問之功，不知學問之功又將何如用也？寂非内而感非外，蓋因世儒認寂爲内、感爲外，故言此以見寂感無内外之學，非故以寂爲外、以感爲内，而於内外之間别有一片地界可安頓也。既云「寂是性之體」，性無内外則寂無内外，可不辯而明矣。良知之前無未發者，良知即是未發之中，若復求未發，則所謂沉空也；良知之外無已發者，致此良知即是發而中節之和，若别有已發，即所謂依識也，語意似亦了然。設謂良知之前無性、良知之後無情，謂之無心，而斷以爲混沌未判之前語，則幾於推測之過矣。

無内外，無寂感，無先後，此數語最會籠罩道理、擔閣後生，當有執其咎者。夫謂「無時不感，無時不歸於寂，正是合本體之功」，則功在歸寂，言下亦自分曉。若云無時不寂，則無時不通乎感，語意尤直截。一屈一信之間，本末先後具見。又云：「寂是性之體，性無内外則寂無内外。」「性無内外」姑未深辯，但前既以寂爲未發之中、先天之學，夫未發對發言，先對後言，寂對感言，體對用言，却又謂之無内外、無先後，不幾於自食其言乎？妄意尊見，諺謂「夜半喫魚兒，無頭無尾」，至其歸以格物爲訣竅，甚者謂物亦無内外，以蓋其詖。「未應非先，已應非後」，本是言心體，尊兄必以爲説工夫。其下文曰「譬如百尺之木，自根本至枝葉一貫也」，遂以百尺一貫爲種樹之工，恐爲橐駝所笑。謬謂爲混沌未判，過誠有之，即謂是爲忠告亦可也。

龍溪云：公謂不肖「高明過人，自來論學只從混沌初生、無所污壞者而言，而以見在爲具足，不犯做手爲妙悟」，不肖何敢仰承？然竊窺立言之意，實以爲混淪無歸着，且非污壞者所宜冒認也，觀後條於告子身上發例可見矣。愚則謂良知在人，本無污壞，雖昏蔽之極，苟能一念自反，即得本心。譬之日月之明，偶爲雲霧所翳，謂之晦耳；雲霧一開，明體即見，原未嘗有所傷也。此原是人人見在具足，不犯做手本領工夫。人之可以爲堯舜，小人之可使爲君子，舍此更無從入之路、可變之幾，固非以爲妙悟而妄意自信，亦非以爲非中人以下所能及也。

「良知在人，本無污壞，苟能一念自反，即得本心」，是則是有此理，特言之太易耳。夫以昭昭之多而概廣大無窮之體，能免望洋之歎、管窺之譏乎？ 日月之譬亦近似，而實則不然。 來謂「日月之明，偶爲雲霧所翳，謂之晦耳；雲霧一開，明體即見，原未有所傷也。 此原是人人見在具足，不犯做手本領工夫。 人之可以爲堯舜，小人之可使爲君子，舍此更無從入之路、可變之幾」云云，此又是論道理。 尊兄稱祖師三十年，今日自信其果爲君子乎？ 爲堯舜乎？ 豈無一念自反而得其本心之時乎？ 日月爲雲霧所翳，亦必雷動風散，雨潤日晅，而後雲霧始開。 愚之可使爲明，柔之可使爲强，非困心衡慮、百倍其功而能庶幾於仁智者，鮮矣！ 若謂一念自反爲進爲之端，則可也。

龍溪云：「乾知大始」，大始之知，混沌初開之竅，萬物所資以始。 知之爲義本明，不須更訓主字。 下文證之曰「乾以易知」，以「易知」爲「易主」，可乎？ 此是統天之學，贊元即所以贊乾，非二義也。 其言以體、以德、以才、以變、以學、以功用，雖經傳所有，屑屑分疏，亦涉意象，恐非易簡之旨。 公將❶復以不肖爲混沌語矣。

訓知爲主，本文原註即以「易知」爲「易主」，有何不可？ 「大哉乾元，萬物資始」，非乾爲之主而誰資之？ 故曰：「乾以君之。」若如尊見，何不曰「大哉乾知，萬物資始」？ 則以乾知爲良知，又何所疑？ 體德象變，乃六十四卦之藴，周、孔翼《易》，舍此無所據，而謂「屑屑分疏，亦涉意象，恐非易簡之旨」，是周、孔失之於前矣。 必如公等，足以一「知」字盡天地古今之變，又恐過於易簡者也。

❶ 此後一頁底本板裂、漫漶嚴重，兹據甲庫本録入，個別處文字參據康熙本辨識。

龍溪云：公謂「夫子於咸卦提出『虚寂』二字以立感應之本，本卦德之『止而悦』以發其藴」，是矣。而謂「獨知是良知的萌芽，纔發便屬覩聞」，要亦是半路修行的路頭。明察是行仁義而襲，非格物之功，致虚守寂方是不覩不聞之學。日用倫物之内，别有一個虚明不動之體以主宰之，而後明察之，形聲俱泯，似於先師致知之旨或有所未盡契也。良知即所謂未發之中，原是不覩不聞，原是莫見莫顯。明揚察倫，❶性體之覺；由仁義行，覺之自然也。顯爲隱見，❷通一無二，在舜謂之「玄德」。自然之覺即是虚，即是寂，即是無形與聲，即是虚明不動之體，即爲《易》之藴。致者，致此而已；守者，守此而已；視聽於無者，視聽此而已；主宰者，主宰此而已。止則感之專，悦則應之至，不離應感而常寂然，故曰：「觀其所感，而天地萬物之情可見矣。」今若以獨知爲發而屬於覩聞，别求一個虚明不動之體以爲主宰，然後以歸復之學，則其疑致知不足以盡聖學之藴，特未之明言耳。其曰「二氏得之以絶念，吾儒得之以通感」，恐亦非所以議上乘而語大成也。

虚明不動之體，不覩不聞是也。戒慎不覩，恐懼不聞，始可以言歸根復命之學。歸根復命，始可以言致知。「使致知之學原本虚寂，而未嘗外於倫物之感應，聖學之宗也，何偏之足病？」此《三山麗澤》中要語，與今所執格物之説大不同。其曰「不離應感而常寂然」，則寂爲應感之根明矣。常寂常應而往

❶「揚」，康熙本作「物」，可從。

❷「爲」，康熙本作「微」，可從。

來不窮，而後天地萬物之情可見。白沙詩云：「春夏誰户發育功，❶只從天地閉秋冬。」《易》曰：「保合太和，各正性命，乃利貞。」又曰：「利貞者，性情也。」利貞言性而曰情，蓋言來春發育之功實原於此，故曰：「不貞則無以爲元，不終則無以爲始。」絶念、通感之説，雖不足以議上乘而語大成，而儒釋之大端終亦不外此也。

龍溪云：周子曰：「誠神幾，曰聖人。」良知者，自然之覺，微而顯，隱而見，所謂幾也。良知之實體爲誠，良知之妙用爲神，幾則通乎體用而寂感一貫，故曰：「有無之間，幾也。」有與無，正指誠與神而言，此是千聖從入之中道，過之則墮於無，不及則滯於有，多少精義在，非謂以見成作工夫，且隱度其文，令人不可致詰爲幾也。豫之六二，以中正自守，不溺於豫，故能觸幾而應，不俟終日而吉。良知是未發之中，良知自能知幾，非良知之外别有介石以爲之守而後幾可見也。《大學》所謂誠意，《中庸》所謂復性，皆以慎獨爲要，即幾也。

來云「良知之實體爲誠」，是也。致知之功，要於存誠以立其體。存存不已，則精而明，應而妙，自然之幾也。精明屬寂，故曰無；應妙屬感，故曰有，即所謂「静無而動有」者也。萬世心學之源，惟在「執中」一語，未聞以有無之間爲千聖從入之中道。以是爲中道，則危微精一，豈小歇之田塍乎？周子曰：「寂然不動者，誠也。」閑邪存其誠，聖功之本也。「感而遂通者，神也。」神非人力所能與，德之盛，寂之至也。來諭謂「有無正指誠與神而言」，則所謂過與不及，想亦不外乎誠與神也。若謂「過於誠，則

❶「户」，康熙本作「戸」，可從。

墮於無；不及於神，則滯於有」，似乎不通。若謂「過於誠、神則無，不及於誠、神則有」，尤不通。既曰誠則有矣，安得謂無？既曰神則化矣，安得謂有？若以有無之間，别有一個中道爲精義，恐是子莫之執，而陰陽家所謂玄空五行是也。《易》曰：「陰陽不測之謂神。」又曰：「惟神也，故能不疾而速，不行而至。」又曰：「過此以往，未之或知。」則神非人力所能與，明矣。詳觀豫之六二，其義自見。六二以中正自守，故能不溺於豫。溺與不溺是幾，介然守正故不溺便是知幾。《象》曰：「六二貞吉，以中正也。」又曰：「介如石焉，寧用終日？斷可識矣。」介石是良知的實體。前謂「良知之實體爲誠」，至誠而後可以言介石。《詩》曰：「我心匪石，不可轉也。」介石之外别求良知，能免駕床而疊屋乎？

龍溪云：顔子德性之知，與子貢多學以億而中，學術同異不得不辯，非以其有優劣而易視之也。先師良知之説，倣於孟子不學不慮，乃天所爲，自然之良知也。惟其自然之良不待學慮，故愛親、敬兄觸幾而發，神感神應。惟其觸幾而發、神感神應，而後爲不學，自然之良也。自然之良，即是愛敬之主，即是寂，即是虚，即是無聲無臭，所謂天之所爲也。若更於其中有物以主之，欲從事於所主以充滿其本然之量，而以不學不慮爲坐享之成，不幾於測度淵微之過乎？孟子曰：「凡有四端於我，知皆擴而充之，若火之始燃、泉之始達。」天機所感，人力不得而與，不聞其於知之上復求有物以爲之主也。公平時篤信白沙子「静中養出端倪」與「欛柄在手」之説，若舍了自然之良，别有所謂端倪、欛柄，非愚之所知也。吾人今日致知之學不能入微，未免攙入意見知識，無以充其自然之良，則誠有所不免。若謂自然之良未足以盡學，復求有物以主之，且謂覺無未發，亦不可以寂言，將使人并其自然之覺而疑之，是謂矯枉之過而復爲偏，亦不可以不慮也。

良知自然知幾，惟知之良者爲然。今之謂良，不知與孩提之愛敬、不學不慮、自知自能者，有一之相似乎？如曰「致吾良知之天則，周乎物而不過」，已是葛藤纏繞、全屬人爲，謂是爲出於天，可乎？夫愛親敬長，神感神應，即《易》於童蒙之吉也。童蒙之吉，本於純一未發者主之；大人不失其赤子之心，亦惟復其純一之體也。前既以誠爲良知之實體，實體便是主物。從事於所主以充滿其本然之量，亦是希聖正路，謂爲測度之過，過矣。欛柄、端倪，白沙亦指實體之呈露者而言。必實體呈露，而後可以言自然之良，而後有不學不慮之成。兹不求自然之良於實體之充，則所謂良者，卒成一個野狐精，其與自然之覺遠矣。既曰「覺便是發，感於物而後有覺」，覺不可以言未發，而可以言寂乎？不可以言寂與未發，而可以言自然之良乎？自然之良隨感而見，如火燃、泉達是也，不知擴充之功，當於燃與達處擴之充之耶，抑只於種火、原泉處擴充之也？故曰：「惻隱之心，仁之端也。」不求之心而求其端，未有不爲槁苗之宋人。惟擴充仁體，則四端發見，始有火燃、泉達之機，其於保四海也何有？不然，只做得個假仁義的伯學。

龍溪云：空空原是道體。象山云：「與有意見人説話，最難入。」以其不空也。鄙夫之空空與聖人同，故能叩兩端而竭。蓋是非本心，人所固有，雖聖人亦增減他一毫不得。若有一毫意見填實，即不能叩而竭矣。心、口、耳、目，皆以空爲體。空空即是虛寂，此學脉也。

空空是一個虛心聽受之貌，惟其虛心聽受，故聖人叩兩端而竭之。「不憤不啓，不悱不發，不以三隅反則不復」者，以其不虛故也。今謂鄙夫的空空與聖人同，即王汝止謂「滿街的是聖人」之説，徒以長傲而侮聖也。尊兄平日看得聖人一蹴可至，然自問闢以來，❶何故不滿十人？言易以驕人之志，言難以阻人之進，其罪同科。中道而立，能者從之，是何等平正！

龍溪云：欲致其知，在於格物。若曰「當先養性」，良知即是性體自然之覺，又孰從而先之耶？《易》言蓍之神、卦之知，即是良知。良知者，心之靈也。「洗心退藏於密」，只是良知潔潔淨淨，無一塵之累，不論有事無事，常是湛然的，常是肅然的，是謂「齋戒以神明其德」。神知即是神明，非洗心藏密之後而有神知之用也。公云「致知格物之功，當有所歸」，良知即是神明之德，即是寂，復將何所歸乎？格物者，《大學》到頭實下手處，故曰「致知在格物」。若曰「格物無工夫」，則《大學》爲贅詞，師門爲勦説，求之於心，實所未解。理一而已，性則理之凝聚，心則凝聚之主宰，意則主宰之發動，知則其明覺之體，而物則其應感之用也。天下無性外之理，豈復有性外之物乎？物即事也，格者正也，物得其理之謂正。先師曰：「致知格物者，致吾心之良知於事事物物也。良知即所謂天理，致吾心良知之天理於事事物物，則事事物物皆得其理矣。致吾心良知之天理者，致知也；事事物物皆得其理者，格物也。」此豈有内外先後之分哉？吾儒之學與佛學毫釐之辯，其端正在於此。佛氏明心見性，妙覺圓寂無不周，非不微且密也，惟其以無爲宗，外了倫物感應，要之不可以治天下國家，孰謂吾儒經世之實學而可如是乎哉？先師嘗曰：「舜不遇瞽叟，則孝之物有未格；文王不遇紂，則忠之物有未格。」其旨深矣。公見吾人爲格致之學者，識知識爲良知，不能入微致其自然之覺，

❶「問」，康熙本作「開」，可從。

終日在應迹上執泥有象、安排湊泊以求其是當，故苦口拈出虛寂話頭，救學者之寂，❶固非欲求異於師門也。然因此遂斬然謂「格物無工夫」，雖以不肖「隨在致此良知，周乎物而不過」之説，亦以爲「全屬人爲，終日與物作對，牽己而從之」，恐亦不免於懲羹吹齏之過耳。寂是心之本體，不可以時言。時有動静，寂則無分於動静。濂溪云：「無欲故静。」明道云：「動亦定，静亦定。」先師云：「動者，❷心之本體。動静，所遇之時。」静與定，即寂也。良知如鏡之明，格物如鏡之照。鏡之在匣、在臺，可以言動静；鏡體之明，無時不照，無分於在匣、在臺也。吾儒格物之功無間於動静，静亦物也，故曰「必有事焉」，是動静皆有事。廣大之生原於專翕，專翕即寂也。直與闢，即是寂體之流行，非有二也。自然之知即是未發之中。後儒認纔知即是已發，而別求未發之時，故謂之茫昧支離，非以寂感爲支離也。致知之功，在意欲之不動，是矣。周乎物而不過，乃性體之流行，便以爲意欲之動，恐亦求情之過也。

「致知之功，要在於意欲之不動」，此來諭格言也。意欲不動的良知，自能知周萬物而道濟天下，與入井之怵惕、平旦之好惡、孩提之愛敬一樣神通，又何待致此良知於事事物物之間，而後能周乎物而不過乎？致此良知於事事物物之間，而後能周乎物而不過，例之以不學不慮、自知自能者，天遠懸絶。内外、先後之分亦是。《大學》本文曰「誠於中，形於外」，曰「知所先後則近道矣」。《中庸》亦曰：「知遠

❶「寂」，萬曆刻本《龍溪王先生全集》卷六《致知議略》作「弊」，可從。

❷「動」，隆慶刊本《傳習録》與萬曆刻本《致知議略》皆作「定」，可從。

之近，知風之自，知微之顯。」蓋言見於彼者由於此，有諸中者形諸外，著乎外者本乎内。孟子亦曰：「君子所性，仁義禮智根於心。其生色也，粹面盎背，四體不言而喻。」《樂記》曰：「和順積中，英華發外。」《易》曰：「直内方外。」又曰：「剛自外來，而爲主於内。」又曰：「美在其中，暢於四肢，發於事業。」内外、先後，非區區一時立説，取辯於口以禦人耳。來諭「格物是《大學》到頭實下手處」，則定静安慮一條，當爲入門之蹊徑耳。神智之用，隨感而應，本由洗心藏密而後有，猶天地設位而變化行，知禮存性而道義出。崇效卑法，其間多少積漸？《大學》謂：「定而後能静，静而後能安，安而後能慮。」程子曰：「無事則定，定則明，明則尚何應物之爲累哉？」佛書謂：「戒生定，定生慧。」今謂神知之用不在洗心藏密之後，只因尊兄以「無内外先後」一言横亘其中，隨處掀翻説過。精者近超頓，粗者多傍借，宜其以知止爲迂鈍，以格物爲捷法，不但枝也，遁亦有之。來諭又引先師之言曰「致吾良知之天理於事事物物之間，是致知；事事物物各得其理，是格物」，則功在致知明矣，格物特功効耳。儒、佛之辯甚微，格物與不格物乃其千里謬處。佛以吾儒之學得其精之緒餘，而以格物議之，不亦太麤已乎？心鏡之譬甚善，但只於照上用功，而不知磨上欠精察也。先師云：「心猶鏡也。聖人之心如明鏡，常人之心如昏鏡。近時格物之説，如以鏡照物，照上用功，不知鏡上昏在。先生格物，如磨鏡使之明，明了後未嘗廢照。」❶來諭矻矻説格物，亦只是説得照，未嘗一語及磨。在匣、在臺，又只説得明了後鏡子也。尊兄所

❶ 按《傳習録》，此句爲徐愛語，非陽明語。

傳，恐皆夜半密語，而《傳習録》云云，想是爲衆僧説法，非上乘所屑也。

龍溪云：仁是生理，即其化生之元。理與氣未嘗離也，人之息與天理之息原是一體，相資而生。《陰符》有三盜之説，非故冒認爲己物而息之也。馭氣攝靈與定息之義，不可謂養生家之言而遂非之。方外私之以襲其母，吾儒公之以資化元，但取用不同耳。公謂「仁者與物同體，亦惟體仁者而後能與物同之」，却是名言，不敢不深省也。

天人之息相資而生，原是一體，梏之反覆，便離本相，故夫子曰「與人相近」，又曰「違禽獸不遠」。早間是一人，午間又是一人，是故知幾之學，養心要矣。不得其養，而曰「我之息即天地之息」，謂之冒認，非過也。

龍溪云：昔人有問莊生之學於道有見否，先師曰：「難道無所見，只是張皇些子。譬如盲人驟然開眼，見了天地、日月、雲霧、山川、草木種種華藏法界，便口喃喃説不已，不知明眼人見之只家常飯耳。」息爲範圍三教之説，不肖偶有所見而妄言之，明眼人以爲張皇之過，誠然誠然。前所謂「入聖之微幾，舍此更無别法」，《易》象雷藏澤中，其義頗微，何時與明眼人共究斯義，亦同心一快也。

嚮晦宴息與飲食宴樂，只是明需與隨之時義當如此。《易》者，時而已。澤中之雷，深藏静養，以畜其地奮之聲。藏而後發，形而斯存，知幾之學也。《易》有以一象含數義，一爻該數事，故體此卦之象當以隨時静養爲要。前云其義本淺者，因尊兄以爲範圍三教之宗，疑其求之太深也。

龍溪云：先師曰：「爲學須有本原。聖人到位天地、育萬物，也只從喜怒哀樂未發之中上養來。」蓋因世

人在知識上求長進，故設此法。譬如種樹，只在根上栽培灌漑，不作枝葉花實想。愚謂良知即是未發之中，

如樹之根，學者隨在致此良知，不從知識上攙入些子，正是栽培灌漑之功。昔有學者舉象山「人情事變上做

工夫」之説，先師曰：「除了人情事變則無事矣。事變只亦在人心中，其要只在致中和，致中和只在慎獨。」

即是致良知，而實下手處在格物。公以爲物上求正不免有功利心，隨在培灌亦只是培灌得枝葉花實；致虛

守寂以養乎未發之中，方是一心在根上培灌。此意前已有辯，非面承口悉，恐亦不能了當於楮墨間也。

未發之中，是堯舜相傳以來學問一個大原頭。《中庸》三十三章篇，只得一中字分曉，萬世攸賴。「聖人到位天地、育萬物也，只從喜怒哀樂未發之中養來」，乃是先師究極精微之語，今謂是因世人在知識上求長進，故設此法，是以參苓上藥爲發表時症之劑，恐不當如是舛也。來謂「良知是未發之中，如樹之根」，以未發爲根，却從發上培養，又不明言枝葉花實是何物，未聞善種樹者分了根本，不培灌，却從枝葉花實上培養也。謂「致此良知，不從知識上攙入些子」，除是孩提之愛敬，方可言不攙入些子知識。今之所謂致此良知者，牽合補湊，渾是知識，曾有些子不學不慮、動以天之神乎？舜之明倫察物，亦是從人情事變上做工夫，却是由仁義行。由仁義行，方是不攙入些子知識，方是培根。觀其居深山，聞一善言，見一善行，沛然若決江河，莫之能禦，不知此時亦須致吾良知之天則於聞見之間，而後能沛然否也？五伯義襲之學，何曾外却人情事變？此中最好包藏禍心，打發機械。一由仁義，一行仁義，便是舜、跖之分。同一良知也，一以充養虛靈本體之量爲致，一以推行於事事物物之間、不攙入些子知識爲致。其充養虛靈本體之量，發無不中，便是由仁義行；推行於事物，不攙些子知識，便是行仁義。

兩端是非，其幾甚明。譬之富人收錢，平日無區別精擇之功，將金、銀、銅、鐵、錫混作一器，臨用時方纔揀擇，不知黄金已化爲鐵矣。故内省無惡，方是知幾。「慎獨」之「獨」字即是不覩不聞，不覩不聞即是隱微。微之顯、隱之見、誠之不可掩，隱微是根，顯見是枝葉花實，幾在隱微，故培養之功當知所自。

龍溪云：洛兄謂：「修道之功似不專於虚寂。致中和，合寂感以爲功。」立言本有未瑩，宜乎公之有辯也。蓋聖學以寂爲宗，若修道之功不專於歸寂，則寂之外將復有功可用乎？寂是感之體，感有未通，正是寂有未至，終涉思爲。在感上察識寂體，正是用那寂的工夫。若曰「合寂感以爲功」，則爲有二用矣。公以歸寂爲致知，感通爲格物，於師門宗旨本未有悖。寂是未發之中，即良知也。程子曰：「此是日用本領工夫，却於已發處觀之。」蓋所以察識其端倪，以致夫擴充之功。夫以未發爲本領工夫者，致知也；發處察識其端倪以致夫擴充之功者，格物也。若遽謂「感上無工夫」，則又如前所謂矯枉之過耳。

蓋自「聖學以寂爲宗」至「終涉思爲」云云，已得領要。本領、端倪之論，前於《致知議略》辯之詳矣。擴充亦只是擴充得這個中，一有不中，則心之爲道或幾乎息矣，此程子之言也。歸寂便是通感的工夫，不止不説，不虚不受。「艮其腓，無悔」，《易》之美詞也，而以「志末」爲佛學，冤矣！

朱子晚年悔語曰：「向來講究思索，直以心爲已發，而以察識端倪爲致知格物實下手處，以故闕却平日涵養一段工夫，常覺胸中擾擾，而無深潛純一之味。至於發言處事，飛揚浮躁，殊非聖賢雍容深厚氣象。」所見之差，其病亦至於此，不可以不審也。

龍溪云：未發不可與已發相對，玩本文自見。云已發者，後儒之贅。未發之中，不可謂常人俱有，須用戒慎不覩、恐懼不聞工夫。始有未發之中，自有發而中節之和，體用一原也。未發之中，性之體也，虞廷謂之「道心之微」，周文謂之「不顯之德」，孔門謂之默，《易》謂之密、謂之虛、謂之寂。千古聖學惟此一路，信得及時，謂無時可也，謂有時亦可也；謂致中即所以致和可也，謂致和正所以致中亦可也。不然，説愈詳，學愈支，而道愈晦，祇益紛紛聚訟耳。公謂「日夜所息，是未發氣象」，是也。時時是此氣翕聚發散，不爲旦晝梏亡，正是養之之法，更不須説夜氣。養到熟時，便是通乎晝夜之道而知。

「千古聖學惟此一路」，「一路」是指未發之中而言。中者，天下之大本。《易》曰：「正其本，萬事理。」立天下之大本，到淵淵浩浩處，方可言熟，方可言不倚。不梏亡於旦晝之所爲，固是養之之法，然必翕聚得這個虛明之體，無時無處無不是這箇充塞，更不須假人力安排，方可言熟。乃曰「更不須説夜氣、養到熟時」，緣兄處處説見成，一涉工夫便覺礙眼。未發本是性，故曰「大本者，天命之性，天下之理皆由此出」，而曰性之體，用則中節之和，不知又是何物也？中是性，和是情，中立而和出焉，體用一原也。故氏曰：「性立天下之有，情効天下之動。」❶不於立有處開基，而從臾於効動，今之格物是也。龍溪云：「止而悦」，感之道也。止即是寂，不寂而感，妄也。六爻以人身取象，朱子謂「雖主於感，皆宜静而不宜動」，是也。四爲心感之主也，因其不正，故以貞爲戒。程子曰：「虛中無我之謂貞。」不貞則入於憧憧，衆欲牽引而至，故曰「朋從爾思」。五爲脢，不能感物，以其無所私係，故得無悔。此便是後世佛氏之

❶ 按，此句爲胡宏語，「故氏」當爲「胡氏」。

學，以其不能通於天地萬物之情，故曰「志末」，言所志者小也。六爲輔頰舌處，悦之終，感之極，便是後世講解之學，故曰「滕口説也」。所發天地萬物虛寂之義甚是，所謂無復之感也。

虛寂是咸卦全體大義。程子謂「感應盡天下之理」，蓋本諸此。咸脢便是「艮其背」，便是悦而止。自有天地以來，未有一個無私係之心而反不能感物者，除是一塊死肉。便行有不慊於心，不慊於心便是悔，如何又曰「無悔」？先儒以「末」字訓「無」字，無所私係便是志末，亦屬扭合。本文以不能感物爲志末，而遂斷其爲佛學，咸六五不暴之冤也。❶

龍溪云：《大傳》「天下何思何慮」，曰殊途、曰百慮，未嘗無感、未嘗無思慮也，然却同歸一致，正是感上歸寂之功。「何思何慮」，猶云思慮而未嘗有所思慮也。何思何慮正是工夫，非以效言也。艮之《象》曰：「君子以思不出其位。」心之官以思爲職，「何思何慮」正是不出位之思，正是止其所而寂；出其位即爲廢職，入於憧憧矣。「谷神不死」，是黄老密語，「是爲天地根」，以其虛而善應也。洛村以此爲影事，宜乎公之有辯也。

以何思何慮爲工夫，則精義入神是何物？「天下何思何慮」，正言感應之幾瞬息萬變，如何着得分毫思慮？故曰「咸，速也」，迅霆不及掩耳，而猶暇於思慮乎？而不免有所思慮者，要在歸於致處。曰歸、曰致，便是精義，便是寂體，便是蠖屈龍蟄、日月寒暑之往來，何嘗有些子思慮？故曰：「未之或知

---

❶「六五」，當爲「九五」。咸卦無六五爻，且「志末」爲九五爻之象辭。

也。」其曰「思慮而未嘗有所思慮」，似非本旨。「思不出位」，便是度不越履，如「兼山」然，靜而止也。周子曰：「艮其背，背非見也；靜則止，止非爲也，爲不止矣。」蓋言有所作爲便是出位。致吾良知之天則於事事物物之間，已是引之而去，其去出位一間耳。

龍溪云：告子先孟子不動心，不可全謂不知所養，却是二乘禪定之學。「不得於言，勿求於心」，是外境使不入；「不得於心，勿求於氣」，是內境使不出。不出不入，則心自定，故能不動。告子以是求心於內的學，洛村以此爲義襲，恐不足以服告子之心。但告子分了內外，我心性是個無善惡的，外邊一切輕重長短自有一定之義，隨物付之而已，猶彼白、彼長而我長之、白之，從其白於外，非有長於我也。孟子却是以我長之、白之爲義，義由中出，如輕重長短由我權度而知，合內外之學也。公以五伯爲義襲，與今時所論格物之學相類。若在物上求正，謂之襲義可也；若曰「格其心之不正以歸於正」，則固由中之學也，安可概而例之也哉？

「格其心之不正以全其本體之正」，謂是爲由中之學，是也，但尊兄之意猶自看得「歸於正」三字在物上。如曰「致吾良知之天則於事事物物之間，而事事物物各得其理」，雖不言內外出入，實則有內外出入也，與「何思何慮」尚隔幾重公案。權度既陳，則輕重長短自見，而非求權度於輕重長短也。告子是個求心的學，却認得心體是個死殺的，故以義爲外，從頭便要做個不動的工夫，與充養積盛、致然不動者別是一個機軸。故謂告子爲全不知所養，不可；謂得其所養，亦不可。

龍溪云：洛兄謂「分得本體之寂」與「得其本體之感」，立言本末瑩。不覩不聞即是寂，戒慎恐懼即是守寂之功。寂雖隱微，然却莫見莫顯，體乎物而不遺。寂而感也，言寂之不能離乎物也，故曰「微之顯，誠之不可掩」，誠則一矣。若寂與感相對，便是二法，非所謂致一也。

「寂雖隱微，然却莫見莫顯，體乎物而不遺。寂而感也，言寂之不能離乎感也。」何幸而得聞此語！早聞此語，安得有許多煩聒，致左右費詞也？寂爲躁君，静爲動根，若與感作對，便是無君，便是撥其根，大亂之道也。

龍溪云：物是感應之迹，寂是感應之體。寂感本是一體，感處正是做却歸寂工夫。若謂「感上無工夫，纔説格物以致其知，縱使矜持到十分恰好處，縱是義襲」，❶則有所未解也。格物是良知正感正應，一循天則之自然，正所謂順應，非矜持也。物得其則之謂格，非物上求正也，故曰「格其心之物也，格其意之物也，格其知之物也」，此可以窺師門之旨矣。

「物上求正」，明是義襲，而曰「有所未解」，先入主之也。若能復却良知本體，則其感應自是循天則。今人喪失良知本體，何啻十七？而以一反便得爲真體，便是感應之正？先師作《尊經閣記》有：「富家子孫，不務守視享用其産業，至爲窶人丐夫，而猶囂囂然指其記籍曰：『斯吾産業庫藏之積也！』何以異於是？」物來順應，不有太公之體爲之主而曰順應，皆襲取也。「格其心之物」數語，信是先師之言，豈無别説可證？而乃矻矻執此爲蓍龜，説法謗佛，願兄少降。前曰「不覩不聞即是寂，戒慎恐懼即

❶ 末「縱」字，康熙本作「終」，可從。

是守寂之功，莫見莫顯言寂不離乎感也」，鄙蓋歎服。今又曰「寂感一體，感處正是做却寂的工夫」，却又倒提了葫蘆。若云「歸寂正是做那通感的工夫」，始與前論相符。

龍溪云：《大學》全功，只在「止至善」一語。止至善之則，只在「致知」二字，而格物者，致知之功也。先師教人嘗曰：「至善無惡是心之體，有善有惡是意之動，知善知惡是良知，爲善去惡是格物。」蓋緣學者根器不同，故用功有難易，有從心體上立基者，有從意根上立基者。從心體上立基，心便是個至善無惡的心，意便是至善無惡的意，便是致了至善無惡的知，格了至善無惡的物；從意根上立基，意是個有善有惡的意，知便是有善有惡的知，物便是有善有惡的物，而心亦不能無不善之雜矣，故須格其心之不正以歸於正。雖其用功有難易之殊，而要之復其至善之體，則一而已。公以知止爲致知，以慮爲格物，定静之慮即是何思何慮，所謂一致而百慮也。但謂纔屬於感，便以爲「電光波影，與物輪迴，無端拱清穆之時」，未免將寂與感作對法，端拱澑穆將淪入於寂滅，❶與經綸、無所倚之學未免有毫釐之辯，不可不察也。

《大學》全功，只在「止於至善」。「至善者，心之本體也。」「格其心之不正，以全吾本體之正。」《録》中所載，與公等格物之説不同。寂者，感之主也。「寂然不動，感而遂通天下之故」，語意輕重本自明白。今乃謂寂無功夫而求寂於感，謂是爲電光波影、與物輪迴，非過也。知止而定、静、安、慮，已是提出知止爲學問大頭腦，安得與感作對？端拱清穆，却是超乎萬感之外而主乎感者也，感特寂之應迹

---

❶ 「澑」，康熙本作「清」，可從。

耳。《中庸》言「無所倚」，蓋言至誠功業渾是一個天德流行，其淵、其天，肫肫其仁，一毫人力不與，故曰：「苟不固聰明聖智達天德者，其孰能知之？」寂者，天之德，未發之中，先天之學也。達天德便是王道，謂離感而不能體物，無乃冤之過乎？

龍溪云：精義入神本是致知工夫，致用正是格物。尺蠖之屈，龍蛇之蟄，只是發明屈信相感、自然之機，正所謂「何思何慮」也。然謂「物字本輕」，又把高、曾、祖、父、家衆取譬，却恐未然。物與身、心、意、知爲一，先師嘗有是言，恐不可易。物是「物有本末」之「物」，不誠則無物，故曰「精氣爲物」，是從虛無靈覺凝聚出來的，豈容輕得？《大學》之要，只在誠意。良知是誠意訣竅，格物正是致知實下手處。自始學至於聖人，只有此一件事。吾儒所以異於佛學，正在於此，前已論之詳矣，此先師苦心也。

「物是『物有本末』之『物』」，是也。然「物」字本輕，重在「本末」字。若曰「物是從虛明靈覺凝聚出來的」，又是未經前人道語。既是虛明靈覺凝聚出來，便是天精天粹流行之用，發而爲中節之和，緣何又有不正而格之？又謂是先師苦心處，恐不可以曾子反求爲悖也。師不云乎？「至善是心之本體，未嘗離却事物。若於事事物物上求至善，却是義外。」不知物上求正與事物上求至善，又何所間？先師又曰「致知焉盡之矣」，「乃若致知則存乎心悟」，謂非苦心、苦口不可也。來云「精義本是致知工夫，致用正是格物」，則功在致知，又明矣。身、心、意、物混而爲一，若不善悟，七聖皆迷。高、曾、祖、考取譬，特明爲一氣相傳，而亦自有差等也。鄙以致虛守寂、充滿乎虛靈之體爲致知，感而遂通天下之故爲格物。感而遂通天下之故，正與「明明德於天下」相照應，煩以《大學》通篇參玩，亦自可見。附去《臆說》一册，以資覆瓿。

答董明建

接教翰，具悉近學真切，良用歎服。切問近思，仁在其中，學者皆如此尋究，則心自不放也。顧凶鄙荒落，❶本不足以待問，而枉致勤懇，義有不容以虚辱者。勉强附答，愧無以發微義，幸與同志諸君子共商之，無靳往復。俾得因之以聞所未聞，不亦幸哉？

民者，通天下之稱，合親疏、貴賤、遠近而一之者也。人則對己而言耳。稽諸古訓，乃曰「上帝降衷於下民」，曰「民受天地之中以生」，曰「民之秉彝」，曰「天之生斯民也」，曰「天民」，曰「先民」，曰「逸民」，至《西銘》則曰「民，吾同胞」，而其下即云大君大臣、高年孤弱、賢聖疲殘，均之爲民也。仁者以天地萬物爲一體，擴吾一體之仁，合親疏、貴賤、遠近而無弗親之，是謂明明德，是之謂親民。明德親民，輕重厚薄，先後緩急，又莫不有天然之中，不容以纖毫智力增損、安排於其間，是之謂至善。明德親民者，一本乎天然之中，而不以纖毫智力增損之，是之謂止至善。知止至善，則明之、親之，而定、而静、而安、而慮、而得。得者，得乎大學之道也。至善即良知也。良知者，輕重長短之權度也。當長而長，當短而短，當輕而輕，當重而重，物各付物而智力纖毫不與焉，是之謂格物也。先師云「格物者，止至善之功也」，至也。格物之功，須與定、静、安、慮

❶ 「凶」，康熙本作「陋」。

四字上識取方下手處，外此則襲取也。足下謂「民者，以上臨下之義」，恐該不得君臣、父子、夫婦、長幼、朋友，只爲舊説纏繞耳。熟玩《西銘》，思過半矣。昔游定夫得《西銘》讀之，乃曰：「此《中庸》理也。」《中庸》之理即《大學》也。九經言修身、明明德也。尊賢以下，親民也。「仁者，人也」；「義者，宜也」，皆天理也，止至善之謂也。

知行合一，自是本體，猶云「知即行也，行即知也」。不知不得謂之行，猶不行不得謂之知也。故《録》云「知之真切篤實處是行也」，則凡知之不真切而篤實者，可謂之知乎？知必真切篤實而後謂之知，則凡做知的工夫，必須真切而篤實也。做知的工夫果能真切而篤實，便是做行的工夫也。「行之明覺精察處是知也」，則凡行之不明覺而精察者，可謂之行乎？行必明覺精察而後謂之行，則凡做行的工夫，必須明覺而精察也。做行的工夫果能明覺而精察，便是做知的工夫也。是本體也，即工夫也。外却明覺篤實，則求一個知行的工夫，不可得也。堯舜性之，自然明覺篤實也；湯武反之，復其明覺篤實也；五伯假之，襲其明覺篤實以施之於外也，以其離本體做工夫也，故謂之假。來諭「心之靈覺者，知也，靈覺之流行不息者也」，是也。須要知得常常如此，靈覺處便是流行不息也，非靈覺之外又有所謂不息也。目視足行，又是一説，姑置之。

沖莫無朕者，理之一；萬象森然者，分之殊。渾淪惟一，萬象之所由生；散殊惟精，冲漠之所由形。致廣大，極高明，一之義也；盡精微，道中庸，精之義也。父母者，陰陽之謂也，致一以成變化者也。二氏只做得個無朕的工夫，獨陽不生也；五伯只做得森然的工夫，獨陰不成也。惟精惟一，一陰一陽之謂道也。議度如此，未發質言，幸再思之。

《易》曰：「吉凶悔吝生乎動。」動而後有不善，而凶悔吝生焉；動而無不善者，吉也。夫善與不善，皆由於動而後有，則知未動之前即來諭「渾渾噩噩之體」也，尚何善惡之可言哉？故心也，意也，知也，物也，自其本體而言之，皆無善無惡也；感於物而動也，而後善惡形焉。告子「性無善無不善」之説、「生之謂性」之説，已見本體一斑；無分於上下、無分於犬牛，斯失之遠矣。誠能戒懼以致中，當其中時，默而識之，義自見也。孟子「性善」之論，已是指性之欲而言也，故曰：「若夫爲不善，非才之罪也。」

王、湛二家之學，各自爲宗旨，果能實用其力，各自有得力處。今曰「天理即良知也，隨處體認即致也」，顧亦未爲甚非，但其實有不同處，亦不可誣也。茲欲比而同之，是殆爲二家折中講和之意，似亦不消如此也。先師教人，重在必有事焉，未嘗少得勿忘勿助；甘泉先生教人，重在勿忘勿助，未嘗少得必有事焉。顧其立言，俱爲救偏補弊而發，終不若孟子本然之渾全密微、不費分説也。但今之論助者，殊未盡「助」字其症，其謂「矜持欲速」者，已落在第二義矣。要知「助」字病痛的確，須謂「集義所生」的「生」字上、「義襲而取」的「取」字上照驗體究，然後之矜持欲速不足以盡「助」字本症也。❶知矜持欲速不足以盡「助」字本症，然後之吾輩今日之學皆助也；❷其亦有時自謂湊泊灑落者，或恐又是忘也，皆非集義所生者也。生則惡可已矣哉！學至惡可已，而後本體之知始見，而凡即其事而格之者，皆惡可已矣之功。時習之説、反身之樂須從

---

❶「之」，康熙本作「知」，可從。

❷上「之」字，康熙本作「知」，可從。

「生」字説，體貼出來，故無物不長。謬見概見於嘉會卷端。

來諭「致其本體之知而動無不善，然非即其事而格之，則亦無以致其知。日用工夫體驗，先師之説攧撲不破」云云，已是工夫中正處也；又曰「不知孰爲中正」，不幾於騎驢覓驢耶？近時有立説陰排良知之學者，謂其「脱却學問思辨之功」，又謂「良知不合天理，其與佛氏以知覺爲性何異」？噫，冤矣！「致良知」三字，乃是先師於《大學》中認取一個止至善的機括，拈出以教人。其初或一以知字之疑於覺也，故於「知」字上加「良」字。致之時義大矣哉！學之不博，問之不審，思之不慎，辯之不明，行之不篤，可謂致乎？故《中庸》兩言「致」字，大《易》則曰「致命」，《語》曰「致身」、曰「人未有自致者也」、曰「喪致乎哀而止」，是何等喫緊字眼？聞見之知，其有不合天理處，或然也。知而曰良，乃是天理靈覺發動處，是非之本心也。今觀孩提之愛，乍見孺子之入井怵惕、惻隱，嘑爾蹴爾之不受、不屑，墟墓之哀，宗廟之欽，是良知也，可不謂之天理乎？「致知」二字，孟子發之爲盡忌，❶故曰：「盡其心者知其性也，知其性則知天矣。」學至於知天，知止於至善也，而猶謂之不合天理、脱却學問思辯之功，豈非古今一大冤事耶？本不欲辯，特以來諭有異同之問，設復云云。體認天理，亦是延平訣竅，文公晚年孤負蹉跎之悔，正以此也，甘泉先生第加「隨處」字耳。鄙人嘗刻《二業合一論》，小序云：「隨處體認云者，君子無終食之間違仁，造次、顛沛必於是之意也。」今之議者

---

❶「忌」，康熙本作「心」，可從。

則曰天理是一物，而以我體認之，猶有三也。❶又曰「隨處體認天理，是以天理在隨處也，義外也」，是皆以己意文致立言者之意，而遂其攻排之私。其與前所排良知之學者，症候正相似。方欲講學以風動多士，克伐怨欲不行且不能焉，況望其拔去病根乎？議道學者之呶呶❷也。

實信本體，不雜外見，萬變交錯，迎刃而解，是則是有此理也。中山「高虚」之疑，無亦憂其發得太早耳。若曰「脱却學問思辯之功」，則疑之過矣。篤信已是一的意思，不雜已是精的意思，但不知足下實曾如此受用否也？近接中山數日，即其議論，蓋恐君輩落在擬議想像一邊而無實落工夫。渠之用工特煞辛苦，而亦未嘗受用者，亦於「助」字上受病也。此老晚年懇惻，百倍於後生，豈吾輩所可及哉？足下憂其半路起脚，亦可謂効忠於中山者也。連山委曲，惟以「助」字病痛反覆辯論，渠亦若有覺焉耳。「依良知」之「依」字，已嘗有安、利、勉强之譬，然云「致」字穩帖者，有難以口舌陳也。依於仁，功在志據之後；依乎中庸，惟聖者能之。其與君子遵道而行，同乎，異乎？是在明建深思也。

赤子之心純一無僞，其笑也、啼也、乳其食也、呿呿呴呴於襁褓也，曾有纖毫之人力乎？大人參天地、贊化育，只是赤子這一點純一之心爲之，而纖毫人力不與焉，故曰：「所過者化，所存者神，上下與天地同流。」而《中庸》極功惟以致誠言之，似非以知之遠近大小爲大人、赤子之别也。若論其知有遠近大小，是特

---

❶「三」，康熙本作「二」，可從。

❷底本此後缺一頁，兹據甲庫本補入，個别漫漶處參據康熙本補足。

隨氣質之堅脆、充斂之時不同耳，良知本體豈有增減去來之可言哉？ 譬之炬光然，置諸龕，光之所及纔咫尺耳；置諸房，光漸遠也；置諸堂，則又遠也；置諸堂之外，則遠而又遠也。 夫炬之光豈有加哉？ 氣質之堅脆，充斂自有其時，猶置炬於龕、於房、於堂、於堂之外不同也。 其謂赤子，知之宜通而反蔽；既壯，宜蔽而反通，亦於此乎？ 觀之可見矣。 但所貴乎良知者，誠以其無所不知而謂之良哉？ 亦以其知之至誠惻怛，莫非天理之著見者，而後謂之良也？ 堂外之炬，光之所及果遠也，然光影之閃爍模糊，比之龕中之炬晶瑩明徹、光影自如者，孰爲良哉？ 人之既長，氣質既充，聞見日開，比之赤子之笑、啼、乳食，不知孰爲至誠惻怛也？ 其謂孩提之童親兄，或拂其意，則怒而擊之，而遂疑赤子之心不得爲至善，此特習之使然也。 嘗見夫父母之於赤子也，知笑也，則誘之而使笑；測其怒也，則誘之怒；怒而能言也，則誘之罵；怒而能舉手也，則誘之擊。 其與愛親敬長、不待學習而自無不能者，孰爲本體哉？ 氣質日充則聞見日加，聞見日加則良知日以消蝕。 大人者，變化其氣質，滌除其聞見，以養吾良知之至誠惻怛，此所以爲不失赤子之心也。 然則吾輩今日之學，將日廣其聞見，以求其所謂無所不知乎？ 一惟致其所知之至誠惻怛，而姑置其所不知也？ 爲炬計者，將置諸密室以保其晶瑩明徹之自如乎？ 抑將圖其光之遠及，且置諸堂之外，任其搖蕩閃爍以速其燼滅也？ 吾弟英特，當自有得於臆説之所不及者。 若遂據此爲定論，則誤己誤人矣。

入秋來，經理先丘，久稽訊問爲歉。 承書教，自反真切，足見不自欺也。 悟而不改，猶自欺也。 自欺者自斃，他人更與不得。 今人以知覺爲良知者，真是以學術殺天下後世。 此處不省，莫若別尋門路，不必再講良知也。 良知是未發之中，知覺乃其發用，猶云性具天下之有。《傳習録》中若無此一線命脉，僕當爲操戈之首。往往告諸同志，未有以爲然者，豈予一人獨病狂乎？若以爲衆論果是，僕亦嘗是之，而今始知其非也。《中庸》曰「不覩不聞」者，天下真覩真聞之所聚，此是千聖真法眼藏，願諸君細體究之，無謂老詩自迷迷人。所需藥物，須自來領始可授。一笑。

昨匆匆過去，未及容與爲歉。即承書教，知愛知謝。不知是良知的妙用，致得良知完具，便有不知的饗用。譬之樹木，擁培灌溉只在本根上着得的，❶枝葉花實聽其生意自達，未之或知也。只是一貫，原非兩截。願吾弟試求之，亦未敢以謬見爲是也。外承所委，適得便以奉尊命矣。餘不備。

❶「着得的」三字，康熙本作「着力」。

雙江聶先生文集卷之十一

賦

黄鳥賦

翳嘉木之葱蔚兮，鳴黄鳥之嚶嚶。坐緑陰之金羽兮，協笙簧於咸英。余聽之而愜吾之心兮，忘憂患之怔忪。蓋嘗和爾求友之聲兮，杳魚雁之沉冥。慨管鮑之不可作兮，痛趙孤之臼嬰。彼丘隅之可棲以止兮，睍羅罻之無因。可以人而不如鳥兮，行將尋霞丘之鹿伴、復雲渚之鷗盟也。

操

幽拘操

蹇余衰之被逮兮，忽春與秋之相仍。淹幽沉於八月兮，黯日星之晦明。紛校卒之淩咄兮，抱桎梏以爲親。胡置我於叢棘兮，顧形影之仃伶。嗟時命所遭之弗祥兮，慨無妄之有因。彼戈者何暮於雲漢兮，❶邈鴻飛之冥冥。幸湯祝於三驅兮，泣下車之罪人。雷雨作解兮，天王聖仁。

四言古詩

先大夫忌辰

諱日之臨，我胡在此？涕之無從，其顙有泚。
諱日之臨，我胡在獄？念之痛心，爲父母僇。
維兹諱日，終身之喪。霜露既降，履之悽愴。豈維悽愴，有淚淋浪。墨縗纍纍，誰揭我箱？誰羃酒漿？誰奠我高堂？凛乎洋洋，痛心之慟也狂。

諱日三章。二章，章四句；一章，十二句。

三五七言古詩

秋夜長二首

秋夜凉，秋夜長。蟲聲淒短壁，月影落空粱。心逐滄州長是夢，愁隨短髮盡成霜。

---

❶「戈」，康熙本作「弋」，可從。

秋夜涼，秋夜長。吟風紛落葉，斷雁杳孤行。搗練不禁鄰杵急，美人遥在水雲鄉。

五言古詩

過玉華洞次邵端峰韻 巡閩作

睠兹玉華洞，窅然古道傍。我求當玄冬，停節探幽藏。一竅自天鑿，雙柱懸玉長。怪形虎龍躍，古色雲霞蒼。上有神仙宅，下有蛇龍床。峽泉急雷鬪，嶂壁迴烟光。老樹羅松桂，好鳥鳴宫商。三十六洞天，奇哉無與伉。想當混沌鬪，好事爲主張。斧鑿如有神，巧力竟荒唐。幽懷未屬厭，郵鉦催行忙。欲去不能去，獨立歎蒼茫。何時逐逸散，來此傳丹方。

寄十一姪 知晉作

憶别黄門兒，匹馬南源路。汝歸幾何時？我復屢修阻。嗟哉人生浮，斷蓬無定所。所願各努力，泯泯何足數。豈無千金軀，繫關非細故。文禽羽毛矜，志士名節顧。艱貞利攸行，冥豫多凶蠹。勗哉宗廟欽，哀此先人墓。況當苦塊憂，衰慘當如數。楝孫美天資，靛兒亦敦素。作之隨器成，皆可昌門祚。執手語諄諄，負之鬼神妬。委身事明王，無復能家慕。

玉峽别鄒羅周劉諸君子已下被逮作

木葉墜寒風，滄波渺何許？念兹河梁别，相看淚如雨。漢庭哭賈生，豈爲吾與爾？死别一尋常，即死豈無所？悠悠者蒼天，落日鳴荒杵。

發南浦

南浦城頭水，終朝送行李。行李異情況，宦游與商旅。亦有被逮臣，一生覬百死。豈無安心法？安心在知止。豈無桎梏朋？楊劉諸君子。豈無祝綱仁？聖明見萬里。

夜見踞畦

田中何人斯，蹲踞如有爲。退焉獨潔身，亦有糞田惠。不謂種瓜人，納履翻遺罪。君子慎容止，一真破百僞。眇兹戴盆夫，心可皇天對。

次九江

平生鹿豕資，原不閒羈束。胡爲逆王章，一體聯三木。念兹栗里間，肯效窮途哭？寄語柴桑翁，凍餒亦自足。

渡九江

朝發九江湄，便是三湘地。未暇弔屈原，無勞悲賈誼。人生遭際類如此，蒼黄翻覆何足計？

汶上

昔聞閔子騫，汶上辭費宰。卓哉孝廉風，至今宛如在。嗟余顓蒙資，結髮思磬欬。僅免子弟慜，曾無官爵愛。豈謂雲霞盟，翻貽羅罻害。俛仰三歎息，風沙揭輿蓋。

車中見日

晴旭照車中，紅光滿人面。幸兹戴盆夫，亦有窺管見。呵凍將眉鬚，欠身解勞倦。嚴霜濕融融，匹夫何曾怨？

次德州

德州出肥皂，可以滌面垢。脂粉有餘資，令色人皎皎。豈無垢衷人，禍心藏淵藪。山岳義何居，骨肉恩逾藐。叢棘止蒼蠅，垂楊坐黄鳥。安得挽長河，一洗衆心曉。嗟哉垢心異垢容，坐令嘴舌生長風。

風雹志感二首

昨日急風雹，雷霆震怒號。今朝天宇清，萬物咸欣寧。於穆天心未可測，雪霜雨露仍霹靂。唯願風調雨順霜不殺，處處含餔歌帝力。

昨日淚如雨，今朝淚流血。不知何所傷，拊心痛如割。李陵負漢恩，晁錯速邊釁。不有徒薪謀，生民誰造命？

題　扇　面

江色渺風烟，林光雜蘭芷。一葉繫松陰，客懷浄如洗。人生隨所如，要在安汝止。誰知習坎心，亦有滄洲趣。

再答楚望二首

尼父美栢松，騷人詠蓀芷。不有穢垢緇，曷用巢由洗？洗耳千頃陂，澹然無流止。川上歎如斯，千載遺真趣。

二

贈我雲錦章，懷袖香生芷。一掬塵渴醒，賴此清冷洗。坐令寵辱忘，便是丘隅止。念兹蓬垢姿，自有天然趣。

長至

遐哉天地心，七日觀來復。葭管動塞灰，官梅吐幽馥。先王尚閉關，君子慎幽獨。念兹一線微，實以終身穀。徐看萬物亨，會見群陰伏。

接子安書知已至京

爾聞余就縛，諒爾情悲咽。奔代豈無身，勢阻輿牛掣。兩年牽夢思，千里風塵隔。忽聞解擔囊，尚阻親顔色。片楮蠅頭書，字字魚腹血。上戴天日開，下銘再造德。次言加餐飯，末復致寬臆。賣身云不辭，況賣田園宅？骨肉本情親，患難尤真切。形影素相吊，感此淚如擲。家運值否屯，讒忌叢傾迫。公論久自昭，冤狀咸蠲雪。官爵非所論，要使微衷白。

慰子安

損者德之修，而曾知此意。高卧清涼山，裹足紛華市。窒欲禁侈心，鎮蹐黜浮氣。寶兹金玉軀，不負鴻鵠志。我家世業農，我爾才科第。勉爲科第光，共播雙溪氏。溪水清泠泠，雲獻高仰止。酌彼崖下泉，澄然誰可擬？寄語同心人，鼎顛利出否。

家僮餽橙丁

家僮餽橙丁，内有一片緡。報我得勘移，昭雪煩知己。知己昧平生，神交邈萬里。人言何足卹，國是賴有倚。鬼車釋睽孤，蜂蠆消毒尾。李白歸巫山，賈誼還宣室。紫獻卧翠微，白門弄深碧。化心養精魄，鍊氣神軀質。損益匪人知，稽首謝梏桎。

苦寒歎

彈劍歌苦寒，嚴風凛四起。木冰書春秋，瓶冰感詩語。剥盡千羊皮，脱落萬人指。黄金買尺薪，白壁換斗米。❶鴻鸞無高飛，狐兔得深處。斷脛淚未乾，棹雪興遄沮。湯婆憶舊温，酒客乏新侣。衰病愁苦兼，期歲淹囹圄。除夕可誰依，黄君渺何許。歌此寄同袍，灑淚恐成雨。

西司志遇并柬知己

北司送西司，感此歲云暮。寒齒摇欲脱，短髮稀可數。賴遇督獄賢，天假良緣晤。北有戴安道，西有黄叔度。叔度契平生，安道新如故。握手歡且悲，且敘交相慕。學探蠶絲微，詩裁牛腰富。桎梏資弄吟，患難

❶「壁」，康熙本作「璧」，可從。

翻裨助。素位隨所如，便是菩提悟。佛開方便門，余得邯鄲步。交道久榛蕪，世途多風雨。節孝厲金堅，徐六一閑車輔。歐亦有築巖翁，傅青眼頻相顧。共揭戴日盆，載引迷津渡。羅漢出漩渦，蹇驢鳴大路。傷鳥鳴於飛，困鱗迅長遡。此別難爲情，此情安可愬？傾景渺燕臺，塞雲没高樹。

春雪

春雪已彌旬，霏霏猶未足。斷階掃復漫，遥漢紛仍促。粉曙映千甍，瓊光眩雙目。鶯聲邈難期，花信那由覆？緬彼鶴氅仙，冰姿清可掬。空懷剡溪興，未解潯陽獄。對此日啣盃，長簷展書讀。

五言律詩

江上聞篴 華亭作

何處笛聲起，孤舟入夜清。秋還江上好，月是水邊明。才薄妨王事，時平逸宦情。不隨琴與鶴，天地此身輕。

送吴節推考績 已下家居作

吴子今辭滿，天風動緑濤。法星澄夜静，文隼戾秋高。萬口探平日，三年弼教勞。白頭搔更短，無計舊攀號。

野　外

野外全無事，出樓稱懶人。杖雲憐菊瘦，依竹聽泉聲。珠粒香宜晚，瓊漿老更親。交游漸日遠，飄泊信吾真。

翠微洞贈諸子枉顧六首

玉洞雲長寂，劉郎今又來。仙緣真不偶，塵夢定須回。玉樹兼秋色，瓊芝當酒杯。丹書霞室秘，何日共參裁。

久歇知音調，攢峰玉洞饒。攀龍踰白水，騎馬上青霄。珠露清能渴，丹霞飽易消。愛君留莫得，明日異今朝。

何事從劉阮，來尋玉洞遥。塵心多幻妄，仙跡只漁樵。我舞蒼龍劍，君吹紫鳳簫。不妨傳妙道，飽飯睡兼饒。

此上逢黄石，江東味紫蓴。卿家原有種，吾道亦能尊。入洞窺丹竈，披雲向酒樽。遠心如有悟，塵市即龍門。

每憶澄江句，兼懷詠雪才。桃源曾惜别，菊月此重來。苦海誰憐溺，清尊向汝開。不忘今日意，歸築望仙臺。

汝是吾宗彦，超然類碧峰。不辭風雨路，遠訪翠微中。洞古雲泉寂，山深松桂濃。不須塵外慕，虛静是仙風。

九日登淩空閣限杜詠三首

久貯登高興，今朝始盡驩。崖懸天畔閣，人坐斗中寒。未可辭沉醉，焉能免脱冠。黄花期不負，百歲幾同看。

自有登臨勝，何勞更築臺。此山當邑望，兹閣傍雲開。肯負尋幽興，還期載酒來。浮生惟有醉，莫待菊花催。

高會人能幾，浮生太劇微。合歡原不偶，得醉可忘歸。細菊飡朝露，酡顔映夕暉。側身臨北極，雲卧媿朝衣。

淩空閣三首

縹緲懸崖閣，秋風勢欲危。雲霞侵座冷，星漢近牀移。只有神仙侣，還同猿鶴嬉。未須論辟穀，芝菊自充縻。

予有山水癖，探幽愜所期。九天澄爽氣，百里著遊絲。石裂雷長奮，山陰霧作帷。老來貪便逸，敢謂世相違？

勝境千年秘，幽棲豈偶逢。攢崖蹲虎豹，懸瀑舞蛟龍。語接神霄近，群超人世中。涼風衣袂薄，六月灑秋風。

邵武行臺舊有澄心亭尋燬於火而亭之詩刻猶存因次其韻已下巡閩作

春霖臺坐寂，人已到無懷。日出浮雲散，天空瘴霧埋。風光悦花鳥，春意足根荄。無那干戈慮，躊躇立斷階。

清　明

寒食春當暮，風暄花鳥天。齋居慚不與，臺坐思茫然。楓柳藏新火，溪山戀舊緣。共饜墦郭祭，獨羡子推賢。

出郭訪陳惟濬西禪寺

出郭探禪寺，風花豈浪遊。餘輝争覽鳳，無妄歎牽牛。竹木春深暗，禽魚地僻幽。一杯銜落日，惜别未能留。

贈書吏汪廷卿告病歸省

老母關心切，微名到手遲。經春常卧病，抛案竟辭歸。灘石舟航險，烟花衾枕移。相臨旬月義，不盡一杯持。

峽江公館次韻

傳舍風當午，時同僕馬休。陰連千樹碧，雲濕萬山頭。世道嗟淪墜，塵途益阻修。駑駘須力盡，當爲主恩酬。

夜宿深青偶題

歷遍漳南路，民風日見蠻。瘴深叢竹木，法斁訟刁頑。過雨全無暑，開雲便有山。驛亭今夜燭，千里憶斑斕。

邀陳惟濬

仙客之何處，冥冥蜃氣樓。誰知浮海歎，不爲辟人謀。病怯炎蒸毒，居宜寺觀幽。蕭蕭鳴馬去，千里致相求。

亭坐有懷簡豐五溪學士

莫倚孤亭坐，叢驅鳥雀喧。乘幽頻灑墨，聽雨自移尊。當道豺狼泣，清秋鷹隼騫。碧山懷學士，逸興欲誰言？

臺夜懷南野

獨夜行臺静，秋風細葛涼。迂才徒感世，多病只懷鄉。梧影疏庭露，蟲聲近客牀。南來鴻雁少，何處望周行？

夜坐懷明水

别後亦多病，南來書札疏。渴懷依玉樹，苦熟歎秋菰。何以超凡俗，相期事故吾。況兹風月夜，浮海共乘桴。

校　文

桂子香風合，文章事品評。開科承景運，入彀奮秋英。咫尺昭天監，虚明湛水平。未應迷五色，何處更持衡？

賦得

秋風横獨鶚，何處羨全牛？秦漢文章復，歐蘇品第優。志公天日照，緘秘鬼神幽。桃李私恩植，誰當爲國謀？

秋懷二首

暮雨袪殘暑，涼風薦早秋。渴蘇司馬病，賦倚中宣樓。山谷芝蘭秀，鄉園芋栗收。陳情今有疏，役役用何求？

短髮西風裡，羈懷落葉前。未堪驅病骨，况已近衰年。遠到知駑力，歸耕可薄田。溪山讀書處，芝菊正秋妍。

除前二日次黄崎鎮

風鼓潮聲急，依山暫息行。久餘觀海興，况切濟川情。帶雨蒼雲顯，摇天白浪明。晨光予利涉，渺渺去舟輕。

連江道中口占

驅節連江道，江連山亦連。我來當落日，人尚醉新年。湖曠鳧鷖逸，風暄花鳥便。此行何所作，處處采詩篇。

送方大行還京

離合嗟萍水，攀留興未闌。母儀天下定，使節日邊還。高義驅今古，清風動海山。況經桑梓地，花鳥慶斑斕。

宿東峰驛時得寧波之報

持斧經年舊，腰金拜命新。參苓扶久病，湖海渺孤臣。塞馬空悲笑，逵鴻漸隱淪。驛當風雨過，涼意正相仍。

宿高良寺次見素翁韻已下知晉作

匹馬霜風暮，高良亦勝遊。諸天先得月，殘夜此憑樓。路轉藤蘿合，雲深竹木秋。我來貪便息，無用老僧留。

除夕用別駕許玉林韻

堯封同守歲，而我倍傷神。白髮人多病，黃堂家故貧。松楸荒壠恨，童僕異鄉親。處處風波急，無因得問津。

元旦謁三聖廟用韻復玉林

三聖垂衣地，忝嘗屬舊章。春元瞻廟貌，學術憶羹墻。干羽聲威遠，風沙歲月長。執中仍傑閣，萬古有迴光。

送王稽勳赴部三首

傾蓋未知己，蘇僚三月恭。幾人敦道義，一別歎萍蓬。省曠緣何事，音書竟不通。儘教神意合，不繫往來憧。

念爾三槐俊，離違已十年。蹇騰争鳳覽，老病只霞咽。此會真如夢，無何又別筵。相看情不盡，日有念歸田。

予有茂林卧，君選吏部郎。不因官況薄，敢謂故人忘？雁斷沙飛暮，鶯求柳欲黃。莫須嗟遠別，努力事君王。

洪洞道中

水溢傷中夏，新秋報旱多。禳年長不遂，歎世竟如何。可但疲徵役，仍兼苦戰戈。無勞問津者，吾意久逾河。

聖節有述

白簡迴丹殿，廿年違寸心。拜瞻同譟舞，廢病幸招尋。仙聖寧居寂，高玄敬禮深。龍飛堯舜業，敬一有遺箴。

論　詩

大雅今何在，微風里巷中。一言存魯頌，三歎憶虞桐。關世羅三極，超神合大空。虛亭家學舊，況近杜陵翁。

九日登中樓用杜韻時王孫各以茶酒相遺

百年看菊會，此地共登臺。樓閣因人勝，風烟傍日開。乳曾翻雪獻，春向鬱金來。暫拭干戈淚，清樽妙舞催。

壬寅臘月十五日

去歲今朝到，今年歲又窮。丹心曾自苦，白髮竟何從？保障河東日，飄蓬冀北風。誰憐麋鹿性，豐草只思東。

除夕僚友集衙廨因疊往韻

歲盡燈前夜，春回帖上神。鶯花趨爛熳，魍魎笑清貧。萍水逢非偶，蘭心氣自親。椒盤且爲樂，何必羨通津。

舟中望巘山已下被逮作

卜築渾因爾，依棲舊結楹。豈知商隱地，翻速楚囚行。亭閣巖烟暝，琴書洞月晴。山靈須毖護，莫負歲寒盟。

次廬州

昔年持玉節，今日卧囚車。同此經過地，相逢太不如。是非惟我在，功罪竟何居。賴有重瞳主，鄱陽欲上書。

次定遠

荒落人家少，風沙去路遥。奔馳定遠縣，仰負聖明朝。保障功何在，萋菲謗未消。行吟霜月夜，白髮短蕭蕭。

早行有感

餓莩生誰造，腥膻氣自消。當年出死力，此日累清朝。霜印板橋跡，鷄鳴荒杵遥。旅行無夙夜，况是逮臣軺。

聞鵲

鄰鷄分曙色，喜鵲噪簷前。望赦囚人願，知幾禽鳥先。風霜欺病骨，歲月近除年。相對劉郎語，傷心一泫然。

驛夜同劉文中姪乾對酒

被逮寧非罪，威刑亦至仁。困窮知學力，患難見交情。食少那能酒，天寒只望春。三人同卧起，談笑兩經旬。

登車二首

車陸南人怯，況兼衰病摧。自慚功本冒，應是罪之魁。騎逸塵飛電，輪翻地轉雷。無嗟心力戰，春意近江梅。

陸行兹發軔，感歎楚狂歌。臥轍勳何濟，懸車禍更多。仰天嗟播蕩，平地亦風波。惟有逃名者，冥飛奈爾何。

河間聞高玄火災

九廟方新建，高玄又火災。堯湯曾水旱，造物只嬰孩。土木何時已，瘡痍秖自哀。終朝勞聖禱，一念望天回。

官橋早發

客枕何曾着，逡巡又五更。紛紛戒行李，歷歷聽鷄鳴。桔攣添客絆，星月助霜清。試問官橋柳，何時復轉青？

鄒縣

運啓真元會，絪緼育太和。禱尼先降孔，從舍爲生軻。罔極恩常在，配天功不磨。采蘋徒有願，械繫此經過。

東河雩山居

曠野人家少，單車獨夜行。火明疑有店，犬吠忽聞聲。邂逅窮途主，跫然逆旅情。無嗟勞與辱，此境是良朋。

宿瀛海驛

去鄉五千里，一月逮程賒。霜落烏啼月，風回雁起沙。此身寧有著，到處即爲家。瀛海欹孤枕，燈寒月影斜。

次阜城用韻

得止還須止，欲眠竟不眠。浮雲去渺渺，寒月落娟娟。逆旅身如寄，滄桑跡屢遷。百年那可計，多難聽皇天。

聞楊斛山柱史劉晴川正郎周訥溪諫議釋詔獄

三人聞復釋，喜極淚沾袍。刺舌思今默，全身念爾勞。艱貞存虎尾，勳譽等鴻毛。歸混漁樵日，風情莫甚高。

聞黄洛村轉刑部

昨日傳除目，聞君轉法曹。班聯華省貴，星應貫城高。冰蘖秋臺肅，官書夜燭勞。何如邁種德，千載仰夔皋。

蟬

念爾何孤潔，栖雲抱露莖。輕盈晴苑翼，清切夕陽聲。風月眇軀殻，炎涼適死生。向來幽澹意，攘臂爲誰驚。

鳩

呼急何爲者，貪天妬雨晴。點頭如有會，比翼謾相征。計拙巢居鵲，遷喬友愧鶯。西生雲樹密，何處不宜生。

鵲

朝來何事喜，唶唶向簷端。毛羽霜烟潤，飛鳴天地寬。星橋成雅會，風牖計偏安。愧爾先幾哲，空增仰屋歎。

歸燕

舊壘從蛛網，翩翩別主歸。知時曾失序，哺子竟無依。對語聲逾遠，群飛影故稀。明年春色早，莫忘故人扉。

答戴子問學次韻

虛明澄夜氣，萬籟寂銷沉。不犯纖毫力，潛窺天地心。動中有不動，外物何能侵。寄語了心人，平旦本無箴。

秋意二首

秋意何所見，井梧一葉沉。風凋逮臣髮，砧動故園心。遐矣乘槎興，悵然抱膝吟。誰嗟吾道厄，天地一沾襟。

青陽方税駕，大火又西征。雁度霜前影，蛩吟月下聲。虞羅何日解，客夢幾迴驚。白壁終然在，黄金價亦輕。

聞促織有感

促織爾何訴，淒淒日近床。月明添夜寂，風詠助更長。客夢何曾穩，秋懷益可傷。天機神股翼，喧寂異炎涼。

别戴子

此地具隻眼，平居抵萬金。汝能敦古義，情亦發衷心。坐究危微藴，交酬長短吟。明朝把君袂，何以報知音。

生日

念此劬勞日，斯文困辱年。鶯花遲淑景，風雪滿前川。短鬢浮名累，長江春夢牽。明晨理歸棹，深卧薜蘿期。

錫山舟中簡萬鹿園總兵

文武推全德，當今萬總師。石蓮嘗問道，荆水每傳詩。寡欲求仙侶，輕財學佛施。西湖烟景好，逋隱久相期。

西湖贈吴方士已下樞府作

卜築西湖上，仙遊近若何？江涵秋意早，波隱夕陽多。刻棹迴瑶雪，騫槎泛玉河。投竿終有日，共聽濯纓歌。

接臨汾王湛泉書適聞早鶯賦以代簡

鶯聲何處起，緑暗上林春。幽谷經年秘，黄金百鍊身。遷喬那有意，求友總傷神。誰饋河汾鯉，長懷代木人。

部鶴有折翼者長鳴省署哀而賦之三首

折翼胡爲爾，長鳴一憮然。自憐非故我，空有羡長年。雲漢無歸路，風塵落俗緣。羽毛何足惜，最愛頂丹鮮。

憶昨雲飛日，天空適自然。乘軒豈予分，垂翼已經年。靈囿思咸若，瑶池夢舊緣。平生修潔意，空羨玉爲鮮。

每誇霜翮健，萬里幾超然。誤落虞羅手，淹留省署年。乘風徒有意，度海更無緣。問訊良醫折，能回枯木鮮。

予多病形容日枯槁知己相對每用惻然用韻簡謝

誰復憐予瘦，而君獨惻然。痌瘝如在己，道義亦多年。竊禄爲身累，虚名豈福緣？不堪秦越視，袍拭淚痕鮮。

贈蕭醫官民壽歸永豐

念爾來何事，憂予老病狂。愛山情暫輟，采藥意偏長。人傍雲霄去，身霑雨露香。柴桑如問訊，短髮盡成霜。

石川醉叟爲泰和尹翁題已下致仕作

雅有柴桑嗜，猶然得老閒。卧雲便酩酊，洗耳聽潺湲。風月從拈弄，鷺鳧自往還。坐看潭裡影，白髮映酡顔。

懷萱爲謝維世題

乾坤固罔極，慈母思何任。百歲光陰盡，餘生夢寐深。花開猶愛日，葉落更傷心。念爾憐親意，終天恨不禁。

菊丘爲西賓王汝執題

天地如許寬，一丘聊自藏。幽閒遠人俗，雲影淡秋芳。夕飡樂我飢，獨嗅飫天香。人苟知自適，處處皆柴桑。

五言排律

送王節推考績

王子金閨彦，經傳玉署英。才名魁藝苑，士行重鄉評。剖竹司民命，分荆弼教程。電雷新執法，冰蘗舊家聲。道息豺狼横，囹空鼠雀争。下車長泣罪，更獨夜求生。寧忍殺爲媚，能今獄用情。植槐敷遠澤，種竹有餘清。金矢三年得，權衡九邑平。績當書最考，政已及瓜成。出祖憐予病，登仙羡爾行。舄鳧雲外逸，鸐鶴月中明。畫舫魚龍避，文旛隼鶚驚。秋風江漢浄，朝雨酒盃傾。吴楚東南别，乾坤道義并。彙征厘遠邁，蘭臭憶同盟。枉道曾加璧，空山乏報瓊。足徵光照乘，須重價連城。銜轡徒違己，行藏利永貞。直躬多見忌，古道未宜名。不負相期久，他年同耦耕。

被逮發恩江鄒東廓羅念菴諸公追送玉峽賦別

禍患勞知己，怔怔痛在躬。驚聞魂欲斷，追送意無窮。匹馬深山月，遍舟逆浪風。死生付流水，身世等飛蓬。劍解延陵佩，囊傾陸賈空。兹行余自勉，不負此心同。

柬謝少湖學士南野宗伯石淵司寇洛村主政

某不穀，行寡諧世，學未宜人，謬以虚名，憎兹多口，以故變出匪夷，災生無妄。勿論喪家，幾不免於身也。誤蒙三數君子過信平生，若恫在躬，褰裳濡足，不憚嫌勞，徬徨朞歲，始有今日。昔人謂「一死一生，乃見交情」，鄙人不幸，而幸有此，亦足多矣！情結寸草，力戴萬鈞，鄙詞志感，非以言謝也。

丁年十月望，家廟展庸欽。天闕來星使，巖扉訝陸沉。股夷悲獻璞，囊括横誣金。摇筆嗔何甚，貪天禍更深。窮途逢老嫗，楚客對愁吟。出井誰捐力，令余日抱琴。死生一鳥過，道義百年心。雨露回春意，雲峰出晚岑。應慚鮑叔契，空負伯牙音。燒燭期看劍，啣盃慶盍簪。祗應衰颯甚，愁爾爲沾襟。

上內閣嚴相公

聖主資元輔，昌期翼太師。客星輝黼扆，臺斗燭彤墀。煉石維鰲極，驚天起鳳椅。禮恭勤吐握，貌瘦益委蛇。退食花甎暮，函封柳院縻。杞憂雙鬢短，帝載萬年熙。獨引調羹手，牢懸繫鼎絲。東班出頭地，西苑託心期。半夜留魚鑰，中官索藻詞。摛文朝禿穎，倒膽日傾葵。恩洽上方賜，懷虛前席咨。龍箋克燕寢，鱗閣佇鴻儀。千載一時遇，風高後代垂。松遊渺難遂，桐釣固應遲。廣厦咸需庇，門墻敢翼私？虛名慚薦剡，下體采葑詩。保障余何有，迂疏世所嗤。蠅聲殊罔極，虎履輒孤危。再造春回筆，三驅網解維。兼金符麥惠，一語重蓍龜。頓拭楚囚淚，長吟梁父辭。清朝多雨露，唾核亦根荄。落日飛垂翼，新春釋凍澌。鵲啣惟寸草，百壽與螽斯。迴首九天上，長風萬里吹。

五言絶句

觀魚次韻二首已下巡閩作

生育資元化，魚蟲自妙機。穿蘋如有適，躍錦故相依。

昔會濠梁意，今忘爾我知。小亭風日好，潛躍得新詩。

午息江東驛次一溪韻

曉發深青程，午餉江東驛。自笑人生浮，渺渺飛蓬跡。

七言古詩

度　山　行巡閩作

寒雲凍霧山蹊暗，獨肅旌旄勤遠道。濛茫咫尺不見人，前驅隔嶂雄呼噪。於時奔遁泣豺狼，長林安得狐狸號？江梅忽忽暗香浮，石竇泉花灑衣帽。荷氈翁嫗雙跪言，爲謝相公節重到。廿年荼毒無所告，幸離虎口兹再造。鄭新老賊犂窟巢，府縣食人祛貪暴。早冬大熟前此無，白飯黄鷄安老耄。叶願言鄭新不生貪暴絶，免得玉斧馳風雪。

風　沙已下被逮作

烈風揚沙蔽空起，白晝荒原迷尺咫。手麻足凍酸欲僵，雙眸昏澁開難視。身聯三木厲薰心，行止由人不由己。嗟哉此禍何由始，竟以虚名承詔旨。東山之出胡爲乎，功烈晉陽卑如彼。賑荒小惠病堯仁，禦虜倖功何足齒？誤厘薦剡動今皇，福淺分盈禍所倚。人生禍福無定期，獨對寒流立荒渚。

望嶽

岱宗嵯峨鍾靈粹，大聖大賢相繼起。道通天地教無窮，戰國春秋俱塞否。陳蔡絶厄畏於匡，魯侯已駕臧倉沮。龍翔蠖屈隨所如，道有廢興關行止。至今遺化少尼僧，百世絃歌有孫子。眇予小子無所知，曾抱遺經究終始。早年業舉竊糠粃，終歲旁求落模擬。詎知未發是真詮，堯舜相傳惟此爾。不聞不堵無聲臭，❶真寂原基萬化理。夏首連山商首藏，姬周特首潛龍筮。平旦之氣幾者希，如愚獨得惟顔子。周程靜定本先天，諸説紛騰混同異。鈍根磨礪二十年，一竅靈虛如有啓。良朋獨賴同心多，佛詆禪訶無所避。平生廛鞅隔孔林，今日檻車經闕里。釋囚倘荷皇天仁，一辨遥將當有地。

釋三人

三人五載同幽拘，講《易》談《詩》更受《書》。眚災肆赦自天下，愚忠狂直皆蠲除。鴻冥鳳覽杳然去，我來聲影不知處。關西夫子冰玉姿，風月襟懷返星渚。耕雲釣月有餘閑，醉後元城宜鼾睡。嗟哉主聖未可忘，酒醒鼓腹歌虞唐。

❶「堵」，康熙本作「睹」，可從。

大安人忌辰

痛惟兹辰天降酷，南冠獨抱向隅哭。壽域新開菽水歡，八十慈顔奄棄禄。斷機已負三遷心，投杼翻貽屢至辱。昔聞薏苡變明珠，猶恨毁傷臨深谷。聖門縲絏罪可妻，河東保障勞爲僇。火雲毒日逸松楸，黄塵撲撲迷雙目。他時肆赦沐皇仁，短髮歸來守丘木。

紀　異

夜聞有聲自西來，奔騰震撼顛欲摧。拘人駭寤紛喧豗，余亦攬衣驚且頽。聖皇精禋奠九垓，祈天西苑久未回。坤道弗寧何所荄，無乃造物真嬰孩？東南獻瑞西報災，吁嗟叵測兮杳乎遐哉。

子月廿一日志感

去年今日抵金城，黄雲萬里雪漫身。手僵脚凍行不得，況復桎梏攣鐵繩。道路以目相訾評，謂是當年禦虜稱虎臣，天子降札咨姓名。吁胡械擊爲罪人，余聞此語添悲辛。今年此日復大雪，念之痛心心如割。銅垣鐵壁冰峥嶸，髮凋髭斷指幾脱。早遺朱紱衣短褐，晉陽之患憑誰掇？四郊多壘宵旰憂，老農亦抱鬚眉羞。倉皇奉檄出西郊，焦勞七月紓謀猷。崇墉深塹義聲振，十萬驕胡無所逞。卷甲霄遁仍戒警，五七提封胥康慶。保障名揚霜日並，推章薦剡承休命。函關逋吏歸伏枕，蒼蠅白壁成貝錦。久看公論皭然申，平生傲岸丞相嗔。白日轟雷巖壑驚，風流烟散靈曦昇。金鷄飛出紫雲宸，天子萬年稱聖明。

東湖行寄謝陸都督

東湖水與銀漢通，扶桑倒影馮夷宫。朝看浴日天門上，暮取明珠月窟中。主人住此抱奇氣，胸藏雲夢兼涇渭。一自龍飛入紫微，客星遂極人間貴。釣竿擲去倚蓬壺，水檻日日空飛鳧。天子呼來侍玉輦，行人遥指避金吾。九關虎豹嚴呵衛，半夜貂裘不皇寐。誤臨太液夢滄浪，髣髴漁歌聞鼓枻。寄語草堂湖上山，許身此日未應閑。持盈早畢澄清志，不羨當年衣錦還。

七言律詩

寄徐少湖大史 華亭作

□□□□□□□，□□□□□□□。❶空冀已誇千里捷，咻齊須諒數年迁。文宗《左傳》今成癖，德蓄前言始稱儒。少壯莫教嗟老大，格天勳業及時圖。

❶ 底本、甲庫本、康熙本均缺首二句。

九日登淩空閣限杜韻三首已下家居作

幽懷如織撥難寬，偶共高登一縱驩。自信林丘便老圃，敢辭塗炭坐朝冠。風高絶頂衣堪振，露吸天香夢亦寒。白髮哀殘惟我在，幾人青眼久相看？

天高露下清如許，飛閣高懸最上臺。萬木盡隨楓葉下，一樽聊爲菊花開。江山有待爲湮著，風月無端任往來。老我於兹真得所，從教白髮日相催。

興繞高臺欲奮飛，光聯車馬發熹微。岫雲偏爲幽人出，烟樹猶宜倦鳥歸。五獻岑蟠澄爽氣，萬峰羅列效靈暉。清秋良會群金玉，杯盡何妨再典衣。

和羅達夫洞中見寄二首

野堂無事晝常眠，塵事何曾到眼前。三徑草深春欲盡，一庭花落室如懸。謀生寡術貧禁得，希世無能老亦然。安得可人羅太史，及時相對聽鳴泉。

玉洞花明柳欲眠，群峰夾洞水流前。烟霞得主人群遠，雲樹關情落日懸。世上虚名曾幾許，鏡中華髮任皤然。鶯聲莫入羲皇夢，一枕宮商奏檻泉。

洞泉吟二首

巖谷相依不記年，肯將冷暖乞人憐？題紅久謝人間寄，沉碧虚涵洞裡天。獨隱莫嫌隨屈杖，清音那得祕虞絃。雙魚欲訊匡山洞，須記迴旋五老泉。

赴壑奔厓年復年，甘寒不食更誰憐？朝宗有念終歸海，行險無常只聽天。盡謂瓶羸無汲綆，敢因風激作哀絃。何時重理西湖棹，自信清泠不媿前。

同中山赴會青原途中和韻二首

春風花柳快茲行，衣帽翻令俗眼驚。真樂何妨惟我在，斯人還只共心明。川流不舍原無意，臺鏡非空豈有形？好向就中重體會，莫將沂浴混閑情。

水隈山曲共行行，川泳雲飛近不驚。但識乾坤同父母，謾將昕夕看昏明。道傳萬古無多術，月印千江只此形。便是聖門真秘訣，良知榛塞爲留情。

入山二首

結廬因恨入山遲，臣子初心兩負之。涼氣夜驚風雨過，病懷今屬鳥魚知。時催釀黍需黄菊，誰共穿雲覓紫芝。老我根塵未能斷，桃源猶有故人思。

四十餘年學出家，朱衣脱下换袈裟。不妨帶髮除煩惱，誰謂明心反謬差。月映山溪圓個個，春游林木自花花。要知惡外皆非往，上乘参同始見嘉。

送吕惟敬歸南康

迥迴江浙兩經年，香幣翩翩遠賁然。風木豈勝悲歲晚，草暉何自報春妍。此行真感師生愛，臨别能爲兒女憐。洞學傳心須有秘，相承無負我齋賢。

小　閣

世味年來重飽厭，老懷疏散合投簪。涼雲小閣池光浄，暖日迴墻竹影恬。地僻何妨兼吏隱，家貧原不爲官廉。吾伊滿院塵喧隔，况有餘杯送黑甜。

曝　背

未有涓埃報主知，愧心真是負明時。疏狂豈敢輕官爵，懶病惟甘逐鹿麋。曝背有時閒讀《易》，酒酣對客一呼棊。年來踪跡渾無賴，雙水東頭五獻西。

草　堂

凍雨寒雲弄晚岑，草堂風景自相恬。鐵枝迴錯盆松勁，玉朵參差石笋邊。養静自能澄外慕，希名安得謂真廉。邇來領取羲文意，飛躍何如一畫潛。

次中山韻

神仙端合洞中居，笑殺相如賦《子虛》。静後有言俱是妄，老來無用只如愚。短裘疏散宜樵牧，飽飯輕便狎鳥魚。風月山中長好在，英雄反覆看呼盧。

邵武行臺次韻已下巡閩作

何不此處更一亭，時一登之助興清。春來枯木萬花發，雷動荒山群蟄驚。獨坐莞然成一笑，幽禽故欲向人鳴。樵川風景今非昨，風教煩君自品評。

仲春朔按拿口驛次韻

攬轡拿溪春入初，萬家雞犬雜山居。世情莽莽呼牛馬，岐路紛紛聽鷓鴣。多病移衾慚素食，澄清何日見平湖。須教盡瘁駑駘力，敢使宵衣重託虛？

福州行臺次韻

誰識源頭自有泉，世儒虛枉十年氈。紅塵走馬遷南北，白晝埋輪愧後先。入座苔痕緣雨長，掃庭竹影向風旋。新亭憩午長吟罷，側想沂川春暮天。

閱城登第一樓是日鎮守邀飲於樓

兀立層樓抗八閩，偶然登眺會儒纓。萬山綠合孤城壯，獨樹花明四野晴。蜃烟消澄海氣，老龍風吼散松聲。主人好事移尊俎，也當拚閑半日生。

寄歐陽崇一

紅紫飄零散綠陰，孤吟殘照思沉沉。一春多病文書廢，四十無聞感慨深。久住未能甘海味，遠離因切望雲心。故人天上羅麟鳳，金玉何時到好音？

視船廠遇雨志喜

薄海田家久訝晴，及時蘇雨足生生。愁翻度竹黃鶯濕，綠破衝林白鳥明。新水儘堪便野渡，老農先已慶秋成。偶因出郭霑衣好，車馬無塵溽暑醒。

出巡漳南鎮市三司餞於南臺桃花盛開欣然次韻

諸賢共揖長亭别，酒載王弘不待呼。紅雨滿江啼鳥急，緑茵匝地帶烟鋪。❶偶因霜節迂巡日，驚見桃源有此圖。蓬梗不如雙去鶴，剌天渺渺向雲壺。

午憩常思公舘次韻

出郊因愜看山情，露拂雙旌按轡行。翠篠含風清暑氣，碧江過雨急灘聲。翻迴役役巢嬌燕，感歎飄飄寄此生。獨愧澄清虚傳食，孤雲偏向望中横。

次白蓮驛用韻

旌旄獵獵度雲堆，歲晚冰霜萬木摧。力盡駑駘貪便息，徑荒松菊賦歸來。耦耕剩想連簑雨，樗散原非攬轡才。笑折梅花聊自慰，彩衣天遣有時回。

❶「緑茵」，康熙本作「白雲」。

立春日次歸化道中

一年冬盡又初春，處處春盤喜薦新。鶴髮尊前誰共壽，隼旟天末未歸人。即看枯槁回生意，遥憶江鄉有釣津。山逕迂馳驚歲晚，冥冥烟雨濕衣巾。

立春後由黄田冒雨度深山窮日之力至古田從者皆病詩以自誚

仄徑叢巒微曙色，涔泥江霧濕征袍。巖頭過雨飛懸瀑，洞口經春放小桃。嵎虎深竄驚繡斧，山禽高舉識霜旄。陳詩未有觀風補，歲晚遊巡謾自勞。

由古田度牛頭嶺夜宿幽巖寺二首

路遶羊腸累日程，牛頭烟雨況冥冥。山深草木含雲氣，谷斷雷霆鬪水聲。書劍海隅憐久病，旌輿歲晚事孤征。客心暫向幽巖慰，夜傍殘僧探佛經。

昏黑巡驄此暫休，鳴鍾何用老僧留。巖深芝菊栖烟暝，徑夾松杉帶水流。列炬穿林驚鶴夢，分泉淯茗破春愁。塵根似欲逃空相，爲扁諸天最上頭。

度九龍嶺

塵鞅奔馳已十秋，深山誰解阮生愁。岐危木末仍風雨，歲晚天涯尚阻修。勞瘁敢辭臣力竭？疏狂欲爲海邦謀。經年玉斧慚無補，徒有蒼生淚未收。

度石壁嶺喜晴

孤驂歲晚按遐方，萍梗年來只異鄉。僕馬飽淹山雨滑，巾袍偏濕野雲香。緣江春意先桃柳，隔水禽言間瑟簧。一道晴風開霽色，陰霾何處更茫茫。

寧德行臺次韻

鬱鬱孤城抱海山，民居半在水雲間。晴風碧浪蒼龍見，落日青天白鳥還。賈市趂人驚歲節，征驂迴首憶鄉關。可憐池草仍春夢，何日趨庭共舞斑？

福寧行臺用韻

念載風塵歷閱多，倦心渾只戀山阿。夢醒蕉鹿人初醒，曲妙陽春誰共歌？花鳥異鄉牽別恨，漁舫何日放滄波。登臺舒嘯頻看鏡，四十無聞鬢已皤。

除　夕

今夕何夕更何地，歲盡燈前是海濱。爆竹夜驚遊子夢，屠蘇誰慰異鄉情。蹉跎漸覺聰明減，荏苒愁看日月征。簫鼓滿城眠不得，焚香臺坐守殘更。

元　旦

元日春醒萬户鍾，孤臣遥拜五雲東。榮封健適瞻雙壽，彩舞婆娑憶長公。看劍尊壺閑晝景，拂墻梅竹度晴風。高歌不盡微酡興，欲探滄溟起卧龍。

正元二日烽火門閲武

人拜新年未出村，我來閲武駐烽門。海翻風日旌旗動，地震雲雷鼓角喧。寨灣駒連千舸集，朝廷星拱萬年尊。邊塵浄掃諸夷服，境内豚狐安足論。

登松山觀海

桑海茫茫歎古今，松山春日共登臨。洞庭彭蠡俱杯勺，夷部穹廬盡帶襟。一笑乾坤浮晝夜，即看日月繫升沉。乘桴便欲從由往，誰識當年尼父心？

過建善寺

隼旗偶過菩提境，釋子倉皇亂打鍾。芹羹齋厨方午餉，苔侵覺殿自春風。嶺邊松樹雲屯緑，竹外桃花日放紅。運水搬柴渾是相，梵王何事只談空。

夜坐有感示諸生六首

月轉梅梢萬籟沉，老禪無語自觀心。荆榛早爲繁文苦，遲暮俄驚醉夢深。堯舜有知惟孝弟，天淵無朕看魚禽。憑渠指點中原路，九萬扶摇咫尺尋。

良知端的是吾師，跬步誰知遠在兹？從長事親真簡易，絺章琢句苦支離。聖賢千古惟心解，秦漢諸儒只外馳。文字末流爲舉業，獨將《原道》歎昌黎。

何處鍾聲入夜清，却書端坐驗生生。良心寂處神參贊，一念誠之致治平。誰向幽微勤耿耿，幾多豪傑墮冥冥。丁寧覆簣同心者，擬築高臺低九成。

孔孟周程在眼前，慕仙何用求别緣。要知萬物皆吾備，須向無形覓性天。無事豈應忘有事，隱然還只是昭然。予今已得參同秘，莫笑先生似學禪。

曾因畜得絶韋編，不爲當年干禄勤。唯唯參乎緣魯得，堂堂張也只多聞。井田封建皆心法，物理人倫盡典墳。我語諸君讀書法，參前原不在虚文。

易在庖羲未畫前，康衢無復識堯天。六經以後多言病，萬妙從來一字傳。好向梏亡尋夜氣，莫將時出昧淵泉。聰明才辯三千衆，好學何如屬子淵？

羅源道中

延緣封境接寧羅，攬轡周爰問札瘥。鳥道早春經白鶴，雁書何日到青螺？雨中樵唱人不見，海上雲山我奈何。漸覺吏情成落寞，低垂應自愧心多。

哭陽明先生二首

聞道陽明事已非，獨含清淚哭吾私。人憐星隕悲諸葛，我泣山頹逝仲尼。百戰殊勳收僞漢，一言秘訣啓良知。斯文後死應誰與，萬古龍山拜舊祠。

奠位唧哀鎖院門，山頹梁委裂心魂。東流不盡門人淚，北斗誰知夫子尊。氣運盛衰關治亂，斯文命脉繫乾坤。難將修短論顔跖，已死周程今尚存。

同年郭方巖罷官次韻代簡

喜君春夢報醒初，耕釣從今可自如。風定樹聲喧耳静，月明花影照窗疏。莫將外物縈真性，一笑浮雲過太虚。我欲共君圖脱屣，洞天深處註丹書。

己丑孟夏予時多病將有乞歸之疏志懷二首

隔山聲送鷓鴣頻，人世那能似鳥輕。藥裹經年淹病骨，酒杯何日破愁城。青萍夜引孤燈看，白髮春隨百感生。底事年來長忽忽，撩人不獨故園情。

巒烟高木簇閩山，首夏炎蒸鬱雨間。短疏已煩明主聽，彩衣應遣故鄉還。荒心舊與鳧鷖侶，鐵面誰當虎豹關。樗散自知妨世久，不因多病合投閑。

按莆途中紀事

穿山疋馬按莆陽，村北村南稼事忙。洫滿溝平時雨足，海翻江立颶風張。田翁荷笠驅牛慣，老嫗携孫餉黍香。便欲解官尋舊耦，一丘隨分卧茅岡。

題院壁用前韻

瞑看昏曉割陰陽，盡日刑書判押忙。法陋管商悲慘刻，道從文武妙弛張。雷驚寧海魚龍曉，雨過壺山草木香。炎暑可堪驅病骨，濯纓何處聽滄浪？

寄題壺公

壺公頂脉原通海，石壁盤陀間虎溪。此老不應長作怪，鍾靈猶自更多奇。風雲時見文章變，草木春回雨露姿。愛養若知樵牧禁，鳳騰龍躍鬱葳蕤。

入泉境得雨志喜

泉州不雨已三月，一雨徐徐入夜深。潤浹青苗無赤地，明看緑野散黄金。巾袍霑濕翻宜暑，僕馬泥塗益快心。莫謂隨車來我後，雲霓望渴是商霖。

題泉州院壁

僕馬炎塵攬轡忙，温陵風景是他鄉。陰連高木流雲氣，緑拂叢篁帶雨香。城抱海山淩阻絶，代懸今古歎滄桑。欲蠲煩渴儲星月，冰玉堂空夜氣涼。

午息康店用壁韻

驛含翠栢午風新，縶馬何妨一岸巾。紅擘荔枝聊自啗，嬌迴燕子故相親。炎蒸病入他鄉渴，嚚訟民非昨日淳。責冒觀風能小補，面承天語負深仁。

題同安院壁用韻

百年過化先賢地，北斗瞻依遠駐旌。繞院風雲澄暑氣，隔墻梧竹衛冰清。一方壯麗山仍海，萬物鮮明雨後晴。詩句每於忙處得，人生役役是浮名。

漳州玉壺亭留題

退食展書耽僻静，庭空鵲噪玉壺幽。風含桂栢晝澄暑，雨過池亭涼欲秋。大道忍看群鳥獸，斯民何日復商周？ 肅清寡術孤持斧，擬傍匡廬借一丘。

閱城登八角亭

獨立層城閱巨防，潮生漲海溢清漳。緑團高木屯雲濕，瘴歇深山雨過涼。亭倚夕陽留好景，地聯東粵控遐方。孤臣迴首迂南斗，萬億皇圖繫版章。

留别陳惟濬

風雨移尊鬱莫雲，可當羈旅遠蘭蓀。江鄉有子真金玉，道義相看即弟昆。共笑青蠅多集棘，遂令白壁竟成冤。何妨飽喫臨漳飯，東北西南是主恩。

七夕後二日鎮市邀酌於平遠臺

玉立鰲峰石磴紆，錦迴歌舞醉淋漓。數家烟火塵寰遠，落日風雲河漢馳。臺倚松杉便野望，涼生亭榭稱幽期。江園芝菊今何似，目送冥鴻有所之。

赴鎮市二府之約

愁病秋來覺鬢蒼，萍蹤能慰主人雙。名園共引山林興，錦席平分水竹窗。簫鼓移船迴豔舞，風烟接地看遐邦。遲留不盡相歡意，醉倚孤驄月滿江。

十六夜偕二司登貢院淩雲臺

掄材清暇共登臺，風雨窺人海上來。星月未遑前夜賞，晚涼聊慰一尊開。奎光燭院昭丹墨，文運回天動草萊。側席敢忘明主意？小臣於此報涓埃。

九日携酒重訪惟濬於西禪限韻

偶因九日出西禪，此日他鄉已十年。羞見黄花憐白髮，且移尊酒敘高賢。浮生自苦爲羈縛，塵抱何因得灑然？側想故園秋色裡，蕭蕭江樹入風烟。

出按建寧時聞中宮之訃用韻自遣二首

閩山歷歷去來頻，禄食誰當繫重輕。病怯風霜欺短鬢，夢回刀斗聒層城。支離自恨無聞道，俯仰應慚太枉生。哀訃忽聞天上至，孤臣回首益傷情。

律回歲晚憶鄉山，漂泊東南嶺海間。孤木寒雲時入望，夕陽飛鳥自知還。廿年誤落風塵網，白首誰先夢覺關？欲傍雙江尋舊隱，不妨耕釣事餘閑。

閱武巡城登黄華樓用壁韻

城限樓閣倚山齊，簿領何因得共躋。偶趁旌輿巡閱暇，倒翻松影夕陽西。江梅含凍春先漏，野鳥依人時欲啼。乘興未須愁出入，穿雲隨木下層梯。

宿五臺驛次韻

學業支離四十秋，悔將心跡誤從頭。忘機江上慚鷗鷺，俛首人間應馬牛。欲折隴梅憑遠寄，望迷烟樹迥添愁。拘儒未有匡時術，安得澄清遍九州？

簡豐五溪學士

白髮年來只浪生，好看蹤跡類浮萍。秋鷩塔草全無色，雨入山蕉更有聲。菽水每嬰遊子念，蓴鱸因切故鄉情。孤雲動業頻看鏡，慚愧先生學未成。

汀州行臺用邵端峰韻

萬家城郭繞群峰，凍雨寒雲只晚松。鹿夢浮生迷去住，龍飛真主歎遭逢。殘經獨夜搜遺緒，短髮孤燈昭病容。民瘼疚心眠不得，隔林風度五更鍾。

清流行臺述事

虎節經旬事頓登，數家城郭負山偏。民風拙野猶存古，市賈喧騰已近年。松老蒼髯巢鶴鸛，桂含清影鬱霜烟。孤臺暮倚牽懷抱，攬轡無能愧昔賢。

仲夏冒雨抵建溪

建陽城下雨傾盆，橋斷舟横江泊天。水鳥翻飛驕欲墜，野雲濛蜜濕相牽。❶陰情反覆疑天道，山斗瞻

❶「蜜」，康熙本作「密」，可從。

依感昔賢。病卧未申蘋藻願，武夷空作夢延緣。

候施君代久不至詩以懷之

入夏何當風雨頻，屢移衾枕獨傷神。病憐消渴重經暑，代越瓜期已負春。雪夜舟儲江上興，雲霓徯切望中人。過門久速惟君意，來暮無教怨八閩。

郊餞留别諸生已下知晉作

輕塵細雨聽陽關，郊餞紛紛興未闌。五馬幾能諳舊路，雙鳧曾記出雲間。白頭受簡迂南斗，小草移文愧北山。獨使至尊西顧切，老年兵甲未應閑。

德安遇九江林節推詩以謝之

林氏簪纓蔚後先，同年之子亦錚然。遯荒離索嗟予老，逆旅逢迎賴爾賢。鼙鼓西邊塡野哭，征鞍南去飽寒烟。探禪夜就高良宿，深愧根塵落舊緣。

勵齋王孫瓶插牡丹見寄和韻

郁郁朱門贈此枝，老年香色未全知。繁華勝賞終爲夢，成敗奔蹄定有時。意思草窗聊自遣，盤桓松徑憶歸辭。先生別是看花眼，每到花開更有詩。

徐溝紀事次玉林許僉憲見寄

飛沙風急暮雲黄，横死驕胡萬骨塲。土木以來嘗有備，太平之後更無防。應憐真主放牛地，可是胡兒牧馬疆？拊髀相看收墮淚，美人他日憶西方。

酬中丞龍雲東雲中見寄二首

尚象方圖豫析門，兵荒況復一時并。除凶已快梟屍令，誓士兼聞歃血盟。日閃旌旗閑斗柄，雷驚朔漠震天聲。龍韜不失君家舊，自古公侯作扞城。

雲中軍令最分明，曾謂胡兒未易平。星斗長維天北極，風雲時擁國西榮。郭公自信單人騎，秦代虚傳萬里城。匏繫未緣參幕府，士招今已愧弓旌。

散粟給糜賑饑有感

兵荒洊青勢難支，無怪斯民泣阻饑。散廪艄援千里殍，團炊日給萬人糜。難將移粟卑梁惠，始信堯仁病博施。稷教禹平俱寂寞，徵求星火急公移。

悼虜入境

平陽徒爾稱殷庶，胡騎年年事朵頤。起廢藩垣虚簡命，拆衝尊俎愧先幾。兩莊屠掠悲靈邑，六里荒殘痛岳師。爲客人間原不穩，開籠應動白鷴思。

生女得報用韻寄十一姪

衰年生女事應稀，艱子人家也當兒。醉展報書堪一笑，可言天道盡無知？春風和轉枯楊稊，明月光生老蚌珠。自信予家先德厚，海中仙果不妨遲。

酬玉林許僉憲聞警見寄

胡馬驕馳血刃腥，萬家揮淚共霑零。遺民竄匿真無主，此地兵戈舊不經。邊閫幾曾聞將帥，宵衣何以慰朝廷？哀時無那當摇落，逆旅相看爾獨青。

再酬玉林子秋懷之憶

病肺衰年胡不歸，堯封遺孑適相依。清江晚憶鷗潭迴，紫巘秋收蕨雨肥。野哭不堪驚戰伐，萍蹤今始歎依違。年登一飽能妻子，謾説丘園生事微。

聞北虜再入關二首

羯胡容易去還來，百二重關閉復開。猘縱長饞何日已，漁陽之禍誰是胎。黄沙白骨陰風慘，野哭村啼到處災。雪耻無能報明主，迸空泣血幾低迴。

中秋憶故園

夜傍銀河獨倚臺，若爲襟抱向誰開？南侵圓數胡兒黠，亂憶愁吟杜老才。未盡秋原收骨葬，又傳戎馬入邊來。貪歸不但文園病，況也星星白髪催。

中　秋　月

露下天高落木寒，近人河漢轉冰盤。眉顰挑錦誰家女，淚灑傷兵此夜欄。四壁蛩聲秋唧唧，百年身世路漫漫。飽歌芋栗鄉園老，一枕清光夢寐安。

弄璋納婿和韻補賀僚友高栢峰

屬和新詩屢未成，玉林霜押險難平。懸弧吉協維熊夢，坦腹聲諧舞鳳笙。錦席觥籌淹夜醉，官衙風月稱秋清。逾河莫惜平安報，喜溢高堂五福并。

中秋祀龍祠飲泉上用韻

蒙泉細裊散川流，亭架清音日日秋。曾共澄心掬潭影，幾人覺爽到源頭。出山雲氣長依客，決溜農家夜灌疇。回首耦耕當日伴，泥途垂晚誤甄收。

三聖廟用韻留別玉林僉憲

一年冀北共乾坤，三聖遺中事討論。仗劍可君輕此別，折衝何日重移尊。烟凫眇眇游春渚，雲樹悠悠入暮村。人世浮萍堪一笑，驪歌猶得慰離魂。

嘉靖丁未孟冬望日被逮別親友已下被逮作

何狀平原在昔聞，明珠竟毁伏波動。一身被逮家千里，萬死傷心日半曛。自信荒心便鹿豕，竟將吾道累人群。幽遐共仰離明照，衣狗徐看散暮雲。

望廬山寄南康守王敬敷

廬山已負廿年興，此日重過是逮臣。朱陸講堂雲滿地，遠陶詩社日生塵。天池寒浸中宵月，鹿洞苔滋十月春。倘遇生還來拄杖，將迎今有舊門人。

次黄梅梅有蓮花峰五祖前身尚在

野日荒荒楚水濱，黄梅十月暖如春。蓮花高築諸天宅，衣髓長留老衲身。學絶幾人探性命，老來何事尚風塵。九江渡後誰能悟，困辱曾聞可熟仁。

次徐州

臣罪當誅何所辭，扁舟西渡戒寒澌。窮途但有阮生哭，青眼曾無鮑子知。烹狗謾嗟雲夢縶，蟄龍應憶長公詩。寒鴉枯木風霜暮，却望江南雁過遲。

孤雁

曙拂星河四野明，漂零一雁帶霜横。孤雲憐爾傷弓影，五夜愁人斷侣聲。霜雪豈堪辭北塞，稻粱原不爲南征。一毛倘遂前禽願，萬里猶能報子卿。

至京值雪

廿載孤臣生事幽，囚車今日到神州。宫雲長繞高松秘，樓雪新融太液流。色變未須談履虎，道人何用歎牽牛。兼聞近有金鷄放，況是淮陽擅發尤。

入獄即事二首

幽棲自謂寶身丹，拷訊那堪體力孱。赤紱何心辭魏闕，青牛空計出函關。明珠滿載悲銅柱，叢謗移文慨疊山。四壁寒風欺短髮，長吟聊爾破愁顔。

曾從縲絏悲公冶，豈謂南容今亦然。身侶幽囚此何地，更嚴遥夜未央天。冰淵有恨聯三木，傷毁何顔見九泉。面壁於今方有悟，死生不動是真禪。

獄中次韻

當年重起荷君恩，豈謂無成起禍門。幾處循良曾自許，八閩風采至今存。風沙渺渺迷行轍，天日明明照覆盆。祝網倘全麋鹿性，南山高卧飽薇根。

除夕

去年除夕群兒女，聯句傳觴足笑歌。自信老農便草野，那堪衰病更風波。西河保障偶然爾，東國危疑可奈何。歡動隔墻簫鼓沸，可云今夜是虚過。

元日

瑞日祥雲霽色鮮，焚香遥祝拜堯天。草茅已卜豐年兆，栢葉那能首歲先。燕獄謾留司馬藁，蜀亭誰草子雲玄。刑徒詡詡相親媚，恐是前身未了緣。

贈馮南村

南村久託魚鹽隱，雲水相依有兩泉。何事漁羅亦波及，半年鴻翼阻雲騫。巡簷索共梅花笑，呵凍常貪雪片咽。燕趙遺風真不忝，翛然白髮老神仙。

生日

常言生日當悲痛，我向兹辰痛倍常。履薄已違參也願，下堂應愧子春傷。南金自許終何似，卞璞誰歸竟未價。宿草荒烟濡雨露，拊心遐望淚淋浪。

元宵

行歌遊樂紛穠治，火樹銀花鬬豔嬌。午夜月星暉紫極，萬家簫鼓慶元宵。金吾不禁余何似，玉燭高懸

影尚遥。獨有近臣天尺五，霜丸露醴沐恩饒。❶

獄　樹

我來摇落爾方盡，又見繁枝細著花。秀色每從幽户入，重陰時過短墻遮。占風並喜深巢鵲，攫餽應愁久坐鴉。遥憶故園叢蔚處，長松深竹祕烟霞。

答獄友次韻二首

圜扉如夢忽相逢，驚見星霜鬢兩蓬。龍蠖屈信霄壤異，金蘭氣味古今同。浮沉身世風波裡，生死交情涕淚中。一笑乾坤如許大，邇來何事不相容？

複院層扉晝亦昏，老瞿方便别開門。人間早已無憎愛，世上何曾有怨恩。想到著時俱幻妄，情於鍾處即煩冤。能隨去住長安樂，便是菩提最上根。

寄題草堂次韻

白水老農生事微，犁烟耕雨犢如飛。竹杖芒鞋便野服，溪雲山月浄柴扉。閑時讀《易》還自酌，醉後吟

❶「醴」，康熙本作「體」。

詩若個依。何處山翁晚相得，問訊肯教魚雁稀？

答羅念菴用來韻

逃名於我慚真隱，早歲辭官計亦疏。山雉成文終自損，冥鴻没影幾曾如。質衰蒲柳零秋早，製裂芙蕖憶服初。自分老狂宜共棄，天涯重辱故人書。

憶鷗池次韻

園池鷗鳥何適哉？草緑蘋香任往來。莫信虞羅隨地有，共看湯網自天開。雲閑猿鶴足清夢，雨過松筠絶點埃。深閉柴門需守者，莫教塵屐破蒼苔。

鴉

昔聞慈鳥哺其母，何哉爾與鴟相當？生來貪噬聲尤惡，聞者叩齒禳不祥。滿壑露胔恣厭啄，桁楊草具横攖攘。蹠腦人肝參純孝，楚騷鬱憤歎梟凰。

約遊武夷次韻

共約尋真訪武夷，扁舟曲曲泝迴溪。振衣風磴償幽賞，揮筆烟厓續舊題。丹洞落霞堪服食，山巖懸薜足攀梯。野人適意惟泉石，巢木還同狽鶴棲。

再寄羅念菴次前韻

平生未奮超凡志，始信年來學力疏。歷盡艱危方有悟，儘多言説不能如。萬緣屏息禪心定，一念虛明太極初。却憶初平聞頓教，何須更讀十年書。

烏　啼

烏啼析擊漏聲頻，短髮孤燈萬里身。涼月透窗清可掇，候蛩入夜語相親。曾參豈是殺人者？姬旦原非負主臣。狼跋下機悲往事，寒飈落葉倍傷神。

高唐茅店

高唐日落城門閉，借爾茅居聊暫休。霜落不知征服冷，月明偏照逮臣幽。身如安分亡憂辱，道不求人寡怨尤。尚有餘錢防雇值，不妨相對共傳甌。

擬中秋

涼飄玉露濕微垣，影動金波銀海翻。颯若長風生羽翼，冷然萬壑破幽昏。子長顧影悲虧體，太白含凄泣覆盆。星斗近人渾欲語，清光聊以慰心魂。

中秋次韻二首

此夜嬋娟到處宜，水雲遥隔美人誰？星寒尚識青萍氣，鵲遶難依瓊樹枝。陶令不歸荒徑菊，魯姬長嘯惜園葵。清光萬里秋毫見，況是幽扃咫尺違。

銀河珠斗夜迢迢，金餅瓊漿下九霄。月色好看惟此夜，人生能得幾今宵？鍾儀不稅南冠縶，賈誼能忘前席招？短髮不嫌頻對影，天涯聊慰一身遥。

秋興八首次杜韻

幾看西日墜長林，凄緊涼飄夜氣森。胡雁飛沙冥去影，井梧帶月不成陰。尊鱸謾引思歸興，松菊遥憐長別心。寒暑坐更渾是夢，擣衣應動故園砧。

二

澄江長憶謝玄暉，白水遥懸一練微。自分結茅真得所，猶將鍊藥學沖飛。浮雲事變憑誰掇，末路倉皇與願違。何日放歸尋舊隱，夕陽芳草飽牛肥。

三

疏枝落葉影横斜，白髮颼颼對月華。旅況豈堪聞秀笛，仙遊長自夢騫槎。烏啼夜急風前杵，雁陣秋驚塞上笳。留滯欲歸歸不得，一尊誰與慰黃花。

四

爛柯何處好觀棊，省却人間白髮悲。三國繁華俱是夢，五陵豪貴幾何時？天門自有金鷄放，晷隙俄驚野馬馳。況復根塵原未斷，桃源不盡故園思。

五

紫閣厓懸五巘山，暈飛如出白雲間。鼎鑪藥物應長好，車馬塵勞了不關。豈信雲羅驚倦翼，不堪霜鬢益頹顔。滄浪一曲杳然去，漁父高蹤未可班。

六

峰迴江轉路透迤，白水寒澄碧玉陂。猿鶴夜驚風葉夢，竹梧秋老露華枝。餐霞誰復顔如舊，對月那能席屢移？多難拊心長忽忽，不因離索淚交垂。

七

征西車馬暗旄頭，羽檄交馳塞上秋。千里烽烟悲戍卒，萬家砧杵亂鄉愁。從渠遠害宜群鹿，老我忘機可狎鷗。莫道逮臣明主棄，江湖猶自夢神州。

八

兀兀圜扉學坐功，不知身在網羅中。層雲陰蔽中秋月，四壁寒生獨夜風。詩酒未酬籬菊景，漁舟空憶蓼花紅。人生憂樂渾無賴，得失何須問塞翁。❶

九日

去年登高淩空閣，清溪紫巘相回錯。寒榮泛醁雲景解，風情四座恣歡謔。今年九日繫桁楊，龍山筆翰無輝光。人生憂樂與時行，楚囚何用空悲傷。

---

❶ 此後一頁底本板裂、漫漶嚴重，兹據甲庫本録入，個別文字漫漶處參據康熙本補足。

西司別署對洛村夜酌占燭花志喜

久占燭花花不開，今宵花發滿西臺。火珠巧結緣瓊樹，金粟斜連出錦胎。高門預兆于公慶，肆赦兼銜李白杯。況是天涯遇知己，兩年憔悴一時迴。

夜敘有感

別是何時忽此逢，對君疑在夢魂中。汪汪千頃情如舊，亹亹連牀興轉濃。世道有人須付託，斯文無地可從容。嗟余痛定還思痛，短髮凋殘一夜風。

西司除夕用舊韻

除夕兩年皆在獄，不妨對酒且高歌。上林春轉鶯花景，北海風恬鷗鷺波。去國心情悲屈宋，幾人詩句和羊何。此時此地誰相對，莫使他年悔謾過。

元旦用舊韻

歲籥更新萬彙解，履端今又二周天。春王書月從周正，泰運回鈞歷世傳。天日迴光心獨赤，雲霞入夢思偏玄。不才明主何曾棄，無奈青山落舊緣。

次韻答文中

廿年鍊藥住蓬瀛，曾向人間作扞城。一笑微勞成底事，至今爲累是虚名。化非蘧瑗悲年序，罪解鄒陽賴主明。歸憶雙江風詠候，烟花三月語流鶯。

蒙恩釋歸田志喜二首

披雲昨日承天語，還汝當年許國身。初服即看仍野服，斯民先已愧天民。烟蘿夜夢千峰月，巖草陽回四海春。叨竊榮名三十載，五雲回首一傷神。

曙拂金鷄出紫宫，覆盆無地不仁同。舉杯猶是東坡夢，灑筆誰憐北海風。三月烟花蘇病骨，九天日月麗重瞳。歸鄉若門昇平兆，❶泰乙階前瑞氣濃。

寒食渡江

春江寒食倍凄其，强飲惟傷酒一巵。舊日金焦看漸小，向來風浪只如斯。孤帆遠引乘桴興，萬里空餘弔屈悲。但得雲山猿鶴在，野人猶幸有相知。

---

❶「門」，康熙本作「問」，可從。

訪荆川司直不遇有寄

登堂如入無人境，密邇塵囂寂不聞。逃世未應人獨往，懷君空有足生雲。重瞳本是陶漁伴，宣父何曾鳥獸群。自笑逐臣元不偶，十年塵渴向誰云。

舟次姑蘇郡博吴儀舜吴令宋望之來迓對酒觀桃花限杜韻

舟泊寒山日已斜，道迎還辱舊民遮。慚無去日甘棠樹，喜見河陽滿縣花。迴首艱危曾暴虎，晚年身世學塗鴉。尊前況有胡安定，未抵青螺已是家。

次武林寄吴令望之并懷竹塘老友

把袂應知宋玉悲，懶殘余已愧而師。獨憐患難相從意，不是涪州送别時。春服翩翩仍雅詠，江雲漠漠送愁思。青氊抱病人何似，爲謝情深更不疑。

桐江用韻

匹夫萬乘故人情，加足何須大史驚。犯帝客星終寂寞，照人春月特分明。桐江千古風頑懦，漢鼎當年繫重輕。未采澗蘋心已愧，祗應徵節誤平生。

過蘭陵寄陳松溪司成

程門師道重成均，一望松溪一愴神。臣子百年皆涕淚，乾坤何處不風塵。終天悲楚嗟何及，萬死顛連尚有身。莫道鶯花時已去，舞雩猶可詠殘春。

貴溪有懷江午坡憲副

棘院秋風緑桂陰，廿年迴首歎商參。筆花詞藻今何似，玉樹高標日幾沉。弓鳥恐傷談虎色，釜魚應動卧龍心。白頭復有人間世，一曲滄浪和舊吟。

覽勝樓用韻爲涂柱史題

南浦城頭百尺樓，九江横潰豁中流。江山得句魚龍奮，枕簟涵虚天地浮。勝景坐看千里合，扁舟何用五湖遊。漁人估客歌回首，白鷺青鳧浴滿洲。

過桐江約會念菴聞出講泰和次韻柬之

患難關情羅仲素，石蓮風月幾蕭疏。生還此日應誰料，死别當年只晏如。心斷題詩千里外，夢迴揮淚五更初。愁來重檢明珠寄，懷袖三年幾紙書。

還家志感

殘花應笑放歸臣，老瘦如前髮似銀。傳易曾爲今夏勝，腰金不是舊蘇秦。室中驚喜翻成泣，燈下相看恐未真。不用傷心悲往事，古人如我幾更新。

草萍驛用韻

向來一面獨曾當，絶壁捐階港斷航。老馬長鳴惟力盡，冥鴻空計避人忙。鶯花着景皆生色，龍蠖違時聽彼蒼。自信擔囊資已盡，也須閉户戒垂堂。

送野直毛進士令鄱陽之任樞府作

鄱陽應作河陽縣，春到鄱陽滿縣花。此去仕優方是學，幾人官事視如家？雲牽錦纜江波静，柳拂征袍驛路賒。彭蠡雙魚趨海近，好音相報莫遺遐。

寄羅念菴

秋氣涼飄緑桂陰，美人高卧白雲岑。降龍自信千鈞力，汗馬誰知百戰心。山翁老去能攻玉，貧子年來浪説金。須信人間天咫尺，請君回首歎高深。

七言絶句

自樵川入劍浦見濱江有天妃廟欣然訪之因次壁韻二首已下巡閩作

踏破天妃一徑苔，忙官却向静中來。不因雷雨將春色，安得山花處處開。

天妃宫前偶艤船，一溪碧繞萬山圓。何時解却簪纓縛，被裹閑雲白晝眠。

延平謁龜山考亭祠

一徑攀緣拜此祠，百年香火繫民彝。門墻零落猶風雨，獨倚山城欲淚垂。

仲春按南劍閱武二首

萬山不似舊時瘦，春到人間草木知。無數青紅看不盡，一翻雷雨放晴時。

旗卷春風萬馬馳，鷹揚韜略更誰知。兵家要妙還須静，不在闐然一鼓時。

孟夏巡莆陽度山憇海福菴

萬木陰迴一徑盤，住菴破衲老僧殘。人間炎熱不到處，石竇泉香入夢寒。

喜雨次韻二首

夜深聽雨自移燈，赤地明朝盡有生。可謂隨車無所補，一犁聊足慰民情。

澤時膏雨夜鳴燈，粒食爲民命所生。好看服牛人恐後，饁耕山婦自親情。

即　景

榴實垂垂壓樹低，山茶對發緑參差。高堂蒲酒時當午，隔獻流雲有所思。

時賊首鄭新就擒得報用一溪韻

蠢兹狗鼠憑淩久，負固何當溷肅清。忽報犁庭生就縛，一方安集慰民情。

午息江東驛次一溪韻

坐對迴峰隔水洲，孤雲細細望中浮。水光山色雲連樹，幾箇鳴蟬在上頭。

觀書有感絶句六首

紛紛舉子莽居諸，一箇身心只靠書。换得官人書債了，戲場何用笑侏儒。

聖賢岐路本非難，只在家庭親長間。若使人人知孝弟，雍熙何用舜生還。

結聖原來自有胎，知親知愛看提孩。不須別處尋門户，一物昭融萬物該。

讀書渾只爲求心，範我馳驅自獲禽。若識來心先孝弟，達麽何處有金針。

希聖希賢自有機，工夫只在獨知時。亦臨亦顯純天德，始信文王是我師。

要識先天豈象圖，外心求學亦虛無。乾坤離坎皆餘緒，萬化根原一念初。

謝鎮守送荔枝

七日筠籠謝遠將，錦鮮珠燦荔枝香。茂陵焦渴宜千顆，獨坐松風蘸蜜嘗。

聽　雨

深山聽雨旅魂驚，况是蕉桐葉上聲。孤榻殘更仍卧病，何人不動故鄉情。

論學六首和復湛泉王稽勳 已下知晉作

曾向簞瓢學屢空，孔顏真樂在其中。虛靈本體無生滅，感應須看水上風。

心性無塵類太空，太空之外更無中。覩聞戒懼毫釐別，定性求心只捕風。

良知一語竟成空，誰識良知未發中。發後有知俱是妄，儘多拈弄發狂風。

盡笑蒲團久坐空，吾儒靈妙在空中。空中生化元非妄，無妄無空是祖風。
襍慮邪思一洗空，一輪明月到天中。能教明月無虧食，精一相傳只此風。
年來飛舄學淩空，事事天然自有中。不犯纖毫人力處，程門無日不春風。

詠鶴和復王子五首

顔生簞瓢寧獨樂，禹稷甘爲過門薄。龍翔蠖屈各有時，曾向幽陰和鳴鶴。
家有薄田曾負郭，夜讀朝耕度寥寞。有時携酒撫孤松，更引閑雲舞雙鶴。
在山風景出山覺，俛仰烟沙歎今昨。淵明不爲徑荒歸，長駕天風杳孤鶴。
日入而息出而作，三代斯民日漓薄。返淳予得老仙丹，玄默長年媚龜鶴。
丈夫意氣貴真恪，束帛戔戔未爲薄。十年應謝故人情，一硯仍持雙白鶴。

河橋留別王子用壁韻二首

十年冀北歎群空，尚幸從容語笑中。雙舄五雲天渺渺，羽儀回首遡長風。
瓊花脉脉下玄空，堯舜山河色界中。杯酒高橋共清絶，鸞車何處有塵風。

酬王湛泉途間見寄五首

雪消華月落庭空，幾許清光入夢中。不是别來疑想像，君家原自有仙風。
我愧斯民無所覺，但願刑清罰亦薄。官閑吏静白日長，槐影重重雙唳鶴。
白石青山寄耕作，曲肱一笑浮雲薄。何雖十萬事腰纏，人間别有楊州鶴。
野性平生在丘壑，耦耕不厭山田薄。麥蒸黍釀日便便，更有瓶餘飼仙鶴。
歸去來兮秋風作，不求安見人情薄。無言爾是神淵龍，飄飄我亦雲中鶴。

酬谿田馬光禄見寄二首

長安騎馬每相過，别後聊爲甯戚歌。世道如君堪砥柱，幾人回首歎江河。
廿年不見古人風，隴樹關雲入望中。不是尋常司馬病，一身憂樂繫汚隆。

和玉林山居雜興十首

浮生行樂無歸着，到處風光愜性靈。不作人間開眼醉，齁齁一枕是長醒。
詩債春來花鳥忙，山中青翠競年芳。踏青拾翠各容冶，竹杖芒鞋老醜粧。
野心只愛簞瓢巷，更喜堯夫安樂窩。花外小車常得醉，歸眠榻護白雲多。

春風長醉萬花中，不是昏狂不是慵。却是先生閑笑弄，有時醒眼看頑童。

翠滿庭前細草生，肯將生意混閑情？歸來鷗鷺休疑主，曾向天驕拔漢旌。

山中何用頒皇曆，柯爛棋殘不記年。長將一瞬迴天地，局促人然我不然。

高堂慈母長無恙，黑髮辭官更有家。西華門外誰騎馬，東隱園中我看花。

盤渦幾歷瞿唐險，罷釣歸來夢亦寒。携幼移尊松徑晚，翛然清對菊花團。

浣花溪水水西頭，白日投竿弄小舟。清時自是容疏散，彩舞酣歌樂散愁。

名家莫出錦江潯，奕世常懷報主心。令子遊驄明繡豸，尊翁騎鶴耀花金。

酬馬豁田再疊前韻見寄

月連西極動寒風，望眼隨風入漢中。中國何時相司馬，卧龍聲價正隆隆。

頻年腥煽羯胡風，萬里凶殘慘黯中。泣血老翁無籍在，可誰匹馬報興隆。

次舒城舒乃周瑜故里已下被逮作

吴業峥嶸五十霜，登堂拜母憶周郎。古今豪傑多相似，星隕珠沉有所傷。

舒城縣裏逢長至，盡道陽回萬物亨。莫向楚囚嗟槁寂，皇天無物不生成。

次桐城觀錢嗇夫遺愛碑

桐城遺愛有穹碑，亦有穹碑是罪巇。白髮蕭蕭因服敝，一燈霜月誦騷詞。

青口驛聞雁

郵亭深夜雁聲哀，我自南征爾北來。雲夢洞庭菰米足，須知漁網不時開。

阿城懷古

貽封即墨就烹阿，顛倒無如毀譽何。千里齊區當日化，動人刑賞不須多。

立秋五首次韻

被逮經春又入秋，人間歲月信如流。夜來風雨生涼意，一洗煩襟勃鬱愁。
雨過涼生枕簟秋，炎光無復火雲流。庭前碧樹減顔色，別是羈人一段愁。
山水蕭森入素秋，紫峰雲閣枕長流。玄猿縞鶴應無恙，幽獨能忘戀主愁。
亭閣風烟迎早秋，芙渠松桂帶清流。荒苔久没謝公屐，白水巇山相對愁。
白露兼葭江上秋，鷗群清影印寒流。徑荒但有孤松在，衰草殘花任汝愁。

七夕

色線金針玉指纖，年來乞巧鈍成銛。老農抱拙終難化，霽月光風信手拈。

談仙次韻

注顔信有紫金丹，沖舉曾飛白玉翰。錬服邇來多妄誤，精修誰禮步虛壇。

人日二首

此日人間争巧勝，逮臣無計避疏慵。天泉亭上淩空閣，白水閑雲渺五峰。

人日靈曦曙色明，還將穀日卜陰晴。老年已遣塵根累，不免人間稼圃情。

答鄒東廓見寄兼承無滑天和之教

東廓先生儒者宗，戚休關我太沖沖。三年不斷燕京雁，無滑天和是學功。

聞南野語族子有餘云自余被逮四方問訊無虛日裁答爲勞感而賦此

戎馬交馳歲益荒，專城誰復念猖狂。四方問訊無虛日，裁答應添太史忙。

得戚南玄書志感二首

雙魚尺素到南玄，曉我全抄素位篇。破産贖身無所愛，此情真可對皇天。

此情真可對皇天，萬里傷心一泫然。自分英風慚北海，孔生高義即南玄。

賦得

朝來朗誦紫霞篇，耐可乘雲直上天。玉女邀余餐玉液，歸看肌髮已成僊。

有所思

烟淨碧峰含晚翠，練澄白水浸寒漪。清風明月雲深處，老却商山紫玉芝。

秋懷次韻

紫芝秋老白雲關，迴首烟霞憶巘山。見月開籠應有待，雲鴻刷羽向南還。

志感

盧相何心逢老嫗，夜深群鰲語張公。天長日落浮雲散，萬古銷沉一夢中。

吊恭愍公二首

復儲一語逆龍鱗，萬死顛連竟殞身。戀闕忠靈應未返，同歸今有故鄉人。

披肝北闕悲恭愍，駢首南畿痛魏鄒。上下百年三偉節，遲迴天地淚交流。

用韻寄鄒東廓四首

何事知來捷有神，退藏密處轉洪鈞。不須更着絲毫力，自有淩空億化身。

久將知覺費精神，誰識虛靈力萬鈞。盡謂虛靈無一物，菩提却是本來身。

石洞雲深秘一丘，天涯回首仲宣樓。悲笳不盡秋風淚，半夜聞鷄攬敝裘。

烟霞蘿薜護丹丘，豈羨人間碧玉樓。即使簞瓢衣敝緼，不妨長笑傍狐裘。

詞

填大江東去詞蘇韻答戴子三首被逮作

論　儒

堯舜相傳，要復那，帝降初生元物。方寸虛靈，含萬有，洞徹更無墻壁。三月不違，一間未達，速化紅爐雪。如愚屢空，獨步杏壇推傑。邈矣精一失傳，中庸教弛，異學乘機發。歎上下數百年來，大道坐看湮滅。寂感隨時，覩聞俱泯，間不容絲髮。夜分子半，雲浄天流孤月。

論佛

東度達摩，光爍爍，不染人間一物。廣大虛空，無障礙，處處衝垣倒壁。離法面墻，安心斷臂，苦志腰埋雪。一花五葉，不負西天魁傑。異時明鏡臺空，風幡心動，焰向寒灰發。南嶽青原經侍久，衣髓憑誰與滅。骨秀五峰，覺先一宿，底用剃鬚髮。人人圓滿，光印萬川一月。

論道

大道渾成，生天地，總總還生萬物。道德五千，玄命秘，不比爬靴聽壁。龍見湖沙，牛隨關尹，金龜融差雪。刼傳四萬，變化無端出傑。別有履斗交乾，鞭霆駕霧，七竅風雷發。太上無爲清浄寂，此意未應磨滅。同堂隔面，聯駕背馳，千里差毫髮。還丹無藥，鼎火虛縻歲月。

辭❶

邀月辭

當西山之落日，適北獄之封扃。鼓校卒之雄噪，驅囚侶而稽刑。余乃憮然就榻，泫然沾纓。平生厲冰霜以爲潔，垂老被徵召而虧名。明珠載薏苡，黄金誣比鄰。保障之功，屹長城而未録；萋菲之謗，成貝錦以爲徵。屬稽覈之載公，疏昭雪而上陳。遘九陽之奇數，轟十月之雷霆。倉皇就道，奄忽冬春。苦勃鬱於長夏，凄蕭颯而秋聲。歷試諸難，增益未能。欹枕反側，夢魂屢驚。俄窗櫺之透月，下素華之一稜。淩金波以玉潔，紛瓊汁之冰清。邀之而安所得酒，欲舞而纏械余嬰。乃作而歌曰：月明如水兮冷冷，月明如晝兮亭亭。月明如冰玉兮，我有嘉賓。慨青眼之寡與兮，乃皓魄之多情。對清影而成三兮，慰良夜之獨醒。

❶ 底本此後缺一頁，據甲庫本補入。個别文字漫漶處參據康熙本補足。

雙江聶先生文集卷之十三

雜　著

紀壽十三首❶

壽莫壽於天地也。天地定位而成化，聖君、賢相參天兩地而成能，故善觀天地之化者驗諸人，善論君相之壽者徵諸天地。天地之道，博也，厚也，高也，明也，悠也，久也，而至誠配之，無疆惟休焉。某蓋有感於天人相與之際，而竊歎少師嚴公之壽爲天壽也。《易》曰：「天之所助者順也，人之所助者信也。」大有上九位在師相，履信思順而尚賢，是以「自天祐之，吉無不利」。夫謂「吉無不利」者，非功在社稷、澤被生靈、福禄榮名、子孫逢吉、眉壽永年之謂乎？若少師公，今之所備是也。

公髫年推神，弱冠登第，蜚英藝苑。一時藻發，詞臣咸退舍以避，而公以爲未也，乃退養鈐山二十年，極

❶ 底本標題原作《紀壽十首》，據目録正之。又，康熙本諸壽序均有標題，惟抽掉此篇，另補入《鍾母劉太孺人七十壽序》一篇，各篇目次序亦略有差異。

深研幾，充然有得。今上龍飛，應期而出。上方延訪一德託以心膂，歷試諸臣，無以踰公，乃晉掌邦禮，入筦機政。讒沮百計，卒無以勝天定。凡禮樂征伐、理財用人、明刑弼教，無一而非公所幽贊以俟宸斷。今天下臣民仰頌皇上功德至不容口，則公之功德宜無俟於贊矣。在昔中興之君，莫有過於周之宣王，然《詩》《書》所稱，惟曰：「文武吉甫，萬邦惟憲。」於時禮樂明備，無事更定，獨玁狁、淮夷相煽爲亂。內修外攘，保乂王室，吉甫適當其難，而猶未甚也。惟是册天、尊祖、袝宗、南狩、明堂、郊廟，一時議革，皆制出曠典。故牒罔稽。密承札諭，督促疏對，晷漏未移，中使再至。或面召造膝，反覆詰難相可否，於立談之間，莫非取裁心匠，每契淵衷。至於虜薄京畿，倭擾南服，變起倉猝，幾涉危疑，卒能不動聲色而措天下於泰山之安，是公遭時之艱，比之吉甫，則變而不失其常。孚攣柔嘉，安貞應地，誠之所積素也，是故篤棐馮翼，著匪躬之節焉；德盛禮恭，善勞謙之終焉。自公夙夜，日監思勉，懋匪懈之健焉；吐握下士，取善如不及，擴虛受之量焉。是數者，元臣之全德也。宜其上結主知，迓天休，孚人望，而彌昌厥後，此天地悠久之定命也。故我朝相業之著，識者以公與楊文貞公並稱，而文貞晚年不無嗣子之累，乃司空君服勞繼志，上膺帝眷，於是又是公之所遭爲獨盛，皆天也，豈人之所能爲哉？

是歲己未孟春二十有八日爲公八十嶽降之辰，中外臣僚莫不聯軸製文，以類相慶。而江右藩臬諸公，以某受知門下最深，屬文以頌，義不容辭，敬述平日聞見之實，以附門墻南山之祝云。

二❶

提督南贛軍務兼巡撫、右副都御史東明范公，以是年季秋十有七日爲嶽降初度。嶺北分守方君某、分巡黄君某謀所以爲公壽，相率謁言於予。

予自乙卯歸田，峒寇出掠爲暴，東則汀、邵、建昌、南豐等，西則南贛、石城、南康、興國各路，騷然稱亂。予以鄰戒震躬，蓋嘗糾居民，相有司，登陴議守。賊擁衆直抵樂安之小流嶺，意屠永豐也。小流至永豐僅二百里，時湖西守巡駢臨振旅，賊沮退，予卧不安枕凡月餘。於是江西撫按具奏議征勦，而難當事其人，乃廷推得公，徵望也。公奉敕而來，開誠布公，内算默成，聲色不露。潛檄兩道，蒐材猛，除戎器，峙糧糗，圖山川，遠近險易，兵所從入，賊在目中矣。群策響應，先聲震巖谷，賊使人陰偵虚實，相顧失色，日謀爲遯計，而間道四塞，賊計窮矣，於是縛黨獻俘，以輸其欵。初疑其詐也，乃如所請，遣官入鎮。群醜喁喁乞饒，誓不爲非，公乃比兵於民，以伺其變。予聞之，躍然喜，而亦不能無疑於反側也。八月初，公寓書云：「近寇自縛其黨至，請官坐鎮，若有悔悟之忱，而亦未嘗遽許之撫。」已而兩道爲謀，從容尊俎而折衝於千里之外。薄伐、旬宣，均之爲王者之師，而議者竊謂撫之非宜：「峒賊狼跋野心，反側靡常，自陽明之師蕩平以來，鼠伏幾三十年，近復梟張煽亂，日習其非，遂信其降而撫之，徒墮賊計耳。」予敢以議者之言爲盡非歟？彼欲快一方

❶ 此篇康熙本題作《巡撫東明范公壽序》。

之忿，而於天下之大計宜未之及。顧今倭虜狶縱，草寇竊發，所在興師，汔無寧歲，主上宵旰未嘗一日忘憂瘁。譬之附腧之癰，弗治，病及腹心。兵，毒劑也，能愈病，亦能滋病。劑之，熨之，療之，盪之，審其治之所宜。一失緩急，敗良肉而伐天和，醫之下者也。矧兹峒寇特手足之瘍耳，叛則加誅，服而舍之，武之經也。昭皇上不殺之威，安集反側以撫寧一方，謂公爲醫國之手非耶？

「時靡有爭，王心載寧」，其殆無忝於穆公之詩乎？乃公謙牧不伐而推功於兩道，兩道亦退然不居。「君子有終」，謙之所以利用師也。雖然，師本仁義而終之以禮，於是有釋俘獻馘、凱奏飲至之度。藩臬徵文以壽公，禮也，予亦自慶林卧安枕之有日矣，於是乎序。

三❶

士能以身任師道之重，爲天地立心，生民立命，開萬世之太平，繼往聖之絶學者，我師陽明之後，惟司成東廓鄒公一人耳。公生而神靈，蚤茂秀俊，弱冠取上第，入爲翰林編修史官，人儗之爲景星、鳳凰云。公自視欿然，謂「是惡足以名世哉」？乃引退連山之原，博極群書，根求領要，若是者數年，未有所得。已聞陽明先生講學虔南，牽舟往從之，一見相契，妙悟良知之秘，涣然自信曰：「道在是矣！」反顧胸中所蓄數萬卷書，糟粕也。於是四拜北面，奉以終身，如蓍龜焉。先生贈之詩曰：「君今一日真千里，我亦當年苦舊迷。」

❶ 此篇康熙本題作《大司成東廓鄒公七十壽序》。

蓋亦恨其相契之晚也。末世士大夫，稍稍負才名，一旦取高第、官翰苑，輒長傲使氣，眇視一世，肯復折節執弟子禮於他人之門哉？宇宙寥寥數百年，僅見於公，蓋公之所見者大也，以卑蘊高，毅然以斯道爲己任。

正德己卯，逆藩稱亂，先生起兵勤王，公響應倡義，周旋軍旅，贊畫居多。事平，起用原職，尋以議禮謫廣德州判。未幾，陞南京吏部考功郎，又陞侍讀學士，掌南院。又陞大常少卿，掌南監祭酒。已又陞春坊諭德，繪周公傳文王之圖以獻，志在格君也。適以例自陳，肥遯林泉凡四十年，未有一日不以講學爲事，成就人才、福利鄉民爲業。凡四方會講，雖祁寒暑雨、長江複嶺，冒險必赴。即其勤勤於道，與國人交相儆戒，不在睿聖武公之下。故今天下欲聞良知之學者必之公，千里裹糧，屨常滿户外。坦休粹和，渾然天成，薰者鄙寬而薄敦。及著爲文字，務以佐佑六經、閑先聖之道、距詖放淫爲主，家傳人誦，翕然一代之宗師也。

是年仲春朔日，爲公誕辰，正夫子不踰矩之年。夫所謂矩者，學之則也，天地以是爲心，生民以是爲命，萬世賴之以太平，往聖傳之爲絶學，故聞此者謂之聞道，知此者謂之知德。公道成德尊，參天地、陟上壽而衍無彊之慶，有自哉！

永豐令雨亭陳侯，於公季子爲同年，謂予知公最深，乃索言爲壽。予何所容其口哉？姑述其大，以見備福之由。公上世故吾永豐人也，公爲易齋憲伯之冢嗣，子孫繩繩，又多賢也，羽儀天朝以昌其家學之傳者踵相接，况以鄉人歸德，尸祝未艾也。「有斐君子，終不可諼兮」，敢以詩人之詠衛武者以詠公，知者當不以予爲佞。

四[1]

昔蘧伯玉行年五十而知四十九年之非，甚哉，非之難知也！知似是之非者，爲尤難。夫四十九年之非，業以爲是而安之也，至是則學與年而俱進，安於前者，今顧有大不安者存焉。蓋權度精切，著察入微，譬之太陽當空，而魑魅魍魎無所容；明鏡瑩徹，纖塵畢見。此君子洗心藏密之學、祈天永命之道也，是惟孔子有之。孔子曰：「五十學《易》，可以無過。」則四十九年之過，在吾夫子亦所不免，而亟以君子稱伯玉，蓋有所試也。

是年吉月，爲太傅陸公嶽降之辰，正孔子學《易》、伯玉知非之年，予故以知非之説頌之，亦恃知己之過耳。惟太傅早由武第，久稱人豪。歷著奇勳，典詔獄，領禁兵，擁衛警蹕，入參機政，晉秩太傅，食伯禄，而皇上心膂股肱之託，日隆寵眷，鎮壓奸宄，靖隱禍，申國威，中外恃以無恐者於兹三十七年，《詩》謂「矯矯虎臣」非耶？至於扶植善類，尤重平生。曩者出予坎窞，已復起自田里，卒獲請老而歸，寔太傅左右之也。不報之施，感公之德厚矣。「無德不報，無言不酬」，敢以淺薄自諉耶？

蓋才大者每略於微，功高者多忽乎細，秩崇者招損於滿，予固知太傅之必無此也。乃淫於逸遊，禹、益以之告舜，君臣朋友交相儆戒，古也。太傅，邃於學者也，當不以予言爲謬。

[1] 此篇康熙本題作《太傅陸公五十壽序》。

五❶

君子之學，寡過要矣。夫子歎君子之不可得而見也，而亟稱蘧伯玉，何哉？無以寡過之學，使者諒其心「五十而知四十九年之非」，學與年而俱進也？夫是非兩端明若觀火，乃昔迷而今悟，又何哉？蓋學問無窮，過失亦無窮，學日進則見益精，見益精則過益多。自訟於幾微之際，精研於毫忽之間，堯之兢兢、舜之業業，孔之韋編三絶，蘧伯玉不爲冥冥之惰，要欲寡過而未能也。君子之稱，夫子試之屢矣。予嘗謂「聖人過多，賢人過少，愚人無過」，群然訝之，而予友念菴子獨取焉，予於是知念菴子有志於君子之學也。

念菴子當齠年，毅然有巨人之志。讀陽明先生《傳習録》，有悟焉，出入懷袖，不釋手。若翁雙泉先生見而奇之，曰：「孺子遂欲希聖耶？」而行輩中往往譏笑爲道學，屹不爲動。嘗擁衾夜坐，達旦不寐，津津有所思，人不知其爲何。早從谷平李子遊，已極尊信莊渠魏子，及就正於四方之同志，皇皇焉如求亡子於道路，而日冀其有所得也。已乃盡悟其非，知堯舜精一之傳、孔子學《易》之旨，過不在形顯而在隱微，學不在旁求而在性命之奥，良知非知覺而在虛寂，位育非見也而在幽，終日危坐，以體夫喜怒哀樂未發之中。又若一無所得，而日訟其過，謂種種不可窮詰。震於介，洗於密，退焉如不及，邈乎望之如不可見，蓋有鬼神莫知而已獨知之。君子之所不可及者，其在兹乎？

❶ 此篇康熙本題作《太史念菴羅公五十壽序》。

念菴以乙酉舉於鄉，己丑試春官第一，天子嘉其制策，御批云「學正有見，言讜而意必忠，宜擢之首」者。大哉，王言何知人之哲耶！ 天人、治安之對，其遭際不逮是遠矣。 授官殿撰，未幾以病告，家居十餘年。 用舉者起補春坊贊善，尋率其僚友唐應德、趙景仁力請東宫出講讀，悉放爲民。 耕於石蓮洞之野，囂囂然若將終身焉。

其學以未發之中爲主，寡過爲功，自食其力爲富，不辱其身爲貴，以正俗化鄉、身明此學爲業，以一夫不得其所爲己任，以予爲他山之石而日砥礪之。 葭玉相倚，肝腑相照，則夫念菴之必爲君子也，非予，其誰知之？ 念菴以是年孟冬十有四日届五十初度，予時以軍旅被召，承乏本兵，弗獲登堂爲壽，乃述其平生大概而以蘧玉伯例之，❶他日必有知予言爲然者。

六❷

予讀《南山有臺》之詩而繹其意之所寓，蓋言父母斯民者，爲邦家立太平之基，如山之重而不遷，無彊無期，萬壽足稱焉，故樂之而賦是詩，非謾焉以相説也。 是年辛酉孟夏月丁巳，爲郡侯月泉張先生初度之辰。

---

❶ 「玉伯」，康熙本此二字互乙，可從。

❷ 此篇康熙本題作《太守月泉張公壽序》。

九邑令長相率謁言於予，以申其祝頌之私，予不能亂。❶以侯之與令，均之爲父母也，一體相成，無一而不切於身，而況於侯之壽辰，生民命脉之延促攸繫，而可無一言以頌之乎？

侯之涖吾吉也，於兹三年矣。剛介真率，務持大體而不屑於委瑣，其切於爲民，真若慈母之於赤子，惟恐一之不中其欲。故凡政之有不便於民者，令得以盡達於侯；而侯之所欲以便乎民者，令之風行，惟恐下究之不逮，是謂同德相成、一體相爲用也。夫今之稱賢守令者，非不知農桑、賦役、獄訟、賑饑、戢盗、均差、袪蠹數者爲治之要，亦非不如侯之汲汲也，而非侯之心也。張皇於事爲而非其心，謂是爲父母之政、一體之義、太平之基，未也。予嘗稽漢史《循吏傳》，而於農桑、學校、戢盗、裕民、均賦、清獄，其能如今之守令，鮮矣。然所書一二事，至今有耿光，何也？誠於愛民之心而一無所爲者，天德也。惟德動天，惟德懷民，故曰「樂只君子」，「令德壽豈」。予故備書爲侯頌，且以諷諸君務體侯之心爲心，以基太平，以求無忝於父母，無徒張皇於事爲也。

侯諱某，字某，别號月泉，越之山陰人，由丁未進士、水部郎官歷陞今秩云。

---

❶「亂」，康熙本作「辭」，可從。

七❶

曩予爲御史，嘗奉命點馬南畿，事畢歸省，先大夫水雲公、先妣鄒大夫人俱以七十逢誕辰，時丁亥仲春二月也。雙封偕老，古稱稀年，而子以命臣拜舞稱觴，❷頌聲四合，瑶篇爛盈，此人生之所深願，而會逢其適，不亦至慶幸也歟？故當時形諸聲詩，不自知其快足，有「四壁雷喧簫鼓沸，百花風和酒杯香。曾聞不以三公换，此味年來只飽嘗」之句，蓋嘗與士友追論此事爲幸。不謂載見今日之盛，如望之所遭，予當不逮矣。

是年春正二十三日，爲宋母鍾太安人九十初度。其子棘卿先期以例謁告，得請而歸。朝紳自公卿至臺諫百執事，盍簪聯情，以類屬文爲獻，至引曲江、六一之母以譬其盛，章章榮甚矣。夫人生以百年爲期，九十之壽世固有之，徒以其子之賢不肖，卒與草木同腐謝，無尺寸可見。百歲猶旦暮也，謂是爲壽可乎？予聞先正之言：「母德不彰，子之罪也。」夫以人子之欲章其親者，盍求諸母乎，抑亦求諸己之身也？孟子曰：「孰不爲事？事親，事之本也。孰不爲守？守身，守之本也。」身，親之遺也，守身以事，母德章矣。望之以進士起家，出宰東吴，天子嘉其治行，褒以璽書，召拜監察御史，尋封厥考坦菴如其官，母封大孺人。嶽立虎躍，表見於世，爲中外所欽憚。至劾逆鸞一疏，計關社稷，不在曲突徙薪之下。鸞怙寵驕横，每以靖邊擣虜

❶ 此篇康熙本題作《宋母鍾太安人九十壽序》。

❷ 「子」，康熙本作「予」。

誑主上，領勍兵二萬餘駐邊徼，凡四月，其虛縻脅勒特其罪之餘者，而密遣私人潛入虜營，爲謀叵測，邊人以目。部疏議掣兵，至載不奉命，至聞御史疏，乃引兵入關。不特此也，望之近論閫帥破冒侈濫之罪，俱鑿鑿於國計有大關鍵。朝論韙之，至引曲江、六一之母爲譬，要之種德有自，不誣也。

安人出恭愍鍾公之裔。恭愍以讜節贈大理寺丞，寥寥百餘年，而望之復以朝工拜大理，不特意其母之壽也，乃於豐人有大勸焉。邑博介齋陳某、受軒貢某、海嶽施某偕諸生謁予言，爲稱觴之侑。往予在京師，嘗有言壽安人八十，而今不厭其複者，蓋嘉望之之所際足以稱孝，且以形予之不逮也。

八❶

維兹初夏念七日，爲郭母七十誕辰。郭母者，給諫時望母也。時望縻官守，以不及稱觴膝下爲歉。予仲子静與曾行人濂雅契時望，謀所以壽孺人，相率乞言於予，且將以慰給諫之歉焉。予病暑，疏楮墨久之，然亦未嘗不度孝子之歉心而思以慰之也。

未幾，時望轉刑科右諫，奉命册封琉球。琉球自國初入朝貢，至今不絶，凡國王嗣立，必請命而後行。朝廷嘉其忠順，每册封，隆以王者之禮，而使臣之往者，賜服等上公，榮且重矣，而往往以險阻難之。時望獨躍然喜曰：「丈夫生而弧矢懸，何也？以示四方萬里之志也。乃一奉命使外國，倉皇恐怖，而離别可憐之

❶ 此篇康熙本題作《郭母太孺人七十壽序》。

色淒然形諸言面，豈所以重君命哉？況吾母以是年孟夏壽躋古稀，予方皇皇焉懼縻及，兹幸持節還桑梓，玉帶麟袍拜舞於慈闈之前，江山焜耀，草木芬馥，傾動閭里，吾永豐前此未有也。人生之榮且幸，予樂兹行之所得多矣！」兼程抵家，踰辰。再越月，二子者榮時望之歸及其期也，述其自幸之詞，速予文以賀之。

予曰：大丈夫當如此也，時望其善於壽母者乎！昔人謂「求忠臣於孝子之門」，兹謂求孝子於忠臣亦可也。時望忠孝之發，足以彰其母之賢；然非賢母，又安能成其子耶？諺有之：「胡茄不結瓜，胡菽不綻麻。」言物各有種也。「喬松亭亭，下有茯苓」，言標異者，其産殊也。若孺人，非茯苓、喬松乎？松百歲而結苓，郭氏積德百年乃有時望，豈偶然哉？人言時望厚重有常、朴忠靡欺、克肖其親，壽之徵也。立諫垣未一月，條陳弭倭之計，已又上刦虜之策十餘事，咸鑿鑿關大計，俱荷俞音，有司奉行罔敢後。兹役也，非帝心之簡在乎？無以吾子之長身玉立，鵠峙鸞停，迥出人表，將使外王載見漢官威儀，而益信中國之有人，翊戴之誠，不戒以孚？倭，琉球之鄰也，得無聞風斂退，自消其蛇豕之毒乎？兹行之所繫重矣，而孺人之壽益彰也。

九❶

傳稱七十爲古稀，言壽而至於七十，雖古亦稀焉。古風純龐，鍾氣最厚，民多壽考，而乃以七十爲稀，何

---

❶ 此篇康熙本題作《東溪曾公七十壽序》。

哉？言七十而德足以稱壽者之爲稀也。《洪範》「五福」，以壽爲先，而終之以攸好德，是蓋不以年爲壽，壽以德爲重也。予謂東溪曾翁之壽有足稱者，其以是歟？是年孟夏某日，翁届七十初度之辰，其子思哲與予仲子儀制郎以兒女聯姻婭，先期戒幣，乞言爲壽。予重翁之壽，即無思哲之請且將有言，況思哲之請矻矻弗已耶？

吾邑木棠之曾，出武城曾子之後。其居江右也，耻仕新莽，携家避地，匿江右之吉陽鄉居焉。事載《一統志》，并吴文正公所記武城書院，及曾氏家藏宋譜，歷歷可證。顔、思、孟三氏，自宋元至今世襲爵命，田禄、里居未之有改，獨以魯無曾氏，而宗聖之廟與墓，不獲祀於其後人者千有餘歲，豈非昭代一大缺典耶？乃曾氏子孫，散處江南者若干族，族凡若干人，未有一動念履東魯之境。即武城之廟若墓，一致其釋菜、除地之敬，乃翁與其兄南浦翰博歲一致之。已又出資本，率族人商寓於嘉祥、曲阜之間，未數年，而曾氏之後即次聚，誾勃然興焉。適今上允輔臣之議，詔天下求曾子後而立之，東溪伯仲乃具家世顛末，應詔以請。所司慎重其事，檄督學、憲臣延訪精覈，務求其確，而拜汾陽之墓、竊已成之緒者又紛然告訐，文移往返，動經年歲，未有能定其議者。適今殿學少湖徐先生視學江右，躬按永豐，稽質記及吊查各族宋、元之譜，參互考訂，無一不足證者，益信永豐之曾其爲武城之嫡派無疑。上其事於部，部請于上，報可，於是授質粹爲翰林五經博士，而田禄、里居悉照三氏之例。又改三氏學爲四氏學，而思哲以弟子補員於其間。嗚呼，盛矣！夫以武城之祠墓，荒丘頹宇，過者興悲。一旦群子孫備禮樂烝嘗之盛，洋洋乎與三氏並，厥功爲誰哉？夫驅馳於四十年之前，不靳貲力，而求以酬其興繼之志；於四十年之後，「孝子不匱，永錫爾類」，如東溪，稱古稀不忝也。況以仁義忠信之行，倜儻豪邁之氣，長身玉立，鄉評歸重，人皆躋其爲賢聖之後。予故略其細行，序其大者以壽之。

十❶

孔子七十而從心所欲不踰矩。矩者，所以爲方之器也。「義以方外」，矩之著也，而其所以爲矩者非外也。心之體，天然自有之中，萬物皆備，其斯以爲矩乎？堯舜允執以壽天下萬世，孔子七十不踰，道高德厚如天地，教化無窮如四時，學之至、壽之極也。故堯舜之學，非孔子不明；孔子之學，非子思子不傳。《中庸》一書「喜怒哀樂未發謂之中」一語，再闢混沌、重開仁壽之域乎？降自秦漢，罔幸接踵，雖壽弗論也。有宋隆興，周、程二先生迥出常情，灼見道體，立極、體仁之傳，至延平，每令學者於静中以體夫未發氣象，而朱子晚年深悔辜負，汗出浹背，一脉如綫也。國朝稱理學者亦多矣，惟白沙陳公、陽明王公獨領其要，涵養本原之學燦然復明。而知白沙者鮮矣，惟陽明之學盛行於江右，而莫盛於安福。安福惟三舍劉氏爲獨盛，予友兩峰子與其族彦如獅泉別駕、梅園縣令號稱三傑，爲一家一邑之倡，厥功懋矣。

兩峰篤信陽明，如七十子之服孔子，然其持論與予不相入者二十年。嘉靖丁未，予以橫語被逮，時兩峰館轂予家，行李諸凡皆其經理。罄揭囊資，僅五十金，兩峰惻然歎曰：「傷哉，貧也！」送予至南浦別，至於

---

❶ 此篇康熙本題作《兩峰劉公七十壽序》。

泣下，而予未嘗有幾微見。兩峰退而追歎者再四，謂：「未發之中，可以蒙大難而決死生也如此夫？」於是盡祛其逐外之見，致虛守寂，退乎其藏之密，淵乎静深之莫測其際。乃離所居數百步外别營一齋，環堵蕭然，布衣蔬食，晏如也。而於世情外慕，無分毫介於胸中，蓋超乎歲月久近之外，而於夫子不踰之矩卓乎其有見矣。

先生忠信廉介得之天性，少習舉子業，負時名，督學徵其文行，優以廩餼。已聞陽明之學，盡棄其學而學焉。督學至强之復學，堅不出；至少湖始至，一見，彊之貢，長揖而退。其在王門，謂非顔、閔之徒歟？

先生以是年五月初七日届七十初度。永豐學士，舊聞先生之教如從子静、企，嘗受業及門如概等，相率徵予言以賀。知先生者莫如予也，是宜予之有言也。

十　一❶

七十稱古稀，何哉？言古者亦稀也。夫上古多壽考，而以七十爲稀有，又何哉？以七十而德足以稱其壽者稀也。夫德足以稱其壽，在古丈夫猶不多見，而況於婦人女子乎？蓋婦主陰教，故有惡非婦也，有善亦非婦也。《易》曰：「中饋，無遂。」妻道無成，其有所遂而成之者，母以子賢也。故仲尼不生於元氣，伊尹不生於空桑，稷之生也，豈真巨人跡履而有哉？言有母也。

❶　此篇康熙本題作《陳母太孺人七十壽序》。

嘉靖庚戌暮商之月廿有二日，爲陳母太孺人七十懸帨之辰。是年，孺人之子陳生履旋成進士，寓京師，以不及登堂拜壽爲恨，乃謁文太史氏洞山尹公。尹公之言重天下，故凡同年進士，合敬而同愛者，咸撰文分詠，贊而祝之。進士製冠鞋錦綺，構海陸珍味，戒家從馳數千里，歸以爲壽，且勒書幣索余言，以道其望雲不寐之懷。余曰：「孝哉！進士之心，可以言不匱矣乎？」至期，邑之大夫士又相率踵予門，曰：「進士，先生弟子也。知弟子者莫若師，故章述陳母之壽，宜莫如先生。」余曰：「是誠在我也。」

進士之從予學也，有年矣，余未見其有子弟之過。言訥而不辯，行慤而不靡，學孳孳焉如不及，見流輩婞婀卑鄙之行，輒蹙然不自安，曰：「得無重辱義方之訓乎？」厥考朴菴先生以儒術世其家，長者之行，邑人歸德。進士之學於鄉也，未幾而先生蚤世，孺人卒以過哀喪明。進士每道及，輒淚下津津然，自恨不肖，無足以塞母之悲也。孺人之冢孫婦，余從子之女也。比歸寧，予嘗質孺人起居，女曰：「賢哉，太母！幸而安，食不擇味，衣澣濯，不極敝不更，足不履閤外地，終日若瘖啞人然。遇極不當意事，未嘗作噫嗚聲，故詬詈之言不及臧獲。近得進士報，乃喜而悲曰：『恨吾亡人不及見也！』而重戒吾姑息，無少事侈靡以壞御史公家法，且貽亡人之戚也。」夫進士之言，居常肝膈之要；而余孫所述數事，又皆女子無事修飾之詞。合而觀之，雖古之賢母貞静簡默，維德之行亦不是過，即謂孺人爲古稀非歟？夫無成而有終，無所遂而利女貞，無善無惡，德之備也。享遐福而臻上壽，謂不有所自哉？

進士登第後，凡三致書於余，他無所及，惟矻矻以不學爲悔。夫嚮學之志，不少有所得遽沮，進而上之，孰得而禦之耶？進而賢焉，孺人固賢人母也；賢而聖焉，固聖人母也。他日祝而頌之者，當有信余之言，采之爲孺人實録。孝子不匱之心，至是始可以言錫類矣。

十　二❶

嘉靖十六年春正月廿一日，爲族母姚孺人九十懸帨之辰，厥冢嗣都秀甫徵予言爲壽。都秀於予爲族弟兄，情義維密，休戚相關，故於母之壽有不容恝然無言，況以母壽九十，古人稱耄而不耄，況不耄而有足稱者乎？又況懇懇於予言，篤於其親，如都秀甫者乎？即此可以觀人子矣。知人子，亦可以觀於其親也。

夫九十，上壽也，壽於諸福爲先。人生而九十者，千之一；九十而有子，得免於饑寒勞苦者，萬之一；有子而賢，養之以安，黄耇鮐背，怡然於桑榆之景者，億之一。予往見西鄰有富人者，其母九十也，日惟與租丁、息夫較鮮夥纖巨於毫忽之間，暇則淫朋謔客相宴嬉以自娱，膳不視，安否不知，出入不面，視其母爲家之長物。若是者，壽何有哉？多男子猶獨也。予見東鄰有窶人者，其母九十也，瓶無宿儲，體無完布，終歲勤動，不得具甘旨爲一朝之養。其不忍散而之四方者，以有母在，而母亦以朝夕累其子、不早殞謝爲恨也。若是者，百年不逮於一飽，即有子，不得而子也。是二人之母俱九十也，而遭其子之愚與不幸如此，將安之壽乎？即壽也，其於母何裨哉？是故壽而有子，有子而賢，賢而富不如西鄰、貧不至東鄰，如吾族母者，豈非億人之一、壽而有足稱者乎？

❶ 此篇康熙本題作《族母姚孺人九十壽序》。

孺人五十而失所天，繼乃蚤喪其仲子，膝下有孤寡之累，又繼而遭兵燹，又繼而爲外侮所寇。而庭閑詩禮，廡蓄生殖，紡績織紝，猶能爲諸婦之倡。陰庇潛植，子孫鼎鼎日成立，曾秋毫非母之力乎？又得冢嗣如吾兄都秀甫者，永貞母訓，綽應庶務，一當千夫，雖患難叢逆，躓而益奮，未嘗作皺眉狀。乃率其子姓以養其親，日以雞豚之逮爲快。故壽而非難也，壽而有所享者爲難；壽而有子者非幸也，有子孫之賢而能養者爲幸。難哉，幸也！億人之一，如母者，是誠有足稱者乎，是誠有足稱者乎？予故爲之壽，且以諷西鄰之愚、矜東鄰之不幸歟。

十　三❶

古八十曰耋，九十曰耄，百年曰頤期，稱上壽也，是可以强而致哉？世固有不强而致者，乃老無善狀一可稱，求士君子片言之與不可得，況多士翩翩，肅書戒幣，廑千里之使，徵文於京師以相慶耶？是亦有不可强而致者。

西郭張翁朝俊，以癸丑九月十三日届八十懸弧之辰。庠生程士瞻、丁秀夫、曾時宗、徐汝儀輩謁予言爲翁壽，以予伯子舊善西郭也。時虜酋方垂涎畿輔，勒其醜類二十萬騎薄紫荆，余奉命遣將督兵往驅之。奔北宵遁，羽書解嚴，始暇及文事，已踰期，爲是年仲冬朔矣。

❶ 此篇康熙本題作《西郭張公八十壽序》。

予嘗聞吾伯子五巘封君云：「西郭七歲而孤，母少寡，艱危煢孑，孰謂張氏有今日哉？ 不十餘年，昆季卓然咸有立，孝養友愛，修家庭之行，而益振其先業。」性好剛而嫉惡，見宗鄙子弟有不當心者輒攘忿，往往以此招尤悔。伯子嘗折之，則又唯唯承服，不少逆。他日過予，歎曰：「自封君下世，吾儕不復聞責善之言。」色慘慘若悲焉。夫孝友而服善，士行也，一有之已足稱，況有之而三者備耶？ 諸士翩翩，相與親而壽之，非過也。

翁起家至數千金，樹貞訓堂於郭之西以昭母德，遂號西郭，志不忘也。子孫衆而多賢，其績學而有待者，家孫也。蒼顔白髮頹乎其間，而詩書禮樂之士雲集於一堂。豐人以耄耋稱者多矣，幾何其能翁之盛也？ 作壽序。

鍾母劉太孺人七十壽序❶

壽無恒也，而徵於德；婦德無成也，而徵於子。是故子賢而後母道著，母道著而後福有慶、壽有頌。甚哉！子之賢否，而母道之顯晦係焉。

吾邑閬溪之鍾氏，世稱爲忠義之族，忠義之稱始於恭愍公。恭愍之殉於忠也，親有褒贈，婦有廪餼，子有蔭秩，仰視歐陽之母於百世之上，福祉豐備，如婦姑相輝焉。夫夜燭數語之詔，豈有它母所不能哉？ 母

❶ 此篇底本佚，據康熙本補入。

能之而不傳，無子也。非無子也，有之而不肖，即有而無也。予嘗念此而傀焉，若無以終其身者矣。

是歲孟夏庚申，爲鄉進士東岑子之母劉氏孺人七十初度也，邑之英相與謁余言以賀。余曰：東岑子，善人也，妄言不出諸口，妄動不施諸身，妄取不冀諸人，色温氣和，謙牧而禮恭。孔子曰：「君子，吾不得而見之也，得見善人，斯可矣。」謂孺人爲善人之母非耶？蓋幽閑貞静，而後有忠信廉潔之賦；柔順惠和，而後有温恭謙和之則；莊默儉制，而後有幽獨不欺之教。孺人其賢矣乎！孺人之相西江翁也，素以厚德稱長者，階尺寸之土，累而致數千金之富。淑之仲子千鑑，以例貢，今爲大學上舍生，積學嚮用，足稱佳兒，誠無愧於難兄者也。東岑爲恭愍公從孫，孺人爲鍾母之從子娼，一門德教，謂不有所自來耶？

東岑嘗受學於東廓、南野之門，而與余游亦二十年。迹其志，蓋欲憲章恭愍而祖述文忠，其所以自壽其親者，不但如時俗以富貴相衒而已也，是宜列而頌之。

贈左子

九江郡博南周左子，奉巡院騮山陳公之命，辱予於山中。左子，以教爲職者，乃問教。予曰：其惟學乎？自夫天下之不知學以爲教也，而徒以言訟之，於是乎天下紛然訟而猶自以爲教者，若予亦然也。予往見子弟之不肖者，亦教之以孝弟也，乃未見其孝弟也，且襲予孝弟之言，日以教其子弟。其子弟者，亦未見其孝弟也，且犯上作亂，侵侵矣。予於是憂之、反之，知予之所以爲教者，言也，非學也。予於是乎學之，致吾良知於子臣弟友之間，俛焉而不敢不盡，而未嘗徒以訟吾之子弟也。而吾之子若弟者，日觀焉、興焉，雖未見其能孝弟也，而亦自知其歉於孝弟，而未嘗如昔焉者，襲予之訟以訟其子弟也。其子弟者日觀焉、興焉，雖未見其能孝弟也，而犯上作亂者或寡矣。予於是知天下之訟至今爲紛者，無亦教之使然乎？而非學以爲教也。誠使予之於學也，如舜焉，無一毫之不盡，又安知予之子弟不蒸蒸乂、爲舜之子弟乎？又安知予之不可爲法於天下，可傳於後世乎？顧予淺之爲教學焉，願之而未能也。予於是而後知虞舜不可及而教萬世無窮者，其在兹乎？

左子，故予門人，予恐其襲予之訟也，故以是勉之。

括　言

嘉靖丁酉夏，予以病移居翠微山中者數月。一日，坐老友劉中山床，中山子撫予背而問之曰：「近日之學何如？」予曰：「不覩不聞者，其則也；戒懼者，其功也。不關道理，不屬意念，無而神，有而化，其殆天地之心，位育由之以命焉者也。」曰：「若然，則四端於我擴而充之者非耶？」曰：「感而遂通者，神也，未之或知者也。知此者謂之助長，忘此者謂之無爲。擴充云者，蓋亦自其未發者充之以極其量，是之爲精義以致用也。發而後充，離道遠矣。」曰：「若是，則今之以忘與不知爲宗者是耶？」曰：「其老佛之緒餘乎？彼蓋有見於不覩不聞而忌言乎戒懼，謂戒懼爲不覩不聞累也，於是宗忘、宗不知焉。夫以戒懼爲累者，是戒懼而涉於覩聞，其爲本體之累，固也，惡足以語不覩不聞之戒懼哉？」

越明年戊戌，彭山季子即盧陵所立懷德祠，以祀吾陽明先生者，卜是年三月十有八日舉春祭，約同志會以相之。時予與東廓鄒子暨伍南溪、郭松崖、甘蓮坪、王兩厓、曾華山諸君子如期以至。祀事畢，因舉以請正焉。東廓子曰：「此《中庸》之學也。其於致知、格物，得無有同異乎？」予曰：「一而已矣。致知者，充極吾良知本體之量，而不使少有一毫閼蔽於其中，致中也；格物者，因物付物，感而遂通天下之故，利也。然功在致知，而於格物一聽吾良知自然之妙用，而無所用其知焉。彼以忘與不知爲宗者，夫固有見於是也，而乃并戒懼而忘之，則失矣。」東廓子曰：「格物之説，子亦有異聞乎？」予曰：「言猶在耳，予何敢忘？予嘗論格物以致吾之知也，然道理、意念相爲倚伏，陰流密陷於義襲、助長之病，而猶自以爲格致之實功也。於是求諸心而不得，而以意逆之，竊有見於知者，意之體也；物者，意之用也。致知乃所以格物，而非格物不足以言知之致也。致知者，猶之精吾之權度也；格物者，猶之挈矩以待天下之輕重長短，而天下之輕重長短皆於是乎取則。故二氏之學，權度精矣，而乃以輕重長短爲障，一切斷除而寂滅之，要其所謂精者亦未也；五伯之學，其於輕重長短日緦緦焉稱量之惟謹，而不知自吾之權度以求精，故其所謂輕重長短適以貿亂乎古今天下之定則。是固儒、釋之辯，王、伯之分，堯舜以來相傳之意幾亦微矣。」東廓子曰：「學固如是也。乃謂物爲自然之用而無所用其功者，終於言有未瑩，子姑退而思之。」

適桂友公輔持卷索書，公輔方有志於四方之遊，録附所見因以請正，公輔當有以翼我也。

山中答問

督學敬所王先生者，敏而好學，不耻下問，其殆無愧於「孔文子」之「文」乎？先生聰明蓋世，弱冠取高第，年幾彊仕，仕至大夫，乃欿然自視，皇皇焉日以問學爲事，如求亡子於路焉，此其志何如哉？

一日，介其門人徐生枉予於山中。予笑曰：先生誤矣，鄙何足與議哉？昔人有求亡子於道路者，或行或止，靡人弗詢。詢踰歲，靡所得，乃邂逅一瞽翁，亦就而詢之焉。翁曰：「若不識予之爲瞽耶？」曰：「予固知翁之瞽也。瞽，無見也，不無聞乎？」翁曰：「聞則有之矣。前二百里外，昨予度深山，依茅菴息焉。菴有老媪，撫一乞兒子，餔而歎曰：『是儂家種子，乃暴棄弗收，傷哉！』」求者匍匐兼程，窮日之力，物色其處，得焉，叩其故。兒曰：「曩爲怪術方上人誘引至此，出太遠而失所歸。」父子相抱持以泣，泣已再拜謝老媪，循故道返焉，後卒以亡子昌大其家。世諺謂「千聞不如一見」，乃見不如聞，又何哉？先生得無以予爲瞽，而疑其或有所聞耶？

邇來四方之士以良知爲學者，聚論如訟，徒知求其良於所知、所覺之事，而失養乎能知、能覺之體。能知、能覺之體，谷之神也。「谷神不死，是謂玄牝。玄牝之門，是謂天地根。」老子祖述黄帝之説以淩跨百代，吾夫子以戒慎不覩、恐懼不聞二語承之，詞不迫切而意已獨至。夫不覩不聞，未發之中也。不聞曰隱，不覩曰微，隱微曰獨。其幾在我，其尊無對，超然於萬物之表而實主宰乎萬物，是謂天下之大本也。戒懼所以立本，本立而和生焉，天地以位，萬物以育，堯舜所以開萬世之太平也。後世不知不覩不聞之爲中也，而索之眇冥；不知中之爲獨也，而别求知覺；不知戒懼爲性體之自然，而反詆其爲困人之徽墨；不知良知之爲虚靈也，而以知覺之能辯乎是非善惡者之爲良而致之。要其所至，不過行仁義而襲焉者也。義襲之見作，而允執之學亡。先生所以好問不已者，無亦惜亡子之爲種子，惻焉深憂，是故皇皇然求之如弗及也？

答青田令李邦正問獨

青田令李邦正問獨於予。夫既曰獨，予又安得遽以語諸人哉？然《中庸》則已發其藴矣。《中庸》曰：「君子戒慎乎其所不覩，恐懼乎其所不聞。」程子曰：「不覩不聞便是未發之中。」不聞曰隱，不覩曰微，隱微曰獨，精而明，小而辨，尊而無對，天下之大本也。戒懼所以存之，存存而不已，則自此而發者自然中節。陽明先生云：「聖人到位天地、育萬物也，只從喜怒哀樂未發之中養來。」邦正出宰百里，一邑之師帥，而一邑之天地萬物由我而位育之，責亦重矣。混於衆人之中而超乎天地萬物之上，謂之爲獨也，固宜。

書董明建就選北上卷後

學與仕，一也，然不學而仕者有之，夫子所以惡夫佞而喜漆雕開之篤於自信也。董明建上京謁選，予友明水嘗揭藴以告之，兹復持此以索余言。予何言哉？是在明建自信其學與否也。學足以自信，而真能不失其本心，則天真流動，可以貫金石，感鬼神，孚禽獸、草木，而況於人乎？獲上、治民本於誠身，此孔門傳授家法也。予不能有加於明水格論之上，姑就其粗且近者言之，而願吾子之自信也。

夫子像贊

夫子像，古今推吴偉所繪者爲逼真。豹每出，輒奉以俱郡齋，暇日復令畫工搨之石，欲别爲像贊以傳，竟日不能加一語。乃繹諸經傳所載，有曰：「江漢以濯之，秋陽以暴之，皜皜乎不可尚已。」有曰：「仲尼祖述堯舜，憲章文武，上律天時，下襲水土，辟如天地之無不持載，無不覆幬，辟如四時之錯行，如日月之代明。」有曰：「孔子道高如天，德厚如地，教化無窮如四時。」有曰：「大哉乎！君君、臣臣、父父、子子、兄兄、弟弟、夫夫、婦婦，夫子之力也。其太極合德，神道並行乎？」有曰：「夫子之不可及也，猶天之不可階而升也。」有曰：「夫子賢於堯舜。」有曰：「孔子集大成。」又有曰：「自生民以來，未有盛於孔子也。」夫參也、賜也、予也、若也、思也、軻也、敦頤也、通也，皆智足以知聖人。於嘑！至矣，盡矣！愚故述之爲像贊云。

陳子策父母像贊

予見夫今人巧僞以相使也，而思乎公之拙略；予見夫今人險薄以相傾也，而思乎公之純樸。不絢惟素，不雕惟璞。心遊乎羲皇之時，分足乎巢由之樂。其人逝矣，遐哉以邈。嗚呼！遺像在堂，九原不作。彼巧僞險薄者日戕其生兮，其誰以覺？

正位乎内也，予不可得而知也，而見其家人者雍雍以肅；義方之教也，予不可得而知也，而見其子孫者烝烝以淑。故其婦儀母道，夫人能頌其賢，而懿範慈顔，子孫者重之刻木。嗚呼！脱輻反目，其何能穀？惟孺人之恭順兮，是宜求乎多福。

戴明溥像贊

此像爲誰？予友梅泉戴明溥也。從容乎禮法之場，沉潛乎詩書之府。言温氣和，衣冠有楚。混跡世塵，游心太古。求之古人，其諸劉中山之伍歟？

世光字説

念菴先生筮吉，以是年中秋前一日冠其子世光，命予爲世光字。世光，予之館甥也，予不字，其誰字之？乃字之曰「以昭」。《易》曰「君子以自昭明德」，言成己也；以己之昭昭，使人之昭昭，言成物也。成己成物，君子之光；其暉吉也，昭之至也。夫子傳晉之《象》曰：「明出地上，順而麗乎大明，柔進而上行。」用之彰也，厥彰厥微，含章以時，非本於昭之自我乎？是故青天白日，其心也；高山大川，其行也；和風甘雨，其氣也；龍翔虎躍，其變化也；「追琢其章，金玉其相」，其器也；「潛雖伏矣，亦孔之昭」，其學也。昭之時義大矣哉！不昭而能世其光者，鮮矣。無忝爾祖，承考用譽，吾於世光有厚望焉。

物占識

嘉靖二十一年，河東饑甚。予乃散廩給糜，其壯而有力者賑之於役。役者萬人，蓋浚城之隍以備虜也。卜以二月初七日告神啓土，乃啓土得石枕一、鐵鞭一、銅鏡一，俱古制。枕面有文云：「道高龍虎伏，德重鬼神歆。」役者馳而告曰：「神哉！威而明安，枕之兆也。」是年虜果不犯平陽，予故識之以昭鬼神之貺。

雄劍銘

百鍊惟剛，六龍惟光。威而不怒，矯哉之强。噫！銛耶，鈍耶？時也。用則揚，舍則藏。

雌劍銘

咨爾干將，衛我八尺。韜之龍翔，奮之雷虢。噫！小人佩之凶，君子服之吉。

楮刀銘

守之以鈍，裁之以義。不刺不鑽，是謂藏器。

鏡銘

汝昭汝明，我貞我形。貞則明，明則貞。

項索銘

嗟爾項，胡畀爾强？胡教爾行？行乃黑索是尚。無抑之而使降歟？善降者必善仰。噫！身可降，志不可喪。

手扭銘

嗟爾手，胡爲乎糾糾？胡掣我肘，爲傍觀醜？無以爾爲不善取歟？善取者必善授。噫！形可醜，志不可疚。

脚鐐銘

嗟爾足，胡爲乎縮縮？進退維谷，爲父母僇。無以爾爲不善趨歟？善趨者必善鬻。噫！身可僇，志不可辱。

硯銘

弘農陶泓與陳玄、毛穎、楮生，同有事於文房，結爲四友。然陶最長，玄非陶不發，毛非陶不滋，楮非陶不顯。陶出晉處士陶潛之後，安静堅確，傳世最久，視三子者，雖修短不齊，其於文事可謂同心相濟者與！

二

鐵面坦心，天錫玄圭。胥磨胥盪，弗磷弗緇。馬肝龍壁，無踰端溪。余故銘之，以詔墨師。

始定軒銘

嘉靖丁未，總督兩廣軍務，友人張浄峰寄予峒板四片。庚申二月晦日，仲子静爲予斵而成關，予喜而題曰「始定軒」，仍銘之云：

合抱寸朽，豈云完木？老戒靡終，其何能淑？啓予手，啓予足，木若以美，庶幾不辱。

雙江聶先生文集卷之十四

雜　著即困辨録

辯　中

堯曰："咨！爾舜！天之曆數在爾躬，允執厥中。四海困窮，天禄永終。"舜亦以命禹曰："人心惟危，道心惟微。惟精惟一，允執厥中。"

此堯、舜、禹授命之詞。萬世心學之源，其肇於此乎？人心、道心，皆自其所發者言之。如惻隱之心，羞惡之心，辭讓、是非之心是也。感應流行，一本乎道心之發，而不雜之以人爲曰精。真常不雜曰一。中是道心的本體，有未發之中便有發而中節之和，和即道心也。天理流行，自然中節，動以天也，故曰微。人心云者，只纖毫不從天理自然發出便是動以人，動以人便是妄，故曰危。"今人乍見孺子入井"一段，二心可概見。自夫中之爲義不明，允執之旨流而爲義襲之學。子思子憂人心之日危也，於是作《中庸》以明其祖述之原。學者須從此處體識得明瑩，則二氏、五霸、百家之學自有斷例。中是真正主腦，允執是工夫歸結處。

天命之謂性，率性之謂道，修道之謂教。道也者，不可須臾離也，可離非道也。是故君子戒慎乎其所不覩，恐懼乎其所不聞，莫見乎隱，莫顯乎微，故君子慎其獨也。喜怒哀樂之未發謂之中，發而皆中節謂之和。中也者，天下之大本也；和也者，天下之達道也。致中和，天地位焉，萬物育焉。

《中庸》首章是精一執中的傳註，不必更著一字爲訓，血脉貫通，語意精備。夫上帝降衷于下民，民受天地之中以生。中即命，命即性也。率其性之自然，發無不中，性即道也，堯舜性之也；氣拘物蔽，道有所失，修而復之，而後教立焉，道即教也，湯武反之也。戒謹、恐懼，堯、舜、湯、武之兢業、祗畏是也。不覩不聞便是未發之中，常存此體便是戒懼。去耳目支離之用，全虛圓不測之神，覩聞何有哉？不聞曰隱，不覩曰微，隱微曰獨。莫見莫顯，誠之不可掩也。慎獨云者，言戒謹、恐懼非他人所能與。退藏於密，鬼神莫窺其際，是獨也。「喜怒哀樂之未發謂之中，發而皆中節謂之和。」寂然不動，萬物皆備，天之性也，故曰：中者，天下之大本。命由此立，道由此出，萬化之原也。感而遂通，自然中節，猶太和元氣之流行，故曰：和者，天下之達道。本之人情，不涉思議，而夫婦之愚不肖可以與知、能行，性之欲也。天地位，萬物育，堯舜垂衣裳而天下治，自一身驗之，以至於天下國家，無不然。三聖相授守，一道也，故曰：「子思子憂道學之失其傳而作。」

中也者，和也，中節也，天下之達道也。故聖人立教，俾人自易其惡、自至其中而已矣。

過與不及，皆惡也。「中也者，和也」，言中即和也。致中而和出焉，故曰「至其中而已矣」，又曰「中焉，止矣」。

「龜山先生倡道東南，從之遊者甚衆，語其精思力踐、任重詣極，惟羅仲素一人。先生講論之暇，危坐終日，以體夫喜怒哀樂未發之前作何氣象，而求所謂中者。若是者久之，而益知夫天下之本真有在於是。由是操存益固，涵養益熟，觸處洞然，自然中節。」

「李先生門下教人，大抵令於静中以體夫喜怒哀樂未發之中，未發作何氣象，則處事應物自然中節，此是龜山門下相傳指訣。當時親炙之時，貪聽講論，又方竊好章句訓詁之習，以至若存若亡，不得盡心於此。畢竟無一的實見處，辜負教育之恩，每一念及，未嘗不流汗沾衣也。」

「未發之中，本體自然。敬以持之，使此氣象常存而不失，則自此而發者自然中節，此是日用本領工夫。其曰『却於已發處觀之』者，所以察其端倪之動，以致夫擴充之功。一有不中，則心之爲道或幾乎息矣。故程子每以『敬而無失』爲言，敬而無失便是中；又曰『不如且只道敬』，能敬則自知此矣。夫以事言之，雖有動静之殊，以心言之，則周流貫徹，初無間斷而常主夫静焉。向來講究思索，直以心爲已發，而所論致知、格物，亦止以察識端倪爲初下手處，以故闕却平日涵養一段工夫。常覺胸中擾擾，無深潛純一之味，而其發之言語、事爲之間，亦多急躁浮露，無復聖賢渾厚雍容氣象。所見之差，其病一至於此，不可以不審也。」

以上三段，是《朱子語録》中悟後定論。看來精一執中之學，周、程授受，渾只是此家法。不三四傳，而此意寖微，天地之心或幾乎息，而生民之命日以蹙矣，尚何以望太平之端哉？

龜山一派，每言静中體認，又言平日涵養，只此四字便見吾儒真下手處。考亭之悔，以誤認此心作已發，此尤明白直指。而近世忽略不復究三先生語意，至誣考亭爲俗學，可謂不知量也。

或問：「中則和生，而位育以之，何也？」蓋未發之中，天地之心，生民之命，萬世之太平，千聖之絶學。故執中，所以爲天地立心，爲生民立命，爲萬世開太平，爲往聖繼絶學。聖人到位天地、育萬物，也只從未發之中上養來。程子曰：「有天德便可語王道，其要只在謹獨。」中是天德，和是王道，故曰：「苟非至德，至道不凝。」戒慎不覩，恐懼不聞，修德之功也。

或問：「發而中節，節何在也？」蓋節者，則也，猶節拍也。吾心自然之權度，一毫人力與不得。順其本體之自然者應之，便是發而未發、過而不過、動而無動，節之謂也，故曰「道心惟微」也。稍涉人爲，聲臭畢露，其則爽矣。

又問：「喪予之哭，不知爲慟，節何在也？」惟不知爲慟，而後可以語節。「非夫人之爲慟而誰爲？」此天則也。「非天下之至神，其孰能與於此？」自精一之秘不傳，泥情以求節，逐物以執中，而未發之旨日以淪胥，人心危矣。

或問：「戒謹恐懼四字，壓得太重，初學多爲所困，何也？」蓋今之學者，氣輕質柔，不耐持久，纔說戒懼便已畏縮，不知乾乾惕厲，周公亦本乾九三性體而言，蓋性體本自戒懼也，才頽惰便失性體。《易》曰：「剛健而不陷，其義不困窮也。」自生知安行以下，皆然。既曰戒懼，又曰不覩聞，則戒懼不著於有，不覩聞亦不著於無。「必有事焉而勿正，心勿忘、勿助長。」用之不勤，綿綿若存，此丹爐火候。而因藥發病，醫家亦有過劑之戒。程子云：「略綽提撕，常令省覺，便是戒懼。」白沙先生云：「戒謹恐懼，所以閑之，非以爲害也。」

或謂：「《易》言密、言寂、言虚，而不言獨，何也？」曰：四者同出而異名也。《易》故言之矣，如曰獨復、曰獨立、曰獨行，非言獨乎？蓋自我有之，自我主之，小而辯，精而明，尊而無對，獨之謂也，非天下之至一，其孰能與於此？根極領要，覩聞俱泯，而機緘之妙，鬼神莫窺其際，密之謂也，非天下之至精，其孰能與於此？默識静專，龍蟄淵沉，靈明内藴，神妙萬物，寂之謂也，非天下之至止，其孰能與於此？内不見己，外不見人，其淵、其天，而空洞之體，其受命也如響，虚之謂也，非天下之至大，其孰能與於此？是四者同出而異名，均之爲未發之中也。虚、寂言湛一之體，密、獨言歸止之奥。「致虚極，守静篤」，藏之秘，慎之至，聖人所以立人極，先天而天弗違者也。《易》之爲道，不既深乎？

或問：「未發之中爲静乎？蓋静而常主夫動也。戒謹恐懼爲動乎？蓋動而常求夫静也。然則孰爲動，孰爲静？」蓋動静者，時也。若言其勢之相資，則動有資於静，静常發而爲動。如乾不專一則不能直遂，坤不翕聚則不能發散，尺蠖不屈不能伸，龍蛇不蟄不能奮。故三代之《易》，夏首連山，商首歸藏，《周易》首乾而爻先潛龍未發之學，其揆一也。佛氏以無生爲體，戒、定生慧，偈云：「動上有不動，不動是不動。」道經云：「生者生矣，而所以生生者未常生；化者化矣，而所以化化者未嘗化。」又曰：「常寂常應，貞常得性。」其言皆未可輕視也。

或言：「赤子之心不可以言中者，以其動静無常，似非寂然不動之體，然無營欲智巧之私，則亦不遠乎中也。其謂求中於未發之前則可，而遂以未發之前爲中則不可者，先儒之意，得無以中涉事爲，不可以語『人生而靜』以上之體乎？」然非子思之所謂中也。蓋中者，天然自有，不著聲臭。未發之前本體寂然，中涵太虛，是則靜爲動根，坤之所以爲復也；及其發而中節，不犯人爲，是則動根於靜，艮之所以「止其所」也。復從艮起，故曰「艮以止之」，「帝出乎震」。帝者，心之主宰。一念之動，帝之出也。不止，安有出？出而未嘗離其所止。

或問：「思爲靜乎？蓋思者，心之運。既曰運，則動矣，然思敬、思誠、儼若思、思無邪之類，則動而無動，而常主夫靜也。故凡用功，似屬乎動，而用功的主腦却是靜根。然則何思何慮、無思無爲，又何謂也？」此主感應言也。感應者，神化也，纔涉思議便是憧憧。如憧憧，則入於私矣，其去未發之中何啻千里？若夫精義以入神，洗心以退藏於密，齋戒以神明其德，所以立感應之本也，故曰「思則得之」。

不起不滅者，心之體；萬起萬滅者，心之用。然體常存乎起滅之中，非別有一物、限於一處也。雖非別有一物、限於一處，實則未常起滅也。悟之不離當處，迷之追尋無跡。起滅猶户之闔闢，不起滅猶闔闢之樞。執中之學，執其樞而已矣。周子之詩曰：「有風還自掩，無事晝常關。開闔從方便，乾坤在此間。」自掩、常關，常寂常止也；開闔從方便，常應常順而已，無所與也。

人自嬰兒以至於老死，雖有動靜語默之不同，然其大體莫非已發，氣主之也。而立人極者，常主夫靜，何也？蓋靜則無欲而大本立，雖糾紛錯雜，而不失其本然之則，發而不發，配義與道也。是故君子之學，要於意、必、固、我既亡之後，而求之於喜、怒、哀、樂未發之前，學斯至矣。

「人生而靜，以上不容說，纔說性便已不是性也。」人生而靜，天之性也。至靜無感，性之淵源也；感於物而動，性之欲也。「動則善惡分，萬事出矣。聖人定之以仁義中正而主靜，立人極焉。」仁義中正，亦自其發者言之。「無欲故静」，發而未發也。無欲便是不覩聞。《通書》首篇是學問原頭，要會得聖人所以合德天地、日月、四時、鬼神何所自。

所謂定者，動亦定，静亦定，無將迎，無内外。與其是内而非外，不若内外之兩忘也，兩忘則澄然無事矣。無事則定，定則明，明則尚，何應物之爲累哉？天地之常，以其心普萬物而無心；聖人之常，以其情順萬事而無情。故君子之學，莫若廓然而太公，物來而順應。無事虚明，太公順應，渾是未發氣象。佛氏有「内迷不着空，外迷不着相」，亦幾於兩忘之論。蓋着相之迷，人皆知之，而着空之迷，知者鮮矣。戒慎不覩，恐懼不聞，是何等真正切實工夫？而後知在彼者，語彌近理，亦不出吾範圍之内。佛氏之徒，乃謂儒者之學得其精之緒餘，不幾於竊人之有而復訶其主耶？

或問：「周子言静，而程子多言敬，有以異乎？」曰：均之爲寡欲也。周曰「無欲故静」，程曰「主一之謂敬」，一者，無欲也。然由敬而入者，有所持循，久則内外齋莊，自無不静。若入頭便主静，惟上根者能之，蓋天資明健，合下便見本體，亦甚省力，而其弊也，或至於厭棄事物，賺入别樣蹊徑。是在學者顧其天資力量，而慎擇所由也。近時有名爲講學而猖狂自恣，往往以主静爲禪學、主敬爲迂學，而跳梁呼號、坐作語默一隨其意之所便，無所顧忌，而名爲自得。哀哉！

或問：「佛經云：『屏息萬緣，一念不生。見不着性，離諸法相。』又云：『能所俱泯，凡聖情忘。』若是，與吾儒不覩不聞之學，同乎？」曰：同而異也。吾儒之寂，將以神天下之感；彼則恝然無情，至於寃親平等，一無所愛憎取舍，而自同於草木瓦石也，不幾於寂而枯者乎？　又問：「道經云：『道可傳而不可受，可得而不可名。』又曰：『道不可見，見而非也；道不可聞，聞而非也。』若是，將同乎？」曰：同而異也。吾儒之虛，將以效天之動；而彼則嘻然寡情，至於芻狗萬物，一切簡棄厭薄，流而爲申、韓之慘刻也，不幾於虛而忍者乎？「然則與聖人之情順萬事而無情，又何如？」曰：同而異也。聖人以天地萬物爲一體，疾痛疴癢皆切於身，一隨其感應自然之機而順應之。其曰「無情」，特言其所過者化，無所凝滯留礙云爾。若枯忍，斯逆矣，謂順應可乎？「無情」二字，是佛老自家招認的供詞，而明道先生「自私自利」四字，却是無情的斷案。毫釐千里之差，非真知二氏之蘊者，不免虛喝而嫚罵也。

《詩》云「衣錦尚絅」，惡其文之著也。故君子之道，闇然而日章；小人之道，的然而日亡。君子之道，淡然而不厭，簡而文，溫而理，知遠之近，知風之自，知微之顯，可與入德矣。《詩》云：「潛雖伏矣，亦孔之昭。」故君子内省不疚，無惡於志。君子之所不可及者，其唯人之所不見乎？《詩》云：「相在爾室，尚不愧於屋漏。」故君子不動而敬，不言而信。《詩》云：「奏假無言，時靡有争。」是故君子不賞而民勸，不怒而民威於鈇鉞。《詩》曰：「不顯維德，百辟其刑之。」是故君子篤恭而天下平。《詩》云：「予懷明德，不大聲以色。」子曰：「聲色之於以化民，末也。」《詩》曰：「德輶如毛。」毛猶有輪，「上天之載，無聲無臭」，至矣！

《中庸》末章，反覆詠歎，以足首章之意，曰闇然，曰淡、簡、溫，曰近，曰自，曰潛伏，曰人之所不見，曰不言、不動，曰不賞、不怒，曰不顯、篤恭，曰不大聲色，曰如毛，曰無聲無臭，他如溥博淵泉、肫肫、浩浩、淵淵之類，皆是形容未發氣象，欲人識取真正面目，而入頭下手便有實地可據。而所謂不覩不聞，曰隱、曰微、曰獨者，不墮於想像之渺茫。其餘不厭而文且理焉之類，又是形容其顯見日章之實。致中之學，至是則性天德、命天理，故曰「無聲無臭，至矣」。

中庸之爲德也，其至矣乎！民鮮能久矣。道之不行也，我知之矣，知者過之，愚者不及也。道之不明也，我知之矣，賢者過之，不肖者不及也。人莫不飲食也，鮮能知味也。

不曰爲道而曰爲德，蓋未發之中，天德也。無聲無臭，其至矣乎，惟戒慎不覩、恐懼不聞者能之。而鮮能之久，何也？或失則過，或失則不及也。蓋民生不齊，要不外乎知、愚、賢、不肖四者而已。賢、知者好高欲速，每不屑乎戒懼，是過之也；愚、不肖者昏昧因循，又不知所以戒懼，是不及也。此道之所以不明不行而鮮能之久，爲是故也，故曰：「人莫不飲食也，鮮能知味也。」「君子無終食之間違仁」，道不可須臾離也。

君子之中庸也，君子而時中；小人之中庸也，小人而無忌憚也。

戒慎不覩，恐懼不聞，無時不然，故曰「時中」。無忌憚者，戒懼之反，故曰「小人反中庸」。小人是愚不肖中一個雄傑有才的，故能侈然自放而反乎中庸。若愚不肖之不及，只是昏弱不爲耳。時中便是時習，便是不須臾離。註云「以其有君子之德，而又能隨時以處中；以其有小人之心，而又無所忌憚」云云，别是一意。「處中」之「中」，亦着在事上看了，非指未發者言。此等處却須體認。

或問：「學從何所始乎？」從河圖始也。天不愛道而河出圖，河出圖而道始顯於人，而人於是乎有學也。「圖從中起，何也？」非中則天地亦無所始，故曰：「易有太極，是生兩儀。」邵子之詩亦曰：「天向一中分造化，人從心上起經綸。」天與人，一也。「圖中數五，何也？」中涵太虛，五性具焉。蓋五者，數之祖也。天數五，地數五。天曰五星，地曰五嶽，氣曰五氣，性曰五性，倫曰五倫，曰五音，曰五色，曰五味。象數理氣，非五不備，所以成變化而行鬼神也。「然則堯舜之執中，是即河圖之中乎？」自有天地，只有此中，更無別中。故曰：「河出圖，洛出書，聖人則之。」學以希天也。河圖也者，其學問之源、文字之祖、鬼神之奧、伏羲堯舜之師乎？「若是，則戒懼又何所始也？」蓋戒懼者，性體之良能，健之爲也。成變化而行鬼神，非天下之至健，其孰能與於此？小人之無忌憚，自絶於天者也。

辯　易

艮

䷁夏首連山❶

夏尚忠，故其學尚艮，純一未發，渾然無跡。蓋艮以一陽止於二陰之上，陰陽有淑慝之分，上下有消長之機，欲以理勝，人以天定。又兩山連亘，屹然不動，艮之象也。艮體篤實，有三義：自修德言之，爲凝畜；自復命言之，爲歸宿；自遏欲言之，爲止畜。故曰：「艮以止之。」又曰：「終萬物、始萬物者，莫盛

❶ 底本卦畫有誤。艮卦爲䷳，康熙本已正之。

乎艮。」艮之時義大矣哉！君子以寂然不動立人極焉，遏惡於未萌，養善於未發。舜以是傳之禹，其精一之心法乎？

艮其背，不獲其身。行其庭，不見其人，無咎。

背，無思無欲，其不覩不聞之地乎？於止知其所止，則廓然太公。内焉忘夫有我之私，故内不見己；外焉天地萬物皆我也，故外不見人。凡體皆動，惟背爲止。然五臟非背不附，而百體之津潤以之，静以制動也。時止時行者，常寂常感，常應常止，所過者化，所存者神，上下與天地同流，故曰光明，何咎之有？

在止於至善。知止而後有定，定而後能静，静而後能安，安而後能慮。

無思無欲，至善之地。知止者，止乎此也，止乎此而後謂之知止。定、静、安，最好體認未發氣象。定言其不惑，見之的也；静言其不動，養之密也；安言其常久不易，守之固也；慮言其明覺自然，無所作也。凡天下之言安者莫如山，言定、静者亦莫如山。山體虚，故能與澤通氣，爲雲雨以潤澤天下。故天下之言有者皆生於虚，言動者皆生於静，言感者皆生於寂。八卦之象廣矣，故聖人立象以盡意，而得象者可以忘言。程子謂：「讀一部《華嚴經》，不如只看一艮卦。」旨哉！

兼山，艮，君子以思不出其位。❶

---

❶ 此後一頁底本錯板現象嚴重，兹據甲庫本録入，個别漫漶處據康熙本補足。

位之所值不同，然大行不加，窮居不損，分定故也。分定便是「思不出其位」。文王「緝熙敬止」，而君臣父子、上下四旁各得其所止，是謂不出，故曰：「艮其止，止其所也。」是以「不獲其身，行其庭，不見其人」，故無咎。

坤

☷商首歸藏

商尚質，故其學尚坤，收斂歸藏，性情之實。蓋坤六畫皆偶，上下皆坤，虚之極、静之至、順之純也。虚者，藏之量；静者，藏之體；順者，藏之機。博也，厚也，其象爲地，載華嶽而不重，振河海而不洩，萬物載焉。故曰：「養萬物者，莫善乎坤。」又曰：「坤以藏之。」又曰：「致役乎坤。」言萬物爲坤所役，歸而藏之，養之道也。君子以洗心，退藏於密，身備萬物而退然不居，悉有衆善而容貌若愚，致虚守寂而未發。

坤道，其順乎？

坤，元亨，利牝馬之貞。君子有攸往，先迷後得主，利。西南得朋，東北喪朋，安貞吉。

乘龍御天，便是旋乾轉坤的手段，無不可爲之時，無不可乘之地，無不可化之人。坤則天下之至順也，時有不可爲，故相時；地有不可居，故辟地；人有不可化，故因人。隨時順勢，和順於道德，而一無所强，是謂坤以簡能，善藏其用，無成而有終也。蓋坤之性體、力量僅得乎乾之半，故先後義利、西南東北之不同有如此。大抵黄老之學得之坤。

安貞之吉，應地無疆。

靜虚而順之至者，地之無疆也。因時順勢，和順於道德，而無所作爲以害之，是謂安貞以應乎地也。有一毫出位之思、非分之願，便不可以言安貞。文王「三分天下有其二，以服事殷」。周之德，其可謂至德也已矣」，其得安貞之吉乎？故曰：「地道也，妻道也，臣道也。」龍戰而血，湯之慚、武之未盡善歟？稱龍稱血，所以立萬世君臣之防，嚴履霜堅冰之戒，微矣哉！

坤，至柔，而動也剛。至静德方。❶

藏動剛於至柔，運德方於至静，不覩不聞而莫顯莫見者寓焉，乘天時行，順帝之則，坤之所以爲坤乎？

《傳》曰：「不翕聚則不能發散。」此意當味。

六二，直方大，不習無不利。六二之動，直以方也。不習無不利，地道光也。直，其正也；方，其義也。君子敬以直內，義以方外，敬義立而德不孤。直方大，不習無不利，則不疑其所行也。

六二，柔順中正，得坤道之純者。本體自然曰直，物各得宜曰方。敬則私意無所容，而大本立；義則發中節，而達道行。內直則外無不方，故曰：「六二之動，直以方也。」直以方，則不疑其所行，地道光也。敬義夾持直上，達天德自此，故曰「不孤」，言其盛大而光明也。程子曰：「釋氏敬以直內則有之，而無義以方外。」既無義以方外，要之敬以直內亦不是。敬義立而德不孤，儒釋之辯也。內直便是未發之

❶「静」下，康熙本有「而」字，可從。

中，直方是本體，敬義是工夫。

天地變化草木蕃。天地閉，賢人隱。《易》曰：「括囊，無咎無譽。」蓋言謹也。

天下無道，咎足以召禍，而譽尤足以召禍。故進不容於朝、退不容於野者，皆譽之所致。惟影響俱幽、過譽不著，然後可以言括囊之謹。不易乎世，不成乎名，龍之所以爲潛也。

六五，黄囊元吉，❶文在中也。正位居體，黄中通理，美在其中。暢於四支，發於事業，美之至也。

黄中，言中德蘊於內；通理，言感而遂通。事得其理，蘊之爲德行，行之爲事業，美之至也。黄是中色，仙家有黄庭、黄婆之喻，本體、本色也。

用六，利永貞。

六者，陰之變數。利永貞者，變而不失其常，順而健者也。其有戒於上六之戰乎？理欲交戰，兩敗俱傷，人心危而道心微，變而失其常者也。南巢之放，牧野之攻，豈湯武之幸哉？視泰伯之讓文王之事，慚德多矣。坤之卦爻，只是玩味得順義明白，便學有得力處。

至静之時，雖無所知所覺之事，而能知能覺者自在，是即純坤不爲無陽之象。星家以五行絶處便是胎元，亦此意。若論復卦，則宜以有所知覺者當之，蓋以涉於事矣。邵子之詩曰：「冬至子之半，天心無改移。一陽初動處，萬物未生時。」夫天心無改移，未發者未嘗發也。一陽初動，乃平旦之好惡。太羹、

❶「黄囊」，《易經》本文爲「黄裳」。

玄酒，淡而和也，未發氣象猶可想見。靜中養出端倪，冷灰中迸出火焰，非坤之靜翕歸藏、役而養之，則不食之果可復種而生哉？知復之由於坤，則知善端之萌，未有不由於靜養也。程子曰：「靜後見萬物皆有春意。」陽明先生之詩曰：「靜後始知群動妄。」

䷀《周易》首乾

乾

周尚文，故其學尚乾。顯見形著，天下文明，健之爲也。乾六畫皆奇，上下皆乾，陽之純，健之至。以言其質則實，以言其體則健。健則不息，實則不貳。以體天地之撰，以通神明之德，以類萬物之情，其惟不貳不息乎？其象爲天，萬物覆焉。故曰「乾以君之」，又曰「戰乎乾」，言萬物之生長、收藏、往來、屈伸之不已，猶兵之進退離合，惟將是命。戰而懼也，故《易》之卦爻，凡言戒懼者必本其體德之健，或不足於健而戒之，故曰：「健而無息之謂乾。」「維天之命，於穆不已」，天之所以爲天也。「於乎不顯，文王之德之純」，蓋曰文王之所以爲文也。「維此文王，小心翼翼，昭事上帝」，是謂乾乾。故希天之學，君子以自强不息。懈怠一生，便是自暴自棄，便是儒者甘爲人下而不辭。物之純陽而至健者莫如龍，乃能飛潛見惕，變化無爲。其次惟仙學亦得此意，故長生久視，沖舉不測。丹經謂：「仙是純陽，一點陰氣著不得。」又云：「純陽，丹也。自强不息，金也。」知此，而後知聖學之本於乾也。

初六，潛龍勿用。

乾爻之初，猶是人生而静的本體。明健靈覺，純一未發，其猶龍乎？養之未充而遽用之，則無以立大本而行達道。故「不動而敬，不言而信」，隱而未見，行而未成，猶龍蟄於地勢重陰之下，所以豫養其飛奮之身，而後其力全、其化神也。精義入神，以致用也；利用安身，以崇德也。「君子之所不可及者，其惟人之所不見乎？」

君子行此四德者，故曰：「乾，元亨利貞。」「大哉乾乎！剛健中正，純粹精也。」

乾是天命之性、三極之道也，故曰「大哉」。剛健者，性之體；中正者，性之德；純者，體之全；粹者，德之備；精則無聲無臭也。非天下之至健，則無以運乎四德；非天下之至精，則無以主乎至健。健言其有，精言其無。太極本無極也。未發之中，其精矣哉！戒慎不覩，恐懼不聞，健之至也。四德備焉，四時行焉，萬物生焉，天何言哉？

先天而天弗違，後天而奉天時。

寂然不動，中涵太虛，先天也。千變萬化皆由此出，可以與天地合德，日月合明，四時合序，鬼神合吉凶，故曰「天弗違」。觸之而動，感而後應，後天也。何思何慮，遂通而順應之，故曰「奉天時」，言一毫人力不與也。「性立天下之有，情效天下之動」，二語可併觀，於此可想見飛龍在天、變化無爲的氣象。

用九，見群龍無首，吉。乾元用九，乃見天則。

九者，陽之變數。龍之靈變在首，無首則妙於無跡。戒慎乎其所不覩，恐懼乎其所不聞，無聲無臭，天之則也。至是，則聖人之神妙亦天也，故因聖學而見天則焉。凡《易》言戒懼、惕厲、乾乾、愬愬之類，皆原卦爻之性體本如此，非無故設此爲性累也。自《易》學不明，而後世之言戒懼者異矣。

亢之爲言也，知進而不知退，知存而不知亡，知得而不知喪。

「亢龍有悔」，其惟箕子、逢、干、夷、齊之儔乎？奴辱、剖心、餓死首陽，與時偕極，亢孰甚焉？而悔隨之，故曰：「知進而不知退，知存而不知亡，知得而不知喪。」聖人不凝滯於物，而能與世推移。屈原不達漁父之諷，而沉江不化，故曰：「知幾，其神乎？」知進退、存亡而不失其正者，其唯聖人乎？

夫乾，天下之至健也，德行恒易以知險；夫坤，天下之至順也，德行恒簡以知阻。

性體自然，得之於天者未嘗雜之以人，天下之至健也。堯舜性之也，垂衣裳而天下治，舞干羽而有苗格，揖遜授受而天與人歸，「恒易以知險」也。復其性之自然，而無所作爲以害之，天下之至順也。湯武反之也，天命未革則爲君臣，當日命絶則爲獨夫。順乎天而應乎人，而一毫意必不與焉，「恒簡以知阻」也。凡《易》言吉凶禍福、變化云爲，皆謂險阻。

夫艮，天下之至静也。德行恒寂以知感，至静無感，性之淵源，無思無爲，感而遂通天下之故，此艮之體德也。知至静、至健、至順爲心之本體，則未發之中、中節之和可以不言而喻。而堯舜之學三代相繼，皆因之而不能變者，天不變，道不變，故學亦不變也。

神農氏没，黄帝、堯、舜氏作。通其變，使民不倦；神而化之，使民宜之。《易》「窮則變，變則通，通則久」，是以「自天祐之，吉無不利」。黄帝、堯、舜垂衣裳而天下治，蓋取諸乾、坤。

大哉，堯之爲君也！巍巍乎！惟天爲大，惟堯則之。蕩蕩乎！民無能名焉。君哉，舜也！夫何爲哉？

恭己正南面而已矣。明於庶物，察於人倫，由仁義行，非行仁義也。巍巍乎！舜、禹之有天下而不與也。禹思天下有溺者，由己溺之也。疏九河，瀹濟漯，而注之海；決汝漢，排淮泗，而注之江。八年於外，三過其門而不入。禹之行水也，行其所無事也，故曰：「所惡於智者，爲其鑿也。如智者若禹之行水也，則無惡於智矣。」

湯執中，立賢無方。十一征，自葛始，東面而征西夷怨，南面而征北狄怨。非富天下也，爲匹夫匹婦復仇也。改過不吝，檢身如不及，懋昭大德，建中於民。

武王不泄邇，不忘遠，纘太王、王季、文王之緒，一戎衣而有天下。身不失天下之顯名，宗廟享之，子孫保之。布昭神武，救民於水火之中。皇建其有極，民協於中。湯武革命，順乎天而應乎人。革之時義大矣哉！

穆穆文王，於緝熙敬止。爲人君，止於仁；爲人臣，止於敬；爲人子，止於孝；爲人父，止於慈；與國人交，止於信。維此文王，小心翼翼。不顯亦臨，無斁亦保，不諫亦式，不聞亦入。雍雍在宮，肅肅在廟。視民如傷，望道而未之見。故曰：「周之德，其可謂至德也已矣！」

周公思兼三王，以施四事。其有不合者，仰而思之，夜以繼日；幸而得之，坐以待旦。公孫碩膚，赤舃几几。兼夷狄，驅猛獸，左右孺子，成文武之德，制禮作樂，教化天下。

仲尼祖述堯舜，憲章文武，上律天時，下襲水土。譬如天地之無不持載，無不覆幬。譬如四時之錯行，如日月之代明。萬物並育而不相害，道並行而不相悖。小德川流，大德敦化，此天地之所以爲大也。

我知言，我善養吾浩然之氣。其爲氣也，至大至剛，以直養而無害，則塞乎天地之間。是集義所生者，非義襲而取之也。必有事焉而勿正，心勿忘、勿助長也。吾爲此懼，閑先聖之道，距詖行，放淫辭，息邪説，以承三聖者。

以上所述八聖一賢之事，其盛德大業，至矣哉！要其所自，雖有性之、反之、見知、聞知之不同，而皆本於未發之中。千聖一心，萬古一道，揆之而其學無不同也。堯、舜垂衣裳而天下治，舜、禹有天下而不與，湯、武之順天應人，文王之緝熙敬止，周公之公孫碩膚，孔子之天地爲大，孟子之善養浩然，設以身處其地，察其心而思其作爲，然後知韓愈所謂「堯以是傳之舜，舜以是傳之禹，禹以是傳之湯，傳之文、武，傳之周公、孔子，傳之孟子。軻之死，不得其傳」者，非誣也。

辯心

孔子曰：「操則存，舍則亡。出入無時，莫知其鄉。」惟心之謂與？

靈明不測，出入之易而保守之難，惟在操之有要耳。程子曰：「惟謹獨便是守之之法。」又曰：「敬以直內，操之之法也。」操猶操兵之操練也，亦在乎熟之而已矣。「出入無時，莫知其鄉」，言其亡也。

大人者，不失其赤子之心。

純一未發，初心也。

孩提之童，無不知愛其親。及其長也，無不知敬其兄。

不慮而知，不學而能，良心也。

今人乍見孺子將入於井，皆有怵惕、惻隱之心，非所以內交於孺子之父母也，非所以要譽於鄉黨朋友也，非惡其身而然也。❶

無所爲而爲，真心也。學者須是識其真心。

一簞食，一豆羹，得之則生，弗得則死，嘑爾而與之，行道❷之人弗受；蹴爾而與之，乞人不屑也。

有所子爲不欲，❸本心也。本心、真心、良心、初心，均之爲道心也。學要識得心體，則用工便有着落。不然，則狂狗逐塊，狻猊咬人，毫釐千里矣。世固有終身弊弊，自謂求心而反害之。乃可使不識一字之凡夫立造神妙者，惟在乎識不識、養之得不得也。陽明先生云：「功夫即是本體，本體亦是功夫。」此語須玩味。

其日夜之所息，平旦之氣，其好惡與人相近也者幾希，則其旦晝之所爲，有梏亡之矣。梏之反覆，則其夜氣不足以存。夜氣不足以存，則其違禽獸不遠矣。

平旦之氣便是未發之中。常存此虛明氣象而不梏亡於旦晝之所爲，便是得其所養也。知夜氣而後知心之本體，知本體而後知養之之法。

---

❶「身」，今本《孟子》作「聲」。

❷底本此後原缺一頁，茲據甲庫本補入。

❸「子」，明刻本《困辯録》卷三作「不」，可從。

養心莫善於寡欲。其爲人也寡欲，雖有不存焉者，寡矣；其爲人也多欲，雖有存焉者，寡矣。

養心莫善於寡欲，寡之又寡，以至於無，無則誠立明通。誠立，聖也；明通，賢也。聖賢非性生，養心焉致之。養心之善，有大焉如此，此當與「聖可學乎」一節同看。所欲不必沉溺，只有所向便是欲，故意必固我、聲息覩聞，欲之大者。誠明二字，便是精一戒懼工夫。寡欲之學，不善體貼，將與「克伐怨欲不行」同病。知意必固我、聲息覩聞爲欲者，而後可以識寡欲之學。

仁，人心也；義，人路也。舍其路而弗由，放其心而不知求，哀哉！人有雞犬放則知求之，有放心而不知求。學問之道無他，求其放心而已矣。

純一未發，仁也；發而中節，義也。發不中節便是曠，亦便是放。求放之道，莫切於致中，故復其心之本體則學問之能事畢矣。「哀哉」二字，是孟子痛心處。人能視其心如雞犬者，亦鮮矣，況心非雞犬比乎？

盡其心者，知其性也，知其性則知天矣。存其心，養其性，所以事天也。殀壽不貳，修身以俟之，所以立命也。

知天、事天、立命，其義微矣，非達乎心之本體與本體之所從來者，不足以語此。故性曰天性，德曰天德，理曰天理。存心養性，而意念纔有所着，便非事天。孟子言盡心、養性，皆有充拓涵養意。只一毫矜持把捉，便是逆天。物所受爲性，天所賦爲命，性命之從來曰天。

耳目之官不思，而蔽於物。物交物，則引之而已矣。心之官則思，思則得之，不思則不得也，此天之所以與我者。先立乎其大者，則其小者弗能奪也，此爲大人而已矣。

不役耳目，百度維貞，便是先立乎其大者。動而不失其本然之則曰立。思則得之，得乎此也。先立乎其大者，是象山平生學問得力處。嘗有譏象山之學者云：「除却先立乎其大者，更無伎倆。」象山曰：「誠然，誠然。」

益動而巽，日進無疆。

巽是順其本體之自然，而動無妄動也。無疆是進而不已之意，故曰：「益，長裕而不設。」設是造作安排。

惟學遜志，務時敏，厥修乃來。允懷于兹，道積于厥躬，念始終典於學，厥德修罔覺。

助則不遜，忘則不敏。勿忘勿助，自然上達，故「德修罔覺」。才覺便是計功謀利意。

「點，爾何如？」鼓瑟希，鏗爾，舍瑟而作，對曰：「異乎三子者之撰。」子曰：「何傷乎？亦各言其志也。」曰：「暮春者，春服既成，冠者五六人，童子六七人，浴乎沂，風乎舞雩，詠而歸。」夫子喟然歎曰：「吾與點也。」

夫子先問求、赤而後及點者，非以點鼓瑟而後之也，正欲進點以造化二三子耳。喟然吾與之歎，一棒而四人疼，其旨微矣。若由、求、公西之志，乃所優爲，只是有所，便屬覩聞。即其所居之位，樂其日用之常，如曾點，則無些子做作安排意。推之於禮樂富疆，無往而不得其常。白沙先生云：「舞雩三三兩兩，正在勿忘勿助之間。」此語當玩味。

君子深造之以道，欲其自得之也。自得之，則居之安。居之安，則資之深。資之深，則取之左右逢其原。故君子欲其自得之也。

自得者，得其本體而自慊也。居安資深，左右逢原，渾是自得處。工夫不合本體，非助則忘，忘、助皆非道。必有事焉而勿正，勿忘、勿助長，成章而達以道之謂也。

必有事焉而勿正，心勿忘、勿助長也。無若宋人然。宋人有閔其苗之不長而揠之者，芒芒然歸，謂其人曰：「今日病矣，予助苗長矣。」其子趨而往視之，苗則槁矣。天下之不助苗長者寡矣。以爲無益而舍之者，不耘苗者也；助之長者，揠苗者也。

義襲是養之不豫，而思議竊取於事爲之間，猶兵家掩不備而取勝於一時者之所爲。告子渾是助的病。宋人之喻，孟子却於助處立方。今之學者，其最高亦只是助，下助一等則爲襲。襲與助皆失其本體而反害之者也。集猶斂集也，退藏於密以敦萬化之原，由是感而遂通，沛然莫之能禦，猶草木之有生意也，故曰：「生則惡可已矣。」襲而取之者，義自外至也；集義所生者，義由中出也。自三代而下，渾是一個助的學問，故曰：「天下之不助苗長者，寡矣。」與其得助農，不若得惰農。惰則苗不長而生意猶存，若助則機心生而道心亡矣。告子「不得於言，勿求於心」，恐言之動乎心也；「不得於心，勿求於氣」，恐心之動於氣也。只「勿求」二字，渾是助意。知言養氣，是告子對症的藥。蓋知言則無不得於言，養氣則無不得於心，其所以不動者乃充養積盛、集義自然之效，略無一毫把捉的意。告子亦煞有見，却是從葱嶺帶來。他看得本體上一塵加不得，即雖仁義亦謂非性所有，故不得則勿求，以求之則爲本體累也。註云「冥然無覺，悍然不顧」，是謾駡語。

《詩》云：「鳶飛戾天，魚躍於淵。」言其上下察也。

鳶飛魚躍，渾是率性，全無一毫意必。程子謂「活潑潑地」，與「必有事焉而勿正，心勿忘」同意。自「益動而巽」至此，是言用功的節度。蓋後世學術不明，不是錯認心，便是錯用工，故以學術誤天下後世者不少。未發之中是堯舜相傳正法眼藏、真正脉絡，於此處體認得分曉，則一棒一條痕，一摑一掌血。情命於性，性命於天，丹府一粒，遍地黄金。程伊川嘗愛杜元凱語云：「優而柔之，厭而飫之，如江河之浸、膏澤之潤，涣然冰釋，怡然理順。」道經亦云：「忘無所忘，得無所得，心如太空，内外貞白。」皆理到之言也。

顔氏之子，其殆庶幾乎？有不善未嘗不知，知之未嘗復行。《易》曰：「不遠復，無祇悔，元吉。」

此顔子復後事，稱之以見其復也。常復，故能常知不善，故能知之不復行。才離本體，便是遠復。「不遠」云者，猶云不離乎此也。其曰「不善」，恐於本體猶有未融化處，而不免有矜持意。知之非難，不行惟難，少有凝滯而融化不速，便已屬行。未嘗不知，明鏡纖塵；未嘗復行，洪爐點雪，至明至健也。知微知顯，可與幾也，何悔之有？「殆庶」則幾於化矣。顔子之「得一善」與「有不善」好並看，善不善之間不易形容，惟於未發之中心體而力行者可以意會。

顔子喟然歎曰：「仰之彌高，鑽之彌堅，瞻之在前，忽然在後。夫子循循然善誘人，博我以文，約我以禮，欲罷不能。既竭吾才，如有所立卓爾，雖欲從之，末由也已。」

顔子學問，不落聞見多學的窠臼，其初便從本體上老實鑽求，而不知本體即物理也。夫子恐其墮於意見之渺茫，故誘之以博、約之學，如非禮勿視、聽、言、動之類。蓋心體事而無不在，故凡本體散殊、粲然有跡曰文；萬理同出一原，故凡本體純密、秩然有理曰禮；隨時隨處，無往而不學，而要只求復其本體曰約。約而博，則本體隨在有見，故卓爾，不復如向焉之高堅前後也；博而約，則不覩不聞，本體寂然無所見，而從之末由，亦無庸於仰鑽瞻忽也。此顔子竭才之學、殆庶之造，發聖人之藴，教萬世無窮，而精一之傳於是乎有屬也。「雖欲從之，末由也已」，是顔子悟得仰鑽瞻忽差處。「到此地位，功夫猶難，又大段着力不得」，恐未然。

顔子不遷怒，不貳過，其心三月不違仁。其餘，則日月至焉而已矣。

不遷怒者，不爲怒所遷，常止也；不貳過者，不爲過所貳，常一也。常止常一，久而不變，三月不違也，故曰「拳拳服膺而弗失之」也，渾是未發氣象，和風慶雲，至今可想。「日月至焉」者，屢失而屢復也，故曰「頻復之厲」。陽明先生云：「不遷、不貳，須是知他有未發之中始能。」

回也，其庶乎？屢空。以能問於不能，以多問於寡，有若無，實若虛，犯而不校，昔者吾友嘗從事於斯矣。

能不能、有無、多寡之類，蓋自曾子言之有如此，而顔子則一無所見。顔子渾是虛體，能若不能，多若寡，實若虛，犯而不校，屢空之象。由太虛而後有天之名，沖漠無朕，而萬象森然以具，顔子之所以殆庶也。

賢哉，回也！一簞食，一瓢飲，在陋巷，人不堪其憂，回也不改其樂。賢哉，回也！

富貴，可愛可求也。顔子不愛不求而樂乎彼者，獨何心哉？蓋天地間有至貴至富、可愛可求者，見其大而忘其小焉耳。見其大則心泰，心泰則無不足，無不足則富貴貧賤處之一，故能不改其樂。見其大，便是「先立乎其大者，則其小者弗能奪也」，故曰「登泰山而小天下」。

顔淵問仁。子曰：「克己復禮爲仁。一日克己復禮，天下歸仁焉。爲仁由己，而由仁乎哉？」❶顔淵曰：「請問其目。」子曰：「非禮勿視，非禮勿聽，非禮勿言，非禮勿動。」顔淵曰：「回雖不敏，請事斯語矣。」

仁者，人之生理也。具此生理，而後萬事萬物之節皆本於此，故曰禮。禮者，體也。克去己私以復其本體，本體復則三千、三百。仁體事而無不在也，故曰「天下歸仁」。非禮勿視、聽、言、動，博而約也。視、聽、言、動莫非吾心本體自然之用，便是中節之和，便是天下歸仁。少有一毫意、必，便是非禮。是惟顔子之至明至健，而後能請事斯語，即佛學之頓教、頓悟也。復禮、集義好並看。發而中節曰禮，物各得宜曰義。禮、義若在外也，義而外曰襲，禮而外曰聲音笑貌。克己復禮，精義入神，方是成性存存，禮義之門。復、集之旨，微矣哉！

仲弓問仁。子曰：「出門如見大賓，使民如承大祭。己所不欲，勿施於人。在邦無怨，在家無怨。」仲弓曰：「雍雖不敏，請事斯語矣。」

仲弓病痛在簡，簡則徑情，故不敬；簡則厭物，故不恕。不敬、不恕故多怨，夫子因其病而藥之。簡是仲弓氣質的病，即己也，敬恕是狂簡對症之藥。顔子氣質純粹，絶無形顯之病，但令克己復禮，於元氣

---

❶「由仁」，今本《論語》皆作「由人」。

上調攝耳。如樊遲之麄鄙近利、司馬牛之多言而躁，問仁雖同，而概以告顏、閔者告之，非惟無益於病，而反因藥發病也。聖人之教，猶天之生物，因材而篤，不强人以難也。

子路問君子。子曰：「修己以敬。」曰：「如斯而已乎？」曰：「修己以安人。」曰：「如斯而已乎？」曰：「修己以安百姓。修己以安百姓，堯舜其猶病諸？」

敬者，心之生道，德之聚也。夔夔齊慄，是修己以敬；瞽瞍允若，象蒸蒸乂，❶是修己以安人；瞽瞍底豫而天下化，瞽瞍底豫而天下之爲父子者定，是修己以安百姓也。五十而慕，兢兢業業，堯舜猶病也，故曰：「堯舜以上善無盡，桀紂以下惡無盡。」敬是性體之良能，徹上徹下之道。或謂《論語》多言敬而罕言静，不知敬是静的根，静而不敬則有之，未有敬而不静者也。敬而不静，是失之矜持把捉，非敬之本體。持敬有生、熟之異，生則難，熟則易。

故君子尊德性而道問學，致廣大而盡精微，極高明而道中庸，温故而知新，敦厚以崇禮。

尊德性而不知道問學，是無學也；道問學而能以德性爲主，是聖學也。廣大也，精微也，高明也，中庸也，故也，新也，厚也，禮也，德性之名目也；致也，盡也，極也，道也，温也，知也，敦也，崇也，問學之名目也。自德性之無所不包、無所不備者而言曰廣大，自德性之潛密滋貫、無微不入者而言曰精微，自其不屈於物欲而無所汙雜者而言曰高明，自其不涉於詭異而爲衆人所同得者而言曰中庸，自良知、良能

❶「蒸蒸乂」，今本《尚書・堯典》作「烝烝乂」。

得於有生之初者而言曰故，自知能之形著、日長裕者而言曰新，自生理之惻怛、肫肫其仁者而言曰厚，自生理之等殺、品節不差者而言曰禮。至德，天德，即德性也；至道，聖人之道也。凝道本於修德，故此節備言修德之事，而洋洋優優、峻極發育、三千三百胥此焉出，故曰：「苟非至德，至道不凝焉。」務修道而不知原於修德者，未有不流於助、流於襲、流於伯也，故曰「知德者鮮」。

易則易知，簡則易從。易知則有親，易從則有功。有親則可久，有功則可大。可久則賢人之德，可大則賢人之業。易簡而天下之理得矣。天下之理得，而成位乎其中矣。

廓然太公故易，一人之心，千萬人之心也；物來順應故簡，一人之情，千萬人之情也。蘊之爲德行，行之爲事業，可久可大，參天兩地，而成位乎其中矣。易簡，天地之德也，人得之爲懿德，故曰大本、達道也。

辯　素

君子素其位而行，不願乎其外。素富貴，行乎富貴；素貧賤，行乎貧賤；素夷狄，行乎夷狄；素患難，行乎患難。君子無入而不自得焉。在上位不陵下，在下位不援上，正己而不求於人，則無怨。上不怨天，下不尤人，故君子居易以俟命，小人行險以徼幸。子曰：「射有似乎君子，失諸正鵠，反求諸其身。」

素者，本吾性所固有而豫養於己者也。位之所值，雖有富貴、貧賤、夷狄、患難之不同，然不以富貴處富貴，而素乎富貴；不以貧賤處貧賤，而素乎貧賤。大行不加，窮居不損，而富貴、貧賤、夷狄、患難處之一，一則無入而不自得。得者，得其素也。正己、居易，皆反求諸身之素；不怨、不尤，非有所强也。《易》曰：「素履之往，獨行願也。」故不願乎外，願外便有不得，怨尤之念興而徼幸之事作矣。大意全在「素」字上。素即「温故」之「故」、「豫立」之「豫」、「先天」之「先」、「前定」之「前」。故養之有素者，隨其所值，坦然由之而無疑，卒然臨之而不驚，無故加之而不懼。佛書云：「悟人在處一般。」又云：「隨所住處常安樂。」悟即素也，悟則智慧廣大，不落輪迴，即登彼岸。佛氏以喜、怒、哀、懼、愛、惡、欲、富貴、貧賤、夷狄、死生、患難爲輪迴，亦謂衆生，亦謂煩惱。普度衆生，不落輪迴，斷除煩惱，便是自得，自得即彼岸也。佛氏所占地位儘高，豈經生容易闖得？但渠所謂高者，吾儒亦自有得在。以下所敘困、蹇凡九卦，皆言反身修德之事，所以辯素也。傳曰：困之進人，可以辯德，可以速感。

困，亨，貞，大人吉。有言不信。

卦以柔掩剛爲困，蓋坎剛爲兑柔所掩。九二爲二陰所掩，四、五爲上六所掩。掩有淩駕、屏伏，俾不通、寔不能容，媢嫉以惡之、朋黨而危之之意。然二、五以剛居中，爲成卦之主。剛中，天德也。天德充溢於內，而道義有諸己，故能不怨不尤，無入而不自得，身可危而志不可奪也。然人謀之未盡，豈可一委之命與時哉？故凡義之所當爲者，爲之而不失乎天理之正，於時不忤，於己不失，趨之而非諂，避之而非畏，自牖而非行險，於巷而非爲邪，斯則大人善處困窮之道也。若徒以口舌争，則益其困矣。致命遂志，志亦素也，故曰「素志」，遂則伸其志也。無求生以害仁，有殺身以成仁，此便是遂志，亦便是困而亨處。大抵陰得時位，陽剛必爲所困。蓋坎以一陽陷於二陰之間，來之坎坎，進退維谷，故以陷名。而爲屯，爲蹇，爲需，爲訟，爲未濟，一皆取義於坎，聖人憂世之志可見矣。

山上有水，蹇。君子以反身修德。

言天下之險阻，莫山與水若也。故山上有水，蹇而又蹇，難也。君子所以解其難者，亦惟反諸己而已矣。愛人不親，反其仁；治人不治，反其智；禮人不答，反其敬。反其仁，則愛無不周；反其禮，則敬無不至；反其智，則知無不明、處無不當，所以化暴慢爲恭遜，轉横逆爲祥順。易以知險，簡以知阻，而天下之難解矣。難莫切於内困，觀瞽瞍與象之化，則解難本於修德，可徵也。

履，德之基也。履和而至，履以和行。

履以和説躡於剛强之後，於處憂患爲尤切，故九卦先之。蓋素履之往，利用安身以崇德也，故曰「德之基」。基所以立，履之所以爲履也。履非强世，緣人情，辯上下，定民志。天地非禮不位，萬物非禮不育，故曰「和而至」。

謙，德之柄也。謙尊而光，謙以制禮。

裒多益寡，稱物平施，德言盛，禮言恭，有而不居，素履之往，故曰「德之柄」。柄者，秉也。山在地中，以卑藴高，謙之象也，故卑而不可踰，晦而不可掩。謙以制禮，尊而光也。制有化裁、通變之意。

復，德之本也。復小而辯於物，復以自知。

已放之心，約之而爲主於内。天理一念，發動於潛伏隱微之地，蓋有他人所不及知而己獨知之。美大聖神，皆由此出，故於德爲本。復以一陽動於群陰之下，天地之心可見，萬物之始與生皆資之。一念之微，炯然在中，百體從令，小而辯也。本有真固之義，而後履與謙非色莊也。

恒，德之固也。恒雜而不厭，恒以一德。

守之不固，則不免於頻復之厲。惟久於其道、立不易方者，雖死生患難、困窮拂鬱紛然雜至，而在我者率其素履，自得而不厭。恒，剛上而柔下，雷風相與，動而巽，天地之常性，亦天地之大義也，故有恒而後可以言固。性曰恒，性德曰恒德，心曰恒心，行曰恒行。不恒而可與久處約、長處樂者鮮矣。恒之時義大矣哉！

損，德之修也。損先難而後易，損以遠害。

德之不修，欲與忿爲之也。蓋一朝之忿亡身及親，一念之欲喪心禍己，故修德者尚乎損。損之卦，變自乾坤而來者。損兑澤之深，益艮山之高；損下卦上畫之陽，益上卦上畫之陰，皆有損彼益此、損欲以崇禮之義。蓋上下者，理欲之幾也。損之又損，以至於無，則德修罔覺。蓋人情易發而難制者莫如忿，易溺而難勝者莫如欲。懲忿如山，制而伏之，使不得逞；窒欲如澤，遏而絶之，使不得流。非勇於克己、强於自勝者不能，故難；習之熟而久則安，故易。修有克治之義。害即亡身及親、喪心禍己之謂也。

益，德之裕也。益長裕而不設，益以興利。

「益動而巽，日進無疆。」蓋動而順乎本體之自然，而無所作爲以害之，其進自不能已。蓋得其所養，無物不長，利之大者也，故曰裕。裕有充養之義。益之爲卦，下震上巽，陽動陰伏，有人欲日消、天理日長之幾。又風雷有相益之勢，如遷善則過益寡，改過則善益純，亦理勢之相資者，故曰「益長裕而不設」。

設是施設、造作也。

困，德之辯也。困窮而通，困以寡怨。

大意見前。辯有自考之意。若尤未免於怨悔，則本有未固，而所謂修與裕者猶有所未至也。

井，德之地也。井居其所而不遷，井以辯義。

物之居其所而不遷者，惟山與井爲然。故邑可改而井不可改，而往者、來者皆井其井。又以巽木入乎坎水之下，而上出其水，井養而不窮也。止於至善，寂然不動，千變萬化皆由此出。蓋居安資深，取之左右逢其原也。地有貞静之義，辯有泛應曲當之意。

巽，德之制也。巽稱而隱，巽以行權。

和順於道德而理於義曰巽。巽則化裁通變，感而遂通天下之故，而不見其迹。巽以一陰伏於二陽之下，有深入之義。又巽爲風，善入物者莫若風，渢渢溶溶，被物而物不自知，故曰制、曰隱、曰權。井是天下之大本，巽是天下之達道。曰基，曰本，曰固，井之未備者；曰柄，曰修，曰裕，曰辯，巽之未至者。動心忍性，增益其所不能，惟憂患爲然。是故君子以憂患爲逆者，以生全之所由出也。

震，亨，震來虩虩，笑言啞啞。震驚百里，不喪匕鬯。

震以一陽動於二陰之下，有雷出地奮之義。其於人也，戒謹恐懼於隱微之中，終日乾乾，震於其躬，所以遏人欲於將萌，存天理於既滅。内省不疚，無惡於志，維心亨也。即雖變故、禍患出於不測，如震雷虩虩，遠邇驚懼，君子處之裕如，而不失其所主之常。蓋身可危而志不可奪，不失其所主便是福。震爲長子。匕鬯，主祭者執以降神之重器。危懼故得平安，生全出於憂患，亦亨義也。《易》以道義配禍福，故凡言吉凶悔吝，皆主理欲存亡、淑慝消長處爲言，世之所云禍福亦不外是。戰戰兢兢、臨深履薄，曾子之震也。震莫大於死生之際，起而易簀，曰：「吾得正而斃焉。而今而後，吾知免夫！」可謂不失其所主之常。大《象》亦以恐懼修省爲君子之震，故卦名震者，只主學問言，卦、爻詞便兼禍患言。

《易》之爲書也不可遠，其爲道也屢遷，變動不居，周流六虛，上下無恒，剛柔相易，不可爲典要，唯變所適。其出入以度，内外使知懼。雖無師保，如臨父母。苟非其人，道不虛行。

屢遷者，何也？在天爲太虛，在地爲至静，在人爲未發，天地人之至理也，故曰「周流六虛」。然不可以見聞思慮求，故曰：「不可爲典要，唯變所適。」莫不各有當然之則，率性之道也。順之則吉，逆之則凶，使知懼也。以動者尚其變，以言者尚其辭，以制器者尚其象，以卜筮者尚其占，神而明之，存乎其人。辭也，占也，變也，象也，皆變之所適、性體之感也。人情之所敬懼者，父母之外，惟師保耳。不曰「六位」而曰「六虛」，虛字當玩味。虛是性之體，爻之所以效也，惟虛故能遷。井居其所而能遷，虛故也。不食之井曰泥，泥則不虛。敬是致虛之道，戒慎不覩，恐懼不聞，心游太虛也。

故天將降大任於是人也，必先苦其心志，勞其筋骨，餓其體膚，空乏其身，行拂亂其所爲，所以動心忍性，曾益其所不能。

勞苦、饑餓、困窮、拂亂是煆煉人的一個大爐錘，承受得這個大爐錘煆煉過者，金是真金，人是真人，雖僊佛亦要從此關過。故天將使斯人之大有所成也，必先勞苦、困餓、拂亂、動忍以助其成；而人之將有志於大成也，亦必先勞苦、困餓、拂亂、動忍以自考其成。順適宴安而能有成者，鮮矣。若舜之爲法於天下、可傳於後世者，始可以言大成也。程子曰：「困窮拂鬱，所以堅人之志、熟人之仁。」又曰：「若要熟也，須從這裏過。」動心而至於無所動，忍性而至於不待忍，始是增益其能，無入而不自得。張子曰：「貧賤憂戚，庸玉汝於成。」切磋琢磨，治玉之功。操心鍊性，操、鍊二字要體識。陽明先生云：「吟風弄月的受用，却要擔枷抱鎖的工夫。」身有之，故言之親切而有味。只「宴安」二字，斷送了古今無限豪傑。

人恒過，然後能改。困於心，衡於慮，而後作；徵於色，發於聲，而後喻。

求諸心而不得，故困；研諸慮而不達，故衡；不安於困與衡，故作。作是性體之健。勇不足以起懦，强不足以勝私，奮不足以鼓氣，皆不足以言作也。「豪傑之士，雖無文王猶興。」興即作也，故德曰作德，聖曰作聖。作之不已，乃成君子。作之時義大矣哉！而世之作者寥寥，何也？豈求諸心而無不得，研諸慮而無不達，而顧無待於作者耶？抑嘗求心、研慮，亦有所謂困、衡，乃狃於昏弱，欲作而不能耶？抑冥然、悍然，不知求與研，故亦不知困與衡，而無所用其作耶？詩曰：「遐不作人。」是在作人者思所以作之。

子曰：「吾未見剛者。」或對曰：「申棖。」子曰：「棖也慾，焉得剛？」

剛，天德也，渾是天德流行，而一毫人欲之私著不得。如顔子之不遷不貳、三月不違，其於剛爲殆庶也，故曰：「克己復禮，乾道也。」顔淵死而「吾未見剛」之歎作，夫子之所以慟也。若由之行行，棖之悻悻，特其氣質有類於剛，謂不屈於慾乎？剛與慾正相反。自弘毅之學不明，浩然之氣未養，而以悻悻之根爲剛，以氣焰可畏之衍，儀爲大丈夫，又何怪哉？　孟子曰：「是妾婦之道也。」一語而萬鈞者也。不屈於慾之謂剛，不屈於慾之謂作。作非剛不能，剛而後能作也。「堅强不屈」四字，恐於剛義未盡。

泰伯，其可謂至德也已矣！　三以天下讓，民無得而稱焉。

三讓，何也？　泰伯之德，足以朝諸侯、有天下。當商周之際，商道寖衰，周德日新，人心之向背、天命之去留已可概見。泰伯，周太王之長子，其統緒又在我。是三者皆足以有天下，乃棄不取，逃之荆蠻，示不反也；斷文自廢，示不用也。而人莫知其爲何，其心隱，其跡泯然，無得而稱，故曰至德，是謂三以天下讓也。太伯荆蠻之逃，疑在太王既没之後，蓋有以見夫周之必興、商之必亡而已適當其難。采藥荆蠻，蓋有所託而反逃焉者也。夫利莫大於得天下，害莫甚於忘其家。棄莫大之利而不取，而以身當忘家之害而不辭，惟欲求乎此心之安以不失乎天理之常，微太、文，則萬世君臣之防裂矣！　即如《集註》所引《史記》諸説，則周室畜不臣之心已四世，非古今一大冤事耶？　其曰肇基王迹，曰其勤王家，蓋追原其積功累仁而餘慶之來遠矣，以見興王之道非一朝一夕之故。而乃據以爲剪商之志始於太王，而以泰伯荆蠻之逃，若欲潔己以遂太王傳季歷以及昌之私，則於君臣、父子之間不順莫大，而可稱爲至德耶？　夫子以至德稱泰伯，稱文王，而謂武王未盡善，其旨微矣！　文王三分天下有其二，據人心向背之分數言耳。乃曰荆、梁、雍、豫、徐、揚歸周，惟青、兖、冀屬紂，豈有紂爲天子，坐視民之叛己，文王亦坐受民之歸己，而率叛以事紂？　倶於理勢爲太逆。以服事殷，蓋誠服而事之，略無一毫忿怨的念，渾是未發氣象，故曰「文王之所以爲文也」。

辯過

憂悔吝者，存乎介；震無咎，存乎悔。

介、悔是性體之良知、良能。悔吝者，人心順逆之機，而介則審於決擇、不疑於所行之謂。於此而憂之，則辯之早，力之易，莫顯乎微也。咎者，人心念慮之失，而悔則得之省悟而不迷於所向之謂。於此而震之，則知之至、行之力，不遠之復也。憂則慮其悔之不早，而或承之羞；震則懼其改之不速，而或沮於難。故曰：「悔吝者，憂虞之象也」；「無咎者，善補過者也」。凡卦爻之義，介、悔是本體，憂、震是工夫。本體之明則有未嘗息，而能惕然憂、奮然震者，鮮矣。憂、震即困、衡之作。

已矣乎！吾未見能見其過而內自訟者也。過則勿憚改。小人之過也，必文。丘也幸，苟有過，人必知之。加我數年，五十以學《易》，可以無大過矣。

過者，人心所必不免，或生於氣稟，或生於習俗，或生於聞見，或生於時位，或生於天理，或生於念慮。凡非本心有意爲之而有所不能免者，皆曰過。故《易》之卦爻言補過者十六，亦本其體德、時位言之。故無過，聖人有所不能；改過，愚人有所不知；見過，賢人有所未精。聖人以未發之中爲天則，權度精切而纖毫莫遁。蓋察之精，則見過益多，而改圖益切。學《易》可以無大過者，以《易》善補過，而趨時之變又改過之妙用也。自訟是心口自相攻詰，纖毫隱瞞不得，必如此而後可以言悔、言震、言不遠之復。纔覺無過，便是包藏禍心。故時時見過，時時改過，便是江漢以濯、秋陽以暴。孔子只要改過；鄉原只要無過，便有許多包藏掩覆得在，至於非之無舉、刺之無刺，便非直心，便是德之賊。禪偈云：「常自見己過，與道即相當。」孔子平生所友惟蘧伯玉，伯玉之賢只是「欲寡其過而未能」，使者深知主人之心，故夫子賢之。

恥之於人大矣！不恥不若人，何若人有？

羞惡之心人皆有之，故恥之一念，是起死回生的丹頭，無恥是無生理。故孟子往往拈出點化人，蓋欲迎其機而達之，如曰：「無羞惡之心，非人也。」「如恥之，莫若師文王。」「人役而恥爲役，猶弓人而恥爲弓，矢人而恥爲矢。」至此又曰：「恥之於人大矣！不恥不若人，何若人有？」《中庸》亦曰：「知恥近乎勇。」而周子亦云：「人不幸，不聞過；大不幸，無恥。」爲機械變詐之巧者，蓋其機心滑熟，久而安之。其始也，生於一念之無恥；其安也，習而熟之，充然無復廉恥之色，卒歸於小人之無忌憚，放僻邪侈無所不爲，無所用其恥也。

人皆有所不忍，達之於其所忍，仁也；人皆有所不爲，達之於其所爲，義也。人能充無欲害人之心，而仁不可勝用也；人能充無穿窬之心，而義不可勝用也；人能充無受爾汝之實，無所往而不爲義也。士未可以言而言，是以言餂之也；可以言而不言，是以不言餂之也，是皆穿窬之類也。

不爲、不忍，渾是惻隱羞惡的本心。充滿得這個本心體量無所虧蔽，則仁義不可勝用。達是克己工夫，不以一毫意欲自蔽，以直養而塞乎天地者，方可以語達，故曰「君子上達」。而足此通彼，推此及彼，皆非所以言達也。夫以言、不言餂人者，穿窬也；非其有而取之者，盜也；夜氣梏亡於旦晝之所爲者，禽獸也。嚮受爾汝之稱而不安，今爲禽獸、盜賊而安之，不達故也。夫禽獸、盜賊推而加諸小人，未有不艴然怒，今乃顯然加之士人而不諱，此是孟子麄拳大踢打斷人、置之死地而後生的案例。

子路，人告之以有過則喜。禹聞善言則拜。大舜有大焉，善與人同，舍己從人，樂取於人以爲善。自耕稼陶漁以至爲帝，無非取於人者。取諸人以爲善，是與人爲善者也，故君子莫大乎與人爲善。

大舜渾是一個虛體，無人無我，無微而不入。在人者有以裕於己，在己者有以及於人，同歸於善，而不知誰之所使，此其所以大於禹與子路也。「子路，人告之以有過則喜」，其所不告者，有遺過也；禹聞善言則拜，其所不聞者，有遺善也。舜則無時無處無不取、無不與，耕稼陶漁、鹿豕木石皆吾麗澤之益，公於己者公於人，天下無遺善也。虛是化之體，未發氣象可想見。

修身以道，修道以仁。仁也者，人也。合而言之，道也。

仁是生理，不仁便是死漢。蓋天地以生物爲心，人得之而爲人之心，生生不已，故感於父子則爲慈孝，感於昆弟則爲友恭。孩提之童，無不知愛其親，及其長也，無不知敬其兄。由仁義行，非行仁義，必如是而後可以言修道之仁。故凡修道，一涉於營欲謀慮而不出於生生自然之機者，皆不可以言仁。不可以言仁，則襲也。襲而取之，則身與道二，不可以言合也。故曰：「夫焉有所倚？肫肫其仁。」又曰：「苟非至德，至道不凝焉。」至德，仁也；凝，聚也，有左右逢其原之意。夫子一個修齊治平的全具家當付之哀公，「吾其爲東周」，其在兹乎？

天下之達道五，所以行之者三，曰：君臣也、父子也、夫婦也、昆弟也、朋友之交也五者，天下之達道也；知、仁、勇三者，天下之達德也，所以行之者一也。

道不足以盡天下之人、足以盡天下之人而人有一之不與知與能者，不可謂爲達道；德不足以體道、足以體道而人有一之弗具弗同者，不可謂爲達德。一則無二無雜，純一未發即仁也。故純心事父，便是止於孝。其事之之道，昭察而不昧處是智，愛敬懇到處是仁，心之所能爲而爲之竭其力處是勇。世有純心事父而知之有不明乎？愛之、敬之有不至乎？心力之所能爲者，爲之有不盡乎？於此可以悟修德凝道、修道以仁之旨，而身無不修也。「修道以仁」之「仁」，是指全體言；「知、仁、勇」之「仁」，是指一節言。一是道德歸宿處，即禮也、約也；三、五是道德散殊處，即文也、博也。理一而分殊也。故我之所事者爲君，而凡事於我者皆臣也；生我者爲父，我生者爲子。凡伯叔父、從伯叔父及族之伯叔父，兄弟之子及族之子，皆父子也。同氣而先我者爲兄，後我者爲弟。凡家庭之先、後乎我，宗族鄉黨之先、後乎我，家國天下之先、後乎我，皆兄弟也。合志而同道曰朋友。凡群而居、比而相出入、邂逅而相因依而爲斯人之徒者，皆友也。故凡男正位乎外，女正位乎内，授受不相親，言語不相聞，所以別嫌明微者，皆自吾夫婦之別而推之。所惡於上，毋以使下；所惡於下，毋以事上，則自吾君臣之義而推之。三出以事其長上，出則事乎公卿，敬而無失，恭而有禮，則自吾兄弟之友而推之。與國人交，止於信；三人行，必有我師；自耕稼陶漁，無非取諸人，則自吾朋友之信而推之也。敬、仁、慈、孝、友、恭、信、別，隨事異名而別其所施者，皆主於吾心之一、理之一也。其爲君臣，爲父子，爲兄弟，爲朋友，爲夫婦，類娶群分，❶隨在而異其等者，分之殊也。親一也，在父母則如此，在叔伯則如彼，在從伯叔父又如彼，以至老吾老以及人之老、幼吾幼以及人之幼者，分之殊也。義一也，而手足、腹心、國人、草芥、寇讎之不同。信一也，或師、或友、或附疏奔走之不同。知其分之殊而不知其理之一，楊子之爲我，疑於義，則無以類天下之族而裂夫道也，不可以言達也；知其理之一而不知其分之殊，墨子之兼愛，疑於仁，則無以辯天下之物而賊夫德也，不可以言達也。故曰「親親之殺，尊賢之等」，皆天理也，故當知天。

凡事豫則立，不豫則廢。言前定則不跲，事前定則不困，行前定則不疚，道前定則不窮。

養於未發之謂豫，豫即前定之學也。言之而不可行曰跲；内省而惡於志曰疚；行有不慊於心曰困，如「身不行道，不行於妻子」之類；取之而不逢其原曰窮，如「其涸也，可立而待」之類。溥博如天，淵泉如淵，言而民莫不信，行而民莫不説，豫故也。張子曰：「事豫吾内，求利吾外。」語有味。「前定」二字煞有力，蓋自學問主宰一定而不移者而言曰前定。

博學之，審問之，慎思之，明辯之，篤行之。

道也者，不可須臾離也，無物不有，無時不然。博學則無時無處而不學也，學而行有不得於心、事有不安於身者，不能無疑，而有待於問。問而曰審，必反求諸心而無不得，施諸身而無不安，然猶不苟於從也，必假於思。思而曰慎，極深研幾，夜以繼日，惟恐於本體毫髮有未慊、自以爲是而反害乎道也。思

---

❶ 「娶」，康熙本作「聚」，可從。

而得之，然猶不敢自是也，朋友講習而明辯之。辯而曰明，必坦然由之而無疑，在人者有以裕於己，在己者有以反於人，於是乎篤而行之。篤者，不已之意，知至至之，知終終之，必止於是而不遷也。博學、慎思、篤行，不苟於自是；審問、明辯，不苟於從人。擇之審而守之固，誠之之道當如是也。學問無疑，只是不行。惟躬行而後疑生，疑生而後審問、慎思、明辯有所施，問、辯、慎思有所施而後學進，故不疑則不進。

《詩》云：「戰戰兢兢，如臨深淵，如履薄冰。」而今而後，吾知免夫，小子！

冰淵戰兢之念，是曾子弘毅一段本領工夫。全而歸之，非專自其手足言。

毋不敬，儼若思，安定辭，安民哉！

「儼若思」，靜而敬也；「安定辭」，動而敬也；「安民哉」，修己以安人也。

君子莊敬日强，安肆日偷。君子不以一日使其身傀焉，如不終日。

自勝故曰日强，自棄故曰日偷。日强則陽明勝，德性用；日偷則陰濁勝，私欲行。强與偷爲對壘之敵，故道心與偷心有主盜之分。敬是聖學始終之要，未有作聖而不由於敬者。故《易》《詩》《書》《禮》《樂》所載，曰乾乾，曰愬愬，曰惕厲，曰恐懼，曰欽明、允恭，曰抑畏，曰祗肅，曰齊慄，曰寅恭，曰敬止，不一而足。而《中庸》首章揭「戒懼」爲要領，末復引《詩》，拳拳而咏歎之，蓋必如此而後可以作本體之健，本體明健而後可以言復。而世之學者樂放肆而惡拘檢，喜頓悟而鄙積漸，至有倡言戒謹、恐懼爲不見本體之學，引禪家指授，謂「只論見性，不論禪定解脱」，而以戒懼爲禪定解脱第二義，自誤可也，以之誤人可乎？達磨是東來衣法第一祖，惠能亦五祖頓悟高第，面壁斷臂，腰石打碓，而弘忍有「爲法亡身」之喻，其煞喫辛苦，比之戒懼又增數倍。蓋戒、定、慧是禪家三字經，乃不以其求悟之功爲則，而以悟後之言爲定本，適中其欲速畏難之心。癡人前不可説夢，信哉！又聞詆《玉藻》「九容」爲俗學頭巾氣象，蓋以直不直、端不端當隨其本體自然可也，而不知端、直爲本體自然之符。蓋未有外齋莊而心不存、外箕踞而心不放者，亦未有心存而不莊敬、心放而不箕踞者。今世學者，既無灑掃、應對、進退之節，禮、樂、射、御、書、數之文，習之於童丱，以磨煉消融其驕悍飛揚之氣，獨有持敬一段工夫，猶可以矯輕警惰、鎮浮黜躁，庶幾復見天地之心。今乃舉内外夾持、聖賢相傳家法一切破壞，而以任情恣意爲自得，其不流而爲莊周之放誕、下禪之委弛不已也，可勝惜哉！大抵後世之士，各隨其氣質之性所便者以爲學，既各隨其性之所便，才説持敬便自不安。敬則些子氣質著不得，若欲變化氣質，闕却莊敬持養一段工夫，更無入手處。張子曰：「爲學大益，在自求變化氣質。不爾，皆爲人之弊，卒無所發明，不得見聖人之奥。」愚必，❶柔必强，變化氣質之學，本於人一己百、人十己千困勉之功而後能。乃遽以自得脱灑爲詞，其誤人不淺也。

---

❶「愚必」下，康熙本有「明」字，可從。

辯　仁

君子務本，本立而道生。孝弟也者，其爲仁之本與？堯舜之道，孝弟而已矣。孝弟是初心萌芽至真切處，孩提不待學習而自知自能者。人能充養得這箇真念不息，則氤氲化醇，資生資始，萬物育焉，故曰「爲仁之本」。堯舜之道，廣矣大矣，亦只是充養得這個念頭徹天徹地，至於爲法天下、可傳後世，故曰「孝弟而已矣」。是故君子之學惟務其本，本立則道自生，無所强也。孝弟之道，其至矣哉！一念非天，一事非理，一物失所，皆非孝也。曰「自生」，如草木之有生意，一毫人力着不得。務本正是培養生理的實功，稍涉人爲便是助長。

夫仁也者，己欲立而立人，己欲達而達人。能近取譬，可謂仁之方也已矣。仁者，以天地萬物爲一體。既是一體，痛則皆痛，癢則皆癢，天理渾然，動以天也。識得仁體，則知求仁之學不待於博濟，惟求其心而已矣。其次惟近取諸身，蓋及人之道，不遠於己而得之。因己之饑，思人之饑；因己之寒，思人之寒。蓋未至於仁，則不免有間，有間故有待於推。「强恕而行，求仁莫近焉」，故曰「可謂仁之方也已矣」。

萬物皆備於我矣。反身而誠，樂莫大焉。强恕而行，求仁莫近焉。天地萬物本吾一體，故天地我位，萬物我育，莫非己也。備猶言責備也。禽獸草木，一物失所，匹夫匹婦有不被堯舜之澤者，皆我之責也。誠者，非自成己而已，所以成物也。真能以天地萬物爲一體，則誠矣。誠則無事，「洞然八荒，皆在我闥」，樂莫大焉。其次未至於誠，不免猶有人、己之間，有間故不通，而去仁遠矣，惟强恕而行、善推其所爲者爲近之。强者，人一己百、人十己千之意。强之則私意無所容，故能視人猶己、推己及人，而求仁爲近也。《西銘》一篇，全自孟子三句翻出來。

君子去仁，惡乎成名？

學者須是識得仁體。仁，天德也，渾是人一個生身的命脈，須臾離不得者。君子以成德爲行，於是乎有成德之名。去仁則無以成身，而可以成名乎？一飯、造次，須臾之頃也，顛沛則死生患難繫焉，不但富貴貧賤、取舍之間而已，於是乎有殺身成仁、無求生以害仁之事。蓋一息尚存，此志不容少懈。仁以爲己任，不亦重乎？死而後已，不亦遠乎？此君子所以爲君子，非固欲以成名也。

居天下之廣居，立天下之正位，行天下之大道。得志，與民由之；不得志，獨行其道。富貴不能淫，貧賤不能移，威武不能屈，此之謂大丈夫。

居仁由義，大人尚志之事。與民由之、獨行其道，行其志也。不淫、不移、不屈，其志不可奪也。此其以道爲體，參天兩地，謂爲大丈夫，信哉！公孫衍、張儀，不過縱横豪俠之雄，權譎詐謀之傑，善啓兵端，陰持禍柄，其氣焰足以進退離合乎諸侯、糜爛肝腦以塗其民，當時畏之如虎，尚何足以言仁義也哉？而景春輩以大丈夫稱之，學術不明一至於此，故孟子闢之爲妾婦。蓋鷄鳴狗盜，善依附以肆其姦，妾婦之心亦妾婦之行也。富貴、貧賤、威武，是考大丈夫的三個關頭。未嘗經此關者，如未經烈火煅煉，終未可遽言真金也。故烈火百煉，是真金的考案。

樂則生矣，生則惡可已也？惡可已，則不知足之蹈之，手之舞之。

理義之悦我心，無所勉强，而自和順於道德，始可以言樂，非真能克己以自慊其本體者不足以語之。樂則生意暢達，莫非天理之流行。手舞足蹈，中規中矩，有不知誰之所使，到此便是動以天。凡説「生」字，便當與助長對看，則用工便不差。

君子所性，仁、義、禮、智根於心。其生色也，睟然見於面，盎於背，施於四體，四體不言而喻。

樂是心之本體，有毫髪累於心處便不可以言樂，惟仁、義、禮、智根於心方可語此。根字極有力。心即性，性即心，渾成一片，不須臾離，根之謂也。故大行不加，窮居不損，心廣體胖，睟面盎背，手舞足蹈，蕩蕩休休，皆樂之符。故以夫子之聖，而樂生於發憤；顏子之賢，而樂生於竭才。程子再見周茂叔，吟風弄月以歸，有「吾與點也」之趣，每令尋仲尼、顏子樂處。非樂不足以語君子，非時習不足以語樂，是豈肆情恣意以自快者可及哉？《記》曰：君子「致樂以治其心，則易直子諒之心油然而生矣。易直子諒之心生則安，安則久，久則天，天則神。天則不言而信，神則不怒而威」。戒謹恐懼，所以致樂而治其心也。油然而生，是豈人力可能哉？

不怨天，不尤人，下學而上達。知我者，其天乎？

有非分之望者，每取必於天，故怨；有過情之求者，每責備於人，故尤。夫子之所取必、責備者，惟在於我，而無與於天與人也。蓋好古敏求，惟知盡乎下學之功，求以上達乎天理。天監在茲，知我者非天乎？下學上達，不怨、不尤，只是庸行之謹。世莫我知，宜矣。

君子之於天下也，無適也，無莫也，義之與比。

先有個必有所主之心，曰適；先有個必無所主之心，曰莫；無所主而無所不主，無所不主而先無所主，曰義。故曰「我則異於是，無可無不可」，義之盡也。子絶四：毋意，毋必，毋固，毋我。知來藏往，是謂神知。大抵應事不足以盡義者有三病：事未應，先有個迎待底心；既應，又有個將而不化底心；應時，又有個偏重底心，即佛學所謂前念、今念、後念相續不絶也。佛書云：「應無所住而生其心。」又云：「常住真心。」不知與吾儒同異何在？

行之而不著焉，習矣而不察焉，終身由之而不知其道者，衆也。

著如「形則著」之「著」，察如「察乎天地」之「察」。行道而有得於心、得於心而行之久者，未有不著與察也。其不著與察者，襲也，故曰「終身由之而不知其道」，言由於道而無所得於心也。觀《中庸》「誠則形，形則著，著則明，明則動，動則變，變則化」，則知著察之所由來。

可與共學，未可與適道；可與適道，未可與立；可與立，未可與權。

好古敏求曰學，行而不已曰適，守而不變曰立，變易以從道曰權。故立而不能權，未可以言立；適而不能立，未可以言適；學而不能適，未可以言學。蓋學，所以學夫道也。人惟不志於學則已也，夫既可與共爲學矣，而未可與適道、未可與立、未可與權乎？甚哉，可與共學者之難其人也！堂堂乎張，曾子所不與，無以其多聞見以干禄，好苟難以爲仁，而非所以求適與立而權者乎？曾子之學確，故能慎擇所與如此。

口之於味也，目之於色也，耳之於聲也，鼻之於臭也，四肢之於安佚也，性也，有命焉，君子不謂性也。

口之於味也，有同嗜焉；目之於色也，有同美焉；耳之於聲也，有同聽焉；鼻之於臭、四肢之於安佚也，有同適焉，性之欲也，然得之不得有命焉。君子不以爲性之所欲而求必得之，飯糗茹草，若將終身；曲肱飲水，樂在其中，有非性之所能役。動心忍性，性命於天也。

仁之於父子也，義之於君臣也，禮之於賓主也，智之於賢否也，聖人之於天道也，命也，有性焉，君子不謂命也。

仁之於父子，而不得於父子；義之於君臣，而不得於君臣；禮之於賓主，而不得於賓主；智之於賢否，而不得於賢否；聖人之於天道，而不得於天道，命之所值，有幸有不幸也。然子之於父，親也，不可解於心；臣之於君，義也，無所逃於天地。是天地之性也，君子不以爲命之所遭，委之於不幸，而不求所以自盡也。故舜盡事親之道而瞽瞍底豫，文王以服事殷而得專征伐，有非命之所能制。回天易命，氣命於性也。

葉公語孔子曰：「吾黨有直躬者，其父攘羊而子證之。」子曰：「吾黨之直者異於是。父爲子隱，子爲父隱，直在其中矣。」

人之生也直，直，本性也，佛氏有「直心是道場」之喻。然好直而不好學，則無以究直之蘊，故有名爲直而反害乎德，有疑於不直而本之天理人情之至者。瞽瞍殺人，舜竊負而逃；魯昭公娶同姓，而孔子以爲知禮，直在其中矣。證父之攘、乞鄰之與，其不情已甚，不但失之於絞而已；佛氏以冤親平等，遂以平等爲直心，均之爲賊乎德。蓋好直而不好學，或好之而非其學也。故夫子以學之不講爲己憂，而六言六蔽，其所以進子路者深矣。卒以勇直不得其死，學之未至也。

不逆詐，不億不信，抑亦先覺者，是賢乎！

逆億，存心即自詐、自不信。蓋逆億是機心，有機心者必有機事。人見機事多喜，既喜便是種下種子。甚矣，種心之不可有也！佛偈云：「有情來下種，因地果還生。」明道先生早年好獵，既見濂溪後，自謂無此好。濂溪曰：「何言之易也？但此心潛隱未露耳。」十年後，忽見田間獵者，不覺有喜心。嘗架橋，少一長梁，後出入林間，見林木之嘉者，必起計度之心。程子天性純粹類顏子，一着意必，而融化之難至於如此，況以億逆爲心，則將無所往而不億逆也。故寧無億逆以爲智，寧無先覺而爲不賢。蓋養心之術，莫要於無種心，而要於有根氣。信哉！

子於是日哭，則不歌。

哭而不歌，非徒以矜人，乃所以養心也。蓋哭、歌不可以無常，無常非所以養心。或鼓或罷，或泣或歌，是惟立心勿恒者爲然。天時忽然雨、忽然晴者，便言氣候不恒。感不恒之氣者，淫而成疾。故凡情之無恒者，其病心亦多矣。夫子之心，其天之定者歟？

今夫奕之爲數，小數也，不專心致志則不得也。

專者，其心不分；致者，其志不已。「用智不分，❶乃凝於神」，莊子之言也。「真積力久則入」，荀子之言也。今之學者，欲速化而鄙堅苦，惡拘檢而樂放誕，雖講究入虛玄，亦只是對塔説相輪，其何以入德而凝道哉？仙家想無成有，佛氏想有成無，要之專與致爲之也。豈惟仙、佛？凡下此，如百家之學，成章而可傳者未有不由於專致。

忠恕，違道不遠。施諸己而不願，亦勿施於人。君子之道四，丘未能一焉。所求乎子以事父，未能也；所求乎臣以事君，未能也；所求乎弟以事兄，未能也；所求乎朋友先施之，未能也。庸德之行，庸言之謹，有所不足，不敢不勉，有餘不敢盡。言顧行，行顧言，君子胡不慥慥爾！

道者，率性而已，中和是也。「施諸己而不願，亦勿施於人」，因己之所惡，公其惡於人也；「所求乎子以事父，未能」，因己之所欲，公其欲於人也。不見所惡欲而寂然不動者，中也；欲惡不欺其本心者，忠也，非中也，然於中爲近。欲惡之發，不待推而自然中節者，和也；推惡欲以公於人者，恕也，非和也，然於和爲近。忠恕是學者求復其本體的一段切近工夫，蓋本體自忠恕也。中心爲中，如心爲恕。中心，天下之大本；如心，天下之達道。聖之所以異於學者，動以天耳。求即「反求諸身」之「求」，蓋反求乎爲子、爲臣之道，以之事君、事父，有未能也。「慥慥」，進而不已之意，訓「篤實」，字欠切。

子路問成人。子曰：「若臧武仲之知，公綽之不欲，卞莊子之勇，冉求之藝，文之以禮樂，亦可以爲成人矣。」

---

❶「用智」，今本《莊子》作「用志」。

此夫子因病而藥，成德達材之教也。蓋「由也兼人」，故其學有强其所不知以爲知、兼衆人之能以爲能者。人之所稟，材性不盡同，惟能因其材性所近而學以成之，均之爲成人。若臧武仲之知，文之以禮樂，則亦成人之智也，公綽之不欲、卞莊子之勇、冉求之藝亦然，特患於禮樂之道有未聞耳。蓋學以變化氣質爲要也，變化氣質莫先於禮樂，故曰：「立於禮，成於樂。」又曰：「禮樂不可斯須去身。」又曰：「斯須不莊不敬，則暴慢之心入之矣；斯須不和不樂，則鄙詐之心入之矣。」子路氣質剛勇，擁盾結纓，不得其死，豈於禮樂之道終未有聞，而不免於六言六蔽者耶？「成人」猶言成材、成章也。「亦」之爲言非其至者。如註云「渾然不見一善成名之迹，粹然無復偏倚駁雜之蔽」，則至矣。

衣敝緼袍，與衣狐貉者立而不耻者，其由也與？

耻心生於美惡之相形。敝緼、狐貉，美惡相形之遠。不知敝緼之爲貧賤、狐貉之爲富貴，不知富貴之在人、貧賤之在我，漠然無所動於其中，非志於道而見其大者不能。故子路之勇，只是聞過之喜，未之能行之敏。衣敝緼袍，與衣狐貉者立而不耻之，勇自足以卓冠三千，而不淫、不移、不屈充之有其地矣，乃終身誦之，自居其有，惜哉！此當與「士志於道」一章並看。

辯神

易有太極，是生兩儀。兩儀生四象，四象生八卦，八卦定吉凶，吉凶生大業。

心之生生不已者，易也，即神也。未發之中，太極也。未發無動静，而主乎動静者，未發也。非此，則心之生道或幾乎息，而何動静之有哉？有動、静兩儀而後有仁、義、禮、智之四端，有四端而後有健、順、動、止、入、陷、麗、説之八德。德有動有静也，故健、順、動、止而不失乎本然之則者，吉以之生，蓋得其本體，發而中節也；入、陷、麗、説，静而反累於動者，凶以之生，蓋失其本體，發而不中也。能説諸心，能研諸慮，舉而措之天下，而大業生焉，天地位、萬物育也。《易》書造化皆然。

或問：「八卦爲人之八德，何如？」以身體之自可見。聖人畫卦，以體天地之撰，以通神明之德，以類萬物之情，近取諸身，遠取諸物，莫不皆然。故自天德之剛，純亦不已而言曰健，本之天命而不雜之以人爲曰順，感而遂通曰動，寂然不動曰止，善體人情、隨事精察曰入，合乎人心之同然而彼此不相逆曰説，合敬同愛以聯屬人情曰麗，天理爲人欲所困曰陷。《易》曰：「剛健而不陷，其義不困窮矣。」剛健便能戒懼，故不陷。微哉！

易，無思也，無爲也，寂然不動，感而遂通天下之故。非天下之至神，其孰能與於此？寂然不動者，神之體；感而遂通者，神之用。不動者，不動於欲也。遂通，順應而物各得所也。無思、無爲者，《易》之學所以神而明之也。一涉思爲便是憧憧，雖疾之而弗速，行之而弗至。

《易》曰：「憧憧往來，朋從爾思。」子曰：「天下何思何慮？天下同歸而殊途，一致而百慮。天下何思何慮？」

天下感應之機，捷於桴鼓影響，其何以思慮爲哉？其可思慮者，惟歸與致耳，即爻言貞也。君子戒慎乎其所不覩，恐懼乎其所不聞，要其歸而貞夫一，所以立感應之本也。過此以往，亦隨其神化之自然感而應之，纖毫人力不得而與也，故曰「未之或知」。觀之日月寒暑、尺蠖龍蛇屈伸往來之機，自可見。入神便是無聲無臭，發而中節便是利用安身。入神、利用便是神化，德之盛也。「憧憧」是著思慮而有心於感應者，故象曰「未光大」。此爻義須於貞字體貼。《傳》曰：「貞者，虚中無我。聖人感天下之心，如寒暑、雨暘，無不通、無不應者，一貞而已。」以量而容，擇可而受，其去虚受之道遠矣。

子曰：「知幾，其神乎？君子上交不諂，下交不瀆，其知幾乎？幾者，動之微，吉之先見者也。君子見幾而作，不俟終日。《易》曰：『介於石，不終日，貞吉。』介如石焉，寧用終日？斷可識矣。君子知微知彰，知柔知剛，萬夫之望。」

當豫之時，六二獨能以中正之德介然自守，其於天理、人欲之際已判然矣，故可與幾而知神之所爲也。「莫見乎隱，莫顯乎微」，吉凶之先見者，幾也，亦神也。非至静足以立天下之本者，其孰能知之？故曰：介如石焉，斷可識矣。其曰「萬夫之望」，蓋以時方溺於豫，不鳴則盱，君子獨觀萬化之原而游心於昭曠之境，以定吉凶，以成亹亹，天下倚之如蓍龜神明焉，故曰「望」。「介於石」是知幾之學，即《大學》之「安而能慮」也。

是故蓍之德圓而神，卦之德方以知，六爻之義易以貢。聖人以此洗心，退藏於密，吉凶與民同患。神以知來，知以藏往，其孰能與於此哉？古之聰明睿知、神武而不殺者夫？

圓神、方知、易貢，易之德、心之妙用也。神之不測曰圓，知有定理曰方，貢則因人以異其用曰易。心有所著，則神明之體窒；圓神方知，則一塵不累。聖人以此洗心，言江漢以濯、秋陽以暴，虚之至也。密者，妙用之原。退藏於密，無聲無臭，鬼神莫窺其際。藏之至，則所存者神，足以主天下之應；所過者化，足以藏天下之往，不但自神明其德而已。制爲卜筮，所以使天下後世皆有以神明其德也。齋戒者，神明之原。程子曰：「上下一於恭敬，則聰明睿知皆由此出。」《本義》云：「湛然純一之謂齋，肅然警惕之謂戒。」二語有味。不言而信，不怒而威，神武而不殺者夫？

易，其至矣乎！夫易，聖人所以崇德而廣業也。知崇禮卑，崇效天，卑法地。

易，冒天下之道。聖人以此洗心，退藏於密，默而成之，不言而信，以崇德也；感而遂通，舉而措之天下之民，以定吉凶，以成亹亹，以廣業也。致廣大而極高明，知之崇以效天；盡精微而道中庸，禮之卑以法地。知、禮者，本成之性也。效天、法地，存而不已而道義出，猶天地設位而易行乎其中矣。此即聖人之用易，以見易道之大。

一陰一陽之謂道，繼之者善也，成之者性也。仁者見之謂之仁，知者見之謂之知，百姓日用而不知，故君子之道鮮矣。

由氣化而後有道之名，故迭運者，氣也，即道也。自有天地後此氣常運，自有生民後此心常發。外常運而求太極，外常發而求本體，是二之也，是有外也。二氣絪縕，於穆不已，純粹至善，天地之性也。形而後有氣質之性，則不能無偏倚駁雜之弊。故乾道成男，有屬乎陽而爲仁者，仁則率其剛明之過，而震動奮作之意多，遂以道惟仁而已，仁之外無道也；坤道成女，有屬乎陰而爲知者，知則率其陰靜之過，而翕聚凝嗇之意多，遂以道爲知而已，知之外無道也。至於百姓，則偏駁尤甚，囿於仁、知之中而不知有所謂仁、知也，於是乎君子之道鮮矣。君子之道，知來藏往，性之德也，合内外之道也，固非百姓之溺焉不知，亦非仁、知者之著於所見。蓋善反之，天地之性存焉。觀天地之顯仁藏用，不與聖人同憂，則知君子之知來藏往，不與仁、知同用。

顯諸仁，藏諸用，鼓萬物而不與聖人同憂，盛德大業至矣哉！富有之謂大業，日新之謂盛德，生生之謂易，成象之謂乾，效法之謂坤，極數知來之謂占，通變之謂事，陰陽不測之謂神。

自帝之出乎震，齊乎巽，而鼓萬物之出機，曰顯。顯者，仁之顯也，天地以生物爲心也。自帝之勞乎坎，成言乎艮，而鼓萬物之入機，曰藏。藏者，用之藏也，斂却神功，寂若無也。顯則流形化光，燦然日新而可見，則其中之所存者盛而無窮，陽生陰也，故曰德，德言其仁也；藏則歸根復命，渾然富有而無跡，則其繼之所發者大而無外，陰生陽也，故曰業，業言其用也。仁、用相禪，生生不已，天地無心而成化，聖人則之而成能，於是乎有成象效法、知來通變之制行焉。德以之崇，業以之廣，均之不可測之神也。無聲無臭，其至矣乎，所以著君子之道而立人極焉。夫曰繼，曰成，曰仁、知，曰顯、藏，曰生生，曰象法，曰數變，一陰一陽也；曰善，曰性，君子之道；曰仁，曰用，曰德、業，曰易，曰乾、坤，曰占、事，曰神，是即道也。程子曰：「形而上者謂之道，形而下者謂之器，須著如此説。然器即道，道即器。」知得生生是易，一陰一陽是道，不可測是神，則知凡有所見者皆不可以語君子也，不可以窺盛大也。

化而裁之存乎變，推而行之存乎通，神而明之存乎其人，默而成之、不言而信存乎德行。

七八九六，陰陽自然之化。參伍錯綜，制而用之，非天下之至變，其孰能與於此？聖人以通天下之志，以定天下之業，神而明之則存乎其人。人之所以神而明之者，存乎德行。默而成之、不言而信，神而明之也。默有極深研幾、潛乎冥契的意。成者，默之契；不言者，默之養；信者，契之深。成而不默，有待於外也；言而後信，不足於己也。故實理得諸心而措之於行者，始可以語知來之神。故曰：「君子之道，闇然而日章。」聖人以此洗心，退藏於密，皆默而不言也。顔之愚、參之魯，其有得於不言之默乎？

視爾友君子，輯柔爾顔，不遐有愆。毋曰不顯，莫予云覯。神之格思，不可度思，矧可射思？

輯柔爾顔，德之符也；不遐有愆，失之未遠而遽復也；莫予云覯，不顯亦臨也；神之格思、不可度思，微之顯也。

人生而静，天之性也；感於物而動，性之欲也。物至知知，然後好惡形焉。好惡無節於内，知誘於外，不能反躬，天理滅矣。夫物之感人無窮，而人之好惡無節，則是物至而人化物也。人化物也者，滅天理而窮人欲也，於是有悖逆詐僞之心，有淫佚作亂之事。

反躬則動而不失其本然之静，故能節好惡，而以命物者命夫物也，是爲主静而立人極焉。

君子反情以和其志，比類以成其行。姦聲亂色不留聰明，淫樂慝禮不接心術，惰慢邪僻之氣不設於身體，使耳目鼻口、心志百體皆由順正以行其義。

約其情，使合於中，反情以和其心也。情多流而失之過，故曰反。有耳目則有聰明之德，有父子則有慈孝之心。不遠人以爲道，比類以成其行也。惟能和其心而行其行，則耳目鼻口、心志百體莫不各順其當然之則而發無不中，故曰順、曰義。順、義而後身體胖、心術正、聰明亶，而所謂悖逆詐僞、淫佚作亂之事不復萌矣。故曰：和心要矣，成行急焉。

「敢問夫子惡乎長？」曰：「我知言，我善養吾浩然之氣。」

戰國之時，諸侯放恣，處士橫議，楊、墨之言盈天下，而天下之言不歸楊則歸墨。遊説縱橫之徒氣焰可畏，一怒而諸侯懼。甚哉，言與氣之爲害也！故聽之使人喪其所守，見之而莫知其所適從，未有不動心者也，於是孟子發知言、養氣之學。蓋知言、養氣，則所以距詖行、放淫辭、息邪説以閑先聖者有其具，此其不動心之故所以長於告子也。集義是養氣的丹頭，點鐵成金，變血氣爲義氣，化反側之民而歸之皇極，天下之大勇也。故不知言則多疑，不養氣則多懼，疑、懼則動心。養氣即是養心，以直養而無害，是孟子學問主腦。養氣便知言，蓋權度在我，而天下之輕重長短莫能欺，非養氣之外別有一種知言之學也。告子資性剛勁過人，故能隨其所見，固執而不變。雖其學失之於助，而能先孟子不動心者，非冥然無覺、悍然不顧者比也，謂不得其養則然矣。戰國之學，告子爲近裏，楊、墨次之，陳仲子、許行之徒又次之，公孫衍、張儀則其下者。外此，如樂正子，其在孟子之門，則顏、閔之亞與？

説大人則藐之，勿視其巍巍然。

堂高數仞，榱題數尺，食前方丈，侍妾數百人，驅騁田獵，後車數千乘，此當時之所謂大人巍巍然者。故説而藐之，藐其巍巍然者耳。彼以其富，我以吾仁；彼以其爵，我以吾義。在我者，皆古之制也；在彼者，皆我所不爲也，此其藐之之具。先儒謂「掀却卧房，且就地睡」，此便是真正英雄人。此等英雄，皆從戰戰兢兢、臨深履薄中來，若血氣豪俠，一些子着不得，便見浩然之氣。卒然遇之，王、公失其貴，晉、楚失其富，賁、育失其勇，儀、秦失其辯。孟子之所以不動心而藐巍巍者，蓋本於此。若當時遊説之士、豪俠之徒，似皆能藐大人而逞其雄者，要只是俠氣才辯所使耳，惡足以窺孟子之藐哉？先儒謂「孟子猶有些戰國氣習」，恐是微露一班處。

「然則有同乎？」曰：「有。得百里之地而君之，皆能以朝諸侯、有天下。行一不義、殺一不辜而得天下，皆不爲也。是則同。」

王不待大，德之盛也。一不義、一不辜，至微也；尊爲天子，富有四海之内，至利也。以絲毫不得於心，遂棄天下之至利而不爲，周之德，其可謂至德也已矣！而湯之漸、武之未盡善，蓋迫於時而所遭者窮，於是乎知湯、武之不幸也。故伯夷之清、柳下惠之和、伊尹之任、孔子之時，行人人殊，要其中之所存，非仁無爲，非義無行，則一而已矣。巢、許讓天下，而市井小人争一文之利；豹七日不食，隱霧成文，而雞犬終日營營，竟無超然之志，所存者異耳。

「何謂尚志？」曰：「仁義而已矣。殺一無罪，非仁也；非其有而取之，非義也。居惡在？仁是也。路惡在？義是也。居仁由義，大人之事備矣。」

志者，心之所之，心與行俱至曰志。恭敬奉持，而天下之物無以尚之，曰尚志。居仁由義，而無一念、一事之非仁義者，大人之所必有事焉者也。「居惡在？仁是也。路惡在？義是也。」静則與居，動則與由，與生俱生，死而後已，故曰：「匹夫不可奪志。」可奪，非志也。世顧以意氣念慮知所嚮往者便云有志，夫意氣念慮能得幾時子？是蓋淺之爲志也。

辯誠

君子有大道，必忠信以得之，驕泰以失之。

絜矩之道，王道也，故曰大。忠信是人的本心，即天德也，有天德便可語王道。不失其本心者，而後可以通天下之情，故曰得之。驕泰，忠信之反。天理存亡之機，古今治亂之原，皆決於此。程子曰：「不聞君子之大道者，任情恣意，無所不至，不但挾勢淩人而已。」周公之才之美，後世無及也，使驕且吝，餘不足觀。不足觀者，言於宗社、生靈一無所利，徒以資其驕吝之心而已矣。故碩膚之遜，吐握之勤，思兼待旦之憂，卒之孺子稱王，兼夷狄，驅猛獸，制禮作樂，教化大行，弭流言之亂，感風雷之變，而吾夫子思服之殷至形諸夢寐，忠信得之也。堯之子丹朱不肖，舜之子商均亦不肖，其曰不肖，非顯顯狼狽，如世俗所謂不肖子也。舜之戒均曰：「無若丹朱傲。」夫以一傲，德便不肖其父，而天命、人心之去留以之。則知堯、舜之所以大過人者，亦只是欽明温恭、好問好察、取諸人以爲善耳，忠信之至也。傲便是驕泰。傲凶德，驕盈氣，泰侈心，一種而三苗者也。只此三字，斷送了古今多少英雄？秦皇、漢武可鑒也。

《秦誓》曰：「若有一個臣，斷斷兮無他技，其心休休焉，其如有容焉。人之有技，若己有之；人之彥聖，其心好之，不啻若自其口出，寔能容之。以能保我子孫黎民，尚亦有利哉！人之有技，媢嫉以惡之；人之彥聖，而違之，俾不通，寔不能容。以不能保我子孫黎民，亦曰殆哉！」

古今大臣，雖人品不同，要之只是兩種。故《秦誓》設言有一個大臣，斷斷休休，尊賢使能，便自能明明德於天下，宗社、生靈以之而利；設又有一個大臣，娼嫉猜狠，妨賢忌能，便自播惡於衆，宗社、生靈以之而殆。斷斷無他，忠信之德也；休休有容，虛中之量也。故能視人之德猶己之德，視人之技猶己之技，以天下治天下，而己無所與也，是謂以天地萬物爲一體，大人之學也。伊尹、周公，其人也。若只是一個娼嫉的心腸，違聖妬技，禍人家、國、天下，至於自禍其子孫者，何限？如崇侯虎、飛廉、李林甫、虞异、賈似道、盧杞、秦檜等，其人也。要之，忠信之德喪而虛中之量窒，故曰「寔不能容」，言寔是容不得，撐腸拄腹，如眼中之釘，必去之而後快。三代以下之才，齊聖廣淵之類不可得而見矣，郊迎幕入，不過曰强而有力、智慮而能謀、多聞見而善應變。樂正子未嘗有一於此也，魯欲使之爲政，而孟子有不寐之喜，至爲公孫丑所疑問。而孟子與其好善，且曰：「好善優於天下，而況魯國乎？」又曰：「夫苟好善，士將輕千里而來告之以善。」夫樂正子以忠信之資、好善之量足以來天下之士，則所謂强幹善謀、博洽多能之士盈庭充幕，取之左右而自足，況以類相從，有超乎强幹善謀、博洽多能之外者，尚何家、國、天下之不優爲哉？先儒曰：「無人無我無作爲，以天下才治天下事，足矣。」其亦有得於《大學》《秦誓》之旨乎？

伊尹耕於有莘之野，而樂堯舜之道。

一介不以與，禄以天下、繫馬千駟弗顧，視，夷之清也；五就湯，五就桀，惠之和也。吾豈若處？吾豈若出？姑試其可，時也。誦《詩》讀《書》以樂堯舜之道，便欲堯舜其君民，自任以天下之重而卒酬其志，即孔子之祖述也。伊尹渾似孔子，而謂其終有任的意思在。「文王既没，文不在兹」，非任乎？ 桀，暴虐猜狠主也，蓋嘗囚湯矣。伊尹，湯所學焉而臣之者，五就桀而桀不疑，放太甲而太甲不疑，天下人亦不疑；復太甲於辟，太甲安之，天下人亦安之。夫南巢之征弑也，祠宫之放篡也，履從古未有之變而處之若夷，湯之後，伊尹一人而已。蓋嘗以身處其地，察其心而思其作爲，即以夫子周旋其間，恐亦不過如此。周公恐懼流言，狼跋而東，非風雷之變、金縢之啓，幾於不免。伊尹，非周公所及也。伊尹渾似孔子，而或謂其微有迹；孟子比伊尹，其迹又著。其序伊尹出處心迹，煞痛快。孟子之後，無愧於尚友，惟周茂叔。其言曰：「志伊尹之所志，學顔子之所學。」聖人復起，不易。

唯天下至誠，爲能經綸天下之大經，立天下之大本，知天地之化育。夫焉有所倚？ 肫肫其仁，淵淵其淵，浩浩其天。

夫堯之克明峻德，至於平章、協和；舜盡事親之道，至於瞽瞍底豫而天下化。天下之爲父子者定，是經綸天下之大經也；精一執中，是立天下之大本也；位天地，育萬物，是知天地之化育也。夫豈有一念意必、纖毫人力倚於其間哉？ 一本之純一未發、天理自然流行之用。肫肫其仁也，仁即「修道以仁」之「仁」。自仁之發微不可見而言曰淵，自仁之充周不可窮而言曰天。浩浩言其溥博無外也，淵淵言其静深有本也，肫肫言其純密滋貫、無一事而不體也。未發之中，充養到得純粹至精、恒久不息處，方可言至誠。故至誠功用，至於配天配地、高明博厚、悠久無疆，只是肫肫其仁也。不見而章，不動而變，無爲而成，夫焉有所倚也？

唯天下至誠爲能盡其性。能盡其性，則能盡人之性。能盡人之性，則能盡物之性。能盡物之性，則可以贊天地之化育。可以贊天地之化育，則可以與天地參矣。

性者，天地萬物之一原。至誠以天地萬物爲一體，故人、物之性亦我之性。人、物不能自盡其性，便是化工不及處，亦是己之性有未盡也，故至誠盡人、物之性以自盡其性。蓋所以贊化育之不及，參天兩地，而成位乎其中矣。

視之而弗見，聽之而弗聞，體物而不可遺。

此等處最好體貼本體，甚助精神。若體貼得到精實處，則知天地間鬼神，皆吾此間顯見者。孟子謂「直養無害，則塞乎天地之間」，即此物也。三極之道，同此一物，更無别物。神者，鬼神之樞，又是慎獨的案眼。洋洋乎竣極、發育，此何物哉？

居之似忠信，行之似廉潔，同乎流俗，合乎污世，非之無舉也，刺之無刺也。

忠信、廉潔，是鄉愿實有之行，故非之、刺之無可舉、可刺。然要其居之、行之之心，不過欲以此爲鄉人所稱，而非自成自道、畜德以誠其身之學。至於同流合污，閹然媚世，曲全密覆，惟恐有可舉刺，即此一念，便不可與入堯舜之道。蓋無所爲而爲者，義也；有所爲，則利也。欲知舜與蹠之分，義與利之間而已矣，謂鄉愿非蹠之徒與？故曰「德之賊」，以其似德非德，而反害乎德也。三代以下之學，號爲有志者，其受病只是好名。鄉愿則好名之雄傑，蓋以實行要譽，故悦而從之者衆，久則入而化之。率天下而禍忠信廉潔者，非鄉愿之學乎？故孟子辭而闢之甚嚴，惡之深而絶之痛也。至於狂者之嘐嘐不掩，狷者之踽踽涼涼，非之則可舉，刺之則可刺，然其心只要做古人，只是要有所不爲，略無一毫爲人的意思，而人之非我、刺我，漠然無所動於其中，若達則便是堯舜。故曰：「不得中行而與之，必也狂狷乎？」此是孔孟微顯闡幽，發奸摘伏，從咽喉下着力處。程子曰：「鄉愿是個無識見的好人。」蓋以其忠信、廉潔，其行誠有足稱者。鄉愿以德媚世，祝鮀以佞媚世，宋朝以色媚世，觀媚世者之所尚，而世道之污隆可概見也。今之所以媚世者，何哉？

執中無權，猶執一也。所惡執一者，爲其賊道也。

子莫執中，蓋欲監二氏之學，擇爲我、兼愛之中而執之，而不知爲我、兼愛皆中也。時當爲我，則中在楊子，陋巷閉户，顔是也；時當兼愛，則中在墨子，過門不入，禹是也。蓋中無定體，惟權是體；權無定用，惟道是用。權也者，吾心天然自有之則，惟戒慎不覩、恐懼不聞，然後能發無不中。變易從道，莫非自然之用。不然，則以中而賊道者何限？蓋自堯舜之學不明，而精一執中之學不傳，往往以中涉事爲，若將隨事隨處精察而固執之，以求其所謂當然之節，而不知瞬息萬變，一毫思慮營欲着不得，是謂後天而奉天時也。若臨事而擇，已不勝其憧憧，非惟日不足，顧其端無窮，膠凝固滯，停閣廢棄，是中襲也，況未必中乎？戰國以來，無人識權字，亦無人識中字，故執一賊道之論，孟子私淑子思而得之，以告萬世，不獨爲子莫發也。

或問：「遷善改過，將隨時隨處而遷之、改之乎，抑只於一處而遷之、改之也？」曰：天下只有一善，更無別善；只有一過，更無別過。故一善遷而萬善融，一過改而萬過化。佛書云：「一真一切真。」

或問：「閑思雜慮，袪除不得，如何？」曰：習心滑熟故也。習心滑熟，客慮只從滑熟路上往還，非一朝一夕之故也。若欲逐之而使去、禁之而使不生，隳突衝決，反爲本體之累。惟其來也，吾不知其來；其去也，吾不知其去。惟日孳孳，惟求所以立吾之大本，譬之主將精健，則間道梗塞，竊發之盜久則化爲良民，而往來於康莊者皆堂堂正正之兵，四境寧謐，寂然無譁。故欲袪客慮者，先須求復本體。本體復得一分，客慮便減去一分。然本體非敬不復，敬以持之，以作吾心體之健，心體健而後能廓清掃蕩，以收定静之功。蓋盜賊無主，勢必解散，然非責効於旦夕、用意於皮膚者可幾及也。達磨面壁九年，方纔降伏得一個身心。降伏云者，心爲我用，我爲心主。吾儒辨得達磨一個堅苦的志，便能屏息諸緣，寂滅六塵，尚何客慮之足除哉？李延平先生嘗言：「人胷中大惡念最易按伏。只是那大段不計利害、乍往乍來、相續不斷的，却是難除。」蓋人大惡的心腸本少，如弒父、委君、娼盜不良的念，即使之念，亦不念。可見客慮之難除，種心在故也。

或問：「匹夫悍卒，臨難而多能死節者，何哉？」曰：奮於氣也。至於情慾之牽、妻孥之愛，斷而不惑者，鮮矣。故君子集義以養浩然之氣，則能塞乎天地，齊死生，富貴、貧賤、患難、夷狄處之一，尚何情慾、妻孥之足患哉？佛氏一生堅苦，只是空得一個情慾，至於棄其妻子而不顧，與草木瓦石同一無情，蓋求吾聖人養氣之學不得而失之者，惜哉！

或問：「良知之學何如？」曰：此是陽明先生門下相傳指訣。先生以世之學者率以無所不知、無所不能爲聖人，以有所不知、不能爲儒者所深耻，一切入手便從多學而識、考索記誦上鑽研，勞苦纏絆，擔閣了天下無限好資質的人，乃謂良知自知，致而養之，不待慮學，千變萬化皆由此出。孟子曰：「人之所不學而能者，良能也；所不慮而知者，良知也。孩提之童無不知愛其親，及其長也，無不知敬其兄。」蓋指良知之發用流行、切近精實處，雖堯爲人倫之至，亦只是充養得這一念到極處。而不悟者遂以愛敬爲良知，著在支節上求，雖極高手，不免賺入邪魔蹊徑，到底只從伯學裡改換頭目出來。蓋孩提之愛敬即道心也，一本其純一未發，自然流行，而纖毫思慮營欲不與。故致良知者，只致養這個純一未發的本體，本體復則萬物備，所謂立天下之大本。先生云：「良知是未發之中、廓然太公的本體，便自能感而遂通，便自能物來順應。」此是《傳習録》中正法眼藏。而誤以知覺爲良知，無故爲伯學張一赤幟，與邊見外修何異？而自畔其師説遠矣。

或問：「隨處體認天理，如何？」曰：此是甘泉先生揭以教人之旨。先生得之豫章羅先生，豫章云：「爲學不在多言，但默坐澄心，體認天理。若見天理，則人欲便自退聽。由此持守，庶幾漸明，講學始有得力處。」又云：「學者之病，在於無凍解冰釋處。雖用力持守，不過苟免形顯過尤，無足道也。」究其旨意，全在「天理」二字。所謂見天理者，非聞見之見。明道先生云：「吾學雖有所受，然『天理』二字，却是自家體貼出來。」而世之揣摩測度，依傍假借，自謂爲體認天理而反害之者，多矣！天理是本體自然流行，如平旦之好惡、孩提之愛敬、乍見孺子入井之怵惕，不假些子人力幫助。學者體認到此，方是動以天。動以天方可見天理，方是人欲退聽、凍解冰釋處也。此等學問，非實見得未發之中、道心惟微者不能及。先師嘗有書答甘泉云：「究竟老兄立言宗旨，微有不同。」

或問：「今之學者何如？」曰：今世之學，其上焉者則有三障：一曰道理障，一曰格式障，一曰知識障。講求義理，模倣古人行事之跡，多聞見博學，動有所引證，是障雖有三，然道理、格式又俱從知識入，均之爲知識障也。三家之學不足以言豫，責之以變易從道，皆不免有跆疚困窮之患。蓋義理隨事變以適用，非講求所能備；事變因時勢而順應，非格式所能擬。義理、事變，有聖人所不知、不能處，非一人所能周，故曰障，然尚是儒者家法，可以維持世教，而無所謂敗常亂俗也。此外又有氣節、文章二家。氣節多得之天性，氣節可以勵世磨鈍、廉頑立懦。文章又有古文、時文，亦是學者二魔。魔則病心，障是障於道。故先儒嘗曰：「聖賢既遠，道學不明。士大夫不知用心於内以立其本，而徒以其意氣之盛以有爲於世者多矣。彼詞令之美、聞見之博、議論之韙、節概之高，自其外而觀之，誠有以過乎人者，然探其中而責其實，要其久而待其歸，求其充然有以慰滿人望而無一瑕之可疵者，千百中未見一二可數也。」

「《儒藏》精華編選刊」選目

經部

周易鄭注
漢魏二十一家易注
周易注
周易正義
周易口義（與《洪範口義》合册）*
温公易説（與《司馬氏書儀》《孝經注解》《家範》合册）
漢上易傳
誠齋先生易傳
易學啓蒙
周易本義

楊氏易傳
易學啓蒙通釋
周易本義附録纂注
周易啓蒙翼傳
易纂言
周易本義通釋
易經蒙引
周易述
周易述補（江藩）（與李林松《周易述補》合册）
周易述補（李林松）
易漢學
御纂周易折中

周易虞氏義
雕菰樓易學
周易集解纂疏
周易姚氏學
尚書正義（全二册）
鄭氏古文尚書
洪範口義
書傳（與《書疑》《尚書表注》合册）
書疑
尚書表注
書纂言
尚書全解（全二册）
尚書要義

讀書叢説
書傳大全（全二册）
古文尚書攷（與《九經古義》合册）
尚書集注音疏（全二册）
尚書後案
毛詩注疏
詩本義
吕氏家塾讀詩記
慈湖詩傳
詩經世本古義（全四册）
毛詩稽古編
毛詩説
毛詩後箋（全二册）
詩毛氏傳疏（全三册）
詩三家義集疏（全三册）
儀禮注疏

儀禮集釋（全二册）
儀禮圖
儀禮鄭註句讀
儀禮章句
儀禮正義（全六册）
禮記正義
禮記集説（衛湜）
禮記集説（陳澔）（全二册）
禮記集解
禮書
五禮通考
禮經釋例
禮經學
司馬氏書儀
春秋左傳正義（全五册）
左氏傳説

左氏傳續説
左傳杜解補正
春秋左氏傳賈服注輯述
春秋左氏傳舊注疏證（全四册）
春秋左傳讀（全二册）
公羊義疏
春秋穀梁傳注疏
春秋集傳纂例
春秋權衡（與《七經小傳》合册）
春秋集注
春秋經解
春秋胡氏傳
春秋尊王發微（與《孫明復先生小集》合册）
春秋本義
春秋集傳

春秋集傳大全(全三册)
孝經注解
孝經大全
白虎通德論
七經小傳
九經古義
經典釋文
群經平議(全二册)
新學僞經考
論語集解(正平版)
論語義疏
論語注疏
論語全解
論語學案
孟子注疏
孟子正義(全二册)

四書集編(全二册)
四書纂疏(全三册)
四書集註大全(全三册)
四書蒙引(全二册)
四書近指
四書訓義
四書賸言
四書改錯
四書説
廣雅疏證(全三册)
説文解字注

史部

逸周書
國語正義(全二册)
貞觀政要

歷代名臣奏議
御選明臣奏議(全二册)
孔子編年
孟子編年
陳文節公年譜
慈湖先生年譜
宋名臣言行録
伊洛淵源録
道命録
考亭淵源録
道南源委
聖學宗傳
元儒考略
理學宗傳
明儒學案
宋元學案

四先生年譜
洛學編
儒林宗派
程子年譜
學統
伊洛淵源續録
豫章先賢九家年譜
閩中理學淵源考（全三册）
清儒學案
經義考
文史通義

子部

孔子家語（與《曾子注释》合册）
曾子注釋
孔叢子

新書
鹽鐵論
新序
説苑
太玄經
論衡
昌言
傅子
大學衍義
大學衍義補
朱子語類
龜山先生語録
胡子知言（與《五峰集》合册）
木鐘集
西山先生真文忠公讀書記
性理大全書（全四册）

居業録
困知記
思辨録輯要
家範
小學集註
曾文正公家訓
勸學篇
仁學
習學記言序目
日知録集釋（全三册）

集部

蔡中郎集
李文公集
孫明復先生小集
直講李先生文集

歐陽脩全集
伊川擊壤集
元公周先生濂溪集
張載全集
温國文正公文集
公是集（全二册）
游定夫先生集
和靖尹先生文集
豫章羅先生文集
梁溪先生文集
斐然集（全二册）
五峰集
文定集
渭南文集
誠齋集（全四册）
晦庵先生朱文公文集

東萊吕太史集
止齋先生文集
攻媿先生文集
象山先生全集（全二册）
陳亮集（全二册）
絜齋集
文山先生文集（全二册）
勉齋先生黄文肅公文集
北溪先生大全文集（全二册）
西山先生真文忠公文集
鶴山先生大全文集
閑閑老人滏水文集
郝文忠公陵川文集
仁山金先生文集
静修劉先生文集
雲峰胡先生文集

許白雲先生文集
吴文正集（全三册）
道園學古録　道園遺稿
師山先生文集
曹月川先生遺書
康齋先生文集
敬齋集
涇野先生文集（全三册）
重鐫心齋王先生全集
雙江聶先生文集（全二册）
歐陽南野先生文集（全二册）
念菴羅先生文集（全二册）
正學堂稿
敬和堂集
涇皋藏稿
馮少墟集

高子遺書
劉蕺山先生集（全二册）
霜紅龕集（全二册）
南雷文定
桴亭先生文集
西河文集（全六册）
曝書亭集
三魚堂文集外集
紀文達公遺集
考槃集文録
復初齋文集
述學
揅經室集（全三册）
劉禮部集
籀廎述林
左盦集

出土文獻

郭店楚墓竹簡十二種校釋
上海博物館藏楚竹書十九種校釋（全二册）
秦漢簡帛木牘十種校釋
武威漢簡儀禮校釋

＊合册及分册信息僅限已出版文獻。